14가지 테마로 즐기는 서양사

14가지 테마로 즐기는 서양사

문명의 고향, 메소포타미아 / 민주주의 원형을 찾는 아테네 / 헬레니즘이 세계를 주배한 알렉산더 원정 / 흥미와 반전을 가득 찬 포에니 전쟁 / 중세 유럽의 환상을 낳게 한 십자군원정 / 근대 유럽의 체제 균형을 가져온 독일의 통일

근대적 애국관의 마지막의 반민 / 세계사의 주도권을 바꾼 미국의 선상 / 블랙홀을 간직하고 프랑스혁명 / 페스트의 공포와 마녀사냥 / 산업혁명의 빛과 러시아혁명 / 하나의 역사로 기록된 오늘의 동향

정기문
지음

푸른역사

책을 펴내며

우리가 서양의 역사를 공부해야 하는 이유는 너무나 명확하다. 우리가 매일 사용하고 있는 컴퓨터, 휴대 전화, 텔레비전, 옷, 안경, 신발이 모두 서양인이 만든 것이며, 한국 사회를 운영하는 기본 원리인 민주주의와 자본주의도 서양에서 유래하였고, 한국의 최대 종교인 기독교도 원래 서양의 종교이었다. 원래 자기 것이 아닌 것들을 빌려 쓰는 사람은 최초로 그것을 만든 사람보다 그것들에 대해서 더 잘 알 필요가 있다. 그래야 빌려 쓰고 있는 것들의 오남용이나 부작용을 막을 수 있다.

기독교를 예로 들자면, 지구상에 한국 사회만큼 기독교가 성행하면서도 많은 부작용을 일으키는 사회는 없다. 한국은 세계에서 기독교가 가장 빨리 성장한 나라이며, 기독교 신자들의 열성이 가장 강한 나라이다. 그렇지만 기독교에 대한 잘못된 지식이 만연하고 있다. 먼저 기독교라는 용어 자체가 잘못 쓰이고 있다. 한국인들은 개신교를 기독교라고 부르고, 구교를 로마 가톨릭이라고 부른다. 그렇지만 기독교는 로마 가톨릭, 개신교, 동방 정교, 에티오피아 교회 등을 모두 포괄하는 용어다. 오직 개신교만을 기독교라고 부르는 것은 개신교 신자들이 다수를 차지하면서 자신들만이 참 신앙인이고, 다른 분파들은 구원을 받을 수 없는 '이단'이라고 주장하고 다니면서 생겨난 잘못된 개념이다. 오늘날에도 개신교 목사의 다수가 가톨릭은 이단이고, 가톨릭은 마리아를 숭배하는 마리아교이기에, 가톨릭 신자들은 구원을 받을 수 없다고 한다. 그러나 한국 개신교들의 이런 주장은 서양 사회 어디에서도 받아들여지지 않는다. 서양에 가서 그렇게 주장하면 거의 광적인 근본주의자라는 평가를 받을 것이다. 기독교의 역사를 제대로 공부하고 안다면 이런 편협주의가 판치지는 않을 것이다.

한국의 민주주의에도 많은 문제가 있다. 우리는 자생적으로 봉건적인 질서와 문화를 청산한 경험을 갖지 못하였고, 서구에서 일방적으로 이식해 준 민주주의 사회에 살게 되었다. 그렇기 때문에 외형은 민주주의 사회를 채택하고 있지만, 실제 속내는 봉건적인 문화로 가득 차 있다. 돈, 권력, 지식, 폭력적인 힘을 갖고 있는 자들이 특권을 누려야 한다는 우월의식을 갖고 하루가 멀다 하고 온갖 '갑질'을 해대고 있다. 이는 '모든 인간은 평등하다'는 민주주의 사회의 기본 원리가 사회의 모든 구성원들에게 체득되지 않았기 때문이다. 한국 사회에서 '모든 인간은 평등하다'는 원리는 교과서에만 존재하는 구호일 뿐이지, 사회의 운영 원리가 되지 못했다. 서구 사회는 프랑스혁명 이후 수차례 혁명을 겪으면서 이 원리를 부정하는 자들을 과감하게 처단하였고, 이 원리에 의해서 모든 사람이 계층, 성, 종교, 피부, 연령, 출신 지역에 상관없이 평등하고, 인간으로서 합당한 권리를 보장받는다. 그리고 만약 특정인이 이런 원칙을 부정하거나 어기면 그 사람은 가혹하게 처벌받는다. 우리가 이 원리를 사회의 진짜 원칙으로 세우기 위해서는 서구가 겪었던 경험을 반추하고 거울로 삼을 필요가 있다.

우리가 세계사를 배워야 하는 또 다른 이유는 한국이 고립되어 독립적으로 존재하지 않는다는 사실이다. 2018년 한국은 GDP 순위로 보았을 때 세계 11대 부국이고, 수출액만 따지만 세계 6위다. 세계를 상대로 부를 창출하여 제법 먹고 사는 나라라는 의미다. 이런 상황에서 외국의 역사와 문화를 알지 못하면, 외국인과 제대로 소통할 수 없다. 주요 선진국들이 모두 이 사실을 알고 있기 때문에 세계사를 필수로 가르치고 있다. 이웃 나라 일본만 해도 일본사는 선택이고 세계사가 필수이다.

이렇듯 서양의 역사를 공부해야 하는 이유는 명확하기에 '사람인'이라는 단체가 직장인 1,792명을 대상으로 설문 조사한 바에 따르면 '국사', '세계사'는 학창 시절 가장 좋아했던 과목이고, 윤리, 도덕, 과학, 체육보다 실용적인 과목이며, 영어 다음으로 사회생활 후 다시 배우고 싶은 과목이라고 한다.* 그런데 서양사를 제대로 공부하기는 힘들다. 서양의 역사가 기원전 3000년부터 시작되어 5,000년이나 되고, 그 긴 시간에 매우 많은 종족과 나라가 명멸하였으며, 헤아릴 수 없는 많은 인물이 활동하였고, 사건들이 발생하였다. 도대체 어떤 사건이나 인물을 알아야 하는지, 각 사건은 어떻게 연결되어 있는지 기본적인 지식을 파악하는 데도 몇 년이 걸린다. 따라서 대학에서 사학을 전공한 학생은 물론, 그 어려운 임용고시를 통과한 역사 선생님들도 상당수가 서양사 공부를 포기해 버린다. 현재 우리나라에서 세계사 교육이 극도로 기피되고 있다는 것은 모두가 아는 사실이다. 그런데 놀랍게도 그

---

* 뉴스와이어 2006-11-06, 09.

주요 원인 중의 하나는 역사 교사들이 세계사를 몰라서 가르치기 싫어한다는 것이다.* 역사 교사들조차 세계사를 기피하면서 2019년 한국은 세계사 문맹 국가가 되었다. 고등학교에서 세계사를 배우는 학생이 갈수록 줄고 있고, 대학수학능력시험에서 세계사를 선택한 학생은 5퍼센트도 되지 않는다.

도대체 이런 참담한 현실을 어떻게 극복할 것인가? 여러 해결책이 강구되어야 하지만 무엇보다 공부의 좋은 길잡이를 만들어야 한다. 시중에 서양사 개론서들이 여러 종 있지만 대부분 너무나 분량이 많고, 편년체로 씌어 있어서 인물과 사건이 지루하게 나열되어 있다. 이런 책들은 한 번을 제대로 읽는 데도 거의 한 달이 걸리며, 몇 번을 읽어도 서양사의 구조가 제대로 파악되지 않는다. 더욱이 매우 중요한 사건에 가서는 궁금한 내용들이 세밀하지 않고 산략하게 기술되어 있다.

역사 공부가 힘들다고 생각될 때면 역사의 척추가 되는 중요한 주제들을 정하고, 그 주제들을 세밀하게 공부하여 기초를 튼튼하게 할 필요가 있다. 건물을 지을 때 중추 기둥을 튼튼하게 세운 후, 방을 배치하고 외벽을 칠하듯, 역사를 공부할 때도 꼭 알아야 하는 핵심 주제를 선정하고 그것들을 깊이 공부한 후, 거기에 인물이나 사건들로 살을 입혀야 한다. 이런 문제의식을 갖고 이 책은 서양사 학습의 핵심이 되는 14개의 주제를 세밀하게 다루었다.

14개의 주제는 두 가지 원칙으로 선정하였다. 먼저 서양 문명의 요람인 메소포타미아 문명에서 유럽 현대사에서 가장 중요한 사건인 유

---

* 김민수, 〈고등학교 '한국사' 교육과정 적용 실태 조사—부산 지역, 일반계 고등학교를 대상으로〉, 《역사와 교육》, 8, 2013, 63쪽.

럽 통합에 이르기까지 서양사의 전체적인 흐름을 보여 줄 수 있는 주제들을 선택했다. 고대에서 현대까지 시대를 안배하여 특정한 시대에 집중하거나 특정 시대를 누락하는 일 없도록 서양사 전체를 파악할 수 있게 했다. 시중에는 이미 주제별로 서양사 전체를 다룬 개론서들이 있는데 이 책들은 사학을 전공하는 학생들에게 적합하다. 원래 대학 강의용으로 구상되었기에 내용이 매우 전문적이다. 이 책은 일반적인 지식을 가진 교양인이라면 누구나 읽을 수 있도록 좀 더 쉽고, 좀 더 재미있게 서술하였다.*

둘째, 서양 정체성의 핵심이 되는 주제를 선택해서 서양의 독특함이 무엇인지를 보여 주고자 했다. 가령 정치적인 면에서 유럽은 현대의 모든 사람들이 추구하고 있는 민주주의 체제를 만들어 냈다. 서양인은 매우 오랫동안, 그리고 매우 고된 노력을 통해서 이 체제를 만들어 냈다. 고대 아테네 민주주의, 중세 유럽의 대의제도 창설, 근대의 프랑스혁명을 통해서 서양이 민주주의 체제를 수립했던 과정과 의미를 파악할 수 있을 것이다.

서양인의 정체성을 보여 주기 위해서 노력한다는 원칙은 각 주제에 대한 서술에서도 관철하기 위해 노력하였다. 가령 르네상스를 살펴볼 때 이탈리아 예술가들의 활동이나 그들의 작품 설명에 치중하지 않았

---

* 필자는 15년 전에 주요 주제를 통해서 서양사를 서술한 《한국인을 위한 서양사》를 집필하였다. 이 책을 읽은 학생이나 동료들이 핵심적인 주제를 보강했으면 좋겠다는 의견을 제시하였다. 이 책은 여러 사람의 의견을 경청하여 봉건제도, 르네상스, 종교개혁, 과학혁명의 네 주제를 새로이 보충하였고, 부족한 면이 강하였던 로마사 부분과 의회제도 부분을 많이 보충하였다. 그리고 미국의 건설에서 유럽 통합까지 근대사 부분에서 오류가 제법 있었는데, 전문가들의 도움을 받아서 교정하였다.

다. 이런 작업에 치중하면 르네상스를 미술 감상 시간으로 만들기 쉽다. 르네상스와 그것이 서양의 역사에 끼친 영향을 제대로 파악하려면 페트라르카나 레오나르도 다빈치 작품들 이면에 담겨있는 시대정신을 읽어 내야 한다. 페트라르카가 라우라를 위한 서정시를 썼고, 그 서정시에서 인간의 감정을 가치 있는 것으로 인정했다는 사실은 잘 알려져 있다. 그러나 페트라르카는 수많은 필사본들을 비판적으로 대조하고, 검토하면서 키케로의 작품을 복원하는 데 그의 일생 대부분을 바쳤다. 그의 비판정신을 계승한 로렌초 발라는 '콘스탄티누스의 기진장'이 허위라는 사실을 밝혀내서, 위선과 거짓으로 세상을 지배하고 있던 교회를 비판하였다. 르네상스 운동 전체를 관통하는 가장 중요한 정신은 바로 이 합리적 비판정신이다. 레오나르도 다빈치는 합리적 비판정신을 관찰과 실험을 통해서 보완했다. 그는 늘 노트를 가지고 다니면서 하늘을 나는 새, 소용돌이치는 물, 인체와 같은 물체들을 세밀하게 관찰하고, 그것을 기록하였다. 그가 만든 노트는 3,500페이지나 되며, 그 세밀함은 지금도 경탄을 자아 낸다. 이렇게 르네상스 운동을 통해서 서양인은 합리적 비판의식을 키우고, 관찰과 실험을 통해서 비판정신을 체계화하는 사고방식을 발전시켰다. 이 정신이 거대한 물결을 이루게 되었고, 과학혁명으로 이어졌다. 어느 날 천재들의 뛰어난 몇 가지 발명이 과학혁명을 이룩한 것이 아니다.

14가지 주제를 이런 문제의식에 맞게 서술하는 일은 매우 고되고 힘들었다. 서양사를 전공한 사람이라면 당연히 자세하게 배워서 쉽게 쓸 수 있을 것 같은 중세 봉건제의 발달이나 르네상스와 같은 주제는 매우 쓰기가 어려웠다. 수십 편의 논문과 책을 읽어도 봉건제나 르네상스의 맥락과 핵심을 짚어 내는 작업이 힘들었다. 중세 봉건제의 경우 기원과 초기 발전을 파악하기 힘들었는데, 시중에 나와 있는 개론서들은 서술이 각기 다르고 제대로 된 논문도 없었다. 이기영의 《고대에서 봉건제로의 이행》(사회평론, 2017)을 읽고 나서야 비로소 봉건제 초기 형성 과정을 제대로 파악할 수 있었다. 르네상스의 경우 루돌프 파이퍼의 《인문정신의 역사》(길, 정기문 옮김, 2011)는 르네상스 운동에 흐르는 비판주의를 파악하는 데, 남종국의 《이탈리아 상인들의 위대한 도전》(앨피, 2015)은 르네상스 운동의 경제적 배경을 파악하는 데 도움을 주었다.

르네상스 이후 근현대사를 서술하는 작업은 더욱 힘이 들었다. 필자가 고대사 전공자이기 때문에 근현대사 공부는 부족하다. 근현대사 분야 원고를 쓴 후 염치없이 전공자들에게 신세를 졌다. 동국대학교 양홍석 교수님, 충남대학교 박윤덕 교수님, 경상대학교 신종훈 교수님, 이화여자대학교 노경덕 교수님께서 원고를 꼼꼼하게 읽고 많은 오류를 지적해 주셨다. 그럼에도 불구하고 여전히 너무나 부족함이 많은 원고이다. 앞으로 독자들의 비판 속에서 책이 좀 더 개선될 수 있는 기회가 있었으면 좋겠다.

2019. 6.
정기문

contents

책을 펴내며 ... 4

01 문명의 고향, 메소포타미아 ... 17
문명의 고향을 찾아서 | 설형문자의 해독 | 노아에 앞서 길가메시 | 바벨탑의 진실 | 바벨탑에 대한 유대인들의 '오해' | 법에 의한 통치의 원형을 마련한 함무라비

02 민주주의 원형을 만든 아테네 ... 45
'아테네의 전성시대' | 아테네 민주주의의 아버지, 페리클레스 | 사연 많은 아테네 민주화 | 아테네 민주주의에 대한 평가

03 천 년 동안 세계를 지배한 영원한 제국 로마 ... 67
세계사의 경이 로마제국 | 제국의 기반, 포에니전쟁에서의 승리 | 공화정의 몰락과 제정의 수립 | 200여 년 지속된 팍스 로마나 | 정복보다 포용 택한 '보편 제국' | 21세기까지 이어지는 로마제국 후광

04 중세의 번영을 가져온 봉건제도 ... 91

게르만 왕국들의 발전 | 프랑크 왕국의 발전과 붕괴 |
주종제도의 성립과 발전 | 장원제도의 형성과 발전 |
삼포제 등으로 급등한 농업 생산성 | 인구 증가와 도시의 탄생 |
흑사병 덕에 커진 농민 발언권

05 대의제 민주주의를 발전시킨 의회제도 수립 ... 111

대의 기관에 주권이 있다는 개념의 뿌리 | 신분제 의회의 등장 |
17세기 영국에서 근대 의회 탄생 |
유럽 경제 발전으로 이어진 의회제도의 확립

06 근대 문화를 태동시킨 르네상스 ... 129

지중해 무역의 부활과 이탈리아 도시국가들의 번영 |
피렌체의 성장과 번영 | 인문주의의 성장과 발달 |
르네상스 정신의 상징, 다 빈치 |
르네상스의 본질은 '스스로 보기', '함께 보기'

07 종교의 자유시대를 연 종교개혁 ... 151

루터는 신교를 수립할 생각이 없었다 | 개혁 신앙의 배태 |
가톨릭과의 결별 과정 | 새로운 신학의 전개 |
루터파 교회의 수립 | 칼뱅의 개혁

08 근대적 세계관과 과학의 발달 ... 181
전근대시대―주술과 미신의 시대 | 아리스토텔레스의 우주관 |
코페르니쿠스적 전환 | 그래도 지구는 돈다, 갈릴레이 |
뉴턴의 관성의 법칙과 중력의 법칙 | 진화론 탄생의 여명 |
지구의 나이에 대한 옛사람의 생각 | 다윈의 진화론 | 다윈 이후의 진화론

09 세계사의 주도권을 바꿀 미국의 전설 ... 215
아메리카로 출발한 최초의 이민자 선박 | 초기 시민의 물결 |
가자, 아메리카로 | 영국 정부, 통제를 시작하다 | 독립을 향하여 |
불붙은 독립전쟁 | 독립선언서와 미국의 출범

10 불평등을 갈아엎은 프랑스혁명 ... 263
혁명을 잉태한 175년 만의 삼부회 |
삼부회의에서 국민의회로, 혁명의 시작 | 계몽사상 |
프랑스를 휩쓴 개혁 열망 | 입헌군주제를 유지한 초기의 혁명 상황 |
전쟁을 획책한 루이 16세, 탑 속에 갇히다 |
루이 16세의 죽음과 혁명의 '수출' |
로베스피에르의 공포정치 | 테르미도르 반동과 혁명의 종결

11 맬서스의 환경을 극복한 산업혁명 ... 309
맬서스적 환경 | 농업혁명 | 공장의 탄생 |
자본가들의 논리, 자유주의 | 비참한 아이들

12 근대 유럽의 세력 균형을 바꾼 독일의 통일 ... 339
독일 민족의 형성 | 프로이센의 등장 |
나폴레옹의 침입과 민족의식의 각성 | 통일운동의 시작 |
프랑크푸르트 국민의회 | 비스마르크의 현실 정치

13 사회주의의 발달과 러시아혁명 ... 375
산업 사회의 두 얼굴 | 초기 사회주의자들 |
마르크스와 과학적 사회주의 | 수정주의자들 | 레닌과 러시아혁명

14 하나의 유럽을 지향한 유럽 통합 ... 409
유럽이라는 말의 등장 | 그리스인들의 유럽 인식 |
영원한 제국 로마와 기독교 유럽 개념의 탄생 | 중세시대의 유럽 |
근대 서양에서의 유럽 개념 | 유럽의 통합

주석 ... 437

1 문명의 고향, 메소포타미아

문명의 고향을 찾아서

———— 에덴 동산의 경계를 이루었던 것으로 여겨지는 티그리스강과 유프라테스강은 아담이 숨쉬었던 때와 마찬가지로 지금도 유유히 인도양으로 흘러 들어간다. 두 강의 사이에는 비옥한 평야가 있다. 메소포타미아는 그리스어로 '두 강 사이의 땅'이라는 뜻이다. 일찍이 기원전 6000년경부터 이곳에서 화려한 문명이 발달하였고, 그 문명에서 서양 문명이 갈라져 나왔다.[1] 서양 문명의 두 가지 뿌리를 흔히 헤브라이즘Hebraism과 헬레니즘Hellenism이라고 한다. 헤브라이즘은 야훼를 숭배하는 기독교를 말하고, 헬레니즘은 인간적이고 합리적인 그리스 문명을 이야기한다. 그런데 이 두 가지는 모두 메소포타미아 문명에 그 뿌리를 두고 있다. 유대교에서 기독교가 나왔다는 것을 모르는 사람은 드물기 때문에 서양 문명의 한 뿌리가 메소포타미아 지역에 있다는 것은 쉽게 이해할 수 있을 것이다.

그런데 일반적으로 메소포타미아 문명, 혹은 동방 문명과 그리스 문명은 다른 것, 아니 대조적인 것으로 생각하고 있다. 그리스인들은 합리적이고 민주적이고 자주적이고 능동적인 반면, 동방인들은 전제적이고 수동적이고 미신적이다. 그리스와 동방을 이렇게 대조적으로 보는 시각은 사실 그리스에서 시작되었다. 기원전 491년에 시작하여 기원전 479년에 끝난 페르시아전쟁에서 승리한 그리스인들은 경제력·인구·군사력에서 훨씬 부족한 자신들이 페르시아를 눌렀다는 데 자부심을 느끼고, 두 문명이 근본적으로 다른 성격을 가지고 있기 때문에 자신들이 승리할 수 있었다고 생각하였다. 가령 의학의 아버지 히포크라테스는 "페르시아(아시아) 사람은 태만하고 무감각하며 전제적 지배의 예속을 받으며 대제국에 살고 있는데 반하여, 그리스(유럽)인은 자유가 지배하고 시민의 자유로운 참여에 의하여 운영되는 작은 국가에서 생활한다"고 말하였다.

그러나 그리스 문명은 메소포타미아 문명에서 갈라져 나온 것이다. 그리스인의 신들은 그리스인의 신이기 전에 메소포타미아와 이집트의 신들이었다. 그리스의 12신 가운데 11신의 신전이 이집트에 있었고, 미노스(크레타) 문명에 관한 여러 전설에는 그리스의 신들이 활동하고 있었다.[2] 미노스 문명의 창설 신화는 이 사실을 잘 보여 준다. 그리스 신화에 따르면 페니키아 왕 아게로느의 딸 에우로페가 해변에서 놀고 있을 때 신들의 왕 제우스가 그녀를 사랑하게 되었다. 제우스는 소로 변신하여 에우로페와 시녀들 앞에 나타났다. 에우로페는 소가 순하고 촉감이 너무나 좋은 것에 매료되어 소 위에 올라탔다. 그러자 소는 바다를 건너 크레타섬으로 왔다. 그 후 제우스와 에우로페 사이

흰 소로 변장한 제우스에게 납치되는 에우로페.
5세기에 제작된 아티카풍의 크라테르(부분)이다. 제우스와 에우로페 사이에 태어난 이가
미노스 문명의 창시자 미노스다. 이는 제우스가 소아시아에서 활동했음을 암시한다.

에 미노아의 창시자 미노스가 태어났다. 이 신화는 신들의 왕 제우스가 소아시아에서 활동했다는 것과 그가 소와 관련이 있다는 것을 보여 준다. 소아시아 일대에는 소를 숭배한 종족이 광범위하게 퍼져 있었고, 유대인들도 한때는 소를 숭배했던 것으로 알려져 있다. 우리는 이 사실에서 소아시아 일대, 즉 메소포타미아 끝자락에서 그리스의 신들이 성장했음을 알 수 있다.[3]

그리스 신화와 메소포타미아 신화의 유사성은 바빌론 신화에서 명확히 드러난다.[4] 바빌론 신화에 따르면 하늘과 땅을 낳은 압수와 티아마트 사이에서 위대한 신들이 창조되었다. 먼저 뭄무가 태어났고, 다음에 라무와 라하무가, 그다음에는 안샤르와 카샤르가 태어났다. 안샤르와 카샤르 사이에서 아누가 태어났으며, 아누는 에아를 낳았다. 이렇게 많은 신들이 태어나서 세상을 휘젓고 다니자 최초의 창조자 압수가 말하였다. "그들의 행동이 나에게 성가신 일이 되었다. 낮에는 쉴 수가 없고 밤에는 잘 수가 없다. 나는 그들을 멸해서 그들의 행동을 끝장낼 것이다." 그러나 티아마트는 그 말을 듣고 화가 나서 말했다. "왜 자신이 낳은 자들을 멸하려는가? 그들의 행동이 고통을 주는 것은 사실이지만 호의로 그것을 받아들이자." 그러나 압수는 마음을 누그러뜨리지 않고 신들을 모두 죽여 버리려는 계획을 세웠다. 자식 신들도 이 계획을 알고는 모두 모여 회의를 하였다. 그때 에아가 강력한 주문을 만들어 물에 대고 외웠다. 그러자 물은 마법의 원을 만들어 압수에게 쏟아졌고, 압수는 잠이 들었다. 압수가 잠이 들자 에아가 압수를 정복하고 신들의 왕이 되었다. 에아가 신들의 왕 노릇을 하고 있을 때 마르둑 신을 낳았는데, 마르둑은 최고의 자질을 가진 신이었다. 그런데 후손 신들이 또다시 티아마트를 괴롭혔다. 그러자 만물의 어

티아마트를 물리치는 마르둑.
이 이야기는 제우스가 아버지 크로노스를 죽이고 최고 신이 되는 것과 비슷한 구조를 가지고 있어, 수메르에서 그리스까지 하나의 문명권이 형성되어 있었음을 짐작하게 된다.

머니인 티아마트는 온갖 괴물을 낳았고 그 괴물들이 신들을 모두 죽이려고 했다. 이때 마르둑이 나서서 티아마트를 죽이고 다시 신들의 왕이 되었다.[5]

그리스 신화를 한 번이라도 들어본 사람이라면 이 신화가 그리스 신들의 탄생 신화와 유사한 구조를 가지고 있음을 알 수 있을 것이다. 가이아와 우라노스가 티탄과 여러 신들을 낳고, 그 신들 가운데 하나인 크로노스가 아버지 우라노스를 죽이고 신들의 왕이 되었다. 크로노스는 제우스를 비롯한 여러 자식을 낳지만 그 자식들을 모두 삼켜 버렸고, 후에 제우스가 아버지 크로노스를 죽이고 다시 신들의 왕이 되었다. 비록 그 대상은 바뀌었지만 두 신화는 매우 비슷한 구조를 가지고 있다. 이는 수메르에서 그리스까지 하나의 거대한 문명권이 형성되어 있었기 때문일 것이다.

1_문명의 고향, 메소포타미아

그리스 문명의 중요한 특징인 인간 중심 문화도 메소포타미아에 이미 발달해 있었다. 뒤에 이야기할 길가메시 서사시의 주제가 바로 인간 중심적인 세계관이다. 그리스인들이 썼던 문자도 메소포타미아의 일족인 페니키아인들이 발명한 것이다.

결국 서양 문명의 고향은 메소포타미아다. 서양인들이 어렸을 적부터 듣고 자라는 성경 이야기, 그리스 신화 이야기, 호메로스의 서사시의 배경이 되는 곳이 바로 메소포타미아다. 아담이 살았던 에덴 동산, 신에게 도전했던 인간들이 쌓았던 바벨탑, 아브라함의 고향 갈데아 우르, 호메로스가 노래한 트로이아가 모두 메소포타미아에 있다. 이 때문에 서양인들은 끊임없이 문명의 고향에 가고 싶은 욕망을 느끼고, 문명의 신비에 대한 갈증을 느꼈다.

이미 중세 때부디 수많은 순례자들이 예루살렘을 순례하고, 문명의 고향을 찾기 위해서 사막을 헤매고 다녔다. 더위와 독충, 갈증과 배고픔, 이슬람 세력의 위협도 그들을 막지 못했다. 그러나 그들이 찾아간 메소포타미아 땅에는 끝없는 사막과 모래 바람 외에는 아무것도 없었다. 1,000년의 세월 동안 사막의 모래들이 옛 문명을 덮어 버렸기 때문이다. 중세 이래 사막을 헤매던 순례자들은 바벨탑을 발견하지 못했지만, 사막 곳곳에 남아 있던 지구라트ziggurat를 바벨탑이라고 주장하거나 자신들만의 상상도를 그렸다.

설형문자의 해독

콜럼버스가 아메리카를 발견한 후, 이른바 지리상의 대항해시대가 열리자 서양인들은 아시아와 아프리카로 밀물처럼 진출하였다. 서양인들이 세계로 뻗어 나가면서 메소포타미아 지역에 대한 관심도 커졌다. 수많은 여행가와 학자, 정치가들이 메소포타미아 지역을 방문하였다. 그러던 중 17세기 이탈리아의 한 여행가가 메소포타미아의 설형문자楔形文字가 새겨진 벽돌을 최초로 유럽에 가져왔다. 이로써 메소포타미아에 위대한 고대 문명이 있었고, 그 문명이 자신들의 믿음과 역사를 증명해 줄 것이라는 희망에 젖어 유럽의 유능한 학자들이 탐구에 나섰다. 아니 서양 전체가 열광 속에서 탐사에 나섰다고 해도 과언이 아니다. 18세기 말에서 19세기까지 유럽 열강들은 국위를 걸고 메소포타미아 문명을 발굴하기 위해서 경쟁에 나섰다.

이때 선두에 선 사람이 하노바 사람 카르스텐 니부르Carsten Niebuhr(1733~1815)였다. 그는 1760~1767년 사이에 여러 명의 동료들과 오리엔트로 갔고, 고대 페르시아 제국의 수도였던 페르세폴리스의 왕궁터에서 많은 비문을 발견하였다. 이 비문에는 쐐기 모양의 글자들이 새겨져 있었다. 니부르는 설형의 표식들이 어떤 문자라고 생각하여 그것들을 베껴 와서 공개하였다. 이 비문들의 해독을 최초로 시도한 사람은 그로테펜트Georg Friedrich Grotefend(1775~1853)라는 독일의 고등학교 교사였다. 그로테펜트는 성실하고 평범한 교사로, 경력이라고 하면 괴팅겐에서 문헌학을 전공한 것이 전부였다. 그런데 27세 때 친구들과 술을 마시던 그로테펜트는 자신이 설형문자를 해독할 수 있을 것이라는 느낌에 온몸을 떨었다. 그로테펜트는 즉시 친구들에게 그 이야기를 하고, 자신이 설형문자를 해독하겠다고 선언했다.

문헌학을 전공하는 고전학자로서 헤로도토스를 비롯한 고대사를 많이 읽은 것이 도움이 되었다. 그로테펜트는 페르세폴리스가 페르시아의 수도였고, 페르시아가 신바빌로니아를 멸망시킨 이야기가 비문에 쓰여 있을 것이라고 생각했다. 그러나 비문의 해석은 생각처럼 쉽지 않았다. 쐐기처럼 생긴 문자들이 글자인지도 알 수 없었고, 그것을 오른쪽에서 왼쪽으로 읽어야 하는지, 위에서 아래로 읽어야 하는지조차 몰랐기 때문이다. 그로테펜트는 쐐기문자와 페르시아 왕들의 이름을 수없이 대조해 가면서 암호 풀이에 열중했고, 1802년 드디어 설형문자 해독의 기반을 마련하였다. 이때 발표한 논문 〈페르세폴리스의 설형문자 해석에 관하여〉는 아직도 설형문자 해독의 고전이다.[6]

그로테펜드는 비문에 페르시아의 위대한 왕인 다리우스Darius(기원전 558?~486?)와 그의 아버지 히스타스페스, 아들 크세르크세스의 이름이 새겨져 있다는 사실을 밝혀 냈다. 그러나 페르세폴리스에서 발견된 단편적인 비문들을 가지고는 설형문자의 비밀을 제대로 밝힐 수 없었다. 그로테펜트의 주장이 맞는지 확인할 길이 없게 되자, 연구는 다시 오리무중에 빠지게 되었다. 그러던 중 19세기 중엽 들어 영국의 헨리 롤린슨Henry Creswicke Rawlinson(1810~1895)이 비문 해독의 큰 진전을 이루었다. 군인이었던 롤린슨이 고고학에 관심을 가지게 된 것은 매우 우연한 사건 때문이었다. 17세의 사관 후보생이었던 롤린슨은 인도행 배를 타고 있었는데, 그때 승객들의 지루함을 달래 주기 위해서 선내 신문을 발행하였다. 그런데 그 배에는 당시 저명한 동방학자였던 말콤 경이 타고 있었다. 롤린슨은 말콤 경이 들려주는 페르시아의 역사, 언어, 문학 이야기에 흠뻑 빠져들어 메소포타미아, 특히

고대 페르시아 왕 다리우스 1세의
비스툰 비문(위)과 비문이 새겨진 바위의 모습을 스케치한 그림(아래).
다리우스는 바위산의 150미터 절벽 면에 비문과 부조를 새기게 했는데,
이 비문은 페르시아어와 엘람어, 아카드어로 표기되었다. 1837년 롤린슨이 이것을 발견하여
고대 페르시아어의 일부를 처음으로 해독하였다.

페르시아의 역사에 깊은 관심을 갖게 되었다.

이후 군인이 된 롤린슨은 페르시아 지역에서 오랫동안 복무하면서 쐐기문자의 해독에 심취하였다. 그러던 중 바기스타나라고 불리는 곳에 거대한 암벽이 있고, 그곳에 이상한 글자들이 새겨져 있다는 사실을 알게 되었다. 그곳은 바그다드를 출발해서 이란고원 동부의 엑바타나로 향하는 대상들이 자그로스산맥을 넘어가는 도중에 낙타에게 물을 먹이고 휴식을 취하는 곳으로, 높이 120미터나 되는 암벽에 세 가지 종류의 설형문자, 즉 고페르시아어·엘람어·아카드어로 414행, 260행, 120행씩 새겨져 있었다. 이것이 쐐기문자를 해독하는 결정적인 단서를 제공한 유명한 비스툰(옛 이름은 베히스툰, '극락'이라는 뜻) 비문이다. 비문의 내용은 다리우스 왕이 반란을 진압하고, 스키타이 왕에게 승리를 거둔 이야기였다. 이 비문에서 나리우스 왕은 "내가 서 짓말하지 않고, (신의) 법을 따르고, 신실하기 때문에 아후라마즈다가 나를 지지하신다. 나는 정의로써 행동한다"라고 말했다.

1837년 이곳을 방문한 롤린슨은 로프를 타고 절벽을 내려가 거대한 비문을 복사하였다. 비석이 너무나 컸기 때문에[7] 복사하고 해독하는 데 거의 10년이 걸렸다. 롤린슨은 1846년 런던 왕립아시아학회에 비문의 복사본과 해독본을 제시하였다. 이로써 쐐기문자의 비밀이 풀리기 시작하였고, 메소포타미아의 역사를 복원할 수 있는 길이 열렸다.

노아에 앞서 길가메시

그로테펜트와 롤린슨이 뿌려 놓은 씨를 싹틔워 열매 맺게 한 사람은 레이어드Austen Henry Layard(1817~1894)와 조지 스미스다. 어릴 적부터 동방을 동경해 온 레이어드는 《아라비안 나이트》를 읽으며 바그다드, 다마스커스, 페르시아에 대한 꿈을 키웠다. 법률을 공부하여 22세에 변호사가 되었지만 자신의 꿈과 열정을 버릴 수 없었던 레이어드는 곧 변호사 사무실을 뛰쳐나와 중동으로 떠났다.

레이어드가 여느 여행가처럼 유명한 곳만을 돌아다녔다면 역사에 이름을 남길 수 없었을 것이다. 그는 몇 명의 동료와 간단한 여행 도구만을 가지고 온갖 오지와 폐허들을 돌아다녔다. 그렇게 돌아다녀 봐야 황폐하고 볼품없는 구릉뿐이었지만, 그 구릉들을 보고 레이어드는 깊은 감흥을 느꼈다. 그곳에 고대 페르시아와 아시리아인들의 숨결이 남아 있다고 생각했기 때문이다. 그러던 중 레이어드는 현재의 님루드 지방에 있는 거대한 구릉에 마음을 빼앗겼다.

님루드는 〈창세기〉 10장에 나오는 노아의 증손자 이름에서 따온 것으로, 〈창세기〉는 님루드가 앗수르로 나아가 니네베를 건설하였다고 전한다. 니네베는 북이라크의 모술 인근에, 님루드는 모술 지역에서 약 30킬로미터 떨어진 곳에 있다. 니네베는 고대에 니누아Ninua라고 불렸고, 님루드는 칼후Kalhu라고 불렸다. 레이어드는 님루드라는 도시 이름을 듣고 이 도시가 아시리아 문명과 깊은 관련을 가지고 있는 것이 틀림없으며, 이곳을 발굴하면 아시리아 문명의 흔적을 찾을 수 있을 것이라고 확신했다. 그리고 후원자를 물색하여 1845년 발굴에 착수했는데, 구릉을 발굴하기 시작한 지 몇 시간 만에 아시리아 궁전 터의 일부를 발견하였다. 결국 그는 그 구릉에서 아시리아의 왕궁 전체를 발굴하는 데 성공했다. 이 왕궁의 주인은 아슈르나시르팔 2세(기원전 884~859)로, 그가 앗수르에서 이곳으로 수도를 옮긴 것으로 추정된다.

　이를 계기로 일약 유명 인사가 된 레이어드는 계속해서 아시리아의 중요 유적을 발굴하였다. 그리하여 1849년에는 티그리스 강변의 쿤지크 구릉에서 니네베 최대의 궁전인 세나케립(기원전 704~681) 왕의 궁전을 발굴하였다. 세나케립은 아시리아 최대의 정복 왕으로, 니네베를 아시리아의 수도로 삼은 장본인이다. 이 왕궁에는 3만 권의 점토판 장서를 소장한 거대한 도서관이 있었다. 나무나 풀이 귀했기 때문에 메소포타미아 사람들은 진흙으로 벽돌을 만들어 건물을 지었고, 진흙판에다 첨필로 글자를 썼다. 이 때문에 메소포타미아를 '진흙의 문명'이라고 부르기도 한다. 하여튼 이 도서관에는 인류 최초의 서사시이자 메소포타미아 문명의 본체를 보여 주는 〈길가메시 서사시gilgamesh epic〉가 있었다.

　레이어드의 조수였던 라삼이 〈길가메시 서사시〉가 실린 점토판을 대영박물관으로 보냈을 때, 그곳에는 조지 스미스George Smith(1840~1876)라는 인물이 있었다. 1840년에 태어난 스미스는 원래 지폐 조판공이었으나, 조그마한 다락방에서 독학으로 아시리아어를 공부하여 26세에 설형문자에 대한 주석서를 쓴 것이 학계에 큰 반향을 일으켜 대영박물관에서 이집트-아시리아 부서의 조수로 일하게 된 사람이었다. 레이어드와 그의 조수가 보낸 니네베 도서관의 점토판들을 조사하고 해독해 나가던 스미스는 1872년 가을에 중요한 발견을 하였다. 몇 개의 점토판에 노아의 홍수와 비슷한 이야기가 실려 있었던 것이다. 그해 12월 3일, 스미스는 자신이 복원한 〈길가메시 서사시〉 일부분을 성서고고학회에서 정식으로 발표하였다.

　〈길가메시 서사시〉는 두 가지 점에서 중요하다. 첫째는 메소포타미아 문명의 실체를 보여 준다는 것이고, 둘째는 구약성서에 나오는 노아의 홍수와 너무나 흡사한 대홍수의 이야기를 담고 있다는 것이다. 여기서 〈길가메시 서사시〉의 내용을 간략하게 살펴보고 넘어가자.

옛날에 우루크라는 도시에 길가메시라는 용감하고 무서운 사람이 살고 있었다. 그의 폭정에 시달리던 백성들이 하늘에 구원을 요청하였고, 신들은 엔키두를 보내어 길가메시를 응징하게 하였다. 하지만 길가메시와 엔키두는 상대의 영웅됨을 알아보고 절친한 친구가 되었다. 목숨을 건 모험을 즐겼던 길가메시는 어느 날 엔키두에게 신들의 숲에 가서 하늘에까지 닿아 있는 삼나무를 베어 자신들의 힘을 과시하자고 제안하였다. 처음에 엔키두는 신들의 숲에는 훔바바라는 무서운 괴물이 있다면서 그 제안을 거절하였다. 그러나 길가메시의 끈질긴 설득에 넘어가 결국 함께 모험길에 오른다. 둘은 힘겹게 훔바바를 죽이고, 신들의 숲에서 삼나무를 베어 버렸다. 노한 신들은 하늘 문을 지키는 소를 보내 길가메시와 엔키두를 징벌하도록 하였지만, 엔키두는 그 황소마저 죽여 버렸다. 둘은 의기양양하게 고향으로 돌아간다. 그런데 엔키두는 불안하였다. 신들의 숲을 지키는 괴물과 하늘의 문을 지키는 황소를 죽여 버렸으니 신들이 복수할 것이라고 걱정했기 때문이었다. 어느 날 엔키두는 하늘의 신들이 회의를 하는 꿈을 꾸었다. 꿈속에서 신들은 길가메시와 엔키두 중 한 명은 반드시 죽이자고 언쟁을 벌였고, 그 사이에 엔키두는 꿈에서 깨어났다. 그 후 엔키두는 우울증에 걸려 죽었다. 엔키두가 죽자 길가메시는 형언할 수 없는 슬픔에 잠겼다. 신들에게 도전할 만큼 힘이 센 엔키두가 죽자 자신도 언젠가는 죽을 것이라는 것을 깨달았기 때문이다.

세계에서 가장 오래된 서사시인 〈길가메시 서사시〉의 주인공.
길가메시(왼쪽)는 엔키두를 설득해 신들의 숲에 사는 훔바바(오른쪽)를 죽이고
목표했던 삼나무를 베어 낸다.

길가메시는 영원히 살 비결을 찾기로 결심하고, 전설로 내려오던 우트나피쉬팀Utnapishtim(바벨론어로 Noah, 수메르어로 Ziusdra)이라는 현자를 찾아가기로 한다. 이 현자는 세상 끝에 살며 영생을 누리고 있었다. 온갖 고생 끝에 세상 끝에 도달한 길가메시는 우트나피쉬팀이 살고 있는 섬으로 가기 직전 한 여인숙에 머문다. 여인숙의 여주인이 무엇 때문에 그 고생을 하며 이곳에 왔느냐고 물었다. 길가메시는 엔키두 이야기와 죽음을 맞아야 하는 인간의 슬픈 운명에 대해서 이야기하였다. 그러자 여인숙 주인이 충고했다. "신들이 세상을 만들 때 인간에게는 죽을 수밖에 없는 운명을 주었습니다. 자기에게 주어진 만큼만 즐기십시오. 먹고 마시며 행복하게 사세요." 그럼에도 길가메시는 기어이 우트나피쉬팀을 만났다.

우트나피쉬팀은 자신이 영생을 누리는 비결을 이야기해 주었는데, 인간이 교만해졌기 때문에 신들이 인간을 멸하기로 했고, 에아 신이 우트나피쉬팀에게 방주를 만들어 홍수에 대비하라고 말해 주었다고 했다. 우트나피쉬팀이 방주를 만들어 가족과 온갖 짐승들을 태우자 거대한 폭풍우가 일어났고 세상은 멸망했다. 홍수가 그치고 7일이 지난 뒤부터 우트나피쉬팀은 비둘기, 제비, 까마귀를 날려 보내 물이 빠졌는지 확인했다. 까마귀가 방주로 돌아오지 않자 우트나피쉬팀은 산에서 제사를 지냈다. 그때 신들은 우트나피쉬팀을 어여삐 여겨 영생을 주었다.

이 이야기가 발표되자 세상이 발칵 뒤집혔다. 성서의 사건들이 단순한 전설이나 신화가 아니라, 역사적인 사건에 기반하고 있을 가능성이 열렸기 때문이다. 그러나 성서의 사건들이 다른 비문이나 문헌에 기록되어 있다면 그것이 성서의 신빙성을 더욱 높인다고 생각할 수 있겠지만, 〈길가메시 서사시〉가 최초로 기록된 시기는 기원전 2000년경이고, 길가메시는 기원전 2800년경에 살았던 실존 인물로 추정됐기 때문에 문제가 복잡해졌다. 성서가 본격적으로 기록된 것은 기원전 6~5세기부터이므로, 〈길가메시 서사시〉는 성서보다 앞선 것이고, 따라서 성서는 유대인의 독창적인 기록이 아니라 메소포타미아의 여러 민족이 겪었던 이야기들을 유대인들이 차용한 셈이 된다. 이 사실을 알게 된 교회는 중대한 위기에 처했다고 생각했다. 성경의 이야기들이 다른 민족의 전설을 이어받은 것이라는 사실을 알았기 때문이다.

〈길가메시 서사시〉는 이 밖에도 현세 중심적인 메소포타미아인들의 사고관을 잘 보여 주고 있다. 흔히 그리스 문명을 이야기할 때 인

〈길가메시 서사시〉에는 구약에 나오는 노아의 홍수(그림)와 너무나 유사한 이야기가 실려 있다. 이는 성서가 유대인의 독창적인 기록이 아니라 메소포타미아의 여러 민족이 겪었던 이야기를 유대인이 빌려 썼다는 증거가 되었다.

간 중심적, 현세 중심적이라고 한다. 그리스인들은 죽음에 대해서 고민하지 않았고, 현세의 삶에 만족하면서 살았다. 그들에게 산다는 것은 즐거운 일이고, 죽음은 해방이었다. 그런데 이 그리스 문명의 특징을 〈길가메시 서사시〉에서 찾을 수 있는 것이다. 여인숙 주인의 이야기, 즉 죽는다는 것은 피할 수 없으니 인생을 즐겁게 살라는 이야기가 〈길가메시 서사시〉의 주제다.

바벨탑의 진실

노아의 홍수와 함께 메소포타미아 문명을 이야기할 때 빠지지 않고 나오는 이야기가 바벨탑의 전설이다. 앞에서 서양인들이 바벨탑을 찾기 위해 목숨을 걸고 사막을 헤맸다는 이야기를 했다. 과연 바벨탑의 진실은 밝혀졌을까.

바벨탑의 전설은 〈창세기〉 11장에 실려 있다. 노아의 홍수 이후 동쪽으로 이동하던 사람들이 시날 땅(바빌로니아)의 한 들판에 이르러 그곳에 자리를 잡았다. 그들은 서로 말하였다. "자, 도시를 세우고, 그 안에 탑을 쌓고서 탑 꼭대기가 하늘에 닿게 하여 우리의 이름을 날리고, 온 땅 위에 흩어지지 않게 하자." 이들이 탑을 쌓고 있는 것을 보고 하느님께서 말씀하셨다. "보아라, 만일 사람들이 같은 말을 쓰는 한 백성으로서, 이렇게 이런 일을 하기 시작하였으니 이제 그들은 하고자 하는 것은 무엇이든지 하지 못할 일이 없을 것이다. 자, 우리가 내려가서 그들이 거기에서 하는 말을 뒤섞어서 그들이 서로 알아듣지 못하게 하자." 하느님께서 언어를 다르게 하여 사람들을 온 땅으로 흩어지게 하고, 이곳을 바벨이라고 불렀다.

과연 이러한 바벨탑의 전설은 사실일까? 정말 바벨탑이 있기는 한 것일까? 수많은 사람들이 이 전설을 사실이라고 믿고, 사막 속에서 바벨탑을 찾으려고 노력했다. 바벨탑을 찾을 수 없었던 사람들은 그 상상도를 그리는 것에 만족해야 했다.

그런데 독일 사람 콜데바이Robert Koldewey(1855~1925)가 바벨탑의 비밀을 밝혀 냈다. 1899년부터 독일 조사단을 이끌고 바빌론을 발굴한 콜데바이는 바빌론에서 가장 신성한 지역으로 여겨지던 에사기라에서 7층탑을 찾아냈다. 그 탑의 기단에는 다음과 같은 글이 실려 있었다.

아주 오랜 옛날에 사람들은 각자의 말을 함으로써 무질서에 빠져서 이 탑의 건축을 포기했다. 그 이후로 지진과 천둥이 햇빛으로 말린 진흙을 흩어지게 했다. 덧입혀 구운 벽돌들이 깨지고, 내부의 흙들이 덩어리 지어 흩어져 버렸다. 위대한 신 마르둑께서 이 탑을 수리하라고 나에게 명령하셨다. 나는 탑이 놓은 자리를 변경하지 않았고, 기단부를 제거하지도 않았다.[8]

이 내용이 성경의 바벨탑 이야기와 매우 비슷하다는 것을 한눈에 알 수 있다. 성경의 바벨탑 이야기는 아마도 바빌론 사람들에게 오래전부터 내려오던 전설을 변용했을 것이다. 비문에 나오는 '나'는 신바빌로니아 왕국의 네브카드네자르 왕이다. 따라서 바벨탑은 신바빌로니아 시대에 건설된 7층탑이었다. 이렇게 해서 바벨탑의 실체가 밝혀졌는데, 그렇다면 바벨탑이 왜 신에게 도전한 인간들이 쌓은 탑이라는 것일까?

바벨이라는 말은 원래 아카드어 '바브이루'에서 나온 말이다. 바부 기원전 1250년 운타쉬 나피리샤 왕이 건설한 지구라트(위)와 그 현장(아래).
지구라트는 메소포타미아 사람들이 신에게 예배를 드리기 위해 쌓은 인공 산이다.

1_문명의 고향, 메소포타미아 35

는 문, 이루는 신이라는 뜻으로 바벨은 '신의 문'이라는 뜻이다. 후에 그리스인들이 이 바벨을 바빌론이라고 부르고, 이 지방을 바빌로니아라고 불렀다. 결국 바벨은 바빌로니아의 수도인 바빌론을 말하는 것이고, 바벨탑은 바빌로니아 사람들이 쌓았던 탑을 말한다.

돌이 매우 귀하였던 메소포타미아에서는 진흙으로 벽돌을 구워 신전을 만들었다. 이것은 지구라트라고 불리는데, 현재 30여 개의 지구라트가 발견되었다. 여러 종족이 다양한 시기에 지구라트를 만들었기 때문에 그 모양이나 형식이 다양하다. 대부분의 지구라트는 사각형 모양으로 기단을 만들고, 그 위에 좀 더 작은 모양의 작은 단을 만드는 식으로 되어 있다. 이런 식으로 만들어진 지구라트는 계단식 형태여서 계단식 신전이라고도 불린다.

지구라트는 기원전 4000년대 말부터 만들어지기 시작했는데, 초기에는 그 높이가 매우 낮았다. 그런데 문명이 발달하면서 규모가 갈수록 커졌다. 벽돌 단을 몇 층씩 쌓아 올린 후대의 지구라트들은 산의 형세와 닮았다. 지구라트가 산과 깊은 관련을 가지고 있다는 것은 그 이름들에서 알 수 있다. 원래 지구라트에는 모두 이름이 붙여 있었는데, '하늘과 땅을 연결하는 집', '산의 집', '폭풍우의 산', '하늘과 땅의 유대', '꼭대기가 하늘에 닿는 신의 집' 등의 이름이 많이 사용되었다. 지구라트라는 말 자체도 '높은 봉우리'라는 뜻이다.

그렇다면 메소포타미아 사람들은 왜 인공 산을 만들었을까? 원래 메소포타미아에 정착한 종족들 대부분이 산에서 유목을 하던 사람들이다. 그들은 메소포타미아에 정착하기 이전부터 산을 신성시하는 관념을 가지고 있었고, 산이 하늘과 땅을 연결해 주는 곳이라고 생각했다. 이들은 신들이 하늘에 있으므로 신들에게 드리는 예배도 높은 언덕이나 산에 자리 잡은 신전에서 드려야 한다고 생각했다. 인간이 가까이 가면 갈수록 신의 만족은 커지고, 무력한 인간이 신에게 괴롭힘을 당할 가능성도 줄어들 것이라고 믿었다.

그런데 그들이 메소포타미아에 들어왔을 때 신들에게 제사를 지내고, 신들을 만날 수 있는 장소인 산이 없었다. 이 때문에 메소포타미아 사람들은 인공 산을 만들어야 했는데, 그것이 지구라트였다.

바벨탑에 대한 유대인들의 '오해'

이렇듯 지구라트는 메소포타미아인들이 신에게 가까이 가고, 신들을 숭배하려는 염원을 상징하는 것이다. 따라서 바빌로니아 사람들이 바벨탑을 만들었던 것은 결코 신들을 모독하기 위해서가 아니라 오히려 신들을 잘 섬기기 위해서였다. 실제로 바벨탑의 규모는 매우 커서 탑에 사용된 벽돌이 8,500만 개나 되었다.

이렇게 큰 지구라트를 쌓기 위해서 이집트가 피라미드를 만들었을 때와 마찬가지로 채찍 소리가 끊이지 않았을 것이다. 그러나 피라미드와 지구라트는 근본적으로 다르다. 피라미드는 한 사람의 특정 지배자를 위하여 세운 것이지만, 지구라트는 여러 세대에 걸쳐서 모든 사람을 위하여 세운 것이기 때문이다. 그래서인지 이집트의 피라미드는 무너지거나 도굴당해도 그것을 재건하려는 사람이 없었지만, 바빌로니아의 지구라트는 붕괴되고 몇 번씩 파괴되어도 다시 재건되고 새롭게 치장되었다. 지구라트는 민족의 성역으로서 신들 중의 신인 마르둑에게 경배를 드리려는 수천 수만의 순례자들의 행렬이 집결되는 곳이었다.

순례는 맨 아랫단에 모셔진 하급 신들의 신전에서부터 시작되지만, 정상의 마르둑 신전에는 제사장들만이 들어갈 수 있었다. 기원전 458년경 헤로도토스는 이 사원을 보았다. 신전의 아랫부분이 황금으로 치장된 데 비해 신전의 가장 높은 지역에는 어떤 신상이나 장식도 없었다. 옆으로 누워서 식사를 하는 데 필요한 식탁용 장의자와 황금색을 입힌 탁자가 놓여 있을 뿐이었다. 이 지고지선의 성역에는 일반인의 출입이 허용되지 않았다. 마르둑이 강림하는 이곳에는 오직 한 여인, 간택된 여인만이 머물며 신의 기호에 따라 수발을 들었다. 헤로도토스는 이에 대해 "신이 신전을 방문하고 쉬고 간다고 말하고 있으나, 나는 도저히 믿어지지 않는다"[9]고 말했다.

그런데 성경에서는 하늘까지 닿을 만큼 높은 신선을 쌓는 것을 신에 대한 도전으로 묘사하고 있다. 이것은 바빌로니아의 문화를 이해하지 못한 유대인들의 오해에서 비롯된 것이다. 신바빌로니아가 유대 왕국을 멸망시킨 후, 많은 유대인들이 바빌론에 포로로 끌려왔다. '바빌론 유수'(기원전 586~539)라고 하는 이때 바빌론에 끌려온 유대인들은 바빌론의 화려함과 사치스러움에 놀랐다.

특히 바빌론에는 신전 창녀가 있었다. 후에 그리스인들은 이들을 '히에로둘로스Hierodulos'라고 불렀다. 수메르 시대부터 있었던 이 히에로둘로스에도 위계가 있었는데, 가장 높은 이는 엔투였다. 엔투는 최고의 신을 모시는 사제로 오직 왕 한 사람과 잠자리를 했다. 엔투가 신성함을 잃거나 흐트러진 행동을 해서는 안 되었기 때문에 술을 마시고 유혹에 빠져드는 일이 없도록 양조장 근처에도 가서는 안 되었다. 그 밑으로 살메, 지크루, 카디슈트가 있었는데, 이들은 신의 첩 혹은

피터르 브뤼헐이 그린 〈바벨탑〉.
사실 성경에 나오는 바벨탑 이야기는 바빌로니아의 문화를
잘 이해하지 못한 유대인들의 오해에서 비롯되었을 가능성이 크다. 바빌로니아 사람들은
신을 모독하기 위해서가 아니라 잘 섬기기 위해서 탑을 쌓았다.

대리인으로서 신전에 공물을 바친 남자들과 잠자리를 해야 했다.[10]

수메르인들은 신전 창녀와 잠자리를 함으로써 신과 합일을 이루거나 신의 정기를 받는다고 생각했다. 메소포타미아 지역의 왕들이 매년 신년제를 치를 때 신전 창녀와 공개적으로 잠자리를 하는 것은 이런 관념 때문이었을 것으로 추측된다. 신전 창녀들과 남자들이 잠자리를 갖는 것이 당연시되면서 신전 창녀들은 때때로 노골적으로 매춘을 했다. 이 제도와 관념이 그대로 바빌로니아에 전해졌다.

1_문명의 고향, 메소포타미아 39

바빌론으로 끌려온 유대 남자들 가운데서도 이 신전 여사제들과 관계를 맺는 이들이 있었다. 유대 남자들이 바빌론 여자들과 놀아나고 그들의 풍습에 물드는 것을 바라보던 유대 지도자들은 격분했고, 바빌론인들의 풍습과 신전을 사악한 것으로 규정했다. 이렇게 해서 바빌로니아인들의 신전, 즉 바벨탑은 신에게 도전하는 오만한 자들을 상징하는 상징물이 되었다.

지금까지 메소포타미아가 서양 문명의 고향이고, 중세 이래 수많은 서양인들이 그 고향을 순례했으며, 19세기 고고학이라는 학문이 탄생하여 메소포타미아 문명을 복원했다는 것을 살펴보았다. 메소포타미아의 역사에 대해서는 아직도 밝혀야 할 것이 많지만, 지금까지 밝혀진 것만으로도 '빛(문명)은 동방에서' 왔다고 이야기한 로마인들의 말이 사실임이 입증되었다. 앞에서 설명했듯이 서양인들이 서양 문명의 본질이라고 생각하는 신화와 종교, 현세 중심적인 문화가 메소포타미아에 그 기원을 두고 있기 때문이다. 이외에도 메소포타미아들은 언어·교육·천문학·수학 등 많은 분야에서 서양 문명의 뿌리를 만들어냈다. 청동기, 바퀴, 쟁기, 농업서, 60진법, 도서관, 태음력과 같은 것들이 모두 메소포타미아에서 최초로 만들어졌다. 그렇지만 그 무엇보다 중요한 것은 법률이다. 메소포타미아인은 정교한 법체계를 만들었고, 이후 법 문화의 원형을 마련하였다.

법에 의한 통치의 원형을 마련한 함무라비

기원전 1830년경에 아무르인의 일파가 바빌로니아라는 나라를 세웠고, 함무라비는 이 왕국의 6대 왕이었다. 함무라비는 메소포타미아 전역을 통일하였고, 넓은 나라를 현명하게 통치하기 위해서 노력하였다. 그는 이전에 내려오던 '우르카기나 개혁', '우르남무 법전', '리피트 이슈타르 법전', '에슈눈나 법전' 등을 참고하여 형벌, 경제생활, 가족 관계 등에 관한 282개조의 조항으로 구성된 법전을 만들었다. 그 중 주요 조항은 다음과 같다.

> 196조 어떤 사람이 귀족의 눈을 쳐서 빠지게 하였으면, 그의 눈을 뺀다.
> 198조 어떤 사람이 평민의 눈을 쳐서 빠지게 하였거나 평민의 뼈를 부러뜨렸으면, 은 1미나mina를 치러야 한다.
> 199조 어떤 사람이 평민이 소유한 노예의 눈을 쳐서 빠지게 하였거나 노예의 뼈를 부러뜨렸으면, 그의 값의 2분의 1을 그 주인에게 물어야 한다.
> 200조 귀족이 자기와 같은 계급의 사람의 이를 빠뜨렸으면, 그의 이를 빠뜨린다.

이 조항들을 살펴보면 함무라비 법전의 중요 원칙이 '눈에는 눈, 이에는 이', 즉 '동태복수법'이라는 것을 알 수 있다. 이 원칙은 일반적으로 원시적이고, 잔인한 것으로 알려져 있다. 그러나 당시 세계에 법이라는 개념을 가진 다른 문명은 없었다. 현재의 유럽 지역에서는 문자도 없는 부족들이 생존을 위해서 몸부림치고 있었고, 여러 가지 점에서 늘 최초를 주장하는 중국인은 기원전 4세기, 즉 전국시대의 진나라에서 법 개념을 만들어 냈다. 따라서 대부분의 문명에서 가장 중요한 것은 무력이었고, 사적인 복수가 멋대로 행해졌다.

더욱이 함무라비 법전의 규정들을 살펴보면 그 안에는 높은 합리성이 발견된다. 함무라비 법전은 신분에 따라서 다른 조항을 두었는데, 가령 어떤 사람이 귀족의 눈을 멀게 하면 그의 눈을 빼야 하지만, 평민이나 노예의 눈을 멀게 하면 돈으로 물어 주게 하였다. 오직 귀족의 신체에 상해를 입혔을 때만 동태복수를 하도록 규정한 것은 귀족에게는 돈이 필요 없기 때문이다. 그에 반해서 평민은 가난하기 때문에 가해자의 눈을 멀게 하는 것으로 끝나면 장애자가 된 피해자가 먹고살 길이 막막하다. 따라서 이 경우 가해자가 돈으로 보상해 주게 하는 것이 낫다.

이렇게 함무라비는 여러 가지 사항을 꼼꼼하게 고민한 후 법을 만들었다. 앞에서 인용한 조항 이외에 다른 조항들을 보면 매매나 임대차를 할 때는 계약서를 작성하도록 했고, 상속은 장남과 차남을 구별하지 않고 균등하게 했으며, 부부도 법적으로는 동등하다고 규정하였고, 노동자들의 임금도 법적으로 보호받도록 하였다. 이렇게 함무라비 법전은 사회 운영의 세세한 것들을 법으로 규정했을 뿐만 아니라, 가난한 사람과 사회적 약자를 보호하여 사회 정의를 실현하려고 노력하였다. 가령 이자율 상한선을 정하였으며, 가난한 사람들이 돈을 빌리고 돈을 갚지 못하면 노예로 팔려 가곤 했는데, 흉년이 들면 빚을 1년 뒤에 갚아도 되도록 규정하였다.[11]

함무라비는 법전을 만든 후에 법전의 내용을 모든 사람에게 알려야 한다고 생각했다. 그래서 법전을 만든 이유와 목적, 법전의 내용을 돌기둥에 새겨서 여러 지역에 공개하였다. 현재 우리가 함무라비 법전의 내용을 정확하게 알 수 있는 것은 1900년에 프랑스 발굴단이 함무라비가 만든 돌기둥 가운데 하나를 페르시아의 고대 도시인 수사에서 발굴했기 때문이다. 이 돌기둥은 함무라비가 태양신 사마슈Shamash로부터 법전을 만들라고 명령받는 장면을 담고 있다.

함무라비가 사회적 정의를 실현하기 위해서 법전을 만들고, 그것을 널리 게시하였던 것은 모든 사람이 법에 의해서 살아야 한다는 원칙을 수립한 것이고, 이 원칙은 이후 로마에 계승되어 오늘날 우리에게로 이어졌다. 이 점에서 메소포타미아인은 법에 의한 통치라는 개념을 최초로 만들어 낸 사람이라고 할 수 있다.

2 민주주의 원형을 만든 아테네

'아테네의 전성시대'

　　　　프랑스의 철학자 볼테르Voltaire(1694~1778)는 인류사에 위대한 시대가 네 번 있었다고 말했다. 페리클레스가 다스리던 '아테네의 전성시대'가 그 첫 번째요, 카이사르와 아우구스투스가 다스리던 로마제국의 시대가 그 두 번째요, 이탈리아의 르네상스 시대가 그 세 번째요, 루이 14세 시대가 그 네 번째이다.

　볼테르가 인류사의 위대한 시대 가운데 하나로 평가한 페리클레스의 시대는 서양인들에게 하나의 이상이었다. 위대한 예술과 사상이 발전한 시기이기 때문이다.

　이 시대에는 유네스코가 인류가 보존해야 할 문화유산의 첫 번째로 꼽는 파르테논[1] 신전이 만들어졌고, 소크라테스를 비롯한 위대한 철학가들이 이 시대 전후에 활동하였다. 그러나 사상과 문화 이상으로 페리클레스 시대를 위대하게 만든 것은 아테네인들이 이룩한 민주주

볼테르가 꼽은 인류사의 '위대한 네 시기'.
• 아테네 페리클레스 시대　•• 로마 아우구스투스 시대
••• 레오나르도 다 빈치가 활동한 이탈리아 르네상스 시대　•••• 프랑스의 루이 14세 시대

46　14가지 테마로 즐기는 서양사

의다. 페리클레스 시대에 아테네인들이 이룩한 민주주의는 현대의 그 어느 나라도 따라 잡을 수 없을 만큼 완벽했다.

아테네의 민주주의가 얼마나 위대했는지 알아보기 위해서 먼저 프랑스혁명에 대해서 잠깐 살펴보자. 1789년 프랑스인들은 주권재민의 원칙에 입각한 새로운 정치체제를 수립하고, 자유와 평등 그리고 우애가 확립된 사회를 만들기 위해서 혁명을 일으켰다. 혁명을 주도했던 국민의회 의원들은 1789년 8월 26일 프랑스혁명이 추구해야 할 기본 정신을 인권선언의 형태로 발표했다. 인권선언이 밝힌 혁명의 이념을 성취하기 위해서 프랑스인들은 피와 땀을 혁명의 제단에 바쳤다. 그러나 그들이 추구한 혁명 정신이 과연 얼마나 실현되었을까? 혁명의 지도자인 마라·당통·로베스피에르가 차례로 죽고, 결국 나폴레옹이라는 독재자가 혁명을 사산시켰다. 프랑스혁명의 이념이 어느 정도나마 실현된 것은 나폴레옹이 죽고 100여 년이 지난 후이다.

그런데 기원전 5세기에 그리스의 페리클레스는 자신의 사회를 다음과 같이 자랑하였다.

> 우리의 정치체제는 이웃나라들의 제도를 모방한 것이 아닙니다. 우리는 남을 모방하기보다 남에게 본보기가 되고 있습니다. 소수자가 아니라 다수자의 이익을 위해 나라가 통치되기에 우리 정체를 민주정치라고 부릅니다. 시민들 사이의 사적인 분쟁을 해결할 때는 법 앞에 만인이 평등합니다. 그러나 주요 공직 취임에는 개인의 탁월성이 우선시되며, 추첨이 아니라 개인적인 능력이 중요합니다. 마찬가지로 누가 가난이라는 불리한 조건에도 불구하고 도시를 위해 좋은 일을 할 능력이 있다면 가난 때문에 공직에서 배제되는 일도 없습니다.[2]

페리클레스 시대에 만들어진 파르테논 신전.
유네스코는 이 신전을 인류가 보존해야 할 첫 번째 문화유산으로 꼽았다.

이것은 기원전 431년 페리클레스가 아테네 민중들에게 자긍심을 주려고 했던 연설이다. 우리는 이 연설에서 프랑스혁명이 추구한 혁명 정신을 그대로 찾을 수 있다. 주권재민·자유·평등·우애의 이념이 명시되어 있지 않은가? 여기서 주목할 것은 프랑스의 인권선언은 혁명이 추구해야 할 이념이었던 데 반해서, 페리클레스의 연설은 이미 이루어진 사회에 대한 자랑이라는 점이다. 프랑스혁명보다 무려 2,200년이나 앞선 시대에 과연 이렇게 훌륭한 민주주의가 실현될 수 있었을까? 페리클레스의 자랑은 어느 정도나 사실일까? 본격적으로 아테네 민주주의를 살펴보기 전에 먼저 페리글레스라는 인물에 대해서 살펴보자.

아테네 민주주의의 아버지, 페리클레스

페리클레스Perikles(기원전 495?~429)는 아테네 명문가의 후손이었다. 아버지 크산티포스는 미칼레에서 페르시아 대군을 격파하였고, 어머니 아가리스테는 클레이스테네스의 손녀였다. 초상화에든 조각상에든 페리클레스는 늘 투구를 쓰고 있는데, 이는 그가 위대한 장군이자 정복자였기 때문이 아니다. 아가리스테는 사자를 낳는 꿈을 꾼 며칠 후에 페리클레스를 낳았다. 그의 신체는 균형이 잘 잡혀 있었으나, 정수리가 뾰족했고 머리가 유난히 길었다. 페리클레스가 장성하자 아테네 사람들은 그에게 '스키노케팔로스'라는 애칭을 주었다. '스키노'는 꼭지가 뾰족한 알뿌리 식물인 무릇을 뜻하고, '케팔로스'는 머리를 뜻한다. 즉, 스키노케팔로스는 '무릇머리'라는 뜻이다. 따라서 아테네의 장인과 화가들은 존경하는 페리클레스의 단점을 가려 주기 위해서 그에게 투구를 씌웠던 것이다.[3]

페리클레스는 매력적인 생김새는 아니었지만, 성품은 참으로 단아하고 깨끗했다. 이를 알려 주는 좋은 일화가 있다. 하루는 그가 광장(포럼)에서 정무를 보고 있는데, 어떤 저열한 자가 심한 욕설을 퍼부었다. 페리클레스는 신경 쓰지 않고 하루 종일 정무를 보다가 저녁에 집으로 돌아갔다. 하지만 그 사람은 집까지 쫓아 와서 계속 욕을 해댔다. 페리클레스가 집에 도착했을 때는 이미 날이 저문 뒤였다. 페리클레스는 비록 자기를 욕한 사람이지만, 어두운 길에 어떻게 돌아갈 것인가 걱정하고는 하인에게 등잔을 하나 건네주면서 이렇게 말했다. "어둡구나. 횃불을 밝혀 저 사람을 집까지 바래다 주어라."

페리클레스의 스승은 아낙사고라스Anaxagoras(기원전 500?~428)였

- **아테네 민주파의 지도자로 '아테네의 전성시대'를 연 페리클레스.**
  그는 기원전 5세기에 이미 "권력이 소수가 아니라 전체 인민의 수중에 있는"
  민주정을 실천하였다. 뾰족한 정수리 때문에 늘 투구를 쓰고 다닌 것으로 유명하다.
- **페리클레스에게 가르침을 주고 있는 아낙사고라스.**
  페리클레스의 스승이었던 아낙사고라스는
  철학뿐 아니라 과학에도 밝았다.

다. 아낙사고라스는 지성nous을 강조하던 철학자로, 지성이 최초의 혼돈 상태를 질서 있게 만들었다고 주장했다. 아낙사고라스는 철학뿐만 아니라 과학에 대해서도 깊이 있는 지식을 가지고 있었다. 때문에 아낙사고라스에게 배운 페리클레스도 과학에 밝았다. 펠로폰네소스전쟁 초기에 페리클레스가 150척의 군선을 이끌고 출정한 적이 있었다. 그런데 막 출징했을 때 갑자기 일식이 일어나 세상이 온통 어두워졌다. 사람들은 불길한 징조라고 여기고 겁을 먹어 어찌할 바를 몰랐다. 그때 페리클레스가 외투를 벗어 배를 운전하는 키잡이의 눈을 가리

고, 이것이 무서운 징조냐고 물었다. 키잡이가 아니라고 대답하자, 페리클레스는 "이것과 일식이 다른 점이 무엇이냐?"라고 하면서 사람들을 진정시켰다고 한다.

우리는 이 두 가지 사례에서 페리클레스가 덕성과 지성을 갖춘 훌륭한 인격자였다는 것을 알 수 있다. 변증법의 창시자로 유명한 엘레아의 제논Zenon ho Kyprios(기원전 335?~263?)도 페리클레스와 사귄 것으로 알려져 있다. 제논과의 교유 덕분인지 페리클레스는 누구 못지않게 연설을 잘했다. 한번은 스파르타 왕 아르키다모스가 페리클레스의 정적이었던 투키디데스에게 물었다. "둘이 레슬링을 하면 누가 이기오?" 투키디데스가 대답하였다. "내가 페리클레스를 쓰러뜨릴 때마다, 그는 자기가 쓰러진 것이 아니라고 주장할 것이고, 그가 쓰러진 것을 바라본 사람들을 설득하여 자기가 쓰러지지 않았다고 믿게 할 것입니다. 따라서 저는 페리클레스를 절대로 이길 수 없습니다."

그러나 페리클레스도 인간이기에 그에게도 약점은 있었고, 고민도 있었다. 아마 페리클레스가 겪었던 가장 큰 인간적인 고민은 자식을 잘못 가르친 것일 것이다. 그의 장남 크산티포스는 아버지의 엄격함을 견뎌 내지 못하고 많은 사고를 치고 다녔다. 한번은 크산티포스가 많은 돈을 빌리고 갚지 못하자 채권자가 페리클레스를 찾아와 돈을 달라고 했다. 페리클레스는 돈을 갚기는커녕 그를 혼내서 돌려보냈다. 이 일이 있은 후 아들은 공공연히 아버지를 욕하고 다녔고, 심지어 자신의 아내와 정을 통했다는 소문까지 내고 다녔다. 페리클레스는 지독히 자식 복이 없었다. 가장 사랑했던 막내아들마저 전염병으로 죽자, 페리클레스는 슬픔을 못 이겨 통곡하였다.

사연 많은 아테네 민주화

아테네의 민주주의가 아테네 건설 초기부터 확립되어 있었던 것은 아닙니다. 호메로스Homeros(기원전 800?~750)가 쓴 《일리아스Illias》에 이런 구절이 나온다.

> 그러나 데모스 가운데 누가 고함을 치며 말하는 것을 볼 때면 오디세우스는 홀로 내리치며 이렇게 야단쳤다. "돌았어? 얌전히 앉아서 너보다 더 훌륭한 사람들의 말이나 듣도록 해. 너는 전쟁도 할 줄 모르는 허약한 자며, 전쟁에서나 회의에서나 축에 끼지도 못하니까 말이다."[4]

이 구절에서 보듯 데모스Demos(민중)는 천대와 피지배의 대상이었지, 결코 사회 혹은 정치의 주역이 아니었다. 이 구절이 트로이전쟁이 일어났던 기원전 13세기 후반의 상황을 반영하고 있지만, 이런 상황은 기원전 8세기 아테네가 건설된 시기에도 변하지 않았다. 귀족들이 귀족회의Areopagos를 결성하고 정치와 행정을 주도하였다. 초기부터 민회가 존재하기는 했으나, 귀족회의가 민회를 언제 소집할 것인지, 무엇을 논의할 것인지를 결정했고, 민중은 찬반의 의견을 표시했을 뿐이다. 재판도 거의 전적으로 귀족들이 담당했다. 기원전 621년 전의 아레오파고스 의회에 대해서 아리스토텔레스Aristoteles(기원전 384~322)는 다음과 같이 말했다.

> 아레오파고스 의원들의 의회는 법을 수호하고, 도시의 많고 중요한 사무를 처리하며, 질서를 어지럽히는 모든 사람들을 벌하고, 벌금을

> 솔론의 시대에 귀족과 평민이 대립한 배경에는 중갑 보병술의 도입이 한 원인을 차지한다. 이전까지는 귀족만 중무장을 하고 전투를 주도하였으나, 중갑 보병의 등장으로 이제 평민들도 귀족들과 어깨를 나란히 하고 싸울 수 있게 되었다.

징수하는 절대 권한을 가지고 있다.[5]

이 말은 귀족들이 법을 수호하고 집행하고 재판하는 권한을 독점했다는 것을 명확하게 보여 준다. 민중들은 재판에 대한 아무런 권리가 없었다.

아테네 민중이 정치를 주도하는 기반을 마련한 사람은 솔론Solon(기원전 640?~560?)이다. 그는 기원전 594년 최고행정관Archon으로 선출되었다. 당시 귀족과 평민은 심하게 대립하고 있었는데, 대립의 원인은 크게 두 가지였다. 먼저 사회경제 문제였다. 그리스인들은 기원전 730년대부터 해외 식민 활동을 해야 했을 만큼 인구 과잉에 시달리고 있었다. 넘쳐나는 인구 때문에 토지는 부족했고, 가난한 자들은 빚을 질 수밖에 없었다. 부자 귀족들은 그 틈을 타서 가난한 자들의 토지와 신체를 담보로 빚을 주고 점점 더 부자가 되었다. 빈부의 격차가 심해지면서 사회 갈등은 날로 커져만 갔다.

두 번째는 중갑重甲 보병술의 도입과 상공업의 발달이다. 솔론 이전의 전투는 귀족들이 주도하였다. 귀족만이 말과 전투에 필요한 장비들을 갖출 수 있었기 때문이다. 그런데 중갑 보병의 도입으로 많은 평민들이 전투에 참가할 수 있게 되었다. 중갑 보병은 보병 전투원으로서, 기병보다 장비를 갖추는 비용이 덜 들었다. 그리고 보병술이 전투의 중요 전술로 등장하여 평민들이 귀족과 어깨를 나란히 하고 싸우게 되면서, 자신들도 귀족과 하등 다를 것이 없다는 인식이 생겨났다. 또한 기원전 7~6세기에는 상공업이 날로 발전하여 평민들 가운데 부를 축적한 사람들이 늘어났다. 이들은 바다에서 귀족의 통제를 받지 않는 해방감을 느꼈고, 운명을 스스로 정해야 한다는 책임감도 가지게 되었다.

이렇게 되자 가난한 평민들은 가난한 대로, 부를 축적한 평민들은 부를 축적한 대로 귀족들의 정치 주도에 불만을 가졌고, 자신들의 상황을 개선하고 권리를 신장시켜 줄 것을 요구하였다. 이때 솔론은 선출된 최고행정관으로 민중들의 요구를 수용한 개혁을 단행하였다. 이 개혁의 핵심은 두 가지를 들 수 있다.

먼저 솔론은 400인 협의회를 만들었다. 당시 아테네는 네 개의 부족으로 구성되어 있었는데, 솔론은 각 부족에서 100명씩 선출하여 400인 협의회를 구성하였다.[6] 협의회는 정기적으로 모여 민회에 제출할 안건을 준비하고, 행정관의 판정에 불복하여 항소하는 자들을 위한 민중법정Heliaia을 준비하였다.

400인 협의회의 창설은 민회의 독자성을 확보했다는 점에서 매우 중요하다. 이제 민회는 귀족회의의 뜻이 아니라, 규정에 따라 정기적으로 소집되었다. 의제 선택에서도 민회는 자율성을 확보하였다.

• 솔론은 민중이 재판장에서도 정당한 권리를
행사할 수 있도록 개혁을 실시했지만, 진정한 재판제도의 개혁은
페리클레스의 동료였던 에피알테스가 실시했다.
아테네 민회가 실질적인 재판권을 확보했던 것이다.
•• **아테네의 민중법정 '헬리아이아'의 모형.**
솔론이 구성한 400인 협의회는 행정관의 판정에 불복하는 이들을 위한
법정을 만들어 민중의 법적 권리를 최대한 보장하려고 했다.

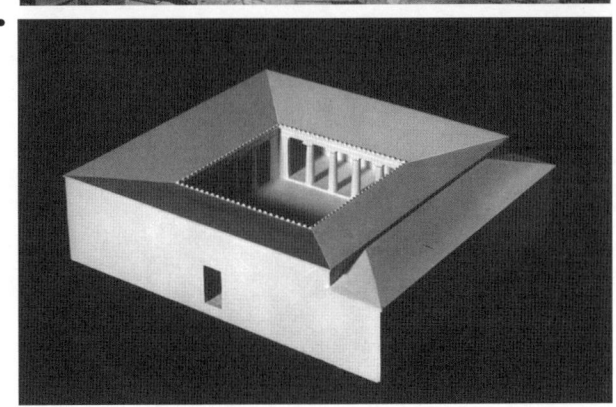

2_민주주의 원형을 만든 아테네 55

고위행정관이나 협의회가 민회에서 토론할 사항을 미리 정했지만, 민중들은 의사 발언을 통해 제시된 안건을 토의하고, 수정하고, 다음 집회에서 무엇을 논의할지를 정할 수 있었다. 민회는 행정관 선출에서도 실질적인 권한을 확보하였다. 예전에는 귀족회의가 추천한 인물에 대해 '예' 또는 '아니오'로만 답할 수 있었지만, 이제 1인이 1표를 행사하는 다수결로 행정관들을 선출하였다. 이를 통해 민회에 참석한 민중들은 권리의식과 자부심을 가졌다.[7] 이후 민회는 행정관을 선출하는 것에 그치지 않고 그들의 업무 집행을 심사하는 역할까지 했다.

솔론이 단행한 개혁의 두 번째 핵심은 재판과 관련한 것으로, 재판 제도를 알아보기 전에 먼저 그리스인들의 법 관념을 살펴보자. 법을 체계화한 것은 로마인이지만, 법치가 인류가 추구해야 할 이상이라는 개념은 이미 그리스 시대에 확고하게 자리 잡았다. 그리스인은 법을 보편적인 원리를 구현하는 정의라고 여겼다. 이런 법률관을 분명히 보여 주는 것이 기원전 5세기 후반 아테네의 지도자였던 데모스테네스Demosthenes(?~기원전 413)의 글이다.

> (사람의) 본성이란 개개인에 따라 일정하지 않고 불균등하며 또 특이한 성질을 지니지만, 법은 모든 사람에게 통례적이고 평등하며 동일하다네. ……법은 본질적으로 정의롭고 명예로우며 유용한 것을 요구한다네. 법이 추구하는 것이 바로 이것이며, 이와 같은 성질을 지닌 것이 있다면 너나 할 것 없이 모든 사람에게 똑같은 하나의 보편적인 법령으로서 공포되는 것일세.[8]

솔론의 개혁으로 민중은 재판에서도 큰 권리를 확보하였다. 솔론은 행정관들의 판정에 불복하는 민중을 위하여 항소 법정을 만들었다. 항소 법정은 처음에는 민회 자체였으나, 나중에는 민회에 참석한 사람들 가운데 배심원을 선출하여 구성되었다. 항소법정의 창설로 민중은 관리들의 부당한 권력 행사에 대항할 수 있게 되었다. 또한 솔론은 아테네 민중이라면 누구든지 범죄를 인지했으면 법정에 고발할 수 있게 했다. 참으로 시민 개개인의 분별력과 권위를 존중하는 조처가 아닐 수 없다. 후에 프랑스에서도 이 제도가 받아들여졌다. 에밀 졸라가 〈나는 고발한다〉는 논설을 발표하여 유명해진 드레퓌스 사건 때, 드레퓌스의 형이 진범인 에스테라지를 고발한 적이 있다. 이는 평범한 시민이 다른 자의 죄를 알았을 때 고발할 수 있게 한 제도 덕분이었다.

이렇게 솔론은 아테네 민주주의에 큰 족적을 남겼지만 그의 개혁은 성공하지 못하였다. 보수적인 귀족들은 너무나 많이 양보했다고 생각한 반면에 민중들은 얻은 것이 별로 없다고 불만이었다. 이런 상황에서 솔론이 물러나고 페이시스트라토스Peisistratos가 민중을 위한 새로운 정치체제를 열었다. 그의 지배를 참주정치라고 하는데, 그 핵심은 독재가 아니라 민중을 위한 정책을 펼치는 것이었다. 그는 망명한 귀족의 토지를 몰수하여 낮은 지대로 민중에게 임대하였고, 순회재판제를 도입하여 귀족의 사법권을 약화시켰다.[9]

그러나 페이시스트라토스와 그의 아들들의 참주정치는 귀족들의 반발로 지속되지 못하였고, 참주정이 몰락하자 정치적 혼란이 발생하였다. 기원전 508년에 클레이스테네스는 민주적 개혁을 약속하면서 권력을 장악하였다. 그는 500인 협의회를 만들어 민회의 의사 일정을 마련하고 민회가 결의한 내용을 집행하도록 하였으며,[10] 혈연에 근거해서 작동하던 부족제를 개편하여 지역 단위에 근거한 새로운 행정 조직을 만들었다. 그의 개혁에 의하여 아테네는 데모스-트리티스-필레(부족) 단위로 편성되었다. 혈연부족이 귀족 세력의 온상이었으므로 혈연제를 폐지한 것은 귀족 세력을 약화시킨 것이라고 볼 수 있다.[11] 또한 클레이스테네스는 도편추방제를 도입하여 독재자의 출현을 막았다.

클레이스테네스의 개혁으로 아테네의 민주주의가 확고하게 정착되어 가고 있을 때, 아테네 역사에 전환점을 가져 온 중요한 사건이 발생하였다. 동방의 강대국이었던 페르시아가 쳐들어와서 페르시아전쟁이 발생한 것이었다. 아테네는 페르시아에 맞서기 위해서 해군력을 강화하였고, 여태 실질적으로 군복무를 하지 않았던 평민들을 대거 입대시켰다. 평민들이 국가를 위해서 활동하게 되자, 그들을 대변하는 정치가들이 등장하였는데, 그가 바로 에피알테스Ephialtes였다. 그는 기원전 462년 민중을 위한 개혁을 실시하였다. 그때까지도 유지되고 있던 귀족회의의 권한을 대폭 축소하여 유명무실하게 하고, 그 권한의 대부분을 민회로 이관한 것이다. 이 때 아테네 민회가 재판권을 확보했고, 1년에 40회 이상 열려 국정을 주도할 수 있게 되었다.

우리는 소크라테스Socrates(기원전 469~399)의 재판 과정에서 아테네의 재판 과정을 엿볼 수 있다. 멜레토스라는 한 젊은이가 소크라테스를 고발했는데, 그 고소장의 내용은 다음과 같다. "소크라테스는 시민들이 믿는 신들을 믿지 않고, 새로운 신들을 들여와서 퍼뜨렸으며, 또한 젊은이들을 타락시켰다. 형벌로는 사형을 제안한다." 기소장을 접수한 담당관은 배심원단 후보 가운데 추첨으로 501명을 선출했다. 배심원단이 선출되자 재판이 진행되었다. 배심원단은 나무 의자에 앉았고, 방청객들이 주변에 몰려들었다. 원고인 멜레토스와 피고인 소크

프랑스의 화가 다비드의 1787년 작 〈소크라테스의 죽음〉.
소크라테스에게 독배를 내린 재판은 아테네의 재판 과정을 엿볼 수 있는 좋은 사례다.
재판관은 진행만 하고, 배심원들의 투표로 유·무죄를 결정하는 것이다.

라테스가 갑론을박을 벌였다. 그것이 끝나자 배심원들이 투표했다. 재판관이 있지만, 그는 진행만 할 뿐이다. 모든 결정은 배심원들이 한다. 281대 220으로 유죄가 결정되었다. 피고의 유죄가 입증되면 이번에는 형량을 결정한다. 배심원들이 원고와 피고가 제시한 것 중에서 하나를 투표로 결정한다.

이미 유죄 판결이 났음에도 불구하고 소크라테스가 완고하게 자신의 무죄를 계속 주장하면서 매우 적은 금액의 벌금을 내겠다고 주장했기 때문에, 화가 난 배심원들은 361대 140으로 원고가 제시했던 형량인 사형을 언도했다.

그렇다면 이때 소크라테스를 재판한 배심원들은 누구일까? 당시 아테네의 시민은 대략 2만~4만 명이었고, 해마다 6,000명의 자원자들로 배심원단을 구성했다. 재판이 열릴 때면 담당관은 배심원단 후보를 추려 일상적인 사건일 때는 201명의 배심원을, 보통 재판에는 501명을, 그리고 중요한 사건에는 1,501명이나 되는 배심원을 선발했다. 이렇게 되니 특정한 계층이나 당파가 결정을 주도할 수가 없었다.

배심원으로 재판에 참가한 사람들은 일당으로 3오볼을 받았는데, 당시 아테네 노동자들의 일당이 대략 6오볼이었다. 이 때문에 극빈자나 일거리를 찾을 수 없는 노인들이 배심원단에 많이 포함되었을 것이라고 추정하는 이들도 있는데, 실제로 아테네의 희극 작가 아리스토파네스Aristophanes(기원전 445?~385?)는 〈말벌Sphkes〉이라는 작품에서 그렇게 묘사했다. 그러나 당시에도 일용직 노동자들이 1년 내내 일자리를 찾을 수 있었던 것이 아니었기 때문에 비단 극빈자나 노인들만이 배심원 일에 관심을 갖지는 않았을 것이다. 지중해에서는 겨울에 항해를 하는 것이 금기였기 때문에 부두 노동자나 겨울철에 한가한 농부들도 일당 때문에 지원했을 수도 있고, 세력 있는 자들은 의무감이나 어떤 다른 정치적인 목적으로 자원했을 수도 있다.

그러나 에피알테스가 급진적인 개혁을 펼치자 귀족들이 그를 살해하였다. 이후 페리클레스가 아테네 민주주의를 계속 발전시켰다. 그는 '아테네 민주주의 아버지'라고 불린다. 페리클레스는 민회의 권한을 강화하고, 관직 수당을 도입했을 뿐만 아니라 관리를 추첨으로 뽑는 제도를 확대함으로써 민중이 실질적으로 아테네를 이끄는 시대를 만들었다. 그 결과 기원전 5세기 중반 아테네는 '그리스의 학교'라고 불리면서 민주주의의 전성기를 맞았다.

아테네 민주주의에 대한 평가

현재 민주주의를 해야 한다는 것에 반대하는 사람은 아마 거의 없을 것이다. 그러나 민주주의가 최상의 제도인지에 대해서는 지금도 많은 논의가 진행되고 있다. 현대의 민주주의는 말만 민주주의이지 실제로는 대의제로 운영되고 있다. 그 결과 일부 정치 엘리트들이 정권을 장악하고, 대다수 민중은 정책 결정이나 집행 과정에 참가하는 것이 어렵다.

반면 아테네 민주주의는 거의 모든 정책을 민회에서 결정하였다. 엘리트들이 아니라 민중이 국정을 주도한 것이다. 이에 대해서는 아테네인들도 많은 논란을 벌였다. 아리스토파네스는 〈기사들Hippheis〉이라는 작품에서 이 논쟁을 다루었는데, 민중의 지배를 반대하는 자들의 주장은 다음과 같다.

> 오 데모스여, 당신의 지배는 당당하도다. 참주와 제왕과도 같은 당신을 만인이 두려워하고 복종하는도다. 그러나 오, 당신을 미혹시키기는 쉬운 일일 것을. 당신은 쓸모없는 아첨과 찬사를 받는 것에 기뻐하는도다. 당신은 연설가들이 말하는 것을 모두 금방 자신 있게 믿어 버리는도다. 당신은 지혜를 갖고 있지만, 우린 마냥 떠다니는 그것이 제자리에 있는 것을 보지 못했다오.[12]

민중은 정규 교육을 받거나 특별한 정치 훈련을 받은 사람들이 아니다. 학식이 부족하고, 때에 따라서는 분별력이 부족해서 연설가들의 현란한 말솜씨에 속아넘어 가기 쉽고, 때로는 군중심리에 이끌려

그릇된 결정을 내릴 수도 있으며, 실제로도 그러했다.

민중이 주도하는 민회가 분별력을 잃은 대표적인 사건을 살펴보자. 기원전 406년 아르기누사이 해전이 끝났을 때의 일이다. 이 해전은 펠로폰네소스전쟁 기간에 벌어진 해전 가운데 가장 컸으며, 오랫동안 수세에 몰려 있던 아테네가 대규모 반격을 가하여 어렵게 승리한 전투였다. 아테네 장군들은 스파르타 함대 77척을 격파하여, 스파르타 함대 전력의 3분의 2를 제거하였다. 아테네가 전쟁에서 우위를 차지할 가능성이 보이는 시점이었는데, 아테네에서 매우 기묘한 일이 발생하였다. 장군들이 전투 결과를 보고하는 민회가 열렸을 때, 몇몇 시민이 리시아스, 아리스토크라테스 등 6명의 장군이 승리에 너무 집착한 나머지 파선하여 물에 빠진 병사들을 구조하는 데 소홀히했다고 고발하였다. 고발자들은 조국을 위해서 싸운 병사들을 구조하지 않은 장군들을 처형하고, 그들의 재산을 몰수하라고 주장했다. 많은 민중이 이 주장에 동조했고, 널판지를 타고 떠 있다가 구조된 한 병사가 동료들이 죽어 가면서 장군들을 고발하라고 했다고 증언하면서 민중의 흥분은 극에 달했다. 이들은 정식 재판을 열어 장군들을 재판하는 것이 아니라, 민회에서 표결하여 즉시 처형하자고 주장하였다.

에우리프톨레무스처럼 양식 있는 몇몇 사람은 이러한 주장은 당시 법을 위반하는 것으로, 장군들은 마땅히 재판을 받아야 한다고 반론을 폈으나, 민중은 받아들이지 않았다. 결국 전투에 참가했던 장군들은 모두 유죄 판결을 받고, 사형에 처해졌다. 하지만 며칠 지나지 않아 민중들은 유능한 장군들을 스스로 죽인 것을 후회했다. 아직 전쟁이 끝나지 않았는데 어디서 유능한 장군을 구할 것이며, 승리한 장군을 사소한 죄목으로 즉결 처결했는데 누가 다시 장군이 될 것인가?

이렇게 생각한 민중은 이번에는 장군들을 고발했던 자들을 체포해서 죽이려고 했다. 선동에 참가했던 자들은 모두 죽임을 당하거나 도망가 버렸다.[13]

아테네 민중이 범한 최대의 역설은 자기들은 민주주의를 부르짖으면서 다른 나라 사람들의 민주주의를 짓밟았다는 것이다. 기원전 479년 페르시아전쟁이 끝난 후, 아테네는 주위의 도시국가들과 델로스동맹을 맺었다. 장차 있을지도 모를 페르시아의 재침을 막기 위해서였다. 그러나 정국이 평화로워지자 동맹국들은 탈퇴를 원하였다. 그러자 아테네는 무력으로 동맹국들을 짓밟고 복속국으로 만들었다. 이것을 아테네 제국주의라고 하는데, 이 정책의 주역이 아테네 민중이었다. 지배를 통해서 들어오는 막대한 돈과 위신을 잃기 싫었던 아테네인들은 제국주의 정책을 포기할 수 없었다.

아테네인들의 오만함은 기원전 416년 멜로스 정복에서 여지없이 드러난다. 멜로스가 자신들의 적인 스파르타를 지지했다는 이유로 아테네는 군대를 파견하여 멜로스를 정복하기로 결정하였다. 아테네군 지도자들이 최후 통첩을 보내자, 멜로스인들은 정의를 부르짖으며 전쟁을 중단해 줄 것을 요구하였다. 이때 아테네 사절단은 이렇게 말했다.

> 우리가 교섭 상대로서 여러분에게 기대하는 것은, 여러분이 우리를 설득하기 위해서는 약육강식의 원칙과 객관적인 인간 이성의 논리적 필연성이 정의라는 원칙에 따르고, 쌍방이 희망하는 것을 명시할 필요가 있음을 여러분이 알고 있는 것입니다.[14]

참으로 오만하고 자신들의 이득만 극단적으로 앞세우는 태도가 아닐 수 없다. 멜로스인들은 끝까지 저항했으나, 아테네인들은 그들을 무력으로 짓밟고 그들의 땅을 초토화했다.

제국주의뿐만 아니라 노예제도도 아테네 민주주의의 발달에 기여했다. 아테네가 최전성기에 있을 때 인구가 30만가량 되었는데, 그중에 노예는 10~12만이나 되었다. 인구 30만 가운데 자유 시민남자 성인이 4~5만이었으므로, 시민들이 대개 한두 명의 노예를 거느리고 있었다는 말이 된다. 노예들이 농사 일과 가사 일을 도와 주지 않았다면 시민들이 9일에 한 번씩 민회에 참석하기는 어려웠을 것이다.

아테네 민주주의는 이런 단점들을 안고 있었다. 그러나 이런 비판에는 많은 허점이 있다. 먼저 아테네가 제국주의 정책을 폈다는 주장에 대해서 살펴보자. 사실 아테네가 취했던 제국주의 정책은 그렇게 혹독한 것이 아니었다. 아테네 제국은 에게해와 그 연안, 소아시아 해안까지 미치며 50년 넘게 유지되었다. 아테네가 300여 개나 되는 도시국가들을 지배한 것은 사실이나, 잔인하거나 억압적인 행동을 한 경우는 드물었다. 아테네의 지배가 온건했기 때문에, 아테네에게 헌신적인 애정을 보이는 속국이 적지 않았다. 가령 기원전 415년 아테네 군이 시칠리아를 정복할 때, 아테네 동맹국들은 아테네의 적이었던 시라쿠사인들의 제안을 거부하고 목숨을 걸고 아테네를 위해 싸웠다. 또한 아테네에게 반기를 들었던 몇몇 폴리스의 경우, 반란의 주모자들은 귀족들이었고, 정작 민중은 아테네인들의 복귀를 원했다. 아테네인들이 속국 폴리스들에게 수출한 민주주의가 속국 민중의 지지를 받았기 때문이다. 아테네가 요구했던 공납금의 문제도 다시 생각해 볼 수 있다. 아테네는 공납금을 받는 대신 속국들의 안전을 보장했다. 당시 해적들이 횡행하고, 페르시아의 위협이 계속되는 상황에서 아테네의 군사력이 없었다면 속국들이 어떻게 안전을 확보할 수 있었을까?

민중이 국정을 수행할 수 있을 만큼 분별력을 갖추고 있었는가 하는 문제도 다시 생각해 보아야 한다. 수백 년에 걸친 아테네 민회의 역사를 통틀어 민회가 치명적인 실수를 범한 것은 몇 차례에 지나지 않는다. 민중이 아니라 소수의 권력자가 통치했다고 해도 그런 오류를 범하지 않았으리라고는 장담할 수 없다.

실제로 소수의 지배자가 정책을 마음대로 바꾸어 큰 재앙을 초래한 사례는 세계사에 얼마든지 있다. 그리고 소수가 지배하면 다수가 지배할 때보다 다수의 이익을 정책에 덜 반영하는 것이 사실이다. 마지막으로 한 그리스인의 민주주의 옹호론으로 아테네 민주주의에 대한 평가를 대신하고자 한다.

민주주의는 지혜롭지도 않고, 공평하지도 않으며, 재산가들이 역시 통치에 가장 적합하다는 이야기를 할 수도 있겠지요. 그러나 나는 다음과 같이 말씀드립니다. 첫째, 데모스라는 말은 국가 전체를 포함하지만, 과두주의라는 말은 단지 일부만을 포함합니다. 다음으로, 부자들은 최상의 재산 수호자들이고 현인들은 최상의 조언자들일지 모르지만, 그들 가운데 누구도 다중多衆처럼 잘 경청하고 판단할 수는 없습니다. ……이에 반해서 과두주의는 다중에게 위험 부담을 주면서도 그 자체는 단지 이익의 최대 몫이 아닌 이익의 전부를 다 차지하지요.[15]

3 천 년 동안 세계를 지배한 영원한 제국 로마

세계사의 경이 로마제국

─────── 로마제국의 영토가 역사상 존재했던 제국들 가운데 가장 큰 것은 아니다. 징기스칸의 몽골제국이나 알렉산드로스 제국이 로마제국보다 더 넓었다. 그러나 알렉산드로스의 제국은 그가 죽음으로써 무너졌고, 몽골제국도 고작 150년밖에 유지되지 못하였다. 이에 반해서 로마제국은 제2차 포에니전쟁에서 승리한 기원전 202년부터 카롤루스가 서로마제국의 황제로 등극하는 기원후 800년까지 아시아, 아프리카, 유럽에 걸친 거대한 영토를 차지하고 지중해 세계의 지배자로 세계 역사를 주도하였다. 하나의 나라가 천년을 가기도 힘든데 그 기간 동안 세계의 지배자로 군림한 것은 세계사의 경이이다.

로마가 세계를 지배한 기간을 이렇게 설정하는 것에 대해서 의문을 가질 수 있다. 대개 로마가 476년에 멸망했다고 말하기 때문이다. 그러나 우리가 흔히 비잔티움제국이라고 부르는 나라는 멸망할 때까지 비잔티움제국이라는 국호를 사용한 적이 없다. 비잔티움제국 사람들은 1453년 제국이 멸망할 때까지 자신들이 로마인이고 자신들의 나라는 '로마'라고 생각하였다. 비잔티움제국이라는 국호는 16세기 유럽인들이 동로마제국을 다소 얕잡아 보는 시각에서 만들어 낸 것일 뿐이다. 이렇게 생각한다면 로마제국은 기원전 753년에 건국되었으니 그 존속 기간이 2,300년이라고 할 수 있다.

로마제국이 이렇게 오랫동안 세계를 지배할 수 있었던 비결은 무엇일까?

로마가 세계를 정복하기 이전 지중해 세계에는 약 6,000만~7,000만 명의 사람들이 여러 종족으로 나뉘어 살고 있었다. 아랍인, 페니키아인, 유대인, 시리아인, 그리스인, 마케도니아인, 갈리아인, 게르만인, 이집트인, 그리고 라틴인 등이었는데, 이 큰 종족들 내부에는 또 여러 소종족이 있다. 가령 갈리아인 안에는 세노네스족, 보이족, 에부로네스족, 카르누테스족, 헬베띠아족 등이 있었다. 이 종족들은 각각 독특한 문명을 발달시켰는데, 종족별로 언어가 달랐고, 정부 형태도 달랐으며, 종교가 달랐고, 사고방식도 달랐다. 또한 그들은 쉬지 않고 서로 싸웠다. 그리스인들과 트로이아인들이 싸웠고, 이집트인들과 히타이트인들이 싸웠다. 그리스인들과 페르시아인들이 싸웠고, 스파르타인과 아테네인들이 싸웠다. 갈리아인들은 끊임없이 남서 유럽을 휘젓고 다니며 약탈을 일삼았고, 추운 북쪽에서 살았던 게르만인들은 남쪽으로 진출하기 위해 계속해서 남하하였다.

물론 로마가 세계를 정복하기 이전에도 사람들 사이의 만남이 있었지만 그것은 주로 교역을 하기 위한 것이었다. 즉, 사람들은 자신들

지역에서 남는 것을 수출하고, 다른 지역에서 남는 것을 수입하기 위해서 만났을 뿐이다. 출신이 다른 사람들이 만나서 거래를 하려면 교환 수단이 있어야 한다. 당시에도 이미 금속화폐와 은행이 있었다. 그렇지만 로마가 세계를 정복하기 이전 각 지역은 별개의 화폐를 사용하였다. 이집트인들은 이집트의 화폐를, 그리스인들은 그리스의 화폐를 사용하였다. 너무나 많은 종류의 화폐가 사용되었기 때문에 사람들은 저울을 가진 환전상들의 도움 없이는 거래를 할 수 없었다.

그런데 로마가 세계를 정복한 후 로마 세계 내에서 사람들 사이의 전쟁이 종식되었고, 분쟁이 사라졌다. 그 넓은 제국 어디를 가도 더 이상 말발굽 소리와 창 던지는 소리가 들리지 않았다. 위대한 역사가 에드워드 기번은 로마제국이 세계를 지배한 이 시기를 '인류사에서 가장 행복했던' 시기라고 노래했다. 전쟁이 사라졌을 뿐만 아니라 언어와 문화, 심지어 종교까지 통합되었다. 그 넓은 제국 어디에 가든지 라틴어 혹은 그리스어를 할 줄 안다면 대화에 문제가 없었으며, 로마법의 보호를 받을 수 있었다. 그리고 사람들의 여행이 자유로워지면서 문화와 사상이 빠르게 전파되었다. 가령 기독교가 그렇게 신속하게 전파될 수 있었던 것은 로마제국이 국경의 장벽을 없애 버렸고, 해적이나 도적을 소탕함으로써 신자들의 이동이 자유로웠기 때문이다. 이렇게 정치제도와 법률, 언어와 문화, 사상과 종교가 통일되면서 사람들은 점차 자신들이 하나의 세계에 살고 있다는 확신을 갖게 되었다.

모든 사람이 차별받지 않고 하나의 세계에 살고 있다는 의식을 가졌다는 것은 로마가 '보편 제국'이 되었다는 것을 의미한다. 역사상 세계의 여러 나라와 지도자들이 세계를 통일하여 하나로 만들려고 했다. 그러나 로마만큼 여러 종족과 지역을 정복하여 하나로 묶어 내는 데 성공한 제국은 없었다. 이 점에서 로마는 진정 세계에서 가장 위대한 제국이다. 그리고 이 보편 제국에서 유럽 문화의 기반이 마련되었다. 즉 현재 서양의 정치제도, 법률, 종교, 문화생활의 기반이 로마시대에 형성되었고, 때문에 유럽인들은 각기 다른 나라에 속해 있으면서도 유럽인이라는 동질의식을 가질 수 있었다. 이 동질의식이 오랜 세월 뒤에 유럽 통합의 근거를 제시했음은 두말할 필요가 없을 것이다.

제국의 기반, 포에니전쟁에서의 승리

기원전 753년 로물루스가 로마의 팔라티누스 언덕에 나라를 세웠을 때 로마는 농노와 부랑아로 구성된 작은 부족 마을에 지나지 않았다. 그 후 기원전 509년까지 일곱 왕이 차례로 통치하였는데 왕정시대의 역사는 완전한 허구는 아니지만 신화적으로 각색되어 정확하게 복원할 수 없다. 마지막 세 왕이 에트루리아 계통인 것으로 보아서 로마가 상당 기간 이탈리아 북부를 차지하고 있던 에트루리아에 종속되어 있었던 것 같다.

마지막 왕이었던 타르퀴니우스(재위 기원전 534~기원전 510)는 오만한 통치로 원성을 사고 있었는데, 그의 아들마저 루크레티아라는 여성을 강간하였다. 로마인은 그에 격분하여 타르퀴니우스를 몰아 내고, 왕정을 폐지하였다. 이후 로마인은 2명의 콘술을 뽑아서 로마를 통치하도록 하였다. 콘술은 행정의 책임자일 뿐만 아니라 군 통수권을 갖고 있다. 그렇지만 콘술이 독재를 할 수는 없었는데, 독자적인 권력기구인 원로원과 민회가 있었기 때문이다. 전직 관리로 구성된 원로원은 국고를 관장하고 세입과 세출을 규제했으며, 반역, 독살, 암살과 같이 중요한 범죄를 조사하고 재판했다. 또한 원로원의 결의를 통해서 국정을 주도하였으며, 국가가 위기에 처할 때는 '원로원의 비상 결의'를 통해서 일종의 계엄령을 내릴 수 있었다. 성인 남성으로 구성된 민회는 관리를 선출하고, 법을 제정하며, 평화냐 전쟁이냐와 같은 국가 중대사를 결정하였다. 또한 외국과의 동맹 체결, 적대 관계의 종식과 같은 문제들을 최종적으로 비준하거나 거부할 수 있었다.

이렇게 콘술, 원로원, 민회가 '견제와 균형'의 원리로 편제된 정치체제를 로마인은 '공화정res publica'이라고 불렀는데, 이는 국가가 어느 개인의 것이 아니라 '공공의 것'이라는 뜻이다. 공화정이라는 정치체제는 정치 안정을 가져와 로마인이 힘을 결집할 수 있도록 해 주었다. 공화정이 원활하게 유지될 수 있었던 것은 귀족과 평민이 상호의 존재를 인정하고 배려하는 제도를 만들었기 때문이다. 공화정 초기 귀족은 관직을 독점하는 등 여러 특권을 누렸지만, 평민들이 정치 권력의 평등을 요구하자 점진적으로 모든 관직을 평민에게 개방하였고, 또한 기원전 287년에는 평민들로만 구성된 민회(트리부스 평민회)에 입법권을 부여하였다.

로마가 이렇게 귀족과 평민의 힘을 모을 수 있는 정치체제를 발전시키는 과정은 로마의 이탈리아 통일과 함께 이루어졌다. 로마가 수립되었을 때 이탈리아 중부에는 로마인이 속한 라틴족이, 북부에는 소아시아에서 유래한 에트루리아인이, 중남부에는 강인한 산악 종족이었던 삼니움인이, 남부에는 그리스에서 이주한 그리스인이 주도권을 갖고 있었다. 로마는 라틴족과 동맹을 맺어 에트루리아를 격파하였고, 그 후 라틴족을 병합하였다. 그 후 삼니움족과 남부의 그리스인을 차례로 물리침으로써 기원전 270년경에 이탈리아 반도 전체를 통일하였다.

로마가 이탈리아 전체를 통일하자 지중해 제해권을 장악하고 있던 카르타고와의 대립은 불가피한 것이었다. 페니키아인이 건설한 식민 도시였던 카르타고가 로마의 팽창을 막으려고 했기 때문이다. 그 결과 세 차례에 걸친 포에니전쟁이 기원전 264년부터 기원전 146년까지 진행되었다. 로마의 카르타고와의 전쟁은 길고도 힘든 싸움이었는데, 특히 제2차 포에니전쟁 때에는 카르타고의 명장 한니발이 10년이나 이탈리아 본토를 유린하였다. 로마는 위기를 극복하고 기원전 146년에 카르타고를 완전히 격파하였고, 그 후 그리스, 이집트, 아시아 일대를 차례로 정복함으로써 대제국을 건설하였다.

공화정의 몰락과 제정의 수립

기원전 2세기 중반 로마는 세계의 지배자로 우뚝 섰지만 내부에 큰 혼란이 발생하였다. 귀족들은 정복 과정에서 획득한 막대한 토지와 부를 차지하고, 라티푼디아(대농장이라는 뜻의 라틴어)라고 불리는 대농장을 조성하여 더 큰 부자가 되었다. 이에 반해서 다수의 평민은 오랜 군복무로 인해서 몰락하였다. 로마 시민은 자비로 무장하고 출정했는데, 군복무에 대한 대가가 미미했기 때문이다. 더욱이 많은 노예들이 유입되면서 노동력이 남아돌아 일자리를 얻기도 힘들었다. 이에 평민들은 살길을 찾아 도시 로마로 몰려들었고, 그 때문에 도시 로마의 인구가 1백만 명에 육박하게 되었다. 이런 상황은 공화정 체제의 위기를 가져왔다. 자영농이 몰락하면서 병력 자원이 부족해졌을 뿐만 아니라 로마에 많은 시민들이 모여들자 곡물 공급, 도시 시설 유지 등의 새로운 과제가 대두되었다. 특히 로마시에 모여든 평민들이 정치 세력화하면서 자기들 의견을 적극적으로 펼치려는 움직임을 보였다.

이런 상황에서 기원전 133년과 123년에 티베리우스 그라쿠스와 가이우스 그라쿠스 형제가 연달아 개혁을 시도하였다. 티베리우스 그라쿠스는 농지법을 만들어 귀족들이 불법적으로 점유하고 있던 공유지를 평민에게 나누어 주려 했고, 가이우스 그라쿠스는 곡물법을 만들어 시민들에게 저렴하게 곡물을 배급하려 했다. 두 사람의 개혁은 귀족 세력의 경제 기반을 무너뜨리고, 자영농 체제를 복원하려는 것이었다. 이에 귀족들은 자기네 이익이 심각하게 침해당했다고 판단하여 두 사람을 차례로 죽였다.

그라쿠스 형제의 개혁이 실패한 후 로마 공화정은 파국을 맞게 되었다. 귀족과 평민의 계급 대립이 극심해지고, 장군들이 정치체제를 무시하고 무력으로 권력을 장악하면서 100년에 걸친 '내전'이 시작되었다. 마리우스, 술라, 폼페이우스, 카이사르가 연달아 집권하면서 그들의 정치 성향에 따라서 친평민 혹은 친귀족 정책을 펼쳤다. 기원전 44년에 귀족들이 친평민 정책을 펼치던 카이사르를 암살하면서 내란은 정점으로 치달았다. 카이사르의 후계자로 지명된 옥타비아누스가 공화주의를 추구하던 귀족들을 격파하였고, 그 후 안토니우스와 클레오파트라의 연합군을 악티움에서 물리침으로써 내전을 종식시켰다.

100년이나 계속된 내전에 큰 고통을 겪은 로마인들은 옥타비아누스가 평화를 확립하자 그를 기꺼이 최고지도자로 받아들였다. 원로원은 그에게 아우구스투스Augustus(존엄한 자)라는 칭호를 주었고, 종신 집정관 및 종신 호민관의 권한을 주었다. 이로써 로마의 공화정은 끝나고, 사실상의 황제가 통치하는 제정시대가 열렸다. 그렇지만 로마 제정기 황제의 지위는 모호한 것이었다. 아우구스투스는 황제가 되고 싶은 야망이 있기는 했지만 양아버지의 전철을 밟지 않기 위해서 야욕을 철저하게 숨겼다. 그는 적어도 겉으로는 원로원을 존중했으며, 원로원에게 제국의 반에 대한 통치권을 주었다. 이렇게 세워진 체제를 원수정(프린키파투스)이라고 부르는데, 이는 아우구스투스가 스스로 '제1시민(프린켑스)'임을 자처했기 때문이다.

원수정은 공화정의 외피를 입고 있었다. 콘술을 비롯한 공화정의 관리들이 계속 선출되었고, 원로원은 제국의 절반에 대한 통치권과 입법권을 장악하고 권력을 행사하였다. 다만 민회가 극도로 약화되어 민회의 권한을 원로원이 접수하였다. 그러나 원수정의 참 모습은 제정이었다. 프린켑스가 종신 콘술, 종신 호민관의 권한을 가지고 있었고, 제국의 군대와 재정을 장악하여 실질적으로 제국을 통치하였다. 따라서 프린켑스가 사실상 황제라는 것을 간파한 당대의 역사가 카시우스 디오는 원수정을 단순히 왕정monarchy이라고 표현하였다.[1]

200여 년 지속된 팍스 로마나

아우구스투스 사후 원수정은 잠시 혼란을 겪기는 했지만 기원후 98년부터 180년까지 오현제가 등장하면서 전례 없는 안정을 유지하였다. 아우구스투스 통치기부터 오현제의 마지막 황제인 마르쿠스 아우렐리우스 치세까지의 200여 년을 팍스 로마나라 부른다. 팍스 로마나 Pax Romana는 로마의 평화라는 뜻으로, 로마의 힘으로 세계가 평화를 누리던 시대를 이야기한다.

팍스 로마나기에 로마는 인류의 문명을 한 단계 격상시키는 위대한 업적을 남겼다. 먼저 로마는 문명 지역을 확대하였다. 고대 문명은 메소포타미아에서 기원하여 서서히 서쪽으로 전파되었기에 원수정기까지도 현재의 서유럽 지역의 문명은 저급하였다. 기원전 50년대 카이사르가 현재의 프랑스와 벨기에 지역에 해당하는 갈리아를 정복한 이래 로마는 서진을 추구하였는데, 원수정기에 클라우디우스 황제가 영국을, 트라야누스 황제가 라인강과 다뉴브강 이남 지역을 확고하게 장악하였다. 그리하여 트라야누스 때 라인강과 다뉴브강을 국경으로 하는 로마제국의 영토가 완결되었다. 로마는 두 강 연변에 리메스 limes라는 목책을 둘러 국경선으로 삼았다. 이 목책은 대개 경계선일 뿐 로마와 국경 밖의 게르만족을 분리하는 장성은 아니었다. 따라서 원수정기 내내 로마와 게르만족의 교류가 활발하게 진행되었다. 그 결과 부족 연합 단계에 머물러 있었고, 대부분 문맹이었던 게르만족이 점차 문명을 습득하게 되었다.[2]

두 번째 로마는 이 시기에 법률과 건축으로 대변되는 실용 문화를 발전시켰다. 로마법은 기원전 449년 제정된 12표법에서 시작된다. 12개의 표로 구성되었다고 해서 12표법인데, 여기서 표는 일종의 대분류에 해당한다. 가령 1표와 2표는 소송 절차를, 6표는 재산의 사용 취득 연한을, 10표는 매장에 관한 사항들을 다루었다. 이렇듯 12표법은 주로 상속, 계약, 사적인 분쟁 등을 다루었고, 사회의 다양한 현상을 법으로 규정하고 조정하려는 정신을 담고 있다. 이후 12표법은 로마법의 모체가 되었다. 로마는 12표법을 동판에 새겨 광장에 게시하였으며, 청소년들은 학교에서 12표법을 암송하였다.

12표법 이후 시민법ius civile이라는 개념이 등장했는데, 라틴어로 'ius'는 '법'이라는 의미와 '권리'라는 의미를 갖고 있다. 이는 시민법이 원래는 시민의 권리를 규정한 체계라는 의미를 갖고 있음을 뜻한다. 시민법은 특히 모든 시민이 부당한 처벌을 받지 않은 것을 기본 원칙으로 삼았다. 따라서 로마법은 피고자의 권리를 최대한 보장하려는 여러 제도를 발전시켰다. 피고자가 유죄 판결을 받기 이전에는 무죄라는 원칙, 피고자가 유죄라는 것을 입증하는 것은 기소자의 책임이라는 원칙, 피고자는 적절한 변호를 받을 수 있다는 원칙이 수립되었는데, 심지어 피고자가 자신을 방어하기 위해서 묵비권을 행사할 수도 있었다. 12표법 이후 로마의 민회가 '법'을 만들 수 있었고, 제정시대에는 원로원이 법을 만들 수 있었으며, 황제의 칙령 또한 법과 같이 여겨졌다. 따라서 로마의 법은 시대가 흐르면서 매우 방대해졌고, 법전의 편찬이 필요해졌다. 4세기에 테오도시우스 황제가 법전을 편찬하였지만, 6세기 유스티니아누스 황제가 편찬한 로마법 대전이 가장 유명하다.

기원전 3세기부터 시민법과 함께 만민법이 등장하였다. 시민법은 로마 시민에 관한 법이었고, 만민법은 원래는 외국인에 관한 법이었다. 로마가 세계 제국이 되면서 외국인과 로마 시민 사이의 관계나 외국인 사이에서 발생하는 분쟁을 조절할 필요가 있었다. 이런 필요를 충족하기 위해서 만들어진 것이 만민법jus gentium이다. 만민법은 로마법의 원리를 지중해 세계로 확대시킴으로써, 힘과 폭력에 근거해서 작동하고 있던 고대 세계를 법에 의해 작동하는 세계로 변모시켰다.[3] 212년에 제국의 모든 자유인에게 시민권이 부여되면서 시민법과 만민법의 구별이 없어졌다.

로마인은 토목과 건축 분야에서도 경이로운 업적을 남겼다. 이 분야에서 백미는 단연 로마의 도로이다. 로마가 건설한 도로는 주요 도로만 8만 5,000킬로미터, 지선까지 합하면 32만 킬로미터나 된다. 로마의 도로는 견고하게 만들어져 지금까지도 사용이 가능하고, 당시로서는 놀라운 것이었다. 로마인은 그로마라는 기구를 사용하여 직선으로 도로를 건설하였는데, 강이 있으면 다리를 놓았고, 산이 있으면 터널을 뚫어서 최대한 직선 도로를 만들었다.

도로에 버금가는 시설은 상수도이다. 로마는 인구 1백만이 넘었던 로마시를 비롯해서 제국의 여러 도시에 상수도 시설을 이용해서 물을 공급했다. 이를 위해서 수십 킬로미터 떨어진 수원지에서 취수하여 도심까지 물을 공급하는 정교한 시설을 만들었다. 때때로 수도관이 강을 통과해야 할 경우에는 다리를 만들었는데, 이것이 수도교이다. 수도교 가운데 유명한 것은 프랑스 남부 도시 림에 물을 공급하였던 수도교이다. 이 수도교는 길이가 약 50킬로미터이고 경사는 1킬로미터마다 25센티미터가 낮아진다. 지금도 유럽의 여러 도시를 방문하면 많은 분수대를 볼 수 있는데, 원래 분수대는 로마가 공공 급수를 위해서 건설했던 시설이었다. 도시로 공급된 물은 식수 이외에도 여러 용도로 사용되었는데, 로마인은 특히 목욕을 좋아하였다. 그리하여 주요 도시에는 거대한 목욕탕을 건설했는데, 기원후 4세기 중반 로마시에는 11개의 황제 목욕장(이 중 규모가 큰 디오클레티아누스 목욕장은 3,000명을 수용), 800개의 공중 목욕장, 1,152개의 분수가 있었다.

건축물로 유명한 것은 콜로세움이다. 이 건물은 기초의 깊이가 7.6미터이고, 높이는 46미터이다. 전체의 직경은 장축 189미터 단축 156미터인데, 5만 명 이상의 관객을 수용할 수 있었다. 이 건물에서 검투 경기가 많이 진행되었지만, 때때로 경기장에 물을 가득 채워 모의 해상 전투가 벌어지기도 하였다. 규모로 본다면 콜로세움보다 대전차 경기장, 즉 키르쿠스 막시무스Circus Maximus가 더 컸다. 이 경기장은 길이가 550미터 폭은 약 180미터이었고, 25만 명의 관중을 수용할 수 있었다. 로마가 이렇게 거대한 건축물을 세울 수 있었던 것은 무게를 분산시킬 수 있는 아치 기법을 발전시키고 화산재를 이용한 콘크리트 기술을 개발하였기 때문이다. 로마인은 또한 연극 관람을 즐겼기 때문에 많은 극장을 만들었는데, 규모가 매우 컸다. 폼페이우스가 세운 극장은 1만 7,000명을 수용할 수 있는 규모였다.

로마인은 로마가 이렇게 실용적인 문화를 발전시켰다는 것에 큰 자부심을 가졌다. 1세기 로마의 상수도 관리관이었던 프론티누스는 "우리가 필요로 하는 물을 넉넉하고 안정적으로 공급해 주는 이 상수도 시설들을 보라! 그리고 어디 한번 이것을 그리스의 건축물이나 이집트의 피라미드와 비교해 보라! 그러면 이 시설들이야말로 우리에게 절대적으로 필요하다는 것을 알게 될 것이다. 그리고 헬라스의 건축물이나 이집트의 피라미드가 쓸모없는 존재라는 사실을 당신은 깨달을 수 있으리라!"라고 말하였다.[4]

로마는 이런 위대한 건축물을 이탈리아 본토에만 한정해서 건설하지 않았다. 로마는 정복지의 주민들을 위해서 많은 건축물을 세웠는데, 로마가 지배했던 거의 모든 곳에서 지금도 로마의 유산을 확인할 수 있다. 특히 유럽 지역에 로마의 유적이 잘 보존되어 있는데, 세고비아와 림의 수도교, 아를의 원형 극장, 트리어와 배스의 공중 목욕장, 오랑주의 극장 등이 유명하다. 루이 14세는 오랑주에 건설된 로마의 극장의 무대 벽을 보고는 '우리 왕국에서 가장 아름다운 벽'이라고 말하였다.[5]

정복보다 포용 택한 '보편 제국'

팍스 로마나 시대에 로마가 문명을 유럽에 전파하고 실용 문화를 발전시켰다는 것을 살펴보았다. 그러나 로마의 가장 위대한 업적은 앞에서 잠시 언급했듯이 정복한 사람들을 모두 진정한 하나의 문명으로 통합하였다는 것이다. 이 사실을 좀 더 자세히 살펴보자. 서기 1세기 '로마의 평화Pax Romana'가 한창일 때, 즉 로마가 힘으로 세계를 지배하고 그 위용을 뽐내고 있을 때, 도시 로마의 인구는 1백만에 달했다. 그런데 이 1백만 인구 중에서 이탈리아 본토 출신은 10퍼센트밖에 되지 않았다. 나머지 90퍼센트는 외지 출신, 특히 그리스를 비롯한 동방 출신이 많았다.[6] 기원전 2세기부터 활발하게 진행된 로마의 동방 원정 과정에서 많은 그리스와 동방 사람들이 노예로 끌려오거나 이주해 왔는데, 세월이 지나면서 이들이 모두 훌륭한 로마 시민으로 성장한 것이다.

원래 문화의 선진 지역이었던 그리스에서 로마로 이주한 사람들이 로마 문화에 빨리 적응했다는 것은 쉽게 납득할 수 있다. 그런데 노예로 끌려온 사람들이 어떻게 로마 시민으로 성장할 수 있었을까? 그것은 노예를 쉽게 해방시켜 주고, 해방된 노예들에게도 로마 시민권을 부여한 로마인들의 제도 때문이었다.

로마인들이 노예를 많이 해방시킨 것은 물론 포용력 있는 정신이 중요한 이유였겠지만, 경제적인 면도 작용했다. 로마에서는 주인이 노예에게 적당한 음식과 의복을 제공해야 했고, 노예를 굶긴다거나 심하게 학대하는 것은 관례에 어긋났다. 그런데 노예가 젊을 때는 일을 많이 하지만, 늙으면 일을 잘 못하게 되어 벌어들이는 돈보다 유지 비용이 더 많이 들어간다. 따라서 노예가 늙으면 해방시켜 주는 것이 주인들

> **로마의 최하계층 노예검투사.**
> 로마의 동방 원정 때 노예로 끌려온 외국인들 중에는
> 나중에 로마 시민권자가 된 이들이 많았다.

에게는 더 이득일 수 있다. '피호제被戶制'라는 로마의 특이한 제도도 이런 움직임을 부추겼다. 노예는 해방된다고 해도 주인과의 관계가 완전히 단절되는 것이 아니다. 해방된 노예는 로마 시민이 되어 정치적, 법적 권리를 획득했지만 피해방민으로서 주인에게 여러 가지 봉사를 해야 했다. 주기적으로 주인을 방문하여 봉사해야 했고, 여러 가지 경제적 부담도 져야 했다. 그러나 주인은 노예를 위해서 아무 일도 하지 않아도 되었기 때문에 때로 전 주인의 요구가 지나치기도 했다.

이렇게 해방된 뒤에는 주인의 경제 보조를 받지 못하고 여러 가지

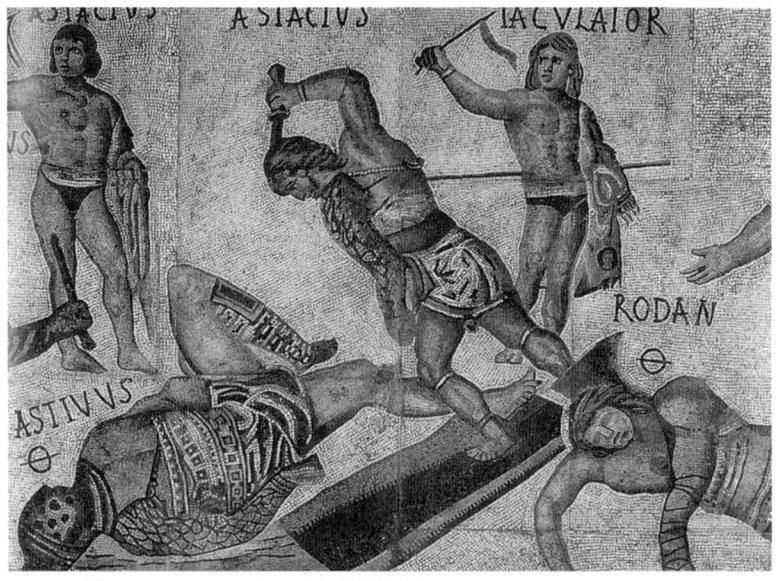

의무를 져야 했기 때문에, 해방된 노예들 중에는 노예 시절이 좋았다고 하는 이들도 있었다. 노예에서 해방된 후 먹고살 길이 막막해진 '반쪽 자유민'은 여기저기 아첨하고 다니며 숙식을 해결했고, 끝내는 매춘으로 생계를 이어가기도 했다. 여기서 말하는 매춘이란 동성애자를 대상으로 한 것을 말한다. 그 때문에 해방된 사람 가운데서는 "도대체 무엇이 잘못되었나? 노예였을 때에는 누군가 나에게 의복과 신발을 주고, 음식을 주었으며, 내가 아플 때는 나를 간호해 주었다. 그러나 이제 나는 한 사람의 노예가 아니라 여러 사람의 노예가 되어 버렸다"라고 말하면서 노예 시절을 그리워하기도 하였다.[7]

이렇게 해방된 것을 후회한 노예들도 있었지만, 대부분의 해방 노예들은 자유민이 되어 이전보다 주인의 통제를 덜 받고, 로마 시민으로서 법적인 보호를 받는다는 사실에 기뻐하였다. 특히 자기 자식들이 자유민이 된다는 것에 만족해했다. 하여튼 로마인들이 이렇게 노예를 해방시키고, 그들에게 완전한 시민권을 주었기 때문에 노예 출신 시민들은 갈수록 많아졌고, 로마시 거주자의 90퍼센트가 외국인 출신이었다.

로마에 이렇게 외국인들이 넘쳐나고, 그들이 로마법의 보호를 받고 결국에는 로마의 시민이 되면서 '원래의' 로마인들은 사라졌다. 로마로 이주한 외국인들은 그 출신이 매우 다양했기 때문에, 언어·생활방식·종교 등에서 이국적인 요소가 로마에 넘쳐났다. 재미있는 점은 하루라도 빨리 로마에 이주한 사람들은 '정통' 로마인인 양 행세했다는 것이다. 그들은 자신들이 로마의 전통을 고수한다면서, 외국인들이 넘쳐 나서 로마의 문화가 훼손되고 있다고 주장하였다. 로마의 풍자시인 유베날리스Decimus Junius Juvenalis(50?~130?)가 대표적이다. 이탈리아 중남부 아퀴눔 출신인 그는 로마에 외지 사람들이 홍수를 이

로마의 외국인 포용정책은 수많은 이민족을 로마로 끌어들였다. 외국 출신으로 처음 로마의 황제가 된 트라야누스(왼쪽)는 네르바 황제의 양자가 되어 제위를 계승한 경우이다. 2세기 말의 세베루스 황제(오른쪽)는 황제가 된 뒤에도 셈족의 말투를 버리지 못하였다.

루고 있다고 비난하였다. 그가 동방 출신이라고 경멸했던 시리아인들도 재빨리 로마인이 되었으며, 그들은 또다시 로마에 외국인이 넘치고 있다고 불평하였다.[8]

이렇게 수많은 종족이 로마로 몰려들어 로마에 동화되었다. 그리고 저마다 자신들이 정통 로마인이라고 주장하며 로마의 문화를 지키고, 로마를 위해서 싸웠다. 외국인 출신으로 처음 로마의 황제가 된 트라야누스Marcus Ulpius Trajanus(53~117) 이래 황제 가운데도 외국인 출신이 많았다. 2세기 말의 황제인 셉티미우스 세베루스Septimus Severus(193~211 재위) 같은 인물은 황제가 된 뒤에도 셈족의 말투를 버리지 못했다고 한다. 원로원 의원의 대다수도 외국 출신이었고, 문학·사

상·종교 분야를 주도한 사람들도 거의 외국 출신이었다. 네로의 스승이고 스토아철학의 대가인 세네카Lucius Annaeus Seneca(기원전 4?~서기 65)는 에스파냐의 코르두바 출신이었고, 위대한 교부철학자 아우구스티누스Aurelius Augustinus(354~430)는 아프리카의 히포 출신이었다.

이렇게 로마에 동화된 이국인들은 모두 자신들이 로마인이라고 생각하고, 로마를 자신들의 새로운 조국이라고 불렀다. 2세기의 그리스인 아리스티데스는 로마를 방문하고 로마제국을 찬양하는 글을 남겼다. 그는 로마의 지배를 받는 사람들은 그들이 실제로 어느 도시에 속하고 어디에서 출생하였든 이제 공통의 법률과 습관을 가지게 되었으며, 로마를 '공통의 조국'으로 간주하게 되었다고 노래했다. 아리스티데스 이후 프루덴티우스, 나마티아누스, 오로시우스와 같은 작가들도 계속해서 로마가 인류 공통의 조국이라고 찬양하였다. 오로시우스 Paulus Orosius의 말을 들어보자.

> 나는 어디를 가더라도, 설령 내가 그곳에는 낯선 사람이라고 해도, 아무런 보호도 받지 못하는 사람이 되어 갑자기 공격을 받을 염려는 하지 않는다. 로마인 사이에서 나는 로마인이라고 말할 것이고, 기독교인들 사이에서는 기독교인이라고 할 것이고, 사람들 사이에서는 사람이라고 말할 것이다. 국가는 그 법을 통해서, 종교는 그 양심에 호소함을 통해서, 본성은 그 고요한 보편성에 의해서 나에게 도움을 준다.[9]

왜 로마의 정복을 받은 이들이 로마를 자신들의 조국이라고 생각했을까? 그것은 로마의 통합정책 때문이었다. 앞에서 살펴본 대로 로마는 건국 이래로 로마에 공헌한 외국인들에게 로마 시민권을 주었다.

사비니인·라틴인·삼니움인·에트루리아인·남부 이탈리아의 그리스인들이 차례차례 로마 시민권을 받았다. 제정이 성립된 이후에는 로마 군에 복무한 자들은 모두 시민권을 얻었다. 그리고 노예들도 해방되면 시민권을 얻었다. 서기 212년, 로마의 통합정책은 정점에 이르러 당시 카라칼라Caracalla(188~217) 황제는 로마에 거주하는 모든 자유인들에게 로마 시민권을 부여했다.

로마가 모든 자유민들에게 시민권을 주었다는 것은 정복자로서 로마의 권리를 포기했다는 것을 의미한다. 로마는 정복한 지역을 속주라는 행정 단위로 편제했고, 총독을 파견하여 통치하였다. 속주민은 로마법의 보호를 받지 못했으며, 정복을 당한 사람으로서 로마에 공납과 세금을 바쳐야 했다. 로마의 속주를 프로빈키아Provincia라고 하는데, 원래 이 말은 부담(공납)을 진다는 의미다.

모든 자유인들이 시민권을 가지게 되면서 정복자와 피정복자 사이의 차별은 사라졌다. 이제 로마제국 내에 거주하는 모든 자유민은 하나의 정부, 하나의 법의 통치를 받으며, 하나의 문화와 관습을 향유하게 되었다. 이 공통의 조국을 '보편 제국'이라고 부른다. 그런데 이 보편 제국은 그냥 보편 제국이 아니라, 영원한 보편 제국이다. 1세기 이후 로마인들은 로마의 통치는 영원할 것이고, 로마가 망하면 세계가 멸망할 것이라고 생각하였다. 이 영원한 제국의 개념에 대해서는 '유럽의 통합'이라는 장에서 자세히 설명할 것이다. 여기서는 로마제국이 멸망한 후에도 서양인들에게 계속해서 큰 영향을 끼쳤다는 점만을 살펴보자.

21세기까지 이어지는 로마제국 후광

2세기 말 팍스 로마나가 흔들렸다. 북쪽에서 게르만족이 대규모로 남하하였기 때문이다. 오현제 시대의 마지막 황제인 마르쿠스 아우렐리우스는 재임 기간 대부분을 변방에서 게르만족과 싸우면서 보냈다. 3세기에 위기는 더 고조되었다. 게르만족은 현재의 스위스, 프랑스, 독일 지역을 침공하였고, 심지어 이탈리아 북부까지 진출하여 약탈을 일삼았다. 여기에 더하여 동방을 다시 통일한 사산조 페르시아는 안티오키아를 비롯한 소아시아 일대를 점령했다. 페르시아 군에 맞선 로마 군은 연전연패했으며 260년에는 발레리아누스 황제가 페르시아 군에게 포로로 잡히기까지 했다. 이런 상황에서 군인들이 득세하여 234년부터 284년까지 26명의 군인이 황제가 되었다. 내우외환이 계속되는 가운데 전염병까지 돌자 로마인들은 로마제국의 멸망이 임박했다고 생각하였다.

  284년 디오클레티아누스가 황제가 되면서 상황이 극적으로 바뀌기 시작하였다. 디오클레티아누스는 게르만족과 페르시아 군을 연파하고 군사적으로 로마를 안정시켰을 뿐만 아니라 정치, 행정, 경제 개혁을 단행하여 로마인들에게 평화와 안정을 되찾아 주었다. 그 덕분에 로마는 천 년 이상 더 유지될 수 있었다.

  디오클레티아누스는 무엇보다 먼저 황제권의 강화를 추구하였다. 그는 즉위한 직후 원로원을 완전히 무력화시켰고, 황제를 도미누스라고 부르게 했다. 이후 로마의 정체를 '도미나투스dominatus'라고 부르는데 이는 황제가 도미누스dominus, 즉 제국과 신민의 주인으로 통치하는 체제를 말한다. 이제 황제는 제1시민이 아니라 동방의 전제군주와 같은 존재가 되었다. 또한 디오클레티아누스는 정치체제에서 혁신적인 실험을 추구하였다. 그는 제국이 너무나 넓기 때문에 한 명이 전역을 통치할 수 없다고 판단하여 두 명의 정제와 두 명의 부제가 제국을 네 개의 구역으로 나누어 통치하는 체제를 만들었다. 이를 사분체제라고 한다. 그러나 제국이 네 개로 분할된 것은 아니다. 네 개의 통치 구역에 모두 로마법이 적용되었고, 네 명의 황제가 협의하여 정책을 결정하였기 때문이다.

디오클레티아누스의 개혁으로 정치가 안정되고, 로마의 군사력이 복원되자 로마는 중흥하기 시작하였다. 디오클레티아누스의 뒤를 이은 콘스탄티누스는 30여 년이나 제국을 통치했고, 기독교를 공인함으로써 로마인들의 화합을 꾀하였다. 일반적으로 콘스탄티누스는 313년 기독교를 공인한 것으로 잘 알려져 있지만, 그의 최대 업적으로 기독교의 공인이 아니라 수도의 이전을 꼽는 역사가도 있다.[10] 그는 천년의 수도 로마를 버리고, 비잔티움으로 천도하여 그곳을 콘스탄티노폴리스라는 새로운 도시로 만들었다. 그가 수도를 이전한 것은 두 가지 이유 때문이었다. 먼저 게르만족의 남하로 인해서 서로마 지역이 계속해서 압박을 받고 있었기 때문에 군사적으로 안전한 곳이 필요했다. 그리고 제국을 중흥시키기 위해서는 소아시아를 비롯한 동방 지역의 인적·물적 자원이 절실하게 필요했다. 그의 선택은 참으로 현명한 것이었는데, 당시 아시아 속주를 비롯한 동방 지역이 제국에서 가장 번성하는 곳이었기 때문이다.

4세기 후반부터 다시 게르만족의 압박이 거세진다. 아틸라가 지휘하는 훈족(흉노족이라고도 불림)이 게르만족을 압박하자, 게르만족이 대거 남하하였다. 로마는 게르만족과 힘을 합쳐서 훈족의 침입을 막아 냈지만, 그 과정에서 게르만족은 서로마 지역의 실질적인 지배자가 되었다. 그리고 476년 게르만족의 용병 대장이었던 오도아케르가 서로마제국의 마지막 황제인 아우구스툴루스를 폐위시킴으로써 서로마제국이 멸망한다.

오도아케르 이후 서로마 지역을 차지한 지배자들은 동로마 황제의 비준을 받곤 하였다. 그들은 동로마 황제가 로마제국의 황제이고, 세계의 수장임을 인정하였다. 동로마 황제는 그들을 부왕으로 삼거나, 로마의 관직인 콘술 직을 주었다. 심지어 로마에 남아 있던 가톨릭의 수장 교황도 계속 동로마 황제의 통제를 받았다. 그들은 동로마 황제의 수장권을 인정하고, 새로운 교황이 선출될 때마다 황제의 비준을 받았다. 교황이 동로마 황제로부터 독립을 추구한 것은 752년 이후의 일이다. 당시 롬바르드족이 교황령을 포위하자 교황은 동로마 황제에게 구원을 요청하였다. 그러나 동로마 황제가 구원군을 보내지 못한 반면, 서로마 지역의 실력자 피핀(카롤루스 대제의 아버지)이 군사를 보내 교황을 구해 주었다. 이후 교황의 보호자는 동로마제국의 황제가 아니라 카롤루스 왕조의 왕들이 되었다.

이렇게 서로마제국의 정치·종교 지도자들이 동로마제국의 황제를 로마제국의 황제이자 세계의 수장으로 인정하고 있는 가운데, 동로마제국의 황제들은 자신들이 로마제국의 황제라는 것을 조금도 의심하지 않았으며, 유스티니아누스와 같은 황제는 일시적으로 북아프리카와 이탈리아를 다시 통일하였다.

790년경 동로마제국은 심각한 내홍을 겪었다. 이레네라는 여걸이 그 내홍의 중심 인물이었다. 동로마제국의 황제 콘스탄티노스 5세(741~775)는 미인대회를 통해서 아테네 출신의 이레네를 자신의 아들 레오 4

동로마제국이 멸망하자 당시 러시아 황제였던 이반 3세(왼쪽)는 러시아가 동로마제국을 계승한다고 선언하고, 동로마의 문장인 독수리(오른쪽)를 러시아의 문장으로 사용하였다.

세(775~780)의 아내로 뽑았다. 황후가 된 그녀는 아들 콘스탄티노스 6세가 열 살 때 황제가 되자 섭정을 하여 동로마제국을 다스렸다. 그녀는 아들이 성인이 되자 아들을 죽인 후에 직접 황제가 되었다. 많은 사람들이 그녀가 아들을 죽인 여자라는 이유로 그녀의 통치에 반발하였다.

반면에 서방 지역의 실력자 카롤루스는 옛 서로마 지역의 영토를 상당 부분 재통일하고, 카롤링거 르네상스를 일으켜 문화 중흥을 꾀하고 있었다. 카롤루스의 추종자들은 동로마제국에 여자가, 그것도 도덕적으로 문제가 많은 여자가 황제가 되어 실정을 일삼는 것을 보고 이제 동로마제국은 로마제국의 계승권을 상실했다고 주장했다. 그리고 '통치권의 이전translatio imperii'—즉 로마제국의 통치권이 서로마제국으로 이전되었다고—을 주장하면서 800년에 카롤루스를 로마제국의 새로운 황제로 추대하였다. 이후 유럽인들은 카롤루스 이후 로마제국의 통치권이 자신들에게 넘어 왔다고 생각했으며, 이 때문에 독일의 오토 1세가 새로운 제국을 건설했을 때 그 제국의 이름을 '신성로마제국'이라고 불렀다. 이렇게 476년에 서로마제국이 멸망한 이후에도 유럽 지역에서 로마제국 계승 의식이 계속되었다.

서유럽뿐만 아니라 동유럽에서도 로마 계승의식은 계속되었다. 오도아케르가 서로마제국을 멸망시킨 이후에도 1,000년간이나 지속된 동로마제국은 흔히 비잔티움제국이라고 불린다. 그러나 비잔티움제국이라는 명칭은 16세기에 처음 등장한다. 근대 유럽의 학자들이 동로마제국을 폄하하기 위해서 이 말을 만들어 냈다. 1453년 멸망할 때까지 동로마제국 사람들은 스스로 로마인이라고 생각했으며, 그들의 나라를 로마제국이라고 불렀다. 1453년 2,200년이나 지속되던 로마제국이 멸망하였다. 그러나 위대한 문명은 멸망한 후에도 큰 그림자를 남기는 법이다. 로마가 멸망한 후에도 세계의 여러 나라가 로마 계승의식을 표방하였다. 대표적으로 러시아를 들 수 있다. 동로마가 멸망하자마자 러시아의 이반 3세는 러시아가 로마를 계승한다고 공식적으로 선언하였다. 그는 동로마의 황녀와 결혼한 뒤 자신을 차르(카이사르)라고 부르게 하였고, 동로마제국의 문장이었던 독수리를 러시아의 문장으로 삼았다. 러시아인들은 황제의 로마 계승의식에 동참하면서 모스크바를 제3의 로마로 불렀다.[11] 러시아 이외에도 프랑스, 독일, 미국 등 여러 나라가 로마제국의 계승의식을 표방하였다. 가령 미국인들은 새로운 미국을 건설하면서 로마를 모델로 삼았다. 그들은 미국 의회당이 있는 언덕을 카피톨이라고 명명했는데, 카피톨은 로마의 신성한 언덕 이름이다. 또한 미국의 1달러짜리 동전에는 '여럿으로 이루어진 하나E pluribus unum'라는 문구가 로마의 글자인 라틴어로 씌어 있고, 미국 정부의 문장에는 '신은 우리가 하는 일을 좋아하시니라annuit coeptis'는 경구가 역시 라틴어로 씌어 있다. 이 경구는 로마의 유명한 시인 베르길리우스의 문장에서 따온 것이다.[12] 이렇게 로마제국은 지금도 서양 사람들의 제도와 관습, 사유구조 속에 깊이 각인되어 있다.

4 중세의 번영을 가져온 봉건제도

게르만 왕국들의 발전

────── 로마는 라인강과 다뉴브강 이북에 살고 있는 사람들을 모두 게르만족이라고 불렀다. 실제 게르만족은 50여 개의 크고 작은 부족으로 이루어져 있었다. 대표적인 부족으로는 앵글족, 색슨족, 프랑크족, 고트족, 반달족, 롬바르드족 등이 있었다. 이들은 공화정 말기 이래 로마와 접촉하게 되었는데 때때로 로마 영토로 들어와 약탈을 감행하기도 했지만, 대체적으로 로마와 평화를 유지하면서 살았다. 로마의 국경선을 중심으로 게르만인과 로마인이 수세기 동안 교류하면서 두 문화 사이의 융합이 상당한 수준으로 이루어졌다.[1] 로마적 가치를 받아들인 게르만인은 로마 군에 입대하여 동맹군foederati으로 싸웠는데, 4세기 말이 되면 로마 군 장교의 반 이상이 야만족 출신으로 충원될 정도였다.

그러나 로마와 게르만족의 교류가 평화적으로 이루어진 것만은 아니다. 로마는 군사적 위협이 되는 것을 막기 위해서 게르만족을 가급적 분열시켰으며, 게르만족은 로마에서 흘러들어온 뒤 재부가 많아지자 점차 사회적 분화를 겪게 되었다. 그러면서 게르만 부족들 사이의 생존 경쟁이 심해졌고, 군사력을 갖춘 전사들이 새로운 지배자로 부상하였다.[2] 이런 사회 변화와 함께, 인구가 증가하자 게르만족은 점점 더 비옥한 남쪽의 로마 땅을 동경하게 되었다.

3세기 로마가 군인황제시대의 혼란으로 약해지자 게르만족은 빈번하게 로마 영토를 침략하여 약탈하였다. 4세기에 디오클레티아누스와 콘스탄티누스가 그들의 남하를 일시적으로 막아 냈지만 4세기 후반 결정적인 변화가 발생하였다. 370년경 훈족이 흑해 북쪽으로 유럽을 침략했던 것이다. 이들의 압박을 받은 고트족이 남하하자 이후 로마의 국경선은 무력화되었고, 여러 게르만족이 로마의 영토로 들어와 왕국들을 수립하였다.

서고트족, 동고트족, 반달족, 수에비족, 롬바르드족, 부르군트족 등이 서로마제국의 각지에 왕국을 세웠지만 이들의 왕국은 오래가지 못하였다. 무엇보다 이들의 통일성은 약했으며, 대개 부족별로 이동했는데 각 부족의 숫자는 보통 수천 명에 지나지 않았고 많은 경우라도 수만 명밖에 되지 않았다.[3] 따라서 그들은 숫적으로 로마인을 대체할 수 없었고 단지 군사력으로 로마인을 보호해 주고 대가를 받는 데 만족하였다. 5~6세기에 이들은 대부분 로마에 동화되거나 다른 부족들에게 정복당하여 사라져 버렸다.

5세기에 프랑크족과 앵글로색슨족이 남하하면서 게르만족 이동은 새로운 국면을 맞았다. 특히 프랑크족은 원주지를 버리지 않고 팽창 형태로 이동하였으며, 가톨릭으로 개종하면서 로마인과의 융합을 추구하였다.[4] 덕분에 그들은 소멸하지 않고 중세를 주도하는 새로운 종족으로 성장하였다.

프랑크 왕국의 발전과 붕괴

프랑크족의 지도자였던 클로비스는 메로베우스 왕조를 개창하고 파리를 수도로 삼아서 번영을 이끌었다. 그렇지만 문명 수준이 저급했던 프랑크족에게는 국가 공개념이 없었다. 로마인은 국가를 개인의 것이 아니라 공공의 것res publica이라고 생각했지만 게르만족은 국가조차도 왕의 개인 소유물이라고 생각하였다. 따라서 클로비스가 죽은 후 국가는 후계자들에게 분할 상속되었다. 그 후 후계자들 사이의 경쟁과 전쟁이 지속되었을 뿐만 아니라 무능한 왕들이 잇달아 왕위를 계승하면서 왕권은 무력화되었고,[5] 왕국의 실질적인 통치권이 궁재(중세 초기의 관직 이름으로 특히 7세기에서 8세기 프랑크 왕국의 재상을 지칭한다)의 손으로 넘어갔다.[6]

732년 궁재였던 카롤루스 마르텔루스가 투르와 프와티에 중간 지점에서 이슬람 군을 격파하였다. 그는 군대를 모집하기 위해서 기사들에게 토지에 대한 용익권을 은대지beneficium 형태로 하사하였고, 그 대신 기사들로부터 충성 서약을 받았다. 이때 주종제와 은대지가 결합되어 봉건제도의 근간이 마련되기 시작하였다.[7] 카롤루스 마르텔루스의 아들 피핀은 이탈리아를 원정하여 롬바르드족을 물리쳤고, 로마와 인근 지역을 교황에게 기증하였다. 교황 스테파누스 2세는 피핀의 공로에 감사하며 그를 왕으로 임명하였다. 그리하여 카롤루스 왕조가 수립되었다.

카롤루스 대제.
특히 그의 문화진흥책은 그의 치세를 '카롤링거 르네상스'로
부를 정도로 상당한 성과를 올렸다.

피핀의 아들 카롤루스는 통치제도를 정비하고 왕국의 영토를 크게 넓혔다. 남쪽으로는 이슬람 세력이 차지하고 있던 남프랑스와 북부 에스파냐 지역을 회복하였으며, 동쪽으로 독일 서부 지방을 정복하였다. 카롤루스는 메로베우스 왕조의 수도였던 파리 대신 새로 정복한 독일 서부의 도시인 아헨을 수도로 삼았다. 카롤루스는 새로 정복한 지역에 기독교를 전파하였고, '일반 훈령'을 발표하여 그의 왕국을 기독교의 가르침에 따라서 교화하려고 노력하였다. 또한 아헨에 궁정 학교를 설치하고, 알퀸을 비롯한 학자들을 초청하여 연구를 장려하였다. 그리하여 고전 연구가 부활하고, 소문자체가 도입되는 등 학문의 일시적인 부

흥이 이루어졌다. 이를 카롤링거 르네상스라고 한다.

교황 레오 3세는 800년에 카롤루스의 이런 업적을 기리기 위해서 그를 서로마제국의 황제로 임명하였다. 카롤루스의 안정된 통치 속에서 로마 문화, 기독교, 게르만 문화가 융합된 새로운 문화가 형성되기 시작하였고, 이것이 이후 유럽 문화의 원형을 이루게 된다.

그러나 814년 카롤루스가 죽은 후 유럽은 다시 대혼란으로 빠져든다. 국가 공개념이 없었기에 왕국은 다시 분열되었고, 그 와중에 북쪽에서는 노르만족, 남쪽에서는 이슬람 세력, 동쪽에서는 마자르족이 쳐들어왔다. 마자르족은 독일 전역을 약탈하였고, 이슬람은 시칠리아를 정복한 후에 로마까지 위협하였으며, 노르만족은 유럽 전역을 약탈하고 다녔다. 그리하여 카롤루스 왕조 치하에서 가까스로 회복해 가던 유럽은 다시 대혼란에 빠져들었고, 국가의 공권력이 거의 완전히 붕괴되어 버렸다. 많은 도시가 완전히 사라져 버렸고, 농촌에서는 토지 사이의 경계선이 없어져 버렸을 정도였다.[8]

주종제도의 성립과 발전

게르만족의 이동 이후 국가와 사회가 안전을 보장하지 못하는 상황이 오랫동안 지속되면서 사람들은 개인들 사이의 관계를 통해서 안전과 질서를 추구하게 되었다.[9] 거의 아무런 힘이 없는 하층민들은 지방의 유력자들에게 투탁하였고, 지방의 유력자들은 그들보다 조금이라도 힘이 강한 자에게 의지하게 되었다. 이것이 봉건제가 발전하게 된 가장 중요한 배경이었다. 봉건제도가 이렇게 투탁에 의해서 형성되었기 때문에 다음에 살펴볼 봉토 가운데 상당수는 주군이 그들의 소유 토지를 수여한 것이 아니라 봉신이 주군에게 토지를 증여한 후에, 다시 그 토지에 대한 용익권을 받는 형태로 형성되었다.[10]

봉건제도의 상부구조는 주종제도로 구성되어 있다. 원래 게르만족 사회에서는 젊은 전사들이 부족장이나 무용이 뛰어난 자를 중심으로 집단을 형성하는 관습이 있었다. 우두머리는 그에게 충성하는 자들에게 식량이나 군수품을 공급하고 전리품을 나누어 주었으며, 추종자들은 우두머리에게 충성을 바쳤다. 이를 코미타투스, 즉 종사제도라고 한다. 주종제도는 로마제국 말기에 부족의 틀 안에 존재하던 종사제가 전 사회적으로 확산되고, 힘이 강한 자와 약한 자가 보호와 충성의 상호 계약 관계를 맺으면서 형성된 것이다. 이 관계에서 힘이 강한 자가 주군으로 힘이 약한 봉신을 부양하고 보호하는 대신 봉신은 주군에게 충성을 바쳤다.

앞에서 설명했듯이 카롤루스 마르텔루스가 주종제도와 은대지를 결합하였다. 그 후 카롤루스조의 왕들은 귀족들과 주종 관계를 맺으면서 충성의 대가로 토지를 지급하였으며, 또 이미 메로베우스 왕조 때부터 행해지던 관습, 즉 상급 귀족이 하급 귀족들과 주종 관계를 맺는 것을 장려하였다.[11] 그리하여 카롤루스 왕조에서 유력자와 전사들이 주군과 봉신이 되어 서로 돕는 관계가 확산되었고, 지배층이 점차 피라미드 형태의 그물망으로 편제되었다.[12] 이 그물망에는 주교와 수도원장과 같은 성직자들도 포함되었다. 그들도 주군으로부터 봉토를 받고 그 대가로 군사적 의무를 지곤 했다.[13]

9세기의 대혼란 과정에서 왕권이 쇠락하자, 주종 관계 내에 존재하던 공적인 성격이 사라져 버렸다. 카롤루스 마르텔루스 이후 왕들이 봉신들에게 충성의 대가로 지급한 은대지는 원래 당대에만 토지를 이용할 수 있는 권리였다. 왕권이 약해지자 봉신들은 토지를 세습하기 시작하였고, 877년 카롤루스 대머리 왕은 그 사실을 공식적으로 인정할 수밖에 없었다. 봉신들은 봉토로 받은 토지를 세습했을 뿐만 아니라[14] 소유지의 주민에 대해서 무너진 공권력을 대신하여 독자적인 통치권을 행사하였다.[15] 그리하여 봉신들은 자신의 소유지를 독자적으로 지배하는 영주가 되었다. 그들은 영주로서 주민들에게 세금을 부과하고, 재판을 하고, 온갖 부역을 시킬 수 있었다. 영주가 독자적으로 영지를 통치할 수 있는 권리를 '불수불입권immunitas'이라고 한다.[16]

10세기 이후 주종제도가 사회를 떠받치는 상부구조로 정착되면서 주군과 봉신 사이의 관계가 정교해졌다. 이는 무엇보다 주군이 봉신을 임명하는 서임식의 제도화로 나타났다. 서임식은 보통 주군 영지의 중심지에서 열렸다. 서임 식장에 도착한 봉신이 주군에게 '당신의 신하가 되겠습니다'라고 선언한 후 무릎을 꿇고, 그의 손을 모아 영주의 손에 넣었다. 이를 신종 서약이라고 한다. 이후 주군과 봉신이 서로 의무를 확인하는 키스를 했고, 봉신이 다시 성경이나 성유물을 걸고 충성의 약속을 지키겠다는 충성 서약을 했다. 주군은 봉토를 상징하는 막대기나 흙을 주거나, 봉토에 대한 지배권을 상징하는 칼로 봉신의 어깨를 치는 의례를 행하였다. 이런 서임 절차와 의식은 시기와 지역에 따라서 다양하게 진행되었다.[17]

주군과 봉신의 관계는 쌍무적인 계약 관계였다. 주군은 봉신을 보호하고, 봉토를 수여하거나 재물을 하사함으로써 부양해야 했다. 봉신은 충성, 부조, 조언의 의무를 졌는데, 여기서 충성은 주로 군사적 충성이었다. 평상시에는 1년에 30~40일간 주군의 성을 지키는 의무를

졌고, 전시에는 군대를 이끌고 주군을 도와야 했다. 부조는 주군에게 경제적 도움을 주는 것을 말한다. 봉신은 주군의 몸값, 주군 장남의 기사 서임식 비용, 장녀의 결혼식 비용 등을 부조하였다. 조언은 주군이 필요할 때 부르면 언제든 가서 충언하는 것을 말한다. 이렇게 주군과 봉신은 서로 의무를 지고 있었기 때문에, 양자 가운데 누구든 의무를 게을리하면 계약을 철회할 수 있었다. 하급자인 봉신이 주군이 의무를 게을리 했다는 이유로 관계를 철회하는 경우도 꽤 있었다.[18]

주군과 봉신의 관계는 또한 다중적인 것이었다. 봉신이 동시에 섬길 수 있는 주군이 여러 명이었다. 한 기사가 주군을 섬기고 있다가 아버지로부터 봉토를 상속받으면, 아버지가 섬기던 주군을 대를 이어 섬겨야 했고, 또한 결혼을 했을 경우 아내가 봉토를 가져 오면 처가 쪽 주군 역시 섬겨야 했다. 따라서 시간이 흐를수록 주종 관계의 그물망이 매우 복잡하게 얽히게 되었다.

장원제도의 형성과 발전

장원의 형성과 발전은 시기에 따라 그리고 지역에 따라 다양한 방식으로 수행되었기 때문에 중세에 존재했던 수많은 장원 가운데 똑같은 것은 하나도 없었다는 말이 있을 정도이다. 따라서 장원의 형성과 발전을 도식적으로 설명할 수는 없고, 다만 이상적인 형태를 제시할 수 있을 뿐이다.

장원의 기원은 로마제국 말기부터 추적할 수 있다. 로마제국 초기에 자유로운 소작인이었던 콜로누스가 3세기 이후 점차 부자유 소작인으로 전락하였다. 디오클레티아누스 이후 로마의 황제들은 그들을 원적지와 토지에 긴박緊縛하는 칙령을 거듭해서 내렸다. 그들은 토지에 긴박되었으며, 지주의 동의 없이 재산을 양도할 수도 없었다. 지주는 그들이 도망가면 잡아 올 수 있었고, 심지어 쇠사슬로 묶어 놓을 수도 있었다. 또한 지주들은 그들에 대한 세금 징수권을 이용하여 그들에게 준사법권을 행사하였다.[19]

이렇게 콜로나투스 제도가 발전하고 있는 상황에서 지속된 외침과 내부의 혼란으로 공권력이 약해지자 하층민들의 지위는 현격하게 낮아졌다. 국가의 보호를 받지 못한 농민들은 지역의 유력자에게 투탁하여 생존을 모색하였다. 그들은 유력자에게 토지를 맡기고 대신 토지 이용권을 보장받았는데, 이로 인해서 대토지 소유가 크게 확대되었고 농민들의 예속화가 진행되었다. 농민들이 자유인, 피해방 자유민, 노예라는 예전의 신분에서 점차 예속민, 즉 농노라는 새로운 신분으로 변해 갔고, 대토지 소유자들은 농민들을 인신적으로 지배하게 되었다. 이렇게 대토지 소유자들이 농민들을 예속민으로 만들고, 토지에 결부시켜 지배하면서 장원의 초기적인 형태가 만들어졌다.[20]

9세기 이후 장원은 주종제도와 연계되어 발전하였다. 주군들이 봉신들에게 지급한 봉토가 이미 장원의 형태를 띠고 있는 경우가 있었고, 봉신들이 봉토를 받은 후에 장원 형태로 편제하는 경우도 있었다.[21] 어느 경우든 봉신은 봉토에 대해서 소유권과 통치권을 가졌고, 소유권에 근거해서 부역과 공납을 강제하고 통치권에 근거해서 세금을 징수하고 재판권을 행사하는 등 경제외적 강제를 수행하였다. 이런 경제외적 강제의 수위는 매우 다양하였다. 대개 하급 귀족들은 그들의 영주민에 대한 하급 재판권만을 가졌고, 사형이나 중죄에 대해

서는 상급 귀족의 재판권이 유지되었다.[22]

　장원이 하나의 촌락으로 구성된 경우도 있었지만, 여러 마을이 하나의 장원을 구성하는 경우도 있었고, 반대로 하나의 마을이 여러 개의 장원으로 구성되는 경우가 더 많았다. 장원 내에는 여전히 영주에게 예속되지 않은 자유민도 있었고, 영주 소유의 노예도 있었다. 자유민은 그의 농토를 소유하고 독립적으로 경작할 수 있었지만, 재판을 비롯한 영주의 통치를 받아야 했고,[23] 노예는 영주의 명령을 받아서 일하였다. 그렇지만 장원에 존재하는 전형적인 농민은 농노였다.

　농노의 의무 가운데 가장 중요한 것이 부역이었다. 부역은 영주를 위해서 여러 가지 일을 하는 것을 의미하는데, 물건을 만들어 주는 제조 부역, 물건을 옮겨 주는 수송 부역, 경작지를 갈아 주는 경작 부역이 있었다. 경작 부역이 가장 부담이 컸는데 1주일에 2~4일을 영주 직영지에 가서 일을 해야 했다. 이렇게 영주가 영주 직영지를 운영하면서 농노에게 노동 지대를 받는 방식을 고전 장원제라고 한다.[24] 농노는 또한 해마다 닭, 과일, 채소, 양모, 달걀, 벌꿀 등을 바쳐야 했으며, 딸을 다른 장원으로 시집 보낼 때는 혼인세를 납부해야 했고, 자신의 보유지를 자식에게 물려줄 때는 상속세를 내야 했다. 그리고 장원에 설치되어 있는 영주의 독점 소유물들, 가령 제분소나 제빵소를 이용하는 대가를 지불해야 했으며, 심지어 그들이 교회에 바치는 헌금도 영주의 소유였다. 이 밖에도 '평등의 시대'에 살고 있는 현대인은 도저히 이해할 수 없는 잡다한 의무가 있었는데, 가령 영주의 양을 목욕시키는 데 참여할 의무가 있었다.[25]

　농노는 이렇게 여러 가지 부담스러운 의무를 지는 대가로 가족을 이루고 영주의 보호를 받았고, 집과 텃밭을 가질 수 있었고, 영주가 그에게 할당한 농노 보유지를 평생 경작할 수 있었고, 그 권리를 후손에게 상속할 수 있었다. 또한 농노는 목초지와 임야와 같은 공동지를 이용할 수 있었고, 숲에서 땔감을 채취할 수도 있었다. 이렇게 집과 그의 생존에 필요한 보유지, 그리고 공동지 이용권을 가진 농가를 망스라고 불렀다. 망스는 장원의 기본 단위로 기능하였다.

삼포제 등으로 급등한 농업 생산성

장원제도의 형성과 발전이 서양 중세사의 발전 과정에 끼친 가장 중요한 기여는 농업 생산성의 증대였다. 게르만족의 이동기에 사회 혼란이 지속되고, 농업 기술이 저급하여 농업 생산성은 매우 낮았다. 밀의 경우 씨앗을 하나 뿌려 두 개를 거두는 수준에 머물렀다. 9세기 이후 장원이 형성되고 사회가 안정되면서 기술 개발이 활발하게 이루어져 농업 생산성이 크게 증가하였다. 이를 중세의 농업혁명이라고 부르기도 한다.

　11세기 이후 본격화된 농업혁명은 프랑스, 중서부 독일, 잉글랜드 남부를 비롯한 서유럽 지역에서 시작되었다. 이 지역에 정착한 게르만족은 사회가 안정되고, 기후 조건이 좋아지자 여러 가지 시험을 하면서 농지를 개간하고, 농업시설을 확대하였으며, 농기구를 개량하였다.

　그중 첫 번째는 이른바 '심경 쟁기'의 도입이다. 쟁기는 고대에 널리 알려져 있었지만, 처음에는 로마인이 사용했던 '천경 쟁기'가 이용되었다. 이 쟁기는 이탈리아의 건조한 토양에 적합한 것이었기 때문에, 알프스 이북 지역의 습하고 단단한 토양에는 적합하지 않았다. 중세의 농민들은 무겁고, 길다란 쟁기날을 단 '심경 쟁기'를 개발하여 이 문제를 해결하였다.

두 번째, 농사에 말을 이용할 수 있게 되었다. 전통적으로 농업에 쓰이던 동물은 소였다. 말은 훨씬 힘이 셌으나 이용할 수 없었는데, 소와 골격 구조가 다른 말에 소의 재갈을 물리면 말을 질식시켰기 때문이다. 마구馬具 및 징을 박은 편자, 직렬식 멍에가 차례로 개발되어서 말을 농업에 이용할 수 있게 되었다.

세 번째는 삼포제의 도입이다. 로마인은 매년 토지를 경작하는 것은 지력을 고갈시키기 때문에 토지를 2년에 오직 한 번씩만 경작하였다. 토지가 휴경되는 동안 동물을 방목하여 그들의 배설물이 비료의 기능을 하도록 했다. 중세 초에 토지를 삼등분하여 겨울 작물 재배—봄 작물 재배—휴경하는 순서로 이용히는 삼포제가 도입되었다. 이에 따른 경작 순서의 사례를 도표로 정리하면 다음과 같다.

연도	1000	1001	1002
경작지 1	겨울 작물	봄 작물	휴경
경작지 2	봄 작물	휴경	겨울 작물
경작지 3	휴경	겨울 작물	봄 작물

토지를 이렇게 삼포제에 따라서 경작하면 이포제 방식으로 경작했을 때보타 생산성이 3분의 1이 증대된다.[26]

네 번째, 방아 사용의 증대이다. 밀은 쌀과 달리 낟알 형태로 섭취할 수 없고 가루를 빻아서 빵을 만들어 먹어야 한다. 그런데 밀알을 가루로 빻는 데는 많은 노동력이 소요된다. 수력이나 풍력을 이용한 방아는 제분하는 데 들어가는 노동력을 크게 감소시켰다.[27]

이렇게 농업 기술이 혁신되자 농업 생산량이 크게 증가하였다. 중세 초에 밀을 1알을 뿌려서 2알 정도 얻었는데, 14세기가 되면 4~5알을 얻는 지역도 많았다. 이는 농업 생산성이 두 배 이상 증가했다는 것을 의미한다.

인구 증가와 도시의 탄생

장원제도의 형성과 장원에서 이루어졌던 농업 기술 발전의 가장 중요한 결과는 인구 증가였다. 중세 유럽 사회의 인구 변화를 도표로 나타내면 다음과 같다.

중세 유럽의 인구 변화[28]   (단위 백만 명)

연도	700	1000	1100	1200	1300	1350	1400	1500
인구수	27	42	48	50	73	51	45	69

인구의 증가는 평화와 번영의 시대가 시작되었음을 의미한다. 혼동의 시대에서 번영의 시대로 분기점이 되는 시점은 서기 천년이었다. 서기 천년이 되면 중세 유럽이 새로운 번영기를 시작했다는 것이 가시적으로 드러났다.[29] 곳곳에서 건축 사업이 벌어지고, 상업이 활발하게 전개되기 시작하였다.

중세 초기의 혼란 과정에서 고대의 국제 교역망은 붕괴되거나 축소되었고, 유럽은 지중해 무역으로부터 단절되어 내륙 문명으로 발전하였다. 앙리 피렌느는 이 현상을 '무함마드 없이 샤를마뉴도 없다'라고 표현하였다. 이는 무함마드로 대변되는 이슬람 세력이 지중해를 장악하면서 샤를마뉴로 대변되는 유럽 문명이 서유럽 지역을 중심으로 한 내륙 문명으로 발전했다는 것을 의미한다. 중세 초에 동유럽—흑해—소아시아를 연계하는 우회 교역이 지속되었기 때문에 국제 무역이 완전히 단절된 것은 아니었지만, 피렌느의 주장대로 국제 교역이 크게 쇠퇴한 것은 사실이었다. 또한 11세기 이전 장원을 중심으로 형성된 농촌 경제가 근본적으로 자급자족 수준에 머물렀기 때문에 내부의 교역도 미미한 수준에서 진행되었다.

이런 상황이 서기 천년을 기점으로 변화하기 시작하였다. 곳곳에서 시장이 생겨나면서 내부 교역이 활성화되었고, 원격지 무역도 발전하기 시작하였다. 유럽의 남쪽에서는 베네치아와 피렌체를 비롯한 이탈리아 상인들이 동방 지역에서 물품을 들여와 서유럽에 공급하였고, 북쪽에서는 플랑드르 지역을 중심으로 한자동맹이 결성되어 스칸디나비아에서 북부 독일을 거쳐 프랑스 중부에 이르는 상업망을 결성하였다. 12~13세기 두 무역권이 교류하면서 프랑스 중부의 샹파뉴 지역에 정기시가 발전하였다. 플랑드르 상인은 모직물을, 북방의 상인들은 가죽·목재 등을, 영국 상인들은 양모·주석을, 이탈리아 상인들은 향신료·비단·설탕 등을 가져 와서 서로 거래하였다. 13세기 말 이탈리아에서 플랑드르 지역의 브뤼헤까지 갈 수 있는 항해 기술이 발달하면서 두 무역권이 만나는 지점이 변경되었고, 그 때문에 샹파뉴는 쇠퇴하였다.[30]

상업이 부활하면서 도시가 생겨났다. 고대 도시는 기본적으로 정치와 행정의 중심지였고, 방어시설이기도 했다. 이와 반대로 중세 도시의 주요 기능은 경제적인 것이었다. 새로운 도시의 건설자들이 주로 상인들이었기 때문이다. 11세기 이후 상인들은 고대 도시들의 주변

부나 상업 요충지에 새로운 성벽을 쌓고 그들의 집단 거주지를 만들었다. 그리고 상업과 도시의 규모가 커지자, 그들에게 상품을 공급하던 수공업자들 역시 도시로 몰려들었다. 상인들과 수공업자들은 길드를 결성하여 결속력을 다지면서 그들의 경제 활동을 더욱 발전시켰다. 형성 초기 도시들은 대체적으로 영주나 왕의 통제를 받았지만, 11세기 말 이후 코뮌운동을 통하여 자치도시로 발전하였다.[31] 코뮌은 자유로운 시민들의 서약 공동체이었고, 영주나 왕들의 통제에서 벗어나 자율적으로 도시를 운영하였다. 도시는 대개 인구가 수천 명에 지나지 않았지만,[32] 농노들도 도망하여 도시로 가면 자유민이 될 수 있었기 때문에 도시는 중세 봉건 질서를 와해시키는 힘으로 작용하게 되었다.

평화와 번영이 지속되면서 인구가 증가하자 유럽은 곧 인구 압박에 시달리게 되었다. 유럽인들은 증가된 인구를 부양하기 위해서 개간 활동을 펼쳤다. 1050년경부터 개간 활동이 활발하게 진행되기 시작하여 경작지들이 지속적으로 확대되었다. 개간 활동은 기존 주거지 근처는 물론 그동안 사람들이 별로 거주하지 않던 지역까지 확대되었다. 그 과정에서 잉글랜드 북부, 홀란드, 독일 동부 지역에 새로운 마을들이 생겨났다. 이처럼 대규모로 개간 활동이 이루어지면서 인구가 더욱 증가하였다.

개간 활동과 함께 외부로의 팽창도 적극적으로 추진되었다. 1096년에 발생한 십자군전쟁은 인구 증가와 경제 번영에 힘입어 커진 유럽의 힘이 외부로 표출된 사건이었다. 교황 우르바누스 2세는 십자군 원정을 호소한 연설에서 유럽이 인구 압박으로 시달리고 있으며, 동방 지역의 부와 토지를 유럽인이 차지할 수 있다고 역설하였다. 십자군

전쟁은 그 후 200여 년이나 더 지속되었으며, 비록 성지 회복에는 실패하였지만 동방 무역의 증대와 동방 문물의 유입에 기여하였다.

흑사병 덕에 커진 농민 발언권

11세기 이후 도시와 상업이 발달하고 화폐경제가 진척되면서 장원 운영에 큰 변화가 발생하였다. 영주들은 영주 직영지를 직접 경영하여 수확을 하고 수확물을 차지하는 것보다, 영주 직영지를 분할하여 농노에게 경작하게 하고 현물이나 화폐로 지대를 받는 것이 유리하다고 판단하였다. 그리하여 점차 영주 직영지가 축소되었고, 농민들이 현물이나 화폐로 지대를 납부하게 되었다. 이렇게 영주가 농민에게 현물이나 화폐로 지대를 징수하는 체제를 순수 장원제, 혹은 지대 장원제라고 한다. 지대 장원제의 발달은 영주의 농노에 대한 인신 예속의 약화를 가져 왔다.

  이런 변화를 촉진하였던 원인 가운데 하나는 촌락공동체의 발달이었다. 장원 내에서의 농경에는 협동이 필수적으로 필요하였다. 긴 지조(장원의 경작지를 분할하는 최소 단위)의 쟁기질, 가축을 이용한 농사일, 삼포제의 운영, 목초지 및 임야의 관리 등에 여러 사람의 협력이 꼭 필요하였기 때문이다. 따라서 농민들은 공동체 생활을 원활하게 해 나가기 위해 협력하였고, 그 과정에서 점차 마을 조직이 생겨났다. 촌락 대표와 운영위원회가 생기고 그들은 장원 운영에 대해서 영주들과 협상하였다.[33] 영주와 농민은 원래 일종의 계약을 맺어서 서로의 권리와 의무를 확인하였다. 대개 영주들은 농민들이 부담해야 할 구체적인 부역과 공납의 조건을 정하였고, 그것을 기록한 영지 명세장을 만들었다. 농노가 일주일에 몇일을 영주를 위해서 일해야 하는지, 부활절이나 크리스마스에 달걀 몇 개를 바쳐야 하는지, 소를 방목하는 대가로 치즈를 얼마나 바쳐야 하는지 등등이 자세하게 규정되었다. 이 계약이 농노의 일방적 의무와 예속을 규정하고 있으며, 농노의 선택에 의한 것이 아니고 또한 세습되는 것이기에 영주와 농노의 관계를 계약 관계라고 할 수는 없지만,[34] 상황에 따라서 농노가 부담해야 할 부역과 공납은 변화하곤 하였다. 따라서 영주와 농노 사이에는 농노의 의무와 권리를 두고 협상이 진행되곤 하였다.

장원 형성 초기에 농민들의 협상력은 매우 약하였다. 공권력이 와해된 상황에서 유력자에게 투탁한 그들이 영주를 상대로 유리한 조건을 끌어내기는 힘들었다. 그러나 13~14세기 이후 농민들의 협상력이 강해졌다. 그 첫 번째 이유가 앞에서 이야기한 촌락공동체의 발전이다. 촌락공동체의 단결력이 강화되면서 농민들은 개별적인 존재가 아니라 단체의 힘으로 영주와 협상을 벌여서 좋은 조건을 끌어낼 수 있었다. 농민들은 영주들이 임명한 마을 관리인을 쫓아 내고 독자적으로 촌장을 뽑았고, 공동지에 대한 이용권을 확고하게 확보하였으며, 마을 사제도 스스로 뽑았다. 또한 농민들은 이런 여러 가지 권리를 마을 헌장Weistümer에 공식으로 기록하였다.[35] 농민들이 이렇게 촌락공동체를 중심으로 단결하여 영주에게 유리한 조건을 끌어내는 일은 주로 서유럽 지역에서 활발하게 진행되었다.

14세기 중엽 농민들의 협상력을 크게 높인 사건이 발생하였다. 1348년 이탈리아에서 시작된 흑사병이 곧 전 유럽으로 확대되었고, 그 때문에 유럽 인구의 약 3분의 1이 죽었다. 인구의 갑작스러운 감소는 노동력의 부족을 야기하였다. 토지는 줄어들지 않은데 농노들이 크게 줄어들었기 때문이다. 그러자 농노들은 영주들을 압박하여 자신들의 처지를 개선시키려고 했다. 그들은 인신의 자유와 부역 조건의 완화를 요구하였다. 물론 영주들은 그들 입장에서 이익을 지키기 위해서 농노를 압박하여 계속 착취하려고 하였다. 그러자 영주와 농노 사이에 심각한 계급 대립이 발생하였다. 중세 말에 진행되었던 여러 농민전쟁들, 즉 와트 타일러의 난, 자크 쾨르의 난, 독일 농민전쟁 등이 모두 이런 계급투쟁의 일환이었다. 이처럼 계급투쟁을 겪으면서 서유럽의 여러 지역에서 장원에 살던 농노에 대한 신분적 예속은 크게 완화되었고, 장원은 서서히 해체되었다. 그러나 그 해체 과정은 지역별로 달랐고, 속도는 매우 느려서 농노에 대한 신분적 예속은 프랑스혁명에 가서야 완전히 철폐된다. 이에 대해서는 산업혁명 편에서 추가로 살펴볼 것이다.

5 대의제 민주주의를 발전시킨 의회제도 수립

대의 기관에 주권이 있다는 개념의 뿌리

─── 인류 정치제도의 발전사에서 대의제 정부의 발전은 서양 중세의 특이한 경험이다. 대의제는 선출된 대표들이 회의체를 구성하고, 그 회의체가 국정 운영에 참가하고, 나아가 주도하는 것이다. 전근대의 아시아, 아프리카 어느 곳에서도 왕정 이외의 통치체제가 실험된 적이 없으며, 가장 선진적인 문명을 꽃피운 그리스·로마에서도 대의제 정부는 없었다.

대의 기관에 주권이 있다는 관념은 12세기 교회법학자들이 공의회가 기독교를 대표한다고 논의하면서 공식화되었다. 기독교는 서기 313년 공인을 받은 후 대의제의 모범을 세우고 있었다. 당시 기독교는 초기 단계에 있었기 때문에 아직 교리가 정돈되지 않은 상태였다. 더욱이 오랫동안 박해를 받으면서 공식적으로 모여 서로 의견을 주고받고, 교리를 통일할 수 없었기 때문에 신앙과 관련한 예민한 문제에 대한 생각이

고대 로마의 공공 광장인 포룸.
공공 건축물에 둘러싸여 그리스의 아고라처럼 집회장으로 사용되었다.
로마인들은 시민의 운명과 국가의 중대사를 시민들이 직접 결정해야 한다고 생각했는데,
이는 황제 선출에서도 마찬가지였다.

지역별로 달랐다. 가령 예수가 신인지 인간인지, 또 그가 신이라면 하느님과 어떤 관계에 있는지에 대한 교리가 아직 확정되지 않았다.

이런 문제들을 해결해 나가기 위해서 당시 로마 황제였던 콘스탄티누스 대제는 서기 325년, 모든 주교들의 모임인 공의회를 니케아에서 최초로 소집하였다. 초대 교회에서 주교는 그 도시의 성직자들과 신자들의 동의를 얻어서 선출되었기 때문에 어떻게 보면 신자들이 선출한 대표였다고 할 수 있다.[1] 주교들은 각자 자기 교구에 대해서 절대적인 권한을 가졌지만, 인접 지역의 주교들이 모여 결성한 주교단의

통제를 받았다. 서기 2~3세기에 인접 지역의 주교들은 정기적으로 모여서 주교단 회의를 가졌다. 니케아 공의회는 이 주교단 모임을 전 제국으로 확대하고 제도화시킨 것이다. 이후에도 기독교는 주교단 회의에서 교리와 교회 전반의 문제를 다루었다. 이렇게 선출된 주교들이 회의체를 구성하고, 전체 교회를 대표했다는 점에서 공의회는 하나의 대의 기관이었다.

대의제라는 개념의 발달에 기여한 또 다른 요소는 로마법이다. 로마에는 인민주권의 개념이 있어, 로마인들은 시민의 운명과 국가의 중대사를 최종적으로 결정하는 사람은 국가나 관리가 아니라 시민들 자신이라고 생각했다. 그래서 공화정기에는 민회에 최고권력을 주었다. 민회는 법을 만들고, 관리를 선출·감독하고, 국가의 중대사를 결정하였다. 아우구스투스가 황제가 되어 원수정을 확립한 후에도 인민주권의 개념은 약해진 상태로나마 계속 유지되었다. 즉, 황제는 혈통에 의해서 선출되지 않았으며, 새로 선출된 황제는 인민의 비준을 받아야 했다.

이런 관행은 1453년 동로마제국이 멸망할 때까지 지속된다. 황제들은 자신들이 자의로 통치하는 것이 아니라 법에 의해서 통치해야 한다고 생각했다. 로마인들의 자랑인 인민주권의 개념을 그대로 담고 있는 이 로마법은 1080년경 이탈리아 지역에서 재발견되어, 그 후 서양인들의 법과 정치생활에 큰 영향을 끼쳤다. 대의제 발달과 관련해서 보면 로마의 전통은 왕이 자의적으로 통치하는 것이 아니라 인민을 대표해서 통치한다는 개념을 심어 주었다.

이러한 교회의 제도와 로마의 전통, 그리고 교회법과 로마법을 연구하면서 중세의 지식인과 법률가들은 통치자와 신민의 관계에 대해서 논의하기 시작하였다. 먼저 12세기 로마법을 연구하던 교회법학자들이 로마법에 근거하여 교회와 국가의 관계를 논의하였다. 논의의 핵심 주제는 황제권이 우위인가 교황권이 우위인가였다. 여기에서 휴구치오는 하느님이 황제직과 교황직을 설치하였고, 각자에게 적절한 영역을 주었다고 주장하였다. 그에 따르면 황제권은 교황에게서 나오는 것이 아니라, 황제를 선출한 인민과 제후에게서 나오는 것이다. 반면 알라누스, 에기디우스와 같은 학자들은 기독교 사회가 통일체를 유지하자면 우두머리는 한 명이어야 하고, 그가 바로 교황이라고 주장하였다.²

교황에게 절대권을 부여하려는 학자들은 로마법 가운데 황제권의 절대성을 강조한 문장들을 모두 가져다가 교황에게 적용하였다. 가령 "군주는 법에 의해 구속되지 않는다"를 "교황은 법에 의해 구속되지 않는다"로 바꾸었다. 그런데 여기에서 교황권의 절대성을 강조한 학자들은 새로운 딜레마에 빠지게 된다. 그렇게 막강한 권력을 가진 교황이 그것을 남용하면 어떻게 될 것인가? 교황도 인간인데 잘못된 선택을 하거나, 죄를 범할 수도 있지 않은가? 심지어 사악한 교황이 나올 수도 있다. 그런 경우에 누가 교황권을 견제하고, 교황을 폐위시키고 새로운 교황을 선출할 수 있을 것인가?

이 때문에 학자들은 교회 문제와 관련하여 최종적인 주권은 교황이 아니라 공의회에 있다고 주장하게 된다. 그들은 공의회가 신자들의 전체 대표로서 '신앙과 교회 전체의 복리에 관련된' 중대한 문제를 결정해야 하고, 교황도 공의회의 결정에 따라야 한다고 주장하였다. 즉, 교황 개인보다 주교들의 회의체인 공의회가 더 우월하다고 한 것이다. 이들의 노력은 아비뇽 유수(교황들이 아비뇽에 거주한 약 70년간을 교황의 아비뇽 유수(1309~1377)라고 부른다)가 끝나고 진행된 교회의 대분열을 종식시키는 데 기여하였다. 공의회의 권위가 교황의 권위보다 높다는 원칙에 의해서 1414년 소집된 콘스탄츠 공의회는 대립 교황對立敎皇들을 모두 폐위하고 마르티누스 5세를 새로운 교황으로 선출하여 교회 대분열을 종식시켰다. 이후 다시 교황권이 회복되기는 했지만 예전의 권위를 회복할 수는 없었다.

교황권과 황제권의 관계, 그리고 교황권의 권위에 대한 논의는 왕권에 관한 논의로 발전하였다. 1260년 전후에 영국 정부의 편성에 중요한 역할을 담당했던 재판관 헨리 브랙튼Henry de Bracton은 이 문제와 관련하여 중요한 의견을 개진하였다. 그는 영국 왕권의 권한이 절대적이라는 것을 강조하고, 로마법의 전통에 따라서 "군주가 뜻하는 것은 곧 법의 효력을 갖는다"고 주장하였다. 그러나 브랙튼은 "군주나 왕의 주재 아래 이루어진, 제후들의 조언과 동의 그리고 신민 전체가 합의하여 규정하고 인가한 것은 무엇이든 법의 효력을 갖는다"고 하여 법은 신민 전체의 동의가 필요하다고 결론지었다. 또한 법이 일단 확정되면 그 법을 제정한 사람들의 동의가 있어야만 개정될 수 있다고 주장하였다.

이렇게 12세기 이후 중세 유럽에서는 교황이나 왕 같은 절대 권력자가 모든 주권을 장악하고 통치를 하는 것이 아니라, 신민들이나 공의회의 협조와 견제를 받아야 한다는 인식이 생겨났다. 1220년대 아리스토텔레스의 저서인 《정치학》이 도입되면서 이런 인식은 더욱 힘을 얻게 되었다. 아리스토텔레스는 국가를 '혈연적·지연적 결사체들인 가정과 촌락으로부터 성장한 가장 발달된 사회공동체'로 파악하였다.[3] 이 파악에 의하면 국가는 신의 명령에 의해서 결성된 것이 아니라 구성원들이 필요를 느껴서 만든 결사체이다. 따라서 구성원인 인민의 의사가 정치 권력의 원천이며, 인민이 국가 운영에 필요한 규칙과 법을 만들고 고칠 수 있다. 아리스토텔레스의 이런 생각은 윌리엄 옥세르, 존 파리, 파두아의 마르실리우스를 비롯한 많은 지식인들에게 영향을 끼쳤고, 또한 도시의 시민이나 길드의 운영 등에도 영향을 끼쳤다.[4] 특히 마르실리우스는 "모든 전체는 그 부분보다 위대하다. 따라서 국가의 운영에 있어서 무엇을 선택하고 무엇을 거부할지를 판단하는 문제에 있어서 인민 집단 전체의 판단이 일부 집단의 판단보다 우월하다"[5]라고 말하면서 정부 운영의 최종 주체는 인민이어야 한다고 주장하였다. 그의 사상에 의하면 인민 전체가 최종적인 주권을 가지고 있기 때문에 인민은 법률을 제정하고, 통치자를 선출하고,[6] 교황 및 대주교를 선출하는 광범위한 기능을 담당해야 한다. 마르실리우스가 표명한 이런 인민주권론은 중세 후기에 점차 많은 지지자를 확보해 나가게 되고, 인민주권을 현실적으로 실현하기 위한 제도의 정비에 기여하였다. 그러나 마르실리우스의 인민주권론을 근대의 인권사상과 같은 것으로 오해해서는 안 된다. 마르실리우스는 인간 개개인의 절대적인 인권을 생각하지 않았으며, 평민이 주도하는 민주주의를 이상적인 정치 형태로 여기지도 않았다.

신분제 의회의 등장

대의제 개념이 등장하기 전부터 중세 유럽의 왕들은 여러 집단과 중요한 국사를 의논하였다. 왕들은 종종 재정 문제에 대한 조언과 협조를 얻기 위해서 여러 도시의 상인들을 소집하였다. 영국의 존 왕King

● 영국의 귀족 정치가인 시몽 드 몽포르(인장).
그는 헨리 3세에 반기를 든 반란에 성공한 뒤, 1265년 1월 귀족과 성직자·기사·시민이 참여한 의회를 소집하였다. 이것이 영국 의회의 시작이다.
●● '무지왕無地王'이라는 별명으로 알려진 영국의 존 왕은 1213년 각 주에서 기사들을 소집하여 국사를 논의했다. 이렇게 대의제 개념이 나오기 전부터 중세 유럽의 왕들은 여러 집단에게 조언과 협조를 구하였다.

John(1166~1216)은 1213년 각 주에서 기사 네 명씩을 소집하여 '나랏일을 논의하게' 하였다. 그러나 이런 관행이 대의제로 발전하려면 제도가 필요했고, 또한 대표의 권한이 결정되어야 했다. 그리스·로마의 도시국가와 달리 중세 유럽의 국가들은 규모가 방대하여 모든 사람이 한곳에 모일 수 없었기 때문에, 대표를 선출하여 그 대표로 하여금 신민을 대표하게 해야 했다. 이때 선출된 대표는 선거구민들의 권한을 위임받은 존재다. 이 문제는 13세기 들어 돌파구를 마련했다. 교회법학자들이 대표를 선출하면 그 대표는 선거구민들에게 전권全權을 위임받은 존재라고 주장하고 나선 것이다.

이런 개념을 토대로 가장 먼저 의회를 제도화한 나라는 영국이다. 13세기에 의회를 뜻하는 '팔러먼트parliament'라는 단어가 생겨났는데, 이 말은 '협의하다parley'에서 파생되어 나온 말

5_대의제 민주주의를 발전시킨 의회제도 수립 117

이다. 1240년대 들어 이 말은 영국 대회의(대자문위원회)를 의미하게 되었다. 영국 대회의란 왕이 재판관과 보조관, 주요 관리를 대동하고 대제후와 고위성직자들을 만나는 모임이었다. 영국 왕들은 주요한 법을 만들거나 새로운 세금이나 특별세를 징수할 때 대회의의 동의를 구하였다.[7]

그러나 이 대회의에 선출된 대표가 참여한 것은 아니었다. 13세기 중엽 선출된 대표가 참여하는 회의체가 결성되는데, 그 계기는 다음과 같다. 영국의 헨리 3세Henry III(1207~1272)는 매우 나약한 군주로 교황에게는 비굴했고, 외국 친척들에게 많은 돈을 퍼주었다. 더군다나 성격이 변덕스러워 제후들을 괴롭히고 그들의 권리를 자주 침해했을 뿐만 아니라, 교황의 사주를 받아서 시칠리아 정복에 참여하였지만 성과를 거두지 못하고 돈만 낭비하였다. 왕의 폭정에 시달리던 제후들은 1258년 시몽 드 몽포르Simon de Montfort(1208?~1265)를 중심으로 반란을 일으켰다. 반란에 성공하여 정권을 장악한 시몽 드 몽포르는 제후들과 협력하여 나라를 다스렸고, 1265년에는 각 주에서 기사 두 명, 그리고 각 도시에서 시민 대표 두 명을 각각 선출하여 그들로 하여금 고위성직자·대제후들과 회동하게 했다. 이 조처는 역사적으로 중요한 의미를 갖는다. 대제후나 성직자들뿐만 아니라 선출된 인민의 대표가 최초로 의회에 참가했기 때문이다. 그러나 그해 시몽 드 몽포르는 헨리 3세의 아들 에드워드에게 패하여 죽었다.

시몽 드 몽포르를 제거하고 실권을 장악한 에드워드 1세Edward I(1239~1307)는 시몽 드 몽포르가 만든 새로운 의회를 발전시켰다. 그는 의회를 정기적으로 열고, 선출된 대표들이 의회에 참가하도록 하였다. 가령 1275년 대회의 때에는 선출된 대표들이 참가하여 법을 제정하고, 왕이 새로운 세금을 거둘 수 있도록 결의하였다. 이때 에드워드 1세는 주의 법정과 모든 도시에서 대표를 선출하도록 명령했고, 여기서 선출된 이들을 개인별로 소집된 성직자·제후와 함께 회동하도록 했다.

특히 에드워드가 1295년에 소집한 의회를 '모범 의회Model Parliament'라고 부르는데, 이는 이 의회에 참가한 대표들의 범위가 넓었기 때문이다. 이때 에드워드는 의회를 소집하면서 이렇게 말했다. "만인의 일은 만인이 승인해야 한다."[8] 이 의회에는 당시 왕국 안의 모든 계급들이라고 할 수 있는 귀족·고위성직자·기사·도시 대표·하급 성직자 대표들이 참가하였다. 그리고 1297년 영국에는 중요한 원칙이 성립된다. 에드워드가 '대주교와 주교 및 그 밖의 성직자들과 귀족, 기사, 그 밖에 모든 도시와 왕국의 자유민들의 선의와 동의'가 왕의 과세에 불가결한 요소라고 선언한 것이다. 이후 영국 왕들은 새로운 명목의 세금을 부가하기 위해서는 반드시 의회의 동의를 얻어야 했다.

그런데 에드워드가 제도화한 영국의 의회는 사실 신분제 의회였다. 신분제 의회의 성격을 잘 보여 주는 나라는 프랑스이다. 프랑스 의회는 1302년에 최초로 소집되었다. 당시 프랑스의 왕 필리프 4세Philippe IV(1268~1314)는 교황 보니파키우스 8세Bonifacius VIII와 대립했다. 보니파키우스 8세는 권력욕과 과시욕이 매우 강한 사람으로 "여우처럼 교황이 되어, 사자처럼 지배하다, 개처럼 죽었다"는 말을 들을 정도였다.

두 사람의 갈등은 영국과 프랑스의 갈등에서 출발하였다. 두 나라는 남프랑스 지역인 가스꼬뉴를 서로 차지하려고 했다. 이때 필리프 4세는 사제들에게 세금을 부과하여 전쟁 비용을 마련하려고 했다. 보니파키우스는 이에 격분하여 어느 나라의 사제건 교황의 동의 없이 세금을 내지 말도록 명령하였다. 이에 필리프 4세는 삼부회를 소집하여 자신의 지지 기반을 확고하게 다지려고 했다. 프랑스의 삼부회는 중세에 있었던 세 개의 신분, 즉 성직자·귀족·평민 대표로 구성된 회의체를 말한다.

이 삼부회는 근대 의회와는 근본적으로 달랐다. 먼저 삼부회의 소집권자, 해산권자는 왕이었다. 즉, 왕만이 삼부회를 소집할 수 있었고, 의원들이 스스로 소집 요구를 하거나 정기적으로 모이지는 못하였다. 그리고 왕이 해산 명령을 내리면 삼부회는 그냥 해산해야 했다. 의사 일정도 전적으로 왕이 정했다. 이렇게 왕이 삼부회의 소집권과 해산권을 가지고 있었기 때문에, 삼부회의 소집 연도는 매우 불규칙하였다. 가령 1614년 소집된 뒤로는 프랑스혁명이 일어날 때까지 175년간 한 번도 소집되지 않았다.[9]

왕은 삼부회를 소집하기 전에 미리 안건을 발표하였고, 각 지역에서는 선거를 할 때 그 안건에 대한 지역구의 의견을 정하였다. 그렇게 의견이 정해지면 지역구민들은 자신들의 의견을 '진정서'라는 것으로 만들어 정리했고, 대표들은 그 진정서에 입각해서 자신들의 의견을 발표하였다. 그러나 무엇보다도 삼부회가 근대 의회와 다른 점은 의견 결정이 신분별 투표를 통해 결정되었다는 것이다. 즉, 모든 대표들이 똑같이 1인 1표를 갖고 다수결 투표를 통해서 의견을 결정한 것이 아니었다. 13~14세기에 이와 비슷한 신분제 의회가 유럽 각지에 만들어졌다.

17세기 영국에서 근대 의회 탄생

영국은 신분제 의회에서 출발한 의회제도를 가장 착실하게 발전시켜 나갔다. 왕에 대한 자문권을 점차 제도화시키며, 새로운 세금과 법령을 만들 때는 반드시 의회의 동의를 받아야 하는 관행을 성립시켰다. 제도적인 면에서는 14세기 중엽에 양원이 성립하였다. 1332년에 도시와 주 대표들이 하원을 구성하였고, 얼마 있지 않아서 대귀족과 고위성직자들로 구성된 상원이 결성되었다.[10] 이후 하원이 더 중요하다는 인식이 싹텄고, 상·하원이 분리되면서 의회의 위상도 날로 높아졌다.

초기에는 왕과 그 가신들이 제안하고 의회가 승인하는 방식으로 법이 만들어졌지만, 14세기 들어 의회가 직접 법을 제안하고 만들 수 있는 권리를 확보하였다. 이 점에서 영국 의회는 프랑스의 신분제 의회보다 한층 발전해 있었다. 그러나 영국도 청교도혁명이 일어나기 전까지는 신분제 의회의 성격을 벗어나지 못하였다. 즉, 왕만이 의회를 소집·해산할 수 있었다.

그리하여 17세기 초반에 이르러 당시 국왕인 제임스 1세James I(1566~1625)와 의회가 심각하게 대립하기 시작하였다. 의회가 왕보다 높은 권리를 가지고 있다는 생각을 가진 사람들이 점차 증가하고 있는 가운데, 제임스 1세가 왕권신수설에 기반한 왕권의 절대성을 강조하였기 때문이다. 의회가 왕의 정책에 심하게 반발하자, 제임스 1세는 1614년 이후 의회를 소집하지 않다가 1621년 재정적인 문제 때문에 어쩔 수 없이 의회를 소집하였다. 이때 영국은 신교도 편으로 30년 전쟁에 참가하려 했는데, 그 비용을 마련해야 했다. 제임스 1세를 계승한 찰스 1세Charles I(1600~1649)도 의회와 계속해서 충돌했다. 찰스 1세도 제임스 1세처럼 왕권을 강화하고, 의회를 무시하려고 했기 때문이다. 1628년 찰스 1세가 의회를 소집하자 의회 의원들은 왕이 자의로 권력을 행사하는 것을 제한하는 '권리청원'을 제출하였다. 찰스 1세는 재정 문제가 긴박하였기 때문에 이 문서에 서명하기는 했지만, 그다음 해에 의회를 한 번 소집한 후 11년간이나 의회를 소집하지 않았다.

그러나 언제까지 의회 없이 정치를 할 수는 없는 노릇이었다. 이미 영국에는 의회의 동의 없이 새로운 조세를 부과할 수 없다는 원칙이 확고하게 자리 잡고 있었기 때문이다. 종교 대립 문제로 스코틀랜드 지역에 반란의 기미가 보이자 찰스 1세는 돈이 필요했다. 당시 스코틀랜드는 잉글랜드의 영토가 아니라 독립왕국이었다. 다만 제임스 1세가 원래 스코틀랜드의 왕이었다가 잉글랜드 왕으로 취임했기 때문에, 잉글랜드와 스코틀랜드는 한 명의 왕이 다스렸다. 그런데 이를 계승한 찰스 1세는 잉글랜드의 국교회를 스코틀랜드에 강요했다. 스코틀랜드의 장로파는 이것을 받아들일 수 없었고, 1637년 마침내 봉기를 일으켰다. 이에 찰스 1세는 군대를 동원하여 그들을 진압하려고 했다.

돈이 필요해진 찰스 1세는 1640년 4월 의회를 소집할 수밖에 없었다. 그런데 의회는 왕의 스코틀랜드 정책을 비롯한 대외정책을 심의하려 했다. 찰스 1세는 의회가 왕권을 침해하는 것에 격분하여 소집한 지 3주 만에 의회를 해산해 버렸다. 이때 해산된 의회를 '단기 의회Short Parliament'라고 한다. 단기 의회는 영국 의회가 아직까지도 왕의 의사에 따라서 소집되고 해산되는 한계를 가졌음을 명확히 보여 준다.

그러나 그해 11월, 찰스 1세는 다시 의회를 소집해야 했다. 스코틀랜드의 군대가 잉글랜드 북부 지역을 침공하였기 때문이다. 이때 의회파는 단단히 준비하고 새로운 시대가 열렸음을 만천하에 선포하려 했다. 의원들은 이제 더이상 왕이 독단적으로 나라를 다스릴 수 없고, 주권의 일정 부분을 의회가 가져야 한다고 생각하였다.[11] 의회는 불법적인 과세를 모두 폐지하는 한편, 전제왕권의 시녀가 되어 버린 고등종무관 재판소 등을 철폐하고 국왕의 측근 대신들을 체포하였다.

그러나 의회의 결정 가운데 무엇보다도 중요한 것은 '3년 회기법'의 제정이었다. 이 법은 국왕의 요청이 없어도, 의회는 최소한 3년마다 소집되어야 한다고 규정하였다. 이로써 의회는 왕이 자의적으로 소집하는 기관에서 정기적으로 소집되어야 하는 기관으로 변하였다. 장기 의회는 3년 회기법을 제정한 후 3개월 뒤에 '해산 반대법'을 제정하였는데, 이는 왕이 자의적으로 의회를 해산시킬 수 없도록 규정하였다.[12] 이 두 법으로 영국 의회는 스스로 소집권과 해산권을 가짐으로써 신분제 의회의 한계를 벗어났다. 최초의 근대 의회가 탄생한 것이다. 이때 소집된 의회가 11년간이나 유지되었기 때문에 이 의회를 '장기 의회Long Parliament'라고 부른다.

이후 찰스 1세와 장기 의회 사이에 격렬한 대립이 있었다. 의회가 왕의 군통수권을 부정하자, 찰스 1세는 잉글랜드 북부로 가서 군대를 모아 의회 세력을 숙청하려고 했다. 그러나 의회는 올리버 크롬웰Oliver Cromwell(1599~1658)을 사령관으로 임명하고 이에 맞섰다. 이른바 청교도혁명이 일어난 것이다. 크롬웰은 1645년 네이스비 전투에서 찰스 1세를 무찔렀고, 이후 혁명 세력은 찰스 1세를 처형하고 공화국을 만들었다. 혁명 세력을 이끌던 올리버 크롬웰은 1653년 장기 의회를 해산하고 호국경에 올랐다. 호민관이라고도 불린 호국경은 세습제

청교도혁명 당시 국왕 찰스 1세에 맞선 의회 진영에서 활약한 올리버 크롬웰(왼쪽).
1649년 반혁명의 뿌리를 뽑기 위해 찰스 1세를 처형하고(오른쪽),
왕제와 귀족원을 폐지하여 공화국을 선포하였다.

왕은 아니었지만 왕과 같은 강력한 권력을 가지고 나라를 통치하였다. 그러나 크롬웰은 왕이 되려고 하지는 않았다. 1657년 크롬웰은 왕관을 제의받았으나 단호하게 거부하였다.

1658년 올리버 크롬웰이 죽자 그의 아들 리처드가 호국경직을 계승하지만, 그는 정치에 별 관심이 없었다. 리처드가 강력한 리더십을 보이지 못하자, 혁명을 이끌었던 군대는 내분에 빠졌다. 이런 상황에서 왕당파들이 다시 득세하여, 1660년에 치러진 의원 선거에서 다수를 차지하였다. 이리하여 왕정이 복고되었고,[13] 참수당한 찰스 1세의 아들 찰스 2세가 왕이 되었다. 그 후 제임스 2세가 찰스 2세를 계승하였다. 그런데 찰스 2세와 제임스 2세는 둘 다 가톨릭 신자였고, 특히 제임스 2세는 친가톨릭 정책으로 영국 국교회를 비롯한 신교도들의

반감을 샀다. 결국 의회는 네덜란드의 오렌지 공 윌리엄William III of Orange Stuart(1650~1702)에게 영국을 침공하여 왕위를 계승해 줄 것을 요청하였다. 제임스 2세의 맏사위였던 윌리엄은 의회의 요청을 받아들여 영국으로 진격하였고, 제임스 2세는 별 저항을 하지 못하고 프랑스로 도망하였다. 이 일을 '명예혁명'이라고 부르는데, 피를 흘리지 않고 새로운 정권을 세웠기 때문이다.

그러나 명예혁명은 단순히 왕을 바꾼 게 아니라, 의회 주권을 명확하게 세운 사건이었다. 제임스 2세를 몰아낸 의회 지도자들은 윌리엄을 새로운 국왕으로 받아들이기 전에 '권리선언'을 작성하였다. 이 선언은 국왕의 법률 정지권, 특사권, 의회의 승인 없는 과세, 상비군 등을 모두 위법으로 규정하였다. 윌리엄이 이 제안을 받아들여 영국 왕이 되었고, 권리선언은 '권리장전'으로 선포되었다. 권리장전이 정식 인정됨으로써 그때까지 유지되던 왕의 우선권이 '의회 안의 국왕'이라는 개념으로 대체되었다. 이제 정치의 주요 무대가 궁정에서 의회로 바뀌고, 국민에게 책임지고 국민이 통제하는 정부의 개념이 확립되었다. 바야흐로 의회의 시대가 열린 것이다. 프랑스의 근대 의회 탄생에 대해서는 프랑스혁명 편에서 살펴볼 것이다.

유럽 경제 발전으로 이어진 의회제도의 확립

지금까지 대의제 개념과 신분제 의회의 탄생, 신분제 의회가 근대 의회로 전환되는 과정을 살펴보았다. 인민주권의 원리에 입각한 의회제도는 유럽과 비유럽을 구분해 주는 중요한 척도였다. 19세기 말 제국주의 정책을 통해서 세계를 지배하기 이전까지, 유럽은 비유럽 세계보다 결코 우월한 위치에 있지 않았다. 가령 근대 유럽을 탄생시킨 중요한 기술로 거론되는 인쇄술, 나침반, 화약이 모두 비유럽 지역에서 수입되었고, 경제적인 면에서도 타 지역보다 낫지 않았다. 이는 영국이 중국을 침범한 아편전쟁(1840)을 생각해 보면 쉽게 알 수 있다. 19세기 전반 영국은 대중국 무역에서 막대한 적자를 보고 있었고, 그 적자를 만회하기 위해서 아편을 밀매했던 것이다.

이렇게 열등했던 유럽이 어떻게 비유럽을 정복하고 지배할 수 있었을까? 흔히 대포의 개선과 같은 기술적인 혁신이나 산업혁명에 의한 경제적 발전을 거론한다. 그러나 외적인 발전은 내부의 단결과 조화가 없었다면 이룩될 수 없었다. 영국이 산업혁명에 성공할 수 있었던 주요 원인 가운데 하나가 일찍이 근대적인 의회제도를 확립하여 사회·정치적인 불안을 제거했기 때문이었다. 이는 사회·정치제도가 사회의 발전에 얼마나 중요한가를 보여 주는 척도라고 할 수 있다. 사회와 정치가 불안하면 아무리 자원과 인구가 많아도 후진국에 머물 수밖에 없다. 19세기 이후 브라질, 아르헨티나와 같은 남미 국가들의 사례를 보면 잘 알 수 있다. 이들 국가들은 미국보다 먼저 건설되었고, 많은 자원과 인구를 앞세워 19세기에는 번영하였다. 제1차 세계대전 발발 직전 아르헨티나는 세계 10대 선진국, 5대 부국이라고 거론되었으며 1인당 GNP는 에스파냐·이탈리아·스웨덴·스위스보다 높았고, 독일이나 베네룩스 3국과 같은 수준이었다. 1911년 아르헨티나의 대외 무역량은 캐나다보다 많았으며 미국의 4분의 1 수준이었다. 부에노스아이레스는 남미의 파리라 불렸고, 대서양 연안에서 뉴욕 다음으로 거대한 도시로 성장했으며 1914년 세계에서 두 번째로 지하철을 건설하였다. 그러나 20세기 중반 이후 사회 정치 불안이 지속되면서 이들 나라는 발전하지 못하였고, 지금은 세계의 변방 국가로 전락하였다. 따라서 근대 의회제도의 확립은 유럽과 비유럽을 구별시켜 주는 척도이자, 유럽을 발전시킨 원동력이라고 할 수 있다.

6 근대 문화를 태동시킨 르네상스

지중해 무역의 부활과 이탈리아 도시국가들의 번영

벨기에의 역사가인 피렌느는 "무함마드가 없다면 샤를마뉴도 없다"라는 말을 남겼는데 이는 이슬람이 지중해를 장악하면서 고대 지중해 문명이 와해되었고, 지중해에서 격리된 유럽이 독자 문명을 창출했다는 것을 의미한다. 그의 말대로 7세기 이후 이슬람은 지중해 일대를 장악하여 지중해를 '이슬람의 호수'로 만들었고, 그로 인해서 이탈리아, 아프리카, 갈리아, 이베리아 반도의 항구들을 연결하는 원거리 무역은 중단되었다.

그러나 일반적으로 알려진 것과 달리 중세에 이슬람이 장악하고 있던 아시아와 기독교가 장악하고 있던 유럽의 교역이 완전히 중단된 것은 아니다. 아시아-이탈리아-프랑스-독일을 연결하는 전통적인 교역망은 쇠퇴했지만, 스칸디나비아-발트해-흑해 혹은 카스피해-이슬람을 연결하는 무역로가 개척되어 이용되었다.[1] 이 교역로를 통해서 서방의 노예와 목재, 1차 산업 가공물이 동방으로 수출되었고 동방의 향신료, 사치품 등이 서방으로 흘러들어갔다. 그렇지만 이 교역로는 지중해 교역로보다 왕래가 힘들고 운반 비용이 많이 들었기에 비효율적이었고, 동·서방의 긴급한 필요를 겨우 충당할 뿐이었다. 따라서 유럽의 내부 대부분 지역에서 원격지 무역은 활발하지 못하였다.

서기 1000년이 되면 이런 상황에 극적인 변화가 발생한다. 4~5세기 게르만족의 이동으로 시작된 오랜 대혼란과 침체가 끝나고 유럽에 안정과 번영이 다시 찾아오기 시작했다. 부르고뉴의 연대기 작가는 이런 상황을 다음과 같이 전한다.

> 1000년에 뒤이은 세 번째 해가 다가옴에 따라, 거의 모든 지방에서, 그중에서도 특히 이탈리아와 갈리아에서 교회 건물을 개축하는 것을 볼 수 있다. 대부분의 교회당들이 옛날에 매우 튼튼하게 지어져 개축할 필요가 전혀 없었음에도 불구하고, 각각의 기독교 공동체들은 치열한 경쟁심 때문에 인근 교회보다 더 호화스러운 교회를 갖고 싶어 했다.[2]

인구 또한 크게 증가하여 유럽의 인구가 서기 1000년에는 4,200만 명에 이르렀고, 이후 계속 증가하여 1300년에는 7,300만 명에 이르게 된다. 이렇게 인구가 증가함에 따라서 활력이 넘쳐나고 곳곳에 시장이 생기고 원격지 무역이 되살아났다. 스칸디나비아, 플랑드르, 샹파뉴, 이탈리아 도시국가들, 비잔티움제국, 소아시아, 아라비아, 인도, 중국, 동남아시아를 잇는 거대한 교역망이 되살아나면서 지중해 무역이 활기를 띠게 되었다. 지중해 무역은 중국, 인도, 동남아시아에서 온 상품들, 그리고 소아시아에서 생산된 상품들을 유럽에 판매하고, 유럽에서 생산된 상품들을 아시아에 판매하는 것이었는데, 고대 로마시대부터 동양과 서양을 연계하는 세계 최대의 무역이었다. 16세기 이전까지 지중해를 장악한 자들이 세계 최고, 최강의 번영을 누릴 수 있었다.

이탈리아 도시국가들은 지중해 무역의 중심지라는 지리적 위치 덕분에 지중해 무역의 부활을 선도할 수 있었다. 14~15세기에는 다섯 개의 도시국가, 즉 피렌체, 밀라노, 교황령 국가, 베네치아, 나폴리가 이탈리아를 주도하고 있었다. 이 가운데 가장 먼저 두각을 나타낸 도시는 베네치아였다. 베네치아는 일찍이 8세기부터 비잔티움, 소아시아, 이집트에서 직물, 목재, 향신료를 구입하여 유럽 각지에 팔았고, 특히 비잔티움제국으로부터 여러 가지 특권을 제공받으며 동지중해의 최강자로 성장하였다. 비잔티움이 그런 특혜를 제공했던 것은 이슬람과 노르만족이 지중해 제해권을 장악하고 있었기 때문이다. 동로마제국은 자체적으로 그들을 제어할 힘이 부족했기 때문에 협력자가 간절히 필요하였고, 베네치아가 그 필요성을 훌륭히 충족시켰던 것이다.[3]

1096년에 발생한 십자군전쟁은 베네치아를 비롯한 이탈리아 도시국가들이 초강대국으로 성장할 수 있는 기폭제가 되었다. 11세기 셀주크 튀르크가 소아시아 일대를 장악하고 비잔티움제국을 압박하자, 비잔티움제국의 알렉시우스 황제가 교황에게 도움을 요청하였다. 이에 교황 우르바누스 2세는 1095년에 클레르몽 공의회를 소집하고 십자군 원정을 호소하였다. 그리하여 1096년부터 8차에 걸쳐 유럽의 대규모 군대가 아시아로 진격하였다.

제1차 십자군 원정이 시작되었을 때 이탈리아의 도시국가들은 전

> 십자군전쟁을 통해서 이탈리아의 주요 도시국가들이 지중해 무역을 주도하면서 막대한 부를 축적할 수 있게 되었다.

쟁을 환영하지 않았다. 베네치아, 제노바, 피사, 아말피와 같은 이탈리아의 도시국가들이 이집트, 시리아, 비잔티움제국과 상업 교류를 통해서 많은 이득을 보고 있었는데, 전쟁이 교류를 방해할 수 있었기 때문이다. 그러나 일단 전쟁이 시작되자 이탈리아 도시국가들은 십자군을 도왔고, 그 대가로 큰 특혜를 얻었다. 제노바와 피사는 제1차 십자군을 도왔고, 그 보답으로 아크레, 안티오키아를 비롯한 소아시아 일대에 상관을 세울 권리를 비롯해서 여러 특권을 얻었다.[4]

베네치아는 제4차 십자군을 도왔고, 그 대가로 크레타섬, 이오니아 제도, 펠로폰네소스 반도의 여러 지역, 에게해의 여러 도서, 콘스탄티노폴리스의 8분의 3을 할양받았고, 라틴인이 세운 제국에서 자유롭게 거래할 수 있는 특권을 얻었다. 이를 통해서 베네치아는 초강대국으로 성장하여 지중해 무역을 주도하였고, 막대한 자본을 축적하여 환전, 예금, 대출을 비롯한 금융 시스템을 발전시켰다.[5]

베네치아의 라이벌이었던 제노바는 제4차 십자군에 의해서 쫓겨난 비잔티움 황실을 도왔다. 1261년 비잔티움 황실이 콘스탄티노폴리스를 복원하자, 제노바는 콘스탄티노폴리스 내에서 거류지를 받았고, 흑해까지 자유 통행을 보장받았다. 이렇게 십자군전쟁을 통해서 이탈리아의 주요 도시국가들이 지중해 전역에 상관을 세우고, 상업망을 구축하여 지중해 무역을 주도하게 되었다.[6] 그리고 이를 통해서 세계사를 주도할 수 있을 만큼 막대한 부를 축적할 수 있게 되었다.

피렌체의 성장과 번영

이탈리아 도시국가들의 번영을 이야기하면서 놓치기 쉬운 것이 있다. 그것은 이탈리아 도시국가들이 중세 말 근대 초에 무역의 선도자였을 뿐만 아니라 선진적인 제조업자였다는 것이다. 가령 베네치아는 유럽 최고의 조선업을 발달시키고 있었는데, 15세기 초 조선공이 16,000명이나 되었다.[7] 또한 견직물과 모직물 생산 그리고 유리와 거울의 제조[8] 등에서 독보적인 지위를 확보하고 있었다.

제조업의 중요성은 피렌체에서 더욱 확실하다. 피렌체는 해상 도시가 아니었기 때문에 베네치아나 제노바보다는 지중해 무역에 늦게 참여하였다. 그럼에도 불구하고 피렌체는 베네치아에 버금가는 국제 무역 도시로 성장할 수 있었다. 피렌체가 유럽 최고의 모직물 생산지,[9] 금융의 중심지로 성장해 가는 과정을 살펴보자.

피렌체가 이탈리아 최고의 무역 도시로 성장하기 시작한 것은 14세기 초였다. 14세기 초 페루치와 바르디 같은 피렌체의 상사들은 시칠리를 비롯한 이탈리아 남부의 곡물을 독점적으로 수입하여 이탈리아 중·북부의 여러 도시, 아드리아해 연안의 도시들, 그리고 멀리 북아프리카의 도시들에 팔았다. 이 곡물 교역을 통해서 피렌체의 상사들은 매년 2만에서 5만 피렌체 리라를 벌었으며, 대형 상사로서 면모를 갖출 수 있었다.

그렇지만 피렌체의 상인들이 명실상부하게 국제적인 상사로서 면모와 위용을 갖추게 된 것은 영국의 양모를 수입하면서부터이다. 12세기 이후 중세 유럽에서는 모직물 공업이 크게 성장했는데, 원료인 양모의 최대 공급처는 영국이었다. 이탈리아의 상사들은 영국 왕실에 접근하여 양모를 이탈리아로 수입할 수 있는 특권을 얻었고, 14세기 초 이후 양질의 양모를 피렌체로 수입해 왔다. 피렌체의 상사들이 양모를 수입해 오자, 피렌체에는 수백 개의 모직물 공장이 세워졌고, 3만 명가량의 노동자들이 일하였다.[10] 이로 인해서 피렌체의 상사들은 이탈리아 최고의 상사로 성장하였고, 피렌체는 모직물 산업의 중심지로 성장하였다. 모직 매매 길드와 모직 제조 길드가 활발하게 활동하였고, 모직 제조에 종사하던 노동자들이 치옴피의 반란을 일으키기도 하였다.[11] 직물 산업이 발달하면서 관련 산업도 발전했는데, 옷에 색을 입히는 염색 길드가 최초로 수립된 곳도 피렌체였다.[12]

14세기 피렌체 상인들은 또한 교황청과 제휴하여 교황청의 금고 역할을 하면서 유럽 전역에 퍼져 있는 상업망을 견고하게 만들었고, 유럽에서 최대의 자금을 운영하는 금융회사로 성장하였다. 자본 축적이 대형화되면서 은행이 발전하였는데, 1399년에 은행이 71개나 되었다. 이 은행들은 유럽 여러 지역에 지점을 둔 국제적인 금융회사로 성장하였다. 금융업이 발전하면서 이자율이 떨어져 13세기 22퍼센트였던 이자율이 14세기에는 8퍼센트까지 떨어졌다.[13] 그 결과 14세기 피렌체의 상사들은 낮은 이율로 많은 자금을 조달하여 다른 지역의 상사들과 경쟁에서 유리한 고지를 차지할 수 있었다. 그리하여 피렌체 상사들은 '기독교 세계를 떠받치는 기둥'이라는 명성을 얻었다.[14]

15세기 피렌체는 더욱 번성하였다. 피렌체가 기존의 상업 활동을 더하여 지중해 교역에도 중요한 역할을 하게 되었기 때문이다. 앞에서 설명했듯이 당시 베네치아와 제노바가 지중해 무역의 주역이었는데, 이들의 주도권이 흔들리게 되었다. 베네치아와 제노바가 수차례 전쟁을 통해서 세력이 약화되었을 뿐만 아니라 지중해 무역의 주도권을 변경시킬 주요한 사건이 발생하였다. 1453년 오스만 튀르크가 콘스탄티노폴리스를 함락시켰던 것이다. 오스만 튀르크는 이를 통해 동지중해의 강자로 떠올랐는데, 베네치아와 제노바가 동지중해에 식민지들을 가지고 있었기 때문에 이들을 견제하려고 하였다. 그렇지만 오스만 튀르크는 지중해 무역이 막대한 이익을 준다는 것을 알고 있었기 때문에 지중해 무역의 중단을 원하지 않았다. 따라서 오스만 튀르크는 베네치아의 경쟁자였던 피렌체의 상업 활동을 지원하였다. 그 결과 여러 특혜를 얻은 피렌체는 지중해 무역의 새로운 강자로 성장하였다.[15]

지금까지 살펴본 이탈리아 도시국가들, 특히 베네치아와 피렌체의 번영 정도는 인구 규모 자체로 확연하게 드러난다. 1400년 피렌체의 인구는 10만 명에 육박했는데, 이는 당시 런던의 두 배에 해당하는 규모였다.[16] 1500년 이탈리아 도시들의 위용은 더욱 커졌다. 피렌체의 인구는 20만 명, 베네치아는 30만 명, 밀라노는 25만 명이었다. 당시 이탈리아 밖에서 인구가 가장 많은 도시는 파리였고, 그 인구는 20만이었다. 런던은 8만에 불과했고, 독일의 대도시들은 3만에 불과했다.[17] 18세기 후반에도 유럽 전체에서 인구 1만이 넘는 도시는 100여 개에 불과하였다.[18]

인문주의의 성장과 발달

이탈리아의 도시국가들이 최고의 번영을 구가하던 시절 피렌체를 중심으로 인문주의가 부활하였다. 인문주의라는 단어는 이중의 의미를 갖고 있다. 고대 로마는 수사학을 위주로 한 인문학을 가르치는 그리스의 교육을 수용하면서 그 명칭을 후마니타스Humanitas라고 하였다. 키케로 이래 로마인은 후마니타스를 두 가지 의미로 사용하였는데, 하나는 시민과 인간으로서 의무를 수행하기 위해 필요한 덕을 함양하기 위한 기본적인 교육을 의미했고, 다른 하나는 모든 인간을 향한 진심어린 마음과 호의를 의미했다. 전자는 주로 인문학을 중심으로 한 교육과 연구를 의미했으며, 후자는 인간에 대한 보편적인 사랑, 즉 인본주의에 근거한 박애를 의미했다.[19]

로마의 후마니타스 전통은 서로마제국이 멸망한 이후 중세 유럽에서 사라져 버렸다. 그 자리에는 신을 중심으로 한 문화가 발달하였고, 플라톤 철학에 근거한 스콜라 철학이 그 문화를 지탱하였다. 11세기 이래 중세의 사유체계가 흔들리게 되었다. 원격지 무역의 발달, 십자군전쟁, 이베리아 반도의 재정복운동으로 외부와의 교류가 활발해지면서 아리스토텔레스의 철학과 로마의 법학이 유럽에 전래되었기 때문이다. 아리스토텔레스의 철학은 인간과 현실 세계를 사유의 출발점으로 보았고, 현실 세계를 넘어서 존재하는 원형적인 존재, 즉 보편자를 단지 이름뿐인 것으로 보았다. 토마스 아퀴나스 이후 스콜라 철학자들은 아리스토텔레스 철학에 근거해서 이성으로 신앙과 세계를 연구하고 설명하려고 했고, 오캄을 비롯한 몇몇 학자들은 이에 나아가서 이성과 신앙의 분리를 추구하였다. 그리하여 인간과 자연에 대한 실험과 관찰, 합리적 추론을 추구하는 학문이 발전하기 시작하였다. 로마 법학의 부활은 대학의 수립을 촉진하였으며, 로마 학문 전반에 대한 관심을 촉발시켰다. 14세기에 키케로의 작품을 비롯한 로마의 문학, 철학 작품들을 복원하려는 노력이 활발하게 진행되었다.

이렇게 사유체계가 변화하면서 로마의 후마니타스 전통이 부활하였다. 피렌체 출신의 페트라르카가 그 부활을 선도하였다. 페트라르카는 연인 라우라를 위한 연작시로 유명하다. 그는 이 시들에서 육체의 아름다움과 이성에 대한 사랑을 솔직하고 긍정적으로 묘사하였다. 그는 또한 우정, 가족애와 같은 인간의 여러 감성에 대해서도 깊은 관심을 보였다. 그가 개인적인 감성이 짙게 배어 있는 키케로의 작품들을 복원하는 데 열의를 가지고 있었다는 사실이 이를 입증한다. 페트라르카는 인간의 감성을 이렇게 적극적으로 인정하고 긍정적으로 바라봄으로써 '최초의 근대인'이라는 별명을 얻었다. 페트라르카는 또한

키케로

자연을 관조하고, 즐기려는 태도를 보였는데, 이는 그가 프랑스 남부 프로방스 지방의 경관을 특별히 사랑하였다는 사실, 특히 몽방투라는 산을 단지 경관을 즐기기 위해서 올랐다는 사실에서 잘 나타난다.

인간과 자연을 신과의 어떤 관련, 혹은 종교적 경외심과 분리하여 그 자체로 긍정하는 페트라르카의 태도는 인간에 대한 사랑에 기초한 것이었다. 그는 '인간은 어떻게 인간다움을 회복하고 선한 존재가 될 수 있는가?'라는 질문을 제기하고, 고전 연구와 고대 문화의 부활이 인간성의 회복에 기여할 것이라고 생각하였다.[20] 따라서 페트라르카는 키케로, 베르길리우스 등의 고전 연구에 매진하면서, 자신이 학문을 하는 궁극적인 목적은 '선한 사람이 되는 것'이라고 밝혔다.[21] 따라서 페트라르카가 부활하려고 했던 고전 문화는 인본주의 전통이라고 할 수 있다.

페트라르카 이후 인간의 감성을 적극적으로 긍정하고, 인간에 대한 사랑을 확산시키려는 노력은 계속되는데, 특히 페트라르카의 동료이자 제자였던 보카치오는 《데카메론》에서 인간의 욕망을 긍정하고, 현실 교회를 비판하였다. 그런데 인간

페트라르카

의 감성은 근본적으로 개인이 개별적으로 느끼는 것이다. 인간의 감성에 대한 인정은 개인주의의 발달과 관련이 깊다. 중세시대 사람들은 개별적 가치보다는 보편적 가치를, 개인보다는 공동체를 중요시하였다. 르네상스 시기에 오면서 개인의 가치·명예·개성이 중요시되었고, 그러면서 개인주의가 성장하였다. 이는 개인의 개체성과 정체성을 확립해 주는 묘비의 보편화와 자서전의 증가를 통해서 확인할 수 있다. 중세 전성기에는 귀족들도 묘비를 세우는 일이 드물었지만 12세기에 들어 묘비를 세우는 일이 다시 시작되어서 점차 보편화되었다.[22] 이는 사람들이 죽은 후에도 자신의 정체성을 유지하려는 욕구를 가지게 되었다는 것을 보여 준다. 자서전의 증가는 묘비의 경우보다 더 극적으로 르네상스 사람들이 얼마나 개인에 대해서 깊은 관심을 가지고 있었는가를 보여 준다. 이 시기에는 나무꾼, 땜쟁이와 같은 사회의 하층민들도 수없이 많은 자서전을 남겼다.[23]

역사학자들은 페트라르카의 인간과 자연에 대한 새로운 태도를 중요시하지만 정작 페트라르카 본인이 필생의 과제로 삼았던 것은 고전 라틴어를 습득하고, 로마의 고전 작품들, 특히 키케로의 작품들을 복원하는 것이었다. 이를 위하여 페트라르카는 유럽의 여러 수도원과 문서고를 돌아다녔으며, 많은 필사본들을 모아서 편집하곤 하였다. 이 작업을 통해서 페트라르카는 라틴 고전의 부활 작업을 선도하였을 뿐만 아니라 비판적으로 텍스트를 읽고 분석하는 학문 방법을 함양하였다. 그는 리비우스, 베르길리우스, 키케로의 작품들을 수없이 반복해서 읽고, 여러 필사본을 대조하면서 그 여백에 빽빽하게 주석을 달았다. 그리고 텍스트의 원본에 문제가 있다고 생각할 때면 여러 필사본을 대조하여 원문을 복원하고자 시도하였다.[24] 페트라르카의 이런 태도는 비판적이고 합리적으로 사유하는 근대적 사고방식의 토대라고 할 수 있다.

페트라르카가 개척한 비판주의는 로렌조 발라와 에라스무스에 의해 계승되었다. 로렌조 발라는 페트라르카처럼 로마의 역사서, 문학서, 철학서를 읽고 주석을 다는 작업에 매진하였으며, 많은 필사본을 비교하여 가장 합리적인 독법을 통해서 원문을 복원하고자 시도하였다. 로렌조 발라의 이런 시도는 당시까지 맹목적으로 역사적 사실로 믿어져 오던 '콘스탄티누스의 기진장'에 대한 비판으로 빛을 보았다. 발라는 어법의 변화를 연구하여 중세 교회가 교황령 지배를 정당화하기 위해서 이 문서를 위조했다는 사실을 밝혀 냈고, 자신이 밝혀 낸 사실들을 용감하게 주장하였다.

인문주의의 왕이라고 불리는 에라스무스는 권위에 복종하지 않고 '인식하고, 이해하고, 아는 것'에 최대의 노력을 경주해야 한다고 생각하였다. 그에 따르면 지식은 결코 종교를 위협하지 않으며, 학문적 비판을 통해서 기독교의 순수성을 복원하는 것이 그의 시대의 과제였다. 이런 생각 속에서 에라스무스는 그리스·로마의 고전을 교정하는 작업을 멈추지 않고, 그리스어 성경의 원문을 확립하는 데 필생을 바쳤다. 그는 수많은 성경 필사본들을 구하고, 반복해서 읽고 주석을 달면서 원문을 확립하고자 노력하였다. 그 결과 1516년에 그리스어 신약성경 인쇄본을 출판하였다. 에라스무스가 이렇게 성경의 원문을 확립하고자 시도했던 것은 그것을 통해서 기독교의 순수성과 참된 경건을 회복하고, 이상적인 사회의 건설에 도움을 얻을 수 있다고 생각했기 때문이다. 초기 기독교를 이상으로 설정하고 기독교 연구에 집중하려는 이런 태도를 기독교 인문주의라고 부르기도 한다. 에라스무스는 비판적 합리주의를 학문에만 적용하는 것이 아니라 현실 사회에도 적용하고자 시도하였다. 그리하여 《우신예찬》에서 교회 내의 부조리와 모순을 비판하였다. 그의 사회와 현실에 대한 비판 정신은 알프스 이북 르네상스의 정신을 대변하는 것이다. 그의 이런 정신은 그의 친구였던 토마스 모어의 《유토피아》에서도 발견된다. 모어는 그 책에서 자본주의 체제로 이행해 가면서 발생하는 사회 모순을 비판하고, 새로운 대안 사회를 모색하였다.

　에라스무스의 학문을 논의하면서 반드시 짚고 넘어가야 하는 것이 있는데, 그것은 그의 인문주의가 인간에 대한 사랑을 지향하고 있다는 것이다. 에라스무스는 도덕적이고 예의 바르며, 다른 사람을 존중하는 인간을 배양하는 것이 학문의 목적이라고 생각했고, 인간이 스스로 선악을 선택하고 자신의 행동에 대해서 책임져야 한다고 생각했다. 1524년 루터와 논쟁하는 와중에 집필한 《자유의지론》은 그의 이런 생각을 잘 대변하고 있다.[25]

　지금까지 살펴본 인문주의를 간략하게 정리하자면, 인간과 세상을 있는 그대로 긍정하고, 세상을 스스로 비판적으로 바라보는 것이며, 인간에 대한 애정 속에서 현실 사회를 비판하는 것이라고 할 수 있을 것이다.

르네상스 정신의 상징, 다 빈치

이탈리아 도시국가들의 번영, 인간과 자연에 대한 새로운 사유체계의 수립은 예술의 발달로 이어졌다. 르네상스 예술을 본격적으로 출범시킨 인물은 레오나르도 다 빈치다. 다 빈치는 신앙이 아니라 그가 살고 있는 세계의 모든 것에 깊은 관심을 가졌고, 모든 수단을 동원해서 그것들을 이해하고자 하였다. 따라서 다빈치는 해부학, 기계 설계 및 제작, 지리학, 미학, 수리학, 생물학, 무기 설계 및 제작, 수학, 항공학 등 참으로 다양한 분야에 관심을 기울였다.[26] 이렇게 다양한 분야에 관심을 기울이고 연구하면서 다 빈치가 가장 중요하게 생각한 것은 관찰과 실험이었다. 그는 늘 노트를 가지고 다니면서 하늘을 나는 새, 소용돌이치는 물, 인체와 같은 물체들을 세밀하게 관찰하고, 그것을 기록하였다. 그가 만든 노트는 3,500페이지나 되며, 그것들 가운데 많은 것이 지금도 남아 있는데 그 세밀함과 기발함은 당대는 물론 지금도 경탄을 자아 낸다.[27]

그는 이 작업을 수행함에 있어서 기존의 금기나 권위를 과감하게 탈피하였다. 그가 남긴 여러 종류의 인체 해부도—가령 '자궁 안의 태아'나 '어깨와 척추 근육'—는 해부하지 않았다면 그릴 수 없는 그림이다. 그의 해부학 지식은 그 시기 전문 의사들을 능가하였다.[28]

⟨다비드⟩(왼쪽), ⟨최후의 만찬⟩(오른쪽).

다 빈치의 이런 태도는 관찰에 입각한 사실주의라고 불리고, 이것이 바로 르네상스 예술 나아가 르네상스 정신의 상징이다. 화가로서 다 빈치는 빛에 대한 이해가 뛰어났고, 혁신적이고 실험적인 기법을 이용하곤 하였다. 가령 그는 밀라노의 한 수도원을 위해서 ⟨최후의 만찬⟩을 그리면서 기름과 템페라 혼합물을 사용했다.

미켈란젤로는 다 빈치처럼 피렌체 출신이다. 다 빈치가 건축이나 기계 제작과 같은 다양한 일에 관심을 보였다면 미켈란젤로는 조형예술, 즉 조각·회화·건축 세 가지 일에 전념하였다. 그는 처음에 조각가로 출발하였고, ⟨다비드⟩, ⟨모세⟩와 같은 위대한 조각을 남겼다. 그의 조각

6_근대 문화를 태동시킨 르네상스 143

〈라오콘 군상〉.

술이 너무나 뛰어났기에 그의 동료들이 미켈란젤로를 조각 분야에서 '쫓아낼' 구실을 찾다가, 교황에게 그를 추천하여 시스티나 성당의 〈천지창조〉를 그리게 하였다.

미켈란젤로의 작품 역시 사실주의에 근거한 것이었다. 피렌체 도심의 아카데미아 미술관에 전시되어 있는 그의 다비드 상을 보면 다비드의 핏줄 하나, 근육 하나까지 선명하다. 미켈란젤로의 이런 사실주의 이면에는 인간에 대한 깊은 애정이 깔려 있다. 그는 이 작품에서 참주를 몰아내고 공화정을 회복한 피렌체 시민들의 정치적 자각을 표현하였다.[29] 그에게 피렌체 시민은 불굴의 의지와 정복당하지 않은 정신을 가진 고귀한 존재였으며, 그것은 모든 인간이 지향해야할 참다운 가치였다.[30] 미켈란젤로 예술의 특징을 잘 보여주는 일화가 있다. 헬레니즘 시대의 위대한 조각품 〈라오콘 군상〉은 라오콘과 그의 자식들이 겪은 격정과 고뇌를 사실적으로 묘사한 작품으로 헬레니즘 조각의 최고봉으로 꼽혀 왔다. 1506년 로마의 한 농부의 제보를 받은 미켈란젤로는 이 작품을 발견하고는 그것이 바로 〈라오콘 군상〉이라고 판명하였다. 그런데 일부 소수 학자들은 이 작품의 진짜 조각가가 미켈란젤로라고 주장하고 있다. 〈라오콘 군상〉이 미켈란젤로 예술의 특징을 너무나 잘 반영하고 있기 때문이다. 헬레니즘 시대 최고봉의 작품이 미켈란젤로의 작품으로 이야기되고 있다는 사실은 르네상스가 그리스·로마의 부활을 추구했다는 사실을 단적으로 보여 준다.

이탈리아에서 시작된 인문주의 조형예술은 15세기 이후 알프스의 북쪽으로 확산되었다. 여러 예술가들이 인본주의, 비판주의에 입각해서 인간과 자연을 사실적으로 그리려고 노력하였다. 뒤러Albrecht Dürer(1471~1528)가 그린 〈자화상〉이나 홀바인이 그린 〈대사들〉은 인물들의 생김새를 매우 세밀하게 그렸다.[31] 특히 뒤러는 서양 예술사에 있어서 자연과 인간을 가장 세밀하게 관찰하고 묘사한 예술가로 유명하다. 그는 인간과 자연 속의 미세한 것들을 정밀하게 관찰하여 그렸다. 알프스의 북쪽에서는 또한 지역의 환경이나 사람들의 일상생활을 사실적으로 그리려는 경향이 나타났다. 브뤼헐Pieter Bruegel(1528~1569)이 그린 〈농부의 결혼식〉과 〈눈 속의 사냥꾼〉은 대표적인 작품이라고 할 수 있다.

르네상스의 본질은 '스스로 보기' '함께 보기'

르네상스의 아버지인 페트라르카는 "나는 앞과 뒤를 동시에 쳐다보며 두 문명의 경계에 서 있는 것 같다"라고 말하였는데, 이는 르네상스가 중세에서 근대로 넘어가는 과도기였다는 것을 잘 보여 준다. 이 시기에는 아직 중세의 문화와 질서가 완전히 사라지지 않았으며, 근대적 질서나 문화는 아직 수립되지 않았다. 따라서 르네상스의 어떤 측면을 강조할 것인지에 따라서 르네상스에 대한 평가는 다양하게 이루어질 수 있다.

르네상스를 최초로 학문적으로 정립한 부르크하르트는 그의 저서 《이탈리아 르네상스 문화》에서 르네상스가 인간과 세계를 재발견함으로써 중세적 질서를 깨뜨리고 새로운 세계를 열었다고 평가하였다. 그의 이런 평가는 르네상스 시대 사람들의 시대인식을 반영한 것이다. 르네상스 시대 사람들은 중세의 질서와 문화가 너무나 저급한 것이기에 고대의 수준 높은 문화를 복원해야 한다고 생각했으며, 그럼으로써 새로운 시대를 열 수 있다고 믿었다. 계몽시대에 이런 인식은 더욱 강화되어, 계몽주의자들은 중세 신앙의 시대를 암흑시대로 파악하고, 르네상스가 암흑을 걷어 내고 새로운 시대를 열었다고 평가하였다.[32]

계몽주의자들의 이런 인식은 도식적인 것이었으며, 중세가 이룩하였던 문화적 성취를 너무나 무시한 것이었다. 19세기 말 이후 중세에 대한 연구 성과가 쌓이면서 12세기 이후 고전 문화의 부활이 이루어졌고, 합리성에 근거한 학문체계가 수립되어 가고 있었다는 것이 밝혀졌다. 그 결과 르네상스는 중세와의 단절이기보다는 중세 후기에 지속된 문화 활동의 연장이라는 주장이 대두되었다. 가령 이미 1885년에 헨리 토데는 프란체스코의 종교운동이 초기 르네상스 미술에 끼친 영향을 연구하였다. 이후 1927년에 해스킨스는 12세기 르네상스라는 개념을 제시하면서 르네상스가 이미 중세 전성기에 시작되었다고 주장하였다.[33] 이렇게 중세를 긍정적으로 바라보려는 시각이 확립되면서 부르크하르트의 명제는 오래전에 막을 내렸다.

그렇다면 르네상스는 무엇인가? 14세기 이탈리아에서 자연과 인간을 있는 그대로 바라보고, 인간을 존엄한 존재로 긍정하며, 비판적인 사고를 통해서 합리성을 추구하려는 학문 및 예술 활동이 발흥하였다. 이 문화운동은 기독교를 모든 판단의 절대적 기준으로 삼았던 중세적 세계관을 극복하고자 고전 고대의 학문과 문화를 부활시키고, 또한 관찰과 비판에 입각한 학문체계의 수립을 시도하였다.

이 운동의 주도자들은 고대 문화의 부활을 추구하였고, 고대의 권위를 맹목적으로 추종하였다. 가령 보카치오는 로마시대에 작성된 지리학 사전인 《산·숲·샘·호수·강·늪 또는 습지와 바다의 이름에 대하여》를 읽고 직접 답사를 하면서 그 책에 쓰인 내용을 확인하였는데, 그 책의 내용과 다른 광경을 보고는 "나는 나의 눈을 믿기보다는 고대 작가들의 권위를 믿고 싶다"라고 말하였다. 보카치오의 말은 르네상스의 주도자들이 고대 문화를 추종하고, 고대 문화를 부활시키는 데 맹목적인 열정을 갖고 있었다는 것을 보여 준다. 이렇게 르네상스 주도자들이 고대 문화의 부활을 적극적으로 추동하였기에 미슐레 이후 이 시기를 재생, 또는 부활이라는 뜻의 '르네상스'라고 부른다.

그러나 르네상스는 단순한 고대의 부활운동이 아니었다. 근대라는 새로운 시대를 열어 낼 힘을 배태한 혁신운동이었다. 먼저 르네상스의 주도자들은 비판에 입각한 합리주의를 추구하면서 '스스로 보기'를 추구하였다.

가령 이탈리아 학자 폴리지아노는 "당신은 키케로식으로 표현하지 않았습니다"라고 지적받았을 때, "그것이 어쨌단 말인가? 진실로 나는 키케로가 아니다. 나는 내 생각대로 나를 표현할 뿐이다"라고 말하였다. 폴리지아노의 말은 르네상스의 지식인, 예술가들이 고대 문화를 추종하는 데 그치지 않고, '스스로 보기'를 통해서 그들이 소속되어 있는 사회와 자연을 인식했다는 것을 의미한다.

이 '스스로 보기'는 관찰과 실험이라는 병기로 더욱 강력해졌다. 레오나르도 다 빈치가 늘 노트를 들고 다니면서 관찰하고 기록하였고, 베살리우스가 수없이 많은 해부를 감행했다는 사실에서 드러나듯이 르네상스가 진척되면서 관찰·실험·기록이 학문의 확고한 방법으로 정착되었다.

'스스로 보기'와 함께 르네상스의 주요 특징으로 볼 수 있는 것은 '함께 보기'이다. 고대의 학문은 소수 엘리트에 한정되었고, 예술의 주요 주제 또한 귀족 문화에 집중되었다. 이에 반해서 르네상스 시대에는 활판 인쇄술의 발달, 시민계급의 형성, 하층민의 의식 성장, 평등에 대한 지향 등으로 학문과 문화의 향유자가 크게 증가하였으며, 서민이 예술의 주제로 등장하였다. 그 결과 르네상스 운동의 성취는 과학혁명과 계몽사상으로 이어졌고, 근대 문화의 확립에 크게 기여하였다.

7
종교의 자유시대를 연 종교개혁

루터는 신교를 수립할 생각이 없었다

───── 우리는 일반적으로 루터의 종교개혁이 1517년 10월 31일에 시작되었다고 이야기한다. 그날 루터가 비텐베르크 만인성자 교회의 대문에 그 유명한 '95개조'를 게시하였다고 알려져 있기 때문이다. 이후 이 '95개조'가 논란의 핵심으로 떠올랐기 때문에 이날이 루터 종교개혁의 출발점이 된 것은 확실하다. 그러나 루터는 당초 가톨릭 교회를 뒤엎고 새로운 종교를 만들 생각을 조금도 품지 않았다. 루터는 자신의 95개조를 독일어가 아니라 라틴어로 썼을 뿐만 아니라 비텐베르크 교회의 대문에 95개조를 게시하지 않았다.[1] 그는 단지 동료 성직자 및 학자들과 토의하기를 원했기에 95개조를 면벌부 판매를 주관하는 마인츠 주교에게 보냈을 뿐이다.

더욱이 루터가 '95개조'에서 제기한 문제는 결코 새로운 것이 아니었다. 그에 앞서 여러 사람들이 이미 '95개조'의 핵심적인 내용을 열성적으로 주장하고 있었다. 가령 영국의 위클리프나 보헤미아의 후스는 가톨릭 교회의 부패와 부조리를 공격하면서 오직 성경만이 신앙의 유일한 전거라고 주장하고 그들의 대의를 실현하기 위해서 인생을 걸고 싸웠다.[2] 그래도 그들이 루터가 공격했던 가장 핵심적인 문제인 '면벌부'[3]를 공격하지는 않았다. 오직 루터만이 '면벌부' 문제를 정면에 부각시킴으로써 목숨을 걸고 가톨릭과 교황의 부패를 성토하였다고 주장하는 사람들이 있을 것이다.

그러나 루터의 면벌부 공격도 결코 새로운 것이 아니었다. 루터와 거의 같은 시대를 살았으며, 16세기 유럽 최고의 지성인으로 '인문주의의 왕'이라고 불렸던 에라스무스가 그의 유명한 작품《우신예찬》에서 다음과 같이 면벌부 문제를 진지하게 다루었다.

> 터무니없게도 자기가 지은 죄에 대한 벌을 감면한 준다는 면벌부를 얻었다고 신바람이 나서 우쭐대고 마치 물시계로라도 재듯이 연옥에 있을 기간이 얼마나 줄었는지 측정하여 몇 세기, 몇 년, 몇 달, 몇 시간이라고 정확한 계산표를 작성하는 그런 사람에 관해서 뭐라고 말해야 좋을까요? 또는 어느 허영심 많고, 탐욕스러운 사기꾼 사제가 지어 낸 주문이나 기도문을 맹신하고, 부귀와 영화, 쾌락, 번영, 건강, 정정한 노년은 물론 천국에서 예수 옆에 앉을 권리까지 손에 넣었다고 생각하는 사람에 관해서 뭐라고 말해야 좋겠어요.[4]

이 문장에서 우리는 95개조의 핵심적인 내용을 거의 다 볼 수 있다. 명백하고 직설적으로 면벌부를 공격하고 있고, 신앙이 근본적으로 영

> 루터가 문제 제기자에서 종교개혁가로 변모하게 된 것은 가톨릭주의자들의 박해를 받으면서부터였다. 그는 종교개혁 초기에는 면벌부 판매를 정면으로 공격했지만 여전히 스스로 교황주의자라고 생각했다.

적이고, 내적인 것임을 천명하고 있다. 여기서 에라스무스가 교황을 공격하지는 않았다고 말하는 사람이 있을 수도 있다. 그러나 에라스무스는 다른 글에서 직설적이고 노골적으로 교황을 공격하였다. 《추방당한 율리우스》라는 작품에서 교황이 많은 죄를 짓고 또한 독단을 행하고 있음으로 그 죄악이 너무나 커서 천국 문 앞에서 베드로에게 쫓겨날 것이라고 주장했다. 이렇게 《우신예찬》이나 《추방당한 율리우스》를 살펴보면 분명 에라스무스는 교황과 성직자들의 부패와 비리, 그리고 가톨릭 교리의 형식주의를 노골적이고 직설적으로 공격하고 있다. 물론 에라스무의 이런 비판 작업은 루터보다 먼저 이루어졌다. 《우신예찬》은 1511년에 발표되었으며, 《추방당한 율리우스》는 1513년 이전에 쓰였다.

이렇게 볼 때 루터가 '95개조'에서 면벌부를 공격하고 교황의 권위에 도전했던 것은 결코 새로운 일이 아니었다. 루터 본인도 이 사실을 명백하게 인정하였다. 누군가 루터의 95개조를 독일어로 번역하여 세상에 전파하고 여기저기서 분란이 일어나자 가톨릭의 주요 지도자들도 루터라는 반항아가 성가신 문제를 제기했다는 것을 알게 되었다. 면벌부 판매를 통해서 많은 이익을 얻고 있던 성직자 테첼은 "이 이단자는 3주 안에 내 앞에서 화형을 당할 것"이라고 공언하면서 루터를 공격하는 데 열을 올렸고, 마인츠 대주교는 분노하면서 그 문서를 교황에게 보냈다. 이때 교황은 수도사들 사이에서 교리 문제로 논란이 일어났을 뿐이라고 생각하여 사절을 보내 루터 스스로 주장을 철회하라고 촉구하였다. 그런데 이때 루터는 이렇게 말하면서 거절하였다.

> 내가 성서, 교부, 교황의 칙서 또는 참다운 이성에 반하는 것을 말하고, 행동하였다는 주장을 받아들일 수 없다. 내가 말한 모든 것은 이성적이며, 참되고, 가톨릭적이다. 나는 그 어디서건 공적으로 나의 발언에 대해 해명할 수 있도록 해 주길 바란다.[5]

여기서 루터는 자신이 가톨릭 교회와 교황에게 반대하는 것이 아님을 명백히 하였다. 이는 그가 95개조를 게시할 때 가톨릭 교회를 전복할 생각이 전혀 없었다는 것을 의미한다. 이런 추론이 맞다는 것 또한 루터 자신의 목소리로 확인할 수 있다. 그는 죽기 1년 전인 1545년에 자신의 일생을 회고하면서 이렇게 말하였다.

> 내가 나의 주장을 시작할 당시 나는 수도사였고 가장 열성적인 교황주의자였다. 내가 그러한 소요에 빠져들게 된 것은 내 의지나 의도가 아니라 우연에 의한 것이었다.[6]

여기서 중요한 의문이 생긴다. 루터는 교황이 인가한 면벌부 판매를 정면으로 공격하면서 어떻게 스스로 교황주의자라고 생각할 수 있었던 것일까? 이런 의문을 갖는 것은 우리의 상식에 큰 오해가 있기 때문이다. 우리는 일반적으로 루터가 면벌부 자체를 부당한 것이라고 공격했다고 생각하고 있다. 그러나 루터나, 앞에서 언급했던 에라스무스는 면벌부 자체가 잘못된 제도라고 생각하지 않았다. 루터가 스스로 밝혔듯이 그들이 공격한 것은 면벌부 제도가 원래의 취지를 벗어나 남용되고, 순전히 돈을 벌기 위해서 판매되는 것이었다. 루터는 교황이 권위와 명예를 지키려면 탐욕스러운 성직자와 상인이 면벌부를 돈을 받고 판매하는 일을 막아야 한다고 생각했다.[7] 루터가 이렇게 생각했다면 그가 스스로 교황주의자라고 했던 말은 위선이 아니며, 또한 그가 가톨릭을 파괴하고 새로운 종교를 만들려고 하지 않았다는 사실 또한 명백하다.

개혁 신앙의 배태

루터가 95개조를 제시한 것이 특별한 사항이 아니었고, 95개조의 내용 또한 그렇게 새로운 것이 아니었다면 루터는 왜 핍박을 받게 되었고, 그 핍박을 어떻게 이겨 내면서 새로운 종교를 창시했을까? 그 시대 사람들은 물론, 루터 자신도 깨닫지 못했지만 루터 안에 어떤 새로운 요소가 있었음에 틀림없다. 그 새로운 요소는 무엇이며, 그것은 언제부터 형성되었을까?

루터는 1505년 22세의 나이로 아우구스티누스 수도회에 입문하였다. 이는 그가 종교적 영성에 깊이 심취한 인물이라는 것을 암시한다. 수도사가 된다는 것은 세속의 인연을 끊고 하느님을 위해서 자신을 헌신하는 것을 의미하기 때문이다. 특히 별 볼일 없는 광부였던 루터의 아버지가 루터를 출세시키기 위해서 많은 노력을 기울였다는 것을 생각해 볼 때 아버지의 기대를 저버리고 수도사가 되기로 결심하는 것은 깊은 영성이 없었으면 불가능했을 것이다.

수도사 루터는 그 총명함을 인정받아 신학 공부를 계속하였고, 1512년에 비텐베르크대학 신학부의 교수가 되었다. 1513년에 그는 시편 강의를 시작했는데, 이 강의를 할 때 그는 전통적인 가톨릭 교리를 벗어나지 않았다. 그는 인간이 신으로부터 의롭다고 인정을 받기 위해서는 최소한의 자발적 노력이 필요하고, 인간의 내면에 '선의 불씨'가 남아 있어서 선행을 행할 수 있다고 가르쳤다. 그런데 1515년 봄학기에 로마서를 강의하면서 그의 생각이 바뀌기 시작했다. 그는 인간에게 신을 사랑할 수 있는 잠재력이 있기는 하지만 신을 향한 인간의 사랑마저도 궁극적으로 자기 중심적인 것이고, 결국 인간의 모든 행위는 불의하다고 가르쳤다.

인간의 모든 행위가 불의하다면 인간은 스스로 선행을 행할 수 없으며, 의로워질 수도 없다. 그렇다면 도대체 어떻게 구원을 받을 수 있을 것인가? 오로지 하느님의 은총에 의해서만 가능하다.

일찍이 기독교 신학의 정립자인 아우구스티누스도 그렇게 주장하였다. 그에 따르면 인간은 근본적으로 불의하고 악한 존재이기 때문에 스스로는 조그마한 선행도 할 수 없다. 선행을 행해야겠다 혹은 하느님을 믿어야겠다와 같은 결심조차도 스스로 하지 못한다. 따라서 모든 인간은 완벽한 죄인일 뿐이고 모두 지옥불에 떨어져 영원한 벌을 받게 되어 있다. 그런데 인간 가운데서는 선행을 행하는 사람들이 있으며, 그 가운데 소수는 구원을 받는다. 그런 일은 어떻게 일어나는 것일까? 그것은 전적으로 하느님의 은총으로 이루어진다. 하느님은 태초부터 구원을 받을 사람들을 정하시고 그들에게 하느님을 믿을 힘을 주셔서 믿음 안에 살게 하시고 그들을 구원하신다. 이를 예정론이라고 한다.

중세 교회는 아우구스티누스의 예정론을 교리로 인정하기는 했지만 그 교리를 완화시켜 가르치고 있었다. 가령 중세 신학의 최고 대가인 토마스 아퀴나스는 "예정은 은혜와 영광을 만나는 의지를 용납하셨다"라고 주장했는데 이는 '하느님은 인간에게 자유의지를 주셔서 스스로 믿음의 길과 불신의 길을 선택할 수 있게 하셨다. 그렇지만 믿음의 길이나 불신의 길을 선택하는 것은 예정의 범위 안에 있다'라는 뜻이다. 모순처럼 보이는 이런 진술을 누가 제대로 이해할 수 있겠는가? 따라서 중세의 성직자들은 예정론을 잘 가르치지 않았으며 오히려 "사람은 자유의지를 가지고 있다. 그렇지 않으면 권고, 칭찬, 명령, 금지, 보수, 형벌이 다 공허한 것이 된다"라고 가르쳤다.[8] 루터는 바로 이런 가르침이 근본적으로 잘못되었다는 것을 깨달았다.

여기서 두 가지를 짚고 넘어가고 싶다. 루터가 인간에게 선의 불씨가 조금도 없다는 것을 깨달았던 것은 로마서, 특히 1장 17절 〈의인은 믿음으로 산다〉를 읽고 그 의미를 묵상하면서 이루어졌다. 천 년 전에 아우구스티누스도 그랬다. 그 역시 바울의 서신을 읽으면서 똑같은 결론에 도달했다. 이렇게 기독교의 위대한 신학자들이 같은 결론에 도달했다는 것은 성경에 그들의 생각을 지지하는 요소가 확고하게 들어 있다는 것을 의미한다.

이렇게 루터가 성경에서 자기 주장의 근거를 확고하게 찾을 수 있었기 때문에 그의 주장이 많은 사람의 지지를 받아서 힘을 발휘할 수 있었다.[9] 그러나 루터의 이런 깨달음은 아직 내면에 머물러 있었다. 루터는 로마서를 강의하던 1515년이나 95개조를 게시했던 1517년, 심지어 그 후 2~3년 동안에도 '오직 믿음으로 구원을 받는다'는 명제를 내세워서 가톨릭을 전복하거나, 성례·교회 조직·교황의 권위와 같은 기존의 가톨릭의 기본 교리들을 공격할 생각을 전혀 품지 않았다는 것이다.[10]

가톨릭과의 결별 과정

루터가 문제 제기자에서 개혁가로 변모하게 된 것은 1517년 이후 가톨릭 지도자들의 박해를 받으면서부터였다. 그들은 바로 몇 년 전에 에라스무스가 면벌부 판매를 비판했을 때 별로 반발하지 않았다. 여기에는 두 가지 이유가 있었다.

먼저 에라스무스의 《우신예찬》은 라틴어로 씌었고, 그 책을 읽는 사람들은 지식인들뿐이었다. 그러나 루터의 경우는 달랐다. 루터가 95개조를 게시한 후에 누군가가 '95개조'를 독일어로 번역하여 대학 밖에 알리기 시작하였고, 그 때문에 많은 대중들이 면벌부 판매의 부당성에 동감을 갖게 되었다. 그리고 에라스무스가 《우신예찬》을 썼을 때와 루터가 95개조를 게시했을 때는 상황이 달랐다. 1514년 새로이 교황이 된 레오 10세가 전임 교황 율리우스 2세 때 시작한 베드로 성당의 증축 사업을 본격적으로 시행하기로 결정하였다. 이를 위하여 그는 1515년 3월 31일 면벌부를 판매하기로 결정하고, 마인츠의 대주교 알브레히트Albrecht(1490~1545)의 협조를 구하였다. 알브레히트는 1514년에 1만 두카트의 돈을 주고 대주교직을 구입하느라 많은 빚을 지고 있었기 때문에 교황의 제의를 흔쾌히 받아들었다. 알브레히트의 심복 가운데 테첼이라는 신부가 있었는데 그는 면벌부 판매에 천부적인 재능을 발휘하였다.

  가톨릭 교리에 따르면 사람은 지은 죄에 대해서 벌을 받아야 하고 이 세상에서 그 벌을 다 치르지 못할 경우 연옥에 가서 받아야 했다. 그런데 인간이 모르고 지은 죄도 있으며, 죄를 짓고도 고해성사를 하지 않았다면 용서받지 못한다. 따라서 성인聖人이 아니라면 사람들은 대개 죽어서 연옥에 가게 되고 거기서 받아야 할 벌을 모두 받은 후에야 천국으로 갈 수 있다. 그런데 테첼은 연옥의 고통을 강조하면서 "돈이 연보궤에 짤랑하고 떨어지는 순간 영혼이 연옥으로부터 풀려난다"고 선전하면서 면벌부를 팔았고, 그의 말에 현혹된 많은 사람들이 면벌부를 샀다. 그리하여 엄청난 돈이 알브레히트의 수중으로 들어갔고, 면벌부 판매 금액의 반은 교황의 수중으로 들어갔다. 이때 많은 독일인들은 독일의 돈이 로마로 흘러가는 것을 못마땅하게 여겼다. 이렇게 면벌부 판매가 한창 기승을 부리고 있을 때, 다시 말해 교황과 고위성직자들이 엄청난 돈을 벌고 있을 때 루터가 그들의 행위를 정면으로 비난했던 것이다.

  테첼과 알브레히트는 루터를 용서할 수 없었다. 그들은 루터를 파문시키기 위해서 교황의 도움을 요청했다. 교황은 루터가 소속되어 있던 아우구스티누스 수도회의 수도원장인 가브리엘 델라 볼타Gabriel della Volta에게 루터의 주장을 철회시키도록 명령하였다. 이에 가브리엘 델라 볼타는 1518년 4월 하이델베르크에서 종단 총회를 개최하였다. 루터는 이 총회에 참석하여서 주장을 철회하기는커녕 자신의 주장이 성경에 근거하고 있음을 역설하였다.

이렇게 루터가 완강하게 자신의 주장을 계속 펼치자, 루터의 적대자들은 다시 교황에게 도움을 요청하였다. 교황은 루터를 로마로 소환하여 심문하고자 했다. 이때 루터에게 후원자가 등장하였다. 그는 당시 독일에서 황제 다음으로 막강한 힘을 가지고 있던 작센의 선제후 프리드리히였다. 그는 루터가 로마로 가는 길이 위험하다고 판단해 로마가 아니라 아우크스부르크에서 심문을 받을 수 있도록 영향력을 발휘하였다. 그리하여 교황은 도미니쿠스 수도회의 수도사였던 카예타누스로 하여금 루터를 심문하라고 명령하였다. 루터는 교황의 명령을 받들어 1518년 10월 아우크스부르크에 가서 카예타누스의 심문을 받았다. 심문대 앞에 선 루터가 자신의 잘못이 무엇이냐고 묻자, 카예타누스는 공로사상을 천명한 클레멘트 6세의 '유일서Unigenitus'를 부정한 것이라고 말하였다. 이에 루터는 교황이라도 오류를 범할 수 있으며, 자신의 주장은 성경에 근거하고 있다며 반박하였다. 루터가 완강하게 저항하자 카예타누스는 물리적으로 루터를 제압하려고 했고, 루터는 10월 31일에 몰래 말을 타고 도망쳤다.

두 달 후 교황 레오 10세는 교황이 면벌부를 판매할 권한이 있음을 재천명하였고, 루터를 로마로 보내든지 아니면 작센 지역에서 추방하라며 프리드리히 선제후에게 압력을 가하였다. 이렇게 가톨릭 성직자들의 압력이 거세어지자 프리드리히는 루터를 계속 지지해야 할 것인지 망설이게 되었고, 루터가 과연 정말 옳은지에 대해서도 회의하게 되었다. 이에 프리드리히는 최고의 지성인이자 신학자였던 에라스무스를

> 루터가 면벌부 문제를 제기했을 때 가톨릭 세력이 신속하게 루터를 이단으로 규정했다면 루터의 95개조 제기는 해프닝으로 끝났을 수도 있었다.

초청하여 자문을 구한다. 에라스무스는 "이 문제를 명망 있고 신뢰할 만한 재판관이 해결하도록 한다면 그것이 교황을 위해서도 가장 좋은 방법이 될 것이다. 세상은 진정한 복음에 목말라하며, 시대의 흐름도 모두 그쪽을 향하고 있다. 우리는 그렇게 야비한 방법으로 그를 반대해서는 안 된다"[11]라고 말하며 루터를 지지해 준다. 이에 힘을 입은 프리드리히는 공정하고 신뢰할 수 있는 재판관들이 루터의 말을 들어보아야 한다고 주장했다. 교황이 그의 제안을 받아들여 1519년 7월 4일 라이프치히에서 공개 토론이 벌어졌다. 루터는 그를 지지했던 칼슈타트와 멜란히톤을 대동하여 회담장에 나섰고, 교황청에서는 잉골슈타트대학의 교수였던 에크를 보냈다. 에크와 루터의 논쟁은 네 가지 주제, 즉

7_종교의 자유시대를 연 종교개혁

교황의 기원과 권위, 성경의 권위, 연옥의 존재, 면벌부와 고해성사를 두고 진행되었다. 이 논쟁에서 루터는 '오직 성경으로'를 외치며 교황의 권위, 교회의 전승, 연옥의 존재, 면벌부 제도를 비판하였다. 물론 양측 모두 끝까지 고집을 꺾지 않았고 회담은 실패로 끝났다.[12]

루터를 좌절시키는 데 실패한 에크는 서둘러 교황에게 루터를 파문하라고 요청하였고, 이에 레오 10세는 1520년 6월 15일 '주여 일어나소서Exsurge Domine'라는 제목의 교서를 발표하였다. 이 교서에서 레오 10세는 루터에게 41가지의 이단적인 오류가 있다고 지적하면서 루터의 책을 불태우라고 명령하였다. 루터도 지지 않았다. 그는 교황을 적그리스도라고 하며 가톨릭과의 결별을 정식으로 선언하였다. 그리고 그해 말, 즉 1520년 12월 10일에 루터와 그의 동료였던 멜란히톤은 그를 파문하는 교황의 칙서와 교황의 권위를 옹호하는 신학 서적들을 공개적으로 불질렀다. 이제 루터와 가톨릭은 돌이킬 수 없는 적이 되었다.

작센 선제후 프리드리히

이렇게 되자 교황은 가톨릭의 힘으로 루터를 제어하는 것이 불가능함을 깨닫고 신성로마제국의 황제 카를 5세에게 루터 문제를 처리해 달라고 요청하였다. 이에 카를 5세는 1521년 3월에 열릴 보름스 의회에 참가하라고 루터에게 명령하였다. 4월 18일에서 22일 사이에 의회가 개최되었고, 의회는 루터에게 그의 주장을 철회하고 저작들을 소각하라고 요청하였다. 그러나 루터는 "성경의 증거와 평범한 이성에 어긋나지 않는 한 저는 아무것도 철회하지 않을 것이며 철회할 수도 없습니다. 양심에 거스르게 행동하는 것은 안전한 것도 올바른 것도 아니기 때문입니다. 저는 어떤 다른 방도를 취할 길이 없습니다. 제가 여기 섰으니, 하느님 도우소서!"라고 말하였다. 황제는 루터를 비난하면서 정죄하고 그의 모든 책을 불사르라고 명령하였다. 그리고 가톨릭 측 인사들과 협력하여 루터를 살해할 계획을 세웠다. 그러나 프리드리히가 루터를 피신시켰다. 이렇게 하여 루터는 교황과 황제로부터 적으로 선언되었고, 독일은 루터를 지지하는 세력과 반대하는 세력으로 갈렸다. 이 분열은 머지않아 전쟁으로 비화될 정도로 심각한 것이었다.

여기서 짚고 넘어가야 할 것이 있다. 루터가 1517년 10월 31일부터 가톨릭과 완전히 결별한 1521년 4월까지는 상당히 긴 시간이다. 가톨릭 교회가 정식으로 루터를 정죄한 1520년 6월 15일까지를 생각한다고 해도 제법 긴 시간이다. 이 시간에 루터는 점점 더 자신의 주장을 강화해 나갔고, 점점 더 많은 지지자를 얻었다. 그가 보름스 의회에 참가할 때는 2만 명 이상의 인파가 그를 환영했을 정도이다. 처음 루터가 문제를 제기했을 때 가톨릭 세력이 신속하게 루터를 이단으로 규정하고 사형시켰다면 루터의 95개조 게시는 해프닝으로 끝났을 수도 있다. 그렇다면 가톨릭은 왜 루터를 신속하게 이단으로 규정하고 제거하지 않았을까?

여기에는 여러 가지 요인이 있다. 먼저 앞에서 설명했듯이 루터 본인이 처음부터 교황권에 정면 도전하거나 가톨릭의 교리를 근본적으로 부정했던 것은 아니다.[13] 가톨릭 측에서도 그렇게 생각했고 토론이나 압력을 통해서 루터를 잠재울 수 있다고 생각했다. 그리고 가톨릭은 오랫동안 일반인이 생각하고 있는 것보다 폭넓은 유연성을 가지고 있었다. 올바른 신앙의 길에 도달하기 위해서 토론하는 일은 교회 내에서 당연히 허용되는 것이었으며, 교회 내에서 새로운 주장을 하거나 교회를 비판하는 자들은 늘상 있었다. 특별히 기이한 성벽을 가진 지도자가 아니라면 그런 비판자들은 교회의 테두리 내에서 허용하곤 했다. 따라서 루터가 문제를 제기했을 때 그를 바로 이단으로 규정하는 일은 있을 수 없었다.

두 번째, 당시의 정치 정세가 루터에게 매우 유리하게 흘러가고 있었다. 교황은 두 가지 문제에 골몰하느라 루터 문제를 집중적으로 다룰 여유가 없었다. 교황이 직면했던 문제의 하나는 '튀르크 문제'였는데, 오스만 튀르크가 계속 서진하면서 기독교 세계를 위협하고 있었기 때문에 거기에 대항하기 위해서 교황은 기독교 세력을 규합하는 데 힘쓰고 있었다. 교황의 또 다른 관심사는 신성로마제국의 황제 선출이었다.[14] 1519년 1월 막시밀리안 황제가 사망했는데, 그가 1518년 병석에 눕게 되자 그때부터 차기 황제를 누구로 할 것인가를 놓고 많은 사람들이 관심을 보였다. 교황은 황제 선출권을 가지고 있던 작센 선제후 프리드리히의 지원이 필요했고, 그 때문에 프리드리히의 보호를 받고 있던 루터를 마음대로 하지 못하였다.

새로운 신학의 전개

루터는 95개조를 게재하기 이전부터 인간의 본성이 근본적으로 악하기 때문에 선행을 행할 수 있는 능력이 없음을 깨달았고, 교회와 성직자들의 부정을 비판하기 위해서 성경의 권위를 극단적으로 강조하였다. 그러나 1520년 중반까지 자신의 신학에 근거에서 교황제도와 가톨릭 교리들을 근본적으로 부정하는 논지를 펼치지 않았다. 루터가 가톨릭의 울타리를 완전히 벗어나게 된 것은 아우크스부르크, 라이프치히, 그리고 보름스에서 심문을 받으면서 이루어졌다. 루터가 자신의 견해를 뒷받침하기 위해서 변론을 작성하는 과정에서 가톨릭 내에서는 개혁이 불가능하다는 것과 가톨릭을 떠받치고 있는 교리들이 근본적으로 잘못되었다는 것을 깨달은 것이다.

루터의 이런 각성이 새로운 신학으로 표명된 것은 1520년대 중반의 일이다. 그해 그는 여러 작품을 통해서 자신의 대의를 천명하고 가톨릭을 공격하였다. 그해 5월에 저술한 《선행론》은 가톨릭에서 주장하고 있는 인간의 공로, 혹은 선행을 비판하였다. 루터는 인간에게는 스스로 선을 행할 능력이 없으며, 인간이 선하게 사는 것은 구원의 잣대가 아니라고 주장했다. 그에 따르면 선행은 단순히 착하게 사는 것을 의미하지 않고 무엇보다도 그리스도를 믿는 것이다. 믿음이 최고의 선행이며 오로지 믿음을 통해서만 구원을 얻을 수 있다. 이해 발표된 그리스도인의 자유에서도 오직 믿음으로만 구원을 받을 수 있다는 의인설이 설파되었다.

8월에 발표한 《독일 기독교 귀족에게 고함》에서는 교황이 독단적이고 압제적인 권력을 행사하고 있기에 교황제도를 없앨 때 비로소 진정한 교회 개혁이 이루어진다고 주장했다. 또한 영적인 권위가 세속 권위보다 위에 있다는 사제주의를 비판하면서 만인사제주의를 주장하였다. 교황과 사제의 우위성 부정은 성경 해석권의 문제와 직결된다. 중세 교회는 교황과 교황의 위임을 받은 성직자들만이 성경을 해석할 수 있다고 주장하였다. 그러나 루터에 따르면 성직자는 '직무'를 맡은 자에 불과하고 교회를 주도하고, 성경 해석을 독점할 권리가 없다. 따라서 모든 신자가 성경을 읽고 개인의 양심에 따라서 해석할 수 있다.

10월에 발표한《교회의 바빌론 포로시대》는 성사 문제를 다루었다. 가톨릭 교회는 7성사, 즉 세례, 견진, 혼인, 성품, 종유, 성찬, 고해성사를 인정하고 있었는데,[15] 루터는 이 가운데 견진, 혼인, 성품, 종유성사는 성경에서 근거를 찾을 수 없는 것이라고 부정하였다. 그리고 성찬식에 사용된 빵의 성격에 대해서 이론을 제기하였다. 가톨릭 교회는 성찬식 때 사용되는 빵과 포도주가 단순한 빵과 포도주가 아니라 '예수의 살과 피'로 변한 것이라고 가르쳤다. 이를 화체설이라고 한다. 루터는 이를 부정하고 예수가 빵과 포도주 위에, 안에, 그리고 옆에 육체적으로 임재하신다는 공재설Consubstantiation을 주장하였다.

루터파 교회의 수립

1520년대 루터의 신학은 가톨릭의 테두리를 완전히 벗어나고 있었다. 또한 가톨릭이 루터를 파문했기 때문에 루터와 가톨릭 사이에 화해의 가능성은 완전히 사라졌다. 그런데 이때 루터에게는 작센공 프리드리히, 인문주의자 멜란히톤, 칼 슈타트를 비롯한 많은 지지자가 있었고, 수많은 대중이 그들을 지원하였다. 독일 전역이 가톨릭 지도자와 루터 지도자로 반분될 정도였다.[16] 도대체 루터는 어떻게 그렇게 짧은 시간에 그토록 많은 지지자를 확보할 수 있었을까?

그것은 세 가지 측면에서 생각해 볼 수 있다. 먼저 독일인들이 교황과 가톨릭 지배에 대해서 큰 반감을 가지고 있었다. 독일은 '교황의 암소'라고 불릴 정도로 교황청에 많은 '세금'을 납부하고 있었다. 앞에서 지적했듯이 교황은 주요 성직을 매매하였고, 성직자들의 수입 가운데 일부를 받아 갔고, 면벌부 판매 금액의 50퍼센트도 차지하였다. 따라서 만약 교회으로부터 독립한다면 막대한 부가 로마로 흘러가는 일이 중단될 것이다. 이런 현실적인 고려 때문에 독일의 여러 제후와 지배자들이 루터의 개혁에 동참하였다. 독일의 평민들은 평민들대로 가톨릭에 큰 반감을 갖고 있었다. 봉건시대에 가톨릭 성직자들이 봉건 영주를 겸하거나 많은 토지를 소유하여 농민들을 착취하는 일이 흔했고, 교회와 수도원이 막대한 부를 차지하고 농민들을 부리고 있었기 때문이다. 루터의 종교개혁이 본격화되면서 루터의 종교개혁을 적극 지지하였던 하급 기사들이나 농민들이 반란을 일으켰다는 사실은 이를 여실히 보여 준다.

이런 경제적 요인과 밀접하게 관련된 것이 정치적 요인이다. 중세 말 이래 유럽에는 교황권이 쇠퇴하고 세속권이 강화되는 경향이 나타나기 시작했다. 각국의 지배자들은 교황권으로부터 독립을 추구하였고, 나아가 종교 권력까지 통제하려고 하였다. 다시 말해 각국의 왕이나 영주는 자기 영토의 주교나 성직자를 임명하고, 교회의 일을 주관하려고 하였다. 이는 국민국가의 개념이 생겨나면서 발생하는 자연스러운 현상이었다. 독일의 영주들도 이 영향을 받아 스스로 자기 영지 내의 주교를 임명하고 종교적인 일을 주관하려는 욕구를 갖게 되었다. 루터는 이들의 민족 감정에 호소했다.

다음으로 고려해야 할 사항은 중세 말에 가톨릭을 개혁해야 한다는 공감대가 널리 퍼져 있었다는 사실이다. 영국에서 위클리프가 예정론과 성경 중심주의에 근거한 신학을 펼치면서 성직자들의 부패를 공격하였고, 보헤미아에서는 후스가 위클리프의 신학을 바탕으로 강력한 신앙 정화운동을 펼쳤다. 그리고 15세기 초에는 에라스무스를 중심으로 한 '기독교 인문주의'자들이 국제적인 연결망을 갖추고 활동하였다. 그들은 초대 교회의 경건을 회복해야 하고, 그러자면 성경을 중심으로 가톨릭 교회의 부조리를 바로잡아야 한다고 생각하였다. 루터의 95개조를 유럽 전역에 신속하게 전파한 것은 바로 이들이었다.[17]

마지막으로 인쇄술의 발전이라는 기술적 요소도 중요한 역할을 하였다. 루터 이전부터 가톨릭을 공격한 사람은 많지만 대부분 지식인들 사이의 논쟁으로 끝나곤 했다. 그런데 루터의 개혁은 독일, 나아가 유럽 전역의 대중들로부터 관심을 받았고, 그들의 폭발적인 지지로부터 동력을 끌어올 수 있었다. 이것이 가능했던 것은 루터와 그를 지지하는 자들의 글이 신속하게 전 유럽으로 전파될 수 있었기 때문이다. 루터의 저작들은 프랑크푸르트 서적시장에서 대량으로 판매되었으며, 1521년 보름스 의회에서 루터의 서적을 불사르라고 명령할 때까지 50만 부 이상이 팔려 나갔다. 이는 신성로마제국의 인구가 약 1,200만 명이라는 것과 높은 문맹률을 생각해 본다면 엄청나게 많은 수치다. 루터뿐만 아니라 수많은 사람들이 저작을 썼고 그것들이 대량으로 유통되었다.[18] 이 시기에 간행된 저작물의 종류와 양은 당시 개혁의 열기가 얼마나 뜨거웠는지를 잘 보여 준다. 1501~1530년 사이에 대략 1만 종에 달하는 소책자가 간행되었고, 1,000만 부 정도가 유통되었다. 이런 요인들에 의해서 1520년에 이미 루터의 지지자들은 큰 세력을 형성하고 있었고, 루터는 그들을 루터파 교회로 조직하였다. 그리하여 독일 북부 지역 여러 곳에서 루터파 교회가 주도권을 장악하였다.

루터파 교회가 수립된 순간부터 새로운 문제가 대두된다. 루터와 그의 추종자들은 가톨릭을 파괴하는 데 열정을 쏟았지만 새로운 사회에 대한 청사진을 마련하지는 않았다. 가톨릭의 모든 교리와 의례를 완전히 철폐할 것인가? 아니면 어떤 것은 남겨 두고 어떤 것은 폐지할 것인가? 1521년 이후 루터는 이 문제와 씨름해야 했다.

1520년 루터가 이 문제를 본격적으로 고민하기 시작했음을 앞에서 밝혔다. 1521년부터는 현실적으로 그것을 실천하고 제도화하는 작업이 이루어졌다. 7성사 가운데 루터가 인정했던 세례에 대해서 논란이 일어났다. 재세례파라는 무리가 영아 세례 대신 성인 세례를 실시해야 한다고 주장했던 것이다. 루터는 이들을 공격하면서 1523년과 1526년 세례 규정을 만들어 세례의 절차와 의미를 명확히 밝혔다. 그는 세례는 그리스도가 인정한 것이며, 유아 때 세례를 받아서 그리스도의 자녀로 새로 태어나는 것이 옳다고 주장했다.

성찬에 대해서도 논란이 일어났다. 스위스 취리히에서 독자적으로 종교개혁을 지도하고 있던 츠빙글리가 1524년에 성찬식은 예수의 죽음을 기념하는 것일 뿐이지 성찬식에 사용되는 빵과 포도주가 예수의 살과 피로 변하는 것은 아니라고 주장했다. 루터는 1526년에 《그리스도의 몸과 피에 대한 성례: 광신자들에 대하여》를 써서 츠빙글리의 주장이 과격한 것이라고 비판하면서 공재설을 재차 확인하였다. 이로 인해서 루터파와 스위스 제네바의 신교 세력[19]은 더욱 멀어지게 되었다.

　루터파가 가톨릭과 다르다는 것이 가장 현실적으로 드러난 것은 당시로서는 성인에 대한 인정 여부였다. 가톨릭은 특별히 신앙의 모범을 보였고, 하느님으로부터 특별한 권능을 부여받아서 신자들을 위해서 봉사한 사람을 성인으로 인정하였고, 교회에 성인들의 조각상과 성화를 설치하여 성인을 존숭하라고 가르쳤다. 루터는 성인들의 공덕이 신자들에게 도움이 된다는 가톨릭의 주장을 거부하고, 또한 성인을 숭배하는 여러 의식이 무의미한 것이라며 비난하였다.[20] 그리하여 루터파 교회에서 성인들의 조각상은 제거되었고, 성인 숭배를 위한 여러 의식은 폐지되었다. 그러나 루터파 교회에서 성상(성인들의 조각상)의 폐지 및 파괴는 루터의 주도로 이루어지지 않았다. 루터는 그를 죽이려는 음모를 피해서 1521년 5월부터 이듬해 초까지 바르트부르크성에 은거하고 있었다. 그가 자리를 비운 사이에 루터의 동료였던 칼슈타트가 비텐베르크 지역 교회를 이끌고 있었다. 그는 가톨릭과의 급진적인 결별을 주장하고 신자들을 선동하여 교회 안에 존재하던 성상과 성화를 폭력적으로 파괴하였다. 1522년 3월에 비텐베르크로 돌아온 루터는 그들의 행위를 크게 나무라지는 않았지만 "내가 설교하고 가르치고 쓴 가운데서 아무에게든지 폭력으로 사람을 제재하라고 하지 않았다. 신앙은 강제나 압력이 없이 자유롭게 되어야 한다. …… 교회에 있는 성상이나 성화 같은 것에도 모든 사람이 똑같은 견해를 가질 필요는 없다. 성상이나 성화가 상징물에 지나지 않는 한 그것이 있다고 하여 나쁠 것이 없다"라고 말하면서 성상이나 성화를 제거하는 것이 옳기는 하지만 폭력을 써서 강압하지 말라고 가르쳤다.[21]

루터파의 독특성과 정체성을 보여 주는 또 다른 문제는 성직자의 결혼 문제였다. 1521년 루터파에 속했던 세 명의 성직자들이 결혼을 감행하자, 루터파 내에서 커다란 논란이 일어났다. 루터파의 주요 지도자들이었던 루터, 칼슈타트, 멜란히톤이 모여서 토의하였다. 칼슈타트는 오직 결혼한 사람만이 성직자가 될 수 있다는 과격한 주장을 펼쳤고, 루터는 성직자의 결혼을 허용할 수 있다는 의견을 제시하였다. 이후 루터를 비롯한 루터파 성직자들 대부분이 결혼하였다.[22] 루터 자신은 1525년 6월에 수녀였던 카타리나 폰 보라와 결혼하여 여섯 명의 자식을 두었다.[23]

성직자들의 결혼이 허락되면서 수도원 제도도 무의미하게 되었다. 루터는 이미 1520년 《기독교 귀족에게 고함》에서 사제들에게 독신을 강제해서는 안 된다고 주장하였다. 그러나 강제한 것이 아니라 자발적으로 독신으로 살겠다고 서원하고, 그런 사람들이 모인 장소를 결성하는 것에 대해서 루터는 한동안 망설였지만, 그런 제도를 만들어 젊은이들에게 독신을 권장하는 일은 적절하지 않다고 여겼다. 그리하여 루터파 교회에서 수도원은 폐지되었고 수도원 재산은 몰수되었다.

오직 믿음으로 의로움을 인정받을 수 있다는 의인설과 함께 루터 신학의 핵심은 '오직 성경으로'였다. 현실적인 측면에서 보면 의인설의 강조는 성사의 의미와 중요성을 감소시키는 것으로 이어졌다. 그리고 '오직 성경으로'는 모든 사람이 성경을 읽고 해석할 수 있다는 주장으로 이어졌고, 이는 다시 만인사제주의로 이어졌다. 루터는 분명 모든 사람이 성경을 읽고 해석할 수 있어야 한다고 생각했고, 1522년에는 신약성경을 그리고 1534년에는 구약성경을 독일어로 번역하였다.

그러나 아무리 독일어 성경을 편찬한다고 해도 대부분의 신자들은 성경을 읽지 못하였고, 기본적인 교리조차 제대로 이해하지 못했다. 문맹률이 매우 높았기 때문이다. 루터는 그런 상황을 이렇게 전한다.

최근에 내가 교구 시찰에서 마주친 통탄할 만한 상황 때문에 나는 이 짧고 간단한 교리문답서를 준비하였습니다. 선하신 하느님이시여, 얼마나 비참한 사태를 제가 보았습니까! 사람들, 특히 시골에 살고 있는 사람들은 기독교의 가르침을 전혀 알지 못합니다. 그리고 불행하게도 많은 목회자들이 아주 무능하고 또한 가르치는 일에 부적격합니다. 사람들은 기독교인이라 하면서 세례를 받고 성찬에 참여하지만 그들은 주기도문, 사도신경, 십계명을 모르고 있고 마치 돼지와 미친 야수처럼 살고 있습니다.[24]

이런 문제를 어떻게 해결할 것인가? 루터는 두 가지 해결책을 추진하였다. 먼저 신도들에게 기본적인 교리를 가르치기 위해서 교리문답서를 작성하였다. 1529년에 목사들과 가장들을 위한 《대교리문답서》, 그리고 일반 신자들을 위한 《소교리문답서》를 작성하였다. 이 교리문답서들은 십계명, 사도신경, 주기도문, 세례, 성찬의 다섯 부분으로 구성되었다. 이 책에서 루터는 십계명을 설명하면서 "그러므로 우리들은 그분을 사랑하고 신뢰하며 그분이 요구하는 것을 기꺼이 해야 한다"라고 말했는데, 이는 루터가 '오직 믿음으로'라는 구호를 외쳤다고 해서 율법이나 선한 행동을 가벼이 보지 않았다는 것을 의미한다. 그에게 하느님이 주신 계명은 하느님 은총의 증거였다.[25]

두 번째 해결책은 교육 수준을 높이는 것이었다. 이를 위해서 루터는 고등 교육기관의 설립을 추진하였으며, 특히 대학 교육을 인문학 중심으로 재편하였다. 스콜라 철학이 아니라 여러 인문학을 배운 사람이 성경을 올바르게 이해할 수 있을 것이라고 생각했기 때문이다.

루터파의 대학을 졸업한 사람들 가운데 많은 사람들이 성직을 지원하였다. 그 결과 루터파 교회의 성직자들은 대부분이 고등 교육을 받은 사람들로 채워졌다. 가령 1590년 팔츠의 루터파 성직자들은 86퍼센트가 대학 교육을 수료하였다. 중세 가톨릭 성직자들 다수가 초등 교육도 제대로 받지 못했다는 것을 생각해 보면 이는 참으로 혁명적인 것이라고 할 수 있다. 이렇게 해서 16세기 중반 루터파는 굳건한 뿌리를 내리고 확연한 정체성을 확립해 나갔다.

칼뱅의 개혁

루터의 종교개혁은 독일 내에서 커다란 성공을 거두었다. 그의 종교개혁이 일어난 지 50년 만에 독일인의 90퍼센트가 신교를 신봉하였고 가톨릭을 고수하는 사람은 10퍼센트밖에 안 되었다. 또한 루터의 종교개혁은 독일 밖의 지역에도 영향을 끼쳤다. 16세기 전반 유럽 여러 지역에서 신교가 확산되어 나갔던 것이다. 독일 외부의 신교 확산에 결정적인 개혁을 한 사람은 칼뱅이다.

칼뱅의 개혁을 알기 위해서는 먼저 제네바의 역사를 잠시 살펴보아야 한다. 제네바는 로마의 율리우스 카이사르가 성벽을 쌓으면서 생겨났는데 중세에는 동방 무역과 내륙 무역의 중개지로 번영하고 있었고, 사보이 가문 출신의 주교들이 정치·종교 권력을 장악하고 있었다. 14

> **칼뱅.**
> 루터파의 개혁에 호감을 표방한 그는 루터처럼 신자는 오직 믿음으로 구원을 받게 된다고
> 주장하며 가톨릭의 여러 교리를 체계적으로 비판했다.

세기에 도시 주민들은 자치운동을 일으켰고 시민 총회를 비롯한 자치기구를 조직하였다. 그리고 이웃 도시인 베른Berne과 군사동맹을 맺었다. 16세기에 시민 자치기구가 사보이가의 주교를 몰아내고 완전히 권력을 장악하려고 시도하자 사보이 가문은 군대를 보내어 도시를 포위하였다. 포위는 1528년부터 1530년까지 계속되었으며 시민들은 식량을 구하기 위해서 필사적으로 노력하였으나 실패하여 절체절명의 위기를 맞았다. 이 시기에 베른에서 군대를 보내어 사보이 가문의 군대를 물리치고 제네바 시민들을 구하였다. 그 후 사보이 가문 군대와의 전쟁이 계속되다가 1535년 1월에 제네바 시민군이 완전히 승리하였다.

베른 시민군이 제네바에 입성했을 때 베른의 종교 지도자였던 파엘Farel이 따라왔다. 1520년대 스위스의 여러 도시에서 종교개혁이 일어나고 있었다. 1523년에는 츠빙글리를 중심으로 취리히가 개혁에 성공하였고, 베른은 1526년 소시민을 중심으로 개혁에 성공하였다. 제네바 시민들은 이미 루터의 종교개혁 소식과 베른에 종교개혁이 일어났다는 사실을 잘 알고 있었다. 제네바의 진보적인 시민들은 이런 신교

개혁 소식을 듣고 많은 힘을 얻었고,[26] 자신들이 사보이 가문 출신의 주교와 맞서 싸웠기 때문에 '독립전쟁'에서 승리한다면 제네바도 신교 도시로 건설해야 한다고 생각하고 있었다. 따라서 베른에서 온 파엘은 환영 속에서 제네바에 신교를 건설할 수 있었다. 제네바 시민들은 1534년에 주교를 추방하였고, 1534년과 1535년에 공개 토론을 열어서 제네바를 신교 도시로 만들고, 파엘을 지도자로 임명하였다.

  1535년에 파엘은 시민들을 이끌고 가톨릭의 잔재를 청산하는 작업을 수행하였다. 그는 성당들을 접수하고 성당의 채색 유리창을 부수고, 성당에 비치되었던 성인 조각상을 파괴하였다. 그리고 가톨릭 미사를 철폐하고 새로운 예배 방식을 도입하였다. 그러나 루터가 그랬듯이 파엘도 미래에 대한 청사진을 명확하게 가지고 있었던 것은 아니다. 따라서 파엘은 새로운 교회의 교리와 의례를 어떻게 조직해야 할지에 대해서 많은 고민을 하고 있었다.

  바로 그때 칼뱅이 제네바에 왔다. 1509년 프랑스 누아용에서 교회 행정가의 아들로 태어난 칼뱅은 지적으로 타고난 사람이었다. 그는 파리대학에서 신학을, 부르주대학에서 법학을 공부하였다. 그는 또한 고전 문헌을 폭넓게 읽었고, 희랍어와 라틴어에도 정통하였다. 뛰어난 학업 성적을 보였던 칼뱅은 1532년에 《세네카의 관용론에 대한 주석》이라는 책을 집필하였는데, 당시 지식인들은 그 작품의 수준이 에라스무스에 버금간다고 평가하였다.

  1533년 10월에 칼뱅에게 운명적인 일이 일어났다. 니콜라스 콥 Nicolas Cop이 파리대학 학장에 취임하면서 취임 연설문의 작성을 칼뱅에게 요청했던 것이다. 그 연설문에서 칼뱅은 "세상과 악한 자들이 신자들에게 순수하고 진지하게 복음을 전하는 자들을 이단, 미혹하는 자들, 악한 말을 하는 자들, 그리고 사기꾼이라고 불러왔습니다"[27]라고 말하면서 루터파의 개혁에 호감을 표방하였다.

콥의 취임 연설에 루터파의 사상이 들어 있다는 것을 알게 된 프랑수아 1세는 12월 10일에 콥과 칼뱅을 소환하여 조사하라고 명령하였다. 프랑스는 가톨릭의 세력이 매우 강력했기 때문에 소환당하면 곧 죽을 것이라고 판단한 콥은 스위스로 도망갔다. 칼뱅은 사태의 추이를 제대로 알지 못하다가 숙소가 포위된 뒤에야 침대보를 이용하여 옆 건물로 탈출한 후에 프랑스 남서부에 살던 친구 루이 뒤 띠에Louis du Tillet 집으로 도망쳤다. 그곳에서 칼뱅은 구교와의 단절을 선포하고, 신교 교리를 체계화하기 위해서 그의 대작《기독교 강요》를 집필하기 시작하였다. 얼마 후에 칼뱅은 스위스 바젤로 피난하였고 그곳에서 이 책을 출판하였다.

칼뱅은 이 책을 자신을 죽이려고 했던 프랑수아 1세에게 헌정했는데, 그 책을 읽어 보고 마음을 바꾸라는 의도에서였다. 이 책에서 칼뱅은 가톨릭 신자들의 신교에 대한 비판을 조목조목 재비판하였고, 가톨릭의 오류를 지적하였다. 이 책에 피력된 칼뱅의 신학은 이후 신교 교리의 핵심을 이루게 된다. 칼뱅은 루터처럼 신자는 오직 믿음으로 구원을 받게 된다고 주장했고, 가톨릭의 여러 교리를 체계적으로 비판하였다. 그는 7성사 가운데 세례와 성찬만을 인정하였고, 성찬에 대해서는 화체설이나 공재설을 비판하고, 츠빙글리의 기념설을 지지하였다.[28] 성찬식은 매일 미사 때마다 하는 것이 아니라 1년에 4회만 하도록 했다.

《기독교 강요》를 쓴 이후에 칼뱅의 명성은 높아졌지만 그는 자신의 사상을 실천적으로 현실에 적용할 생각을 품고 있지 않았다. 그는 다만 1536년에 스트라스부르로 가는 길에 전쟁으로 길이 막히자 제네바에 잠시 들르게 되었다. 그런데 파렐이 칼뱅이 제네바에 왔다는 소식을 듣고 급히 그에게 와서 제네바의 종교개혁을 지도해 달라고 요청하였다. 칼뱅은 이론적으로 더 많은 공부를 하고 싶었지만 파렐은 "긴급한 시기에 도움의 요구를 거절하고 무시한다면 하느님이 은둔과 평화로운 학문생활을 하는 자에게 저주를 내릴 것"이라며 계속 강요하였다. 이에 칼뱅은 마지못해 파렐의 요구를 받아들여 제네바의 종교개혁을 이끌게 되었다.

이후 칼뱅은 제네바를 이상적인 기독교 공동체로 만드는 작업을 수행하였다. 그는 성경 중심주의를 극단으로 밀고 나아갔고 성경에 근거가 없는 가톨릭의 모든 교리와 의례를 철저히 폐지하였다. 그는 먼저 가톨릭의 성직자 개념을 완전히 부정하고 신도들로 하여금 목사를 선출하도록 하고, 신도들의 대표인 장로들과 협력하여 교회를 이끌도록 하였다. 그리고 예배를 극도로 간소화하여 예식, 예복, 악기, 성상, 스테인드 글라스 등을 일체 금지하였다. 따라서 칼뱅파의 예배는 아무런 장식이나 기구가 설치되지 않은 건물 안에서 오로지 설교를 듣고 찬송하는 것만으로 이루어졌다. 칼뱅은 여기에 만족하지 않고 모든 시민들의 일상생활 또한 기독교 교리에 근거해서 통제하고자 하였다. 가령 그는 신자들에게 주일 준수를 철저하게 해야 한다며 주일에는 일체의 오락조차 금지하였다.

칼뱅이 제네바의 모든 시민에게 그의 극단적인 신앙을 실천하라고 요구하자 제네바의 시민들은 크게 당황하여 1538년에 그를 추방하였다. 그러나 1541년에 제네바 시민들은 칼뱅을 추방했던 지도자들을 몰아내고 다시 칼뱅과 파렐을 초청하였다. 칼뱅을 추방했던 지도자들이 신앙생활을 잘 이끌지 못했을 뿐만 아니라 가톨릭의 위협이 계속되고 있었기 때문이다. 그들의 요구를 받아들여 칼뱅이 복귀하자 제네바 시민들은 칼뱅에게 정치와 종교의 지도권을 완전히 넘겼다. 칼뱅은 12명의 장로와 5명의 목사로 구성된 '교회 회의'를 조직하여 제네바를 철저하게 통제하면서, 그곳에 '지상의 하느님 나라'를 건설하려고 시도하였다. 그는 제네바에서 경건하지 못한 모든 관행을 추방해야 한다며 춤, 카드놀이, 극장 구경 등을 모두 금지했고, 심지어 주일에는 흥얼거리며 노래 부르는 것조차 못하게 하였다. 여인숙 주인은 식사 기도를 하지 않은 사람에게 먹을 것을 주면 안 되었고, 여관의 손님은 9시가 되면 잠자리에 들어야 했다. 여인들은 가슴이 패인 옷을 입으면 안 되었고, 알콜 중독을 막기 위해서 술집은 문을 닫아야 했다. 상인은 저울을 속이면 안 되었으며, 고리대금업도 금지되었다. 또한 칼뱅은 감시단을 조성하여 시민들이 이런 규정을 잘 지키는지 감시하게 했고 가벼운 위반자들도 엄중하게 처벌하였다.

칼뱅은 특히 그의 예정론으로 유명했는데, "인류에 속한 모든 인간의 운명을 스스로 결정하시는 하느님의 영원한 경륜을 가리켜 예정이라고 한다. 모든 인류는 다 비슷한 운명을 가지고 태어난 것이 아니다. 일부 사람들을 위해서는 영원한 생명이 준비되었고, 다른 이들을 위해서는 영원한 저주가 기다리고 있다"라고 말하였다.[29] 칼뱅의 이런 생각은 인간이 자신의 공로나 선행으로 구원을 받을 수 없으며, 모든 것의 절대적 주권자이신 하느님이 어떤 인간을 영원한 지옥불에 넣는다고 해도 인간으로서는 그것에 이의를 제기할 수 없다는 것을 의미한다.

칼뱅의 예정론이 사람들의 관심을 끌게 된 것은 막스 베버 때문이다. 그는 칼뱅의 예정론이 자본주의 발달에 크게 기여했다고 다음과 같이 주장했다.

예정설에서 두 가지 목회적 권고[신학적 해석]가 특징적으로 부각된다. 첫째, 자신을 선택된 자로 여기고 어떤 의심도 악마적 유혹으로 물리쳐야 한다는 데 대한 절대적 의무다. 자기 확신의 결여는 신앙부족의 결과이고 이는 은총이 충분치 못한 데서 유래한 것이기 때문이다. ……둘째 이런 자기 확신에 이르기 위한 가장 훌륭한 수단으로 직업 노동이 강조되었다. 직업, 노동, 그리고 직업 노동만이 종교적 회의를 떨칠 수 있고 구원에 대한 확신을 준다.[30]

칼뱅의 예정론과 자본주의의 발달을 연계시킨 막스 베버의 주장은 오랫동안 사람들의 마음을 장악하였지만 최근의 연구자들은 초기 자본주의 발달에 있어서 신교 지역과 구교 지역의 편차가 크지 않음을 지적하고 있다.

많은 신교 지도자들이 칼뱅의 제네바에 감명을 받았는데 특히 존 녹스는 "칼뱅의 제네바야말로 사도시대 이래 지상에 등장한 가장 완벽한 그리스도의 학교이다. 다른 곳에서도 그리스도를 잘 전하고 있지만 나는 생활과 종교가 그처럼 신실하게 개혁된 곳을 아직 보지 못하였다"라고 선언했다. 이후 많은 기독교 신자들이 제네바로 몰려와서 칼뱅의 가르침을 배웠고, 고향으로 돌아가 칼뱅파 교회를 수립하였다. 스코틀랜드의 장로파, 프랑스의 위그노, 네덜란드의 고이센, 잉글랜드의 청교도 등이 칼뱅파 교회였다. 16세기 후반 이렇게 신교 세력은 크게 확대되었고 이제 그들은 지상에서 사라지지 않을 거대한 힘을 얻게 되었다.

8 근대적 세계관과 과학의 발달

전근대시대—주술과 미신의 시대

18세기에 이른바 이중 혁명, 즉 프랑스혁명과 산업혁명에 의해서 세계의 구조가 근본적으로 바뀌기 이전의 시대를 전근대시대라고 부른다. 전근대시대는 경제적인 측면에서 보면 농업 사회였고, 사회적인 측면에서 보면 신분제 사회였다. 전근대의 다른 중요 특징은 종교적 혹은 신화적 세계관이 주도하는 시대라는 것이다. 이 세계에서는 합리적 이성이 아니라 종교와 미신이 자연현상과 인간사를 설명하는 기준이었다. 물론 이성에 근거해서 자연과 인간을 설명하려는 소수의 지식인이 있기는 했지만, 사회 전반적으로 보았을 때 세계관의 핵을 이루는 것은 종교와 미신이었다.

이 시대에는 우선 자연현상이 그 자체로 이해되지 않고, 어떤 신적인 요인에 의해서 발생한다고 믿었다. 가령 고대 그리스인은 그들이 섬기던 최고의 신, 제우스가 하늘을 그의 영역으로 삼고 하늘에서 일어나는 기후현상을 주관한다고 믿었다. 그리스인들은 제우스가 별과 일식을 주관하고, 번개, 구름, 비, 바람을 일으킨다고 믿었다. 그가 허락하지 않으면 오랫동안 가뭄이 들며, 그를 화나게 하면 그가 일으킨 대홍수에 인류가 멸망할 수도 있다고 생각했다. 태양과 같은 천체가 도는 것도 신들의 활동 때문이었고, 헬리오스 신이 태양을 끌 수 있는 마차로 매일 운항하기 때문에 태양이 매일 한 바퀴씩 지구 주위를 돈다고 믿었다.

이런 신화적 사고방식은 일찍 소멸되었거나 소수의 무지한 사람들에게 한정되었을 것이라고 생각할 수도 있지만, 중세에도 이런 사고방식은 너무나 보편적이었다. 하늘에 폭풍우가 몰아칠 때면 사람들은 죽은 자의 무리가 유령이 되어 떠다니고 있다고 생각했는데, 이를 대중들의 저급한 사고방식에서 비롯한 오해라고 생각한 지식인들은 죽은 자의 무리가 아니라 악마의 무리라고 말하곤 하였다.[1]

이렇게 자연현상이 신이나 신적인 존재에 의해서 발생하는 것이기에 최고의 신은 자연현상을 마음대로 조정할 수 있다고 믿었다. 가령 기독교의 최고 신인 하느님은 옛날 모세의 후계자인 여호수아가 가나안 땅을 정복할 때 하루 동안 해와 달을 멈추게 하였다.[2] 지금도 성경의 이 기사를 믿는 사람들이 없는 것은 아니지만, 현대 사회에서 그들은 어디까지나 예외적인 존재일 뿐이다. 그렇지만 중세에는 이 기사에 대해서 의문을 제기하는 사람은 아무도 없었다. 또 예수가 태어날 때는 동방박사들을 안내해 주기 위해서 하늘에서 별이 조금씩 움직였고, 예수가 태어난 지점에 이르러서 멈추어 섰다고 했는데, 조그마한 상식을 발휘하여 이 장면을 생각해 보면 기이하기 짝이 없다. 하늘의 별이 특정한 지점에서 멈추었다는 것은 무엇을 의미하는 것인가? 이에 대해서 여러 해석이 제기되었는데, 4세기의 기독교 지도자인 요한네스 크리소스토모스는 "하늘에서 별이 내려와 예수가 탄생한 집 위에 머물렀다"고 주장했다. 별이 대기권을 뚫고 내려와서 예수가 탄생한 곳 몇 미터 위에 머물다가 다시 하늘 위로 올라갔다니 참으로 기발한 설명이다. 물리학이나 천문학을 조금이라도 배운 사람은 이런 일이 있을 수 없다는 것을 잘 안다. 하늘의 별이 매우 큰 것이기에 그것이 지구의 대기권을 뚫고 들어왔다면 지구는 사라지고 없어졌을 것이다. 현대인은 초등학생들도 알고 있는 내용이지만, 전근대인은 지식인들도 크리소스토모스의 설명을 믿었다.

전근대인은 또한 신이 인간사의 모든 일을 좌우한다고 믿었다. 신은 모든 인간의 머리카락 수까지 헤아리고, 하늘에 날고 있는 참새 한 마리의 움직임까지 모두 알고 있다고 생각했다. 그렇게 신이 전지전능하시기 때문에 인간 세상에서 이루어지는 모든 일, 즉 곡식이 열매를 잘 맺는 것, 전쟁이 일어나는 것, 페스트와 같은 질병이 발생하는 것[3]은 물론 누군가 가다가 돌부리에 부딪혀 넘어지는 것, 젖소가 우유를 만들지 않은 것과 같은 모든 일은 신이 주관한다고 여겼다.[4] 신이 모든 것을 주관하기에 신의 뜻을 알아내서 그의 뜻대로 행하는 것만이 인간이 올바르게, 혹은 잘 사는 길이었다.

따라서 신의 뜻을 알아내기 위한 다양한 방법이 고안되었다. 점, 점성술, 신탁, 맹세, 시죄, 결투와 같은 방식들이 그런 것들이다. 점은 갑골이나 동물의 내장과 같은 특별한 기구를 이용하여 점을 치는 것이고, 점성술은 하늘의 별자리를 관찰하여 사람의 운명을 읽어 내는 것이있다. 신탁은 특정한 사안을 신에게 물어보는 것이고, 맹세는 어떤 일을 반드시 하겠다는 것과 같이 다짐하는 것이었으며, 시죄는 물이나 불과 같은 여러 도구를 이용하여 죄가 있는지 시험해 보는 것이었다. 결투는 싸움으로 분쟁 당사자의 옳고 그름을 가리는 것이다.

이렇게 신적인 존재 혹은 초자연적인 존재에 의존하여 자연현상과 우주의 작동을 설명하고, 인간사를 파악하던 사고방식은 16~17세기에 이르러 극복되기 시작한다. 16~17세기 서양에서는 위대한 천재들이 연달아 등장하여 우주에 대해서 새로운 설명을 제시하였다. 과학혁명은 과학 기술상의 몇 가지 발명이 아니라, 세상에 대한 사고관을 근본적으로 바꾸었다. 갈릴레이와 뉴턴은 우주가 신의 섭리에 의해서 작동하는 것이 아니라, 그 자체의 고유한 법칙에 의해서 구성되고, 운동한다는 것을 밝혔다. 이제 달과 별들의 세상 위에 신이 있는 것도 아니고, 비가 오고 안 오는 것은 신의 뜻이 아니라 단순한 자연현상일 뿐이다. 바람도, 구름도, 별도 신이 아니고 하나의 물체일 뿐이다. 그리고 그것들이 움직이고 작동하는 것은 고유한 법칙에 의한 것이기 때문에, 인간이 이성을 발휘해서 인식할 수 있다. 따라서 신에게 기도하는 것이 아니라 인간이 스스로 생각하고, 연구해서 그 운동을 알아내야 한다.

이로써 이성의 시대가 열렸다. 사람들은 이제 신의 뜻을 묻는 것이 아니라, 가장 합리적인 결정을 내리기 위해서 정보를 수집하고, 판단력을 키우게 되었다. 고대에서 현대에 이르는 우주관의 변화를 살펴보면서 17세기에 과학혁명이 어떻게 일어났고, 그 이후의 우주관에 어떤 영향을 끼쳤는지를 살펴보자.

아리스토텔레스의 우주관

500만 년 전에 등장한 최초의 인간 오스트랄로피테쿠스도 밤하늘의 별을 보고, 가슴 설레는 동경과 애정을 느꼈을까. 원시인들에게 별은 감상의 대상이라기보다 생활의 지침과 같은 것이었다. 사냥감을 찾아서 이동해야 했던 원시인들은 강을 건널 때나 높은 산을 넘을 때 길을 잃지 않기 위해서 밤하늘의 별들을 관찰하였다. 원시인들이 남긴 스톤헨지와 같은 거석 문명들이 일정한 방향성을 가지고 있다는 것은 널리 알려진 사실이다. 이는 원시인들이 별들을 면밀하게 관찰해 왔다는 사실을 암시한다.

  원시인들이 면밀한 천문학자였음은 틀림없지만, 천문학을 하나의 학문체계로서 발달시키고 그것을 후대에 남긴 사람들은 그리스인들이다. 기원전 4세기에 그리스의 학자 아리스토텔레스Aristoteles(기원전 384~322)는 지구 주위를 도는 여덟 개의 천구에 별들이 붙박여 있고, 그 천구가 지구를 중심으로 하루에 한 바퀴씩 돈다고 주장하였다. 아리스토텔레스는 달이 우주와 지구를 나누는 기준이라고 생각했다.

  아리스토텔레스의 우주관을 정리해 보자. 우선 달 위의 세계, 즉 월상月上 세계는 완벽하고 변화가 없는 이상적인 물질인 에테르로 구성되어 있다. 태초에 제1동인first mover이 그 별들에 힘을 가하였고, 그 후 별들은 쉬지 않고 완벽한 원운동을 한다. 반면에 달 아래의 세계, 즉 월하月下의 세계는 흙·물·공기·불의 4원소로 구성되어 있다. 그 원소들은 각각의 질량을 가지고 있고, 그 질량의 구성 변화에 따라서 운동이 발생한다. 즉 어떤 물체가 흙 100퍼센트로 구성되어 있다면 월하 세계의 맨 아래에 있고, 불 100퍼센트로 구성되어 있다면 월하 세계의

아리스토텔레스 우주관.
그의 우주관은 신의 세상을 추구하라는 기독교의 교리와도 잘 맞아떨어져
기독교는 아리스토텔레스의 우주관을 적극적으로 받아들였고,
신자들은 월상의 세계가 바로 천국이라고 생각했다.

맨 위에 있다. 그러다가 이 구성비가 변화하여 불 100퍼센트의 물체가 불 50퍼센트, 흙 50퍼센트로 변화하면 그 물체는 아래로 내려온다.

 이런 아리스토텔레스의 우주관은 두가지 특징을 가지고 있다. 먼저 달을 중심으로 월상의 세계는 완벽하고, 월하의 세계는 불완전하다고 보았다. 이때 별들이 있는 우주는 완벽하기 때문에 변화가 있을 수 없다. 두 번째로 이 별들이 있는 우주는 여덟 개의 천구로 구성되어 있기 때문에 우주는 유한하고, 그렇게 크지도 않다. 사실 그리스 신화에 따르면 이 천구들은 하나의 큰 공이므로, 태양의 신 아폴론이 매일 이 륜마차를 타고 운행하는 곳이었다. 마지막으로 이렇게 구성된 우주의 중심이 지구다.

 아리스토텔레스의 이 우주관은 로마인들에게 받아들여졌고, 기독교에 의하여 더욱 힘을 얻었다. 기독교인들에게 아리스토텔레스의 우주관은 참으로 매력적인 것이었다. 이는 우선 〈창세기〉의 창조 신화와 잘 어우러지고, 이 세상은 불완전한 것이니 미련을 두지 말고 완전한 저세상, 즉 신의 세상을 추구하라는 기독교의 교리와도 잘 맞아떨어지기 때문이다. 따라서 기독교는 아리스토텔레스의 우주관을 적극적으로 받아들였고, 신자들은 월상의 세계가 바로 천국이라고 생각했다.

 우리는 단테Alighieri Dante(1265~1321)에게서 이 사실을 확인할 수 있다. 단테는 대작 《신곡Divina Commedia》에서 천국과 지옥의 모습을 묘사할 때 지구 위에 연옥이 있고, 연옥 위에는 지상낙원이 있으며, 그 위에는 월천·수성천·금성천·태양천·화성천·목성천·토성천·항성계·투명구계, 그리고 마지막으로 최고천이 있다고 생각하였다. 그 최고천에 하느님이 살고 있다. 이렇게 지구가 우주의 중심이고, 하늘이 지구를 중심으로 하루에 한 바퀴씩 돈다는 아리스토텔레스의 생각은 고대·중세인들의 마음을 사로잡았다.

코페르니쿠스적 전환

그런데 근대 초에 나타난 위대한 천재들이 아리스토텔레스의 우주론을 깨뜨렸다. 최초의 위대한 천재는 코페르니쿠스Nicolaus Copernicus (1473~1543)였다. 폴란드의 토룬에서 태어난 코페르니쿠스는 이탈리아에 유학하여 의학을 전공하였다. 크라코프대학에서 의학을 전공하던 코페르니쿠스는 하늘의 별들에 대해 호기심과 애정을 가지게 되었다. 이 밖에도 코페르니쿠스의 관심은 참으로 다양하여 박사 과정에서는 법률을 전공하였고, 폴란드로 귀국한 후에는 성직자로 활동하였다.

코페르니쿠스가 그 유명한 책《천체의 회전에 관하여De revolutionibus orbium coelestium》를 저술할 수 있었던 것은, 그가 성직자이면서 천문학자로서 명성을 얻고 있었기 때문이다. 1514년 라테란 공의회는 역법에 대한 의견을 듣기 위해서 코페르니쿠스를 초대하였다. 당시 사용하고 있던 달력은 로마의 영웅 율리우스 카이사르가 만든 율리우스력이었다. 율리우스력을 만들 때 로마인들은 지구가 태양을 365.2422일 만에 한 번씩 돈다는 사실을 알고 있었지만, 율리우스력은 1년을 365일로 잡고, 매 4년마다(초기에는 매 3년마다) 한 번씩 윤년을 두어 실제로 1년의 길이는 365.25일이 되었다. 이는 실제의 1년과 0.0078일밖에 차가 나지 않지만, 0.0078이 128번 모이면 1이 된다. 즉 128년이 지나면 1일의 편차가 생기는 것이다. 때문에 코페르니쿠스 시대에 달력과 실제의 날짜 사이에 10일 이상의 편차가 생긴 상태였다. 교회는 이런 오차가 있

코페르니쿠스

다는 것을 알고는 당황했다. 교회는 춘분, 즉 3월 21일 이후 보름달이 뜬 다음 일요일을 부활절로 지키고 있었는데, 달력에 오차가 있다면 부활절이 뒤죽박죽되어 버리기 때문이다.[5] 이 때문에 교회는 정확한 달력을 만들기 위해서 역법의 개정에 착수하고 코페르니쿠스를 초대하였다.

그러나 코페르니쿠스는 제대로 답을 할 수가 없었다. 당시 수학과 천문학 자체가 지닌 한계 때문이었다. 수학자들은 태양과 달의 움직임을 정확히 알지 못했기 때문에 1년의 크기가 변하지 않는다는 것을 증명하지 못하였다. 반면 천문학자들은 행성이 타원운동, 역행운동을 한다는 것을 관측하고도 행성이 원운동을 한다는 아리스토텔레스의 주장을 지키기 위해서 궤변을 늘어놓고 있었다.

행성의 타원운동, 역행운동은 고대 때부터 이미 알려진 사실이었다. 고대인들은 수성·금성·화성·목성·토성의 5개 행성이 별자리 사이를 조금씩 옮겨 다닌다는 사실을 관측하였다. 특히 화성은 가끔씩 움직임을 멈추고 방향을 정반대로 바꾸었는데, 이는 화성의 공전 주기가 지구와 다르기 때문에 발생하는 현상이다. 지구와 화성의 회전은 속도가 다른 두 선수가 육상 경기장을 도는 것과 비슷하다. 속도가 빠른 지구가 속도가 느린 화성을 쫓아 가서 화성을 따라잡고 추월하는 순간 화성은 마치 뒤로 가는 것처럼 보인다. 이는 빠르게 달리는 자동차 안에서 느리게 달리는 자동차를 보면 느린 자동차가 고정된 배경에서 뒤로 움직이는 것처럼 보이는 것과 같은 현상이다.[6]

140년경 그리스의 천문학자인 프톨레마이오스Klaudios Ptolemaeos (85?~165?)가 이 역행운동을 설명하기 위해서 행성의 궤도 위에다가 보조원을 그렸다. 이를 주전원epicycle이라고 하는데, 다음 그림에서 이심원을 중심으로 도는 작은 원이 주전원이다. 프톨레마이오스에 따르면 행성은 주전원을 따라서 운동하기 때문에 지구에서 볼 때 행성의 겉보기 운동(육안에 보이는 운동)은 일정하지도 않고, 또 주기적으로 역행한다. 그런데 우주에 대한 관측 자료가 쌓이고, 유럽에 이슬람의 천문학 자료가 소개되면서 7개 행성의 운동을 설명하기 위해서도 수백 개의 주전원이 필요한 상황이 발생했다. 우주의 움직임을 설명하기 위해서 자꾸만 주전원을 늘려야 했던 것이다.

코페르니쿠스는 자꾸 주전원을 늘려야 한다는 것은 근본적인 출발점이 잘못된 탓일 수 있다고 생각하고 아리스토텔레스 이래로 프톨레마이오스까지 이어져 온 이론을 근본적으로 재검토하기 시작했다. 이 과정에서 코페르니쿠스는 별들의 운동에 대한 고대의 기록들을 보게

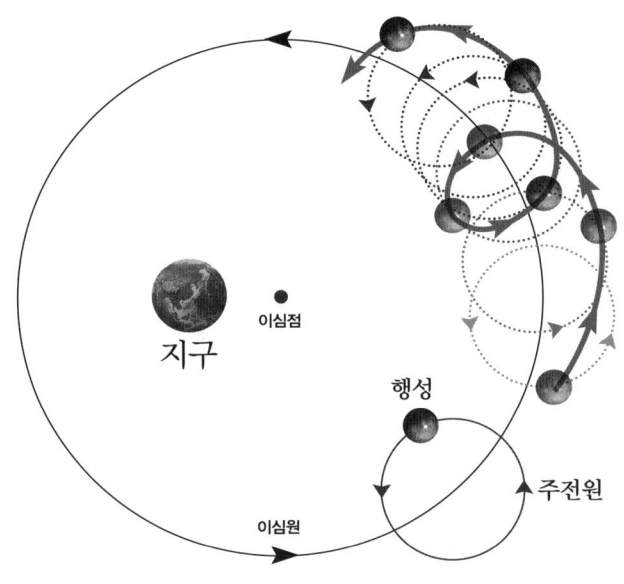

| 행성의 운행경로 |

되었다. 그리스·로마의 철학자들이나 과학자들 가운데도 지구가 움직인다고 생각하는 사람들이 제법 있었다. 일례로 고대 로마의 그리스인 철학자인 플루타르코스Plutarchos(46?~120?)는 이렇게 썼다.

> 어떤 사람들은 지구가 정지해 있다고 생각한다. 그러나 피타고라스 학파의 필로라우스는 지구가 태양이나 달과 같은 불의 주위를 비스듬한 원형운동으로 돈다고 말한다. 폰투스의 헤라클레이데스와 피타고라스 학파의 에크판투스는 지구가 마치 바퀴와 같이 중심 주위로 뜨고 지는, 다소 제한된 움직임만을 한다고 생각하였다.[7]

이 문장에서 알 수 있듯이 고대에도 태양이 우주의 중심이라고 생각하는 사람들이 있었는데, 특히 기원전 3세기 알렉산드리아에서 활동했던 아리스타르코스가 유명하다. 그는 태양까지의 거리를 측정하였고, 최초로 지동설을 주장하였다. 그의 생각은 오랫동안 부정되어 왔는데, 이제 코페르니쿠스에 의해서 부활하게 되었다. 지구가 정지해 있는 것이 아니라 움직인다는 고대인들의 생각을 받아들인 코페르니쿠스는, 태양을 우주의 중심에 놓고 지구가 그 주위를 돈다고 가정한다면 다른 행성들의 운동이 조리 있게 해명된다는 사실을 깨달았다. 이 가정에 따르면 다른 행성의 운동을 설명하기 위해서 더이상 복잡한 보조원들을 그려야 할 필요가 없었던 것이다.

그러나 이것은 기존의 사고방식을 근본적으로 뒤엎고, 성경을 부정하는 이단적인 생각이었다. 코페르니쿠스는 자신의 생각에 대해서 극도로 조심스러울 수밖에 없었으며, 1530년에야 《개요》라는 제목의 책에 태양중심설의 초보적인 개념을 발표하였다. 이어서 1543년에는

《천체의 회전에 관하여》를 발표했는데, 이는 친구들의 권유 때문에 마지못해 한 것이었으며 코페르니쿠스는 결국 자신의 책의 출판을 보지 못하였다. 코페르니쿠스는 1543년 5월 24일에 죽었는데, 그날 책의 견본을 받아 보았다고 한다.[8]

지구가 우주의 중심이 아니며, 지구는 태양의 주위를 돌고 있는 작은 행성에 불과하다는 코페르니쿠스의 주장은 지구와 그 속에 살고 있는 인간이 우주의 중심이고, 천구에 있는 신들이 인간을 보살핀다는 아리스토텔레스의 우주관을 뒤엎었다. 이 주장은 갈릴레이를 거치면서 뉴턴에 와서 입증되었다.

이렇게 코페르니쿠스가 위대한 발견을 했지만 당시 대부분의 사람들은 그의 생각을 받아들이지 않았다. 코페르니쿠스의 생각은 경험적으로 맞지 않고, 과학적으로 해명하기 곤란한 허점이 너무 많았다. 먼저 대부분의 사람들은 지구가 태양 주위를 돈다면 엄청난 속도로 움직일 터인데 인간이 왜 그것을 느낄 수 없냐고 물었고, 코페르니쿠스는 그것에 대해서 제대로 답을 제시하지 못하였다. 그리고 만약 지구가 태양 주위를 돈다면 계절에 따라서 지구의 위치가 바뀌고 그렇다면 하늘에 보이는 별의 모습이나 위치가 다르게 보여야 한다. 이런 현상을 항성 시차視差 현상이라고 한다. 그런데 아무리 관찰해 보아도 그런 현상은 관찰되지 않았다. 코페르니쿠스는 항성이 아주 멀리 있기 때문에 시차현상이 관찰되지 않는다고 올바르게 대답했지만, 아직 항성이 얼마나 멀리 있는지 밝혀지지 않았다. 따라서 그의 설명은 설득력을 얻지 못하였다.[9] 이렇게 해명하기 곤란한 사항들이 있었기에 계속 많은 사람들이 천동설을 그대로 믿었고, 갈릴레이가 보충적으로 증거를 제시했을 때에도 사람들의 의심은 사그라들지 않았다.

그래도 지구는 돈다, 갈릴레이

이탈리아의 불운한 천문학자 갈릴레이Galileo Galilei(1564~1642)가 세계적인 천문학자로 이름을 남길 수 있었던 것은 망원경 개량에 성공했기 때문이다. 원래 망원경을 처음 제작한 사람은 네덜란드의 상인으로, 최초의 망원경은 렌즈 두 개를 이용하여 시력을 교정하는 데 쓰였으나, 그 성능이 신통치 않았기 때문에 사람들의 관심을 끌지 못하였다. 물체가 두세 배 확대되어 보이기는 했지만, 그 상이 흐릿했고 찌그러지기도 했기 때문이다. 그러나 1609년 5월, 망원경이라는 신기한 물건이 발명되었다는 소식과 그 제작 원리에 대한 간단한 설명을 듣게 된 갈릴레이는 인생의 전환점을 맞이했다.

천문학뿐만 아니라 기계를 제작하는 실무에 밝았던 갈릴레이는 이 소식을 듣자마자 망원경의 개선 가능성과 그것이 가져올 엄청난 파장을 예감했다. 갈릴레이는 망원경을 개발하여 돈을 벌고 싶었고, 돈을 번 후에는 먹고살 걱정 안 하고 마음껏 하늘을 관찰하고 싶었다. 당시 갈릴레이는 대학교수였지만 세 명의 자녀와 여러 형제를 부양하느라 경제적으로 어려운 처지였다. 그러나 뭐니뭐니 해도 갈릴레이를 가장 설레게 한 점은 망원경 개량으로 하늘을 세밀히 관찰할 수 있게 된다는 사실이었다. 코페르니쿠스가 지동설을 제기한 후 하늘에 대한 사람들의 관심은 더욱 커져 갔지만, 그때까지 아무도 코페르니쿠스의 주장을 증명하지 못하고 있었다. 우주를 관측할 수 있는 방법이 턱없이 미약했기 때문이다. 그런데 만약 하늘을 세밀히 관찰할 수만 있다면 코페르니쿠스 주장의 진위가 쉽게 밝혀질 것이었다.

그날부터 갈릴레이는 망원경 개량 작업에 착수하였다. 망원경 개발

갈릴레이

에서 가장 핵심이 되는 것은 특수 렌즈 제작이었다. 네덜란드 상인이 사용한 안경 렌즈로는 턱없이 부족했다. 물체를 크게 확대하기 위해서는 볼록렌즈는 약해야 하고, 오목렌즈는 강해야 했다. 갈릴레이는 매일같이 렌즈를 깎았고, 그 결과 망원경 성능을 점차 여섯 배, 아홉 배로 향상시켜 나갔다. 갈릴레이가 망원경의 성능을 개선시켰다는 소식을 들은 베네치아공화국 정부는 그 성능을 보여 달라고 요청하였다. 갈릴레이는 기꺼이 응했고, 약속된 날 늙은 원로원 의원들이 100미터나 되는 파도바 성당의 종탑에 올라가서 갈릴레이의 망원경을 실험하였다. 그리고 그들은 100미터가 넘는 종탑을 걸어올라 간 것을 결코 후회하지 않았다. 일생일대 최대의 마술을 구경하였기 때문이다. 종탑에서 2,500미터나 떨어져 있는 사람들이 불과 300미터 앞에 있는 것처럼 훤하게 보였고, 멀리 도심의 풍경 곳곳이 바로 눈앞에 있는 것처럼 또렷이 보였던 것이다. 그날로 갈릴레이는 종신 교수직을 받았고, 월급이 두 배로 올랐다.[10]

이제 마음껏 연구를 할 수 있게 된 갈릴레이는 본격적으로 우주를 관찰하기 시작했다. 망원경으로 바라본 우주는 경이 그 자체였다. 지금까지 육안으로는 관찰할 수 없었던 미지의 것들의 정체가 수없이 밝혀졌다. 먼저 갈릴레이는 달

8_근대적 세계관과 과학의 발달

에 분화구가 있다는 사실을 발견하였다. 이는 달 위의 세계에는 변화가 없다는 아리스토텔레스의 생각을 뒤엎는 것이었다. 분화구는 변화의 증거이기 때문이다. 태양에 흑점이 있다는 사실도 발견되었는데, 이 사실도 태양에 어떤 변화가 있다는 것을 보여 주는 증거였다. 또한 1610년 갈릴레이는 목성 주위를 돌고 있는 위성들을 발견하여 지구가 우주의 중심이고, 지구를 중심으로 별들이 돈다는 생각을 뒤엎었다. 그리고 갈릴레이는 그때까지 인간들이 알고 있는 것보다 훨씬 많은 별들이 우주에 있고, 은하가 셀 수 없이 많은 항성들로 구성되어 있다는 사실을 밝혀 냈다. 이 관찰은 그때까지 생각했던 것보다 우주가 훨씬 넓다는 것을 입증하는 증거였다.

갈릴레이가 코페르니쿠스의 주장을 사실로 증명하고, 그 사실을 대중에게 전달하려고 하자 교회가 발칵 뒤집혔다. 교회는 아직 아리스토텔레스의 우주관에 애착을 가지고 있었고, 갈릴레이의 주장이 성경의 질서를 부정하는 것이라고 생각했기 때문이다. 1633년 갈릴레이는 종교재판소에 끌려갔고, 강압에 억눌려 자신의 주장을 철회하고 말았다. 그가 재판정을 떠나면서 "그래도 지구는 돈다"고 말했다는데, 그것이 사실인지는 알 수 없다. 바로 그로부터 350년이 지난 1992년 교황 요한 바오로 2세가 "지난날의 유죄 판결은 교회와 과학 간의 비극적인 상호 이해에서 비롯되었다"며 당시 교회의 탄압이 부당한 것이었다고 사과했지만, 교회의 강압에 억눌려 자신의 주장을 굽힌 갈릴레이의 행동은 정당한 것일까?

갈릴레이보다 조금 이른 시기에 이탈리아에서 조르다노 브루노 Giordano Bruno(1548~1600)라는 성직자가 아리스토텔레스의 주장을 정면으로 부정하면서 "무수한 태양들, 그리고 셀 수 없이 많은 지구

(행성)들이 자신들의 태양 주위를 돌고 있다"라고 말하였다. 교회는 그의 과격한 주장을 용납할 수 없었기에 그를 화형에 처했다.

뉴턴의 관성의 법칙과 중력의 법칙

뉴턴Isaac Newton(1642~1727)은 갈릴레이의 주장을 이론적으로 정립하였다. 뉴턴은 1687년 《자연철학의 수학적 제원리*Philosophiae naturalis principia mathematica*》를 발표하여, 우주의 별들이 움직이는 법칙을 제시했다. 뉴턴 이론은 관성의 법칙과 중력의 법칙으로 나누어 볼 수 있다. 관성의 법칙은 외부에서 가해지는 힘의 작용이 없으면 물체의 운동 상태는 변하지 않는다는 법칙이다. 물체는 힘이 작용하지 않는 한 정지한 채로 있거나 등속도운동을 계속한다. 이 이론은 정지해 있는 것이 월하 세계 물체의 속성이라는 아리스토텔레스의 주장을 뒤엎는 것으로, 이 이론에 의해서 우주의 별들이 왜 계속해서 움직이는지가 설명되었다.

   중력의 법칙은 모든 물체는 다른 물체를 끌어들이는 중력을 가지고 있다는 것으로, 물체가 크면 클수록 중력이 커지지만, 그 물체가 발산하는 중력은 거리가 멀어지면 약해진다. 두 물체 사이의 중력은 두 물체의 질량의 곱에 비례하고, 거리의 제곱에 반비례한다. 뉴턴의 법칙은 태양·위성·행성들이 자기 궤도를 벗어나지 않고 계속 운동하는 것은 상호 간의 중력에 의한 것임을 밝혔다. 이는 별들이 어떤 법칙에 의하여 움직이고, 그 법칙이 전 우주에 균일하게 적용된다는 사실을 밝혔다는 점에서 의미가 있다. 이제 우주를 월하의 세계와 월상의 세계로 나누어 생각했던 아리스토텔레스의 우주관은 결정적으로 뒤집혔다. 코페르니쿠스, 갈릴레이, 뉴턴 등의 연구에 의해서 이제 우주가 하나의 법칙에 의해서 작동되는 물질계라는 사실이 확고하게 입증되었다. 이제 우주는 그곳 어딘가에 신이 살고 있는 것도 아니며, 어느 곳이 특별히 신에 의해서 작동되는 것도 아니다. 따라서 인간은 자연현상을 이해하고 설명하기 위해서는 오로지 과학과 이성에 의존해야 한다. 이후 인간은 자연을 이해하기 위한 과학 연구를 발전시켰고, 그 과정에서 점차 과학적이고 합리적인 사고방식이 정착하게 되었다. 이렇게 주로 우주에 대한 연구를 통해서 종교적·미신적, 그리고 고대적 사고관을 극복하고 근대적·합리적 사고관을 수립한 것을 과학혁명이라고 한다. 과학혁명은 인류의 사유구조에 패러다임의 변화를 가져왔음이 분명하다. 그러나 그 패러다임의 변화는 아직 완수되지 않았다. 무엇보다도 서양의 종교적 세계관을 주도하고 있던 창조론이 건재하였다. 우주와 인간이 신에 의해서 창조되었다고 인정하는 것은 우주와 인간사에 신이 개입할 여지가 있다는 것을 인정하는 것이다. 따라서 과학적 세계관의 완전한 정립을 위해서는 창조론을 대체할 새로운 이론이 필요하였다. 19세기 다윈의 진화론이 바로 이 역할을 수행해 냈다.

진화론 탄생의 여명

1859년, 영국 사람 다윈Charles Robert Darwin(1809~1882)이 생명의 탄생에 대한 새로운 이론을 제시하였다. 그러나 〈창세기〉의 내용에 따라서 하느님이 세상을 창조했다고 굳게 믿고 있던 서양 사람들에게 다윈의 학설은 너무나 충격적인 것이었다. 그런데 여기서 한 가지 짚고 넘어가야 할 것이 있다. 불과 200년 전에 갈릴레이는 지구가 태양 주위를 돈다고 말했다는 이유로 종교재판을 받아야 했고, 갈릴레이보다 몇 십 년 앞서 지구가 돈다는 주장을 했던 조르다노 브루노는 화형을 당하였다. 그렇다면 다윈의 말년은 어땠을까?

뜻밖에도 다윈은 상당한 부를 누렸고, 동료 과학자들의 물질적인 도움을 받기까지 했다. 더욱이 살아 있을 때 불멸의 명성을 얻었다. 세계 각국의 과학학회에서 그를 회원으로 추대하였고, 케임브리지대학을 비롯한 여러 대학에서 명예박사 학위를 수여했다. 또한 다윈은 대영재단의 이사로 추대되었으며, 공산주의의 창시자인 마르크스가

자신의 역저 《자본론*Das Kapital*》을 헌정하려 했다는 소문까지 있었다.[11] 이렇게 다윈은 부와 명예를 향유하며, 죽을 때까지 식물과 동물을 연구하다 죽었다. 참으로 격세지감이 아닐 수 없다. 교회의 처지에서 본다면 다윈의 주장은 갈릴레이의 주장보다 몇 천 배 불경한 것이다. 아니 불경의 수준을 떠나서 기독교의 뿌리를 흔들어 버릴 수 있는 것이다. 그래서 교회는 지금도 다윈의 주장을 받아들이지 않고 있다. 그렇다면 교회는 왜 다윈의 주장을 잠재우지 못했을까?

여기서 다윈이 영국 사람이라는 점이 중요하다. 영국은 이미 1534년에 성공회를 세워 로마 교황으로부터 독립하였다. 따라서 영국 교회의 힘은 교황과는 비교가 되지 않을 정도로 약했다. 더욱 중요한 것은 갈릴레이의 주장은 널리 인정을 받지 못한 데 반해서, 다윈의 주장은 나오자마자 많은 사람들의 지지를 받았다는 점이다. 너무나 많은 사람들이 다윈의 학설을 따랐기 때문에, 교회가 그 세력과 힘을 저지할 수 없었다.

그렇다면 다윈의 혁신적인 주장은 무슨 이유로 이렇게 신속하게 많은 사람들의 지지를 받을 수 있었을까?

여기서 우리는 다윈의 주장이 알라딘의 램프에서 튀어나온 거인처럼 갑자기 나온 얘기가 아님을 짐작할 수 있다. 다윈 이전에 이미 여러 사람이 진화를 이야기하고 있었고, 체계적인 연구를 하고 있던 사람들도 있었다. 1809년 라마르크Chevalier de Lamarck(1744~1829)는 《동물 철학*philosophie zoologique*》이라는 책에서 생물의 발달에 관한 이야기를 하였고, 1844년 발표된 작자 미상의 책 《창조의 자연사적 흔적》에는 인류가 하등동물에서 생겨났다고 되어 있다. 그리고 월리스Alfred Russel Wallace(1823~1913)라는 한 아마추어 과학자는 이미 다윈의 자연선택설의 요체를 깨닫고, 1858년에 다윈에게 자신의 논문을 출판해 달라고 보냈다. 월리스는 이 논문에서 "어떤 환경 변화에 잘 적응하지 못한 변종들은 멸종하고, 잘 적응한 변종들만이 살아남는다"고 주장하였다. 그러므로 사실 자연선택설에 대한 저작권은 월리스에게 있다고 할 수 있다. 1858년 6월 12일, 월리스의 편지를 받은 다윈은 자기 주장의 핵심이 이미 그 안에 들어 있음에 놀라고 당황하였다. 다윈은 즉각 친구 라이엘Charles Lyell(1797~1875)과 이 문제를 상의했다. 라이엘은 월리스의 논문을 린네학회에 발표하기는 하되 다윈이 우선권을 확보하도록 했다.

라이엘은 지금까지 정리되지 않았던 다윈의 논문을 정리하여 월리스의 논문과 함께 발표하도록 했다. 그리고 월리스가 논문을 보내기 전부터 다윈이 이미 자연선택설을 연구하고 있었다는 것을 입증하기 위해서 1857년 다윈이 미국 식물학자 그레이에게 보낸 편지를 같이 싣도록 했다. 이로써 다윈은 자연선택설에 대한 우선권을 확보했지만, 만약 월리스가 당시 명망 있는 과학자였고 다윈이 아마추어였다면 그런 일이 가능했을까?

물론 월리스의 주장과 다윈의 주장이 100퍼센트 같은 것은 아니고, 다윈의 주장이 훨씬 더 정교한 것은 사실이다. 가령 월리스는 개체들의 차이에 중점을 두고 있었기 때문에 자연선택이 실제로 어떻게 작용하여 생물 집단을 변화시킬 수 있는지를 설명하지 않았다. 그렇다고 하더라도 다윈이 월리스의 논문에서 영감과 큰 자극을 받았음은 틀림없다. 20여 년간을 끌어 오며 발표하지 않고 있던 논문을 월리스의 논문을 보자마자 즉각 발표했고, 나아가 이것을 책으로 써서 자신의 연구 업적으로 확고히 인정받았다는 사실에서 이것을 잘 알 수 있다. 다윈은 월리스의 편지를 받은 뒤 한 달 후에 즉시 집필에 착수하여 1859년 5월에 집필을 끝냈다. 그리고 몇 번의 교정을 거쳐서 1859년 11월 24일, 마침내 《종의 기원*On the Origin of Species by Means of Natural Selection*》이 세상에 그 모습을 드러냈다. 출판사 측에서는 판매에 자신이 없어 초판으로 1,250부만 찍었는데, 이 책은 출간 첫날 모두 매진되었다.

지구의 나이에 대한 옛사람의 생각

앞에서 살펴보았듯이 다윈이 《종의 기원》을 발표하기 전에 이미 진화에 대한 논의가 있었다. 당시 시대는 다윈의 진화론 같은 이론이 나오기를 간절히 바라고 있었다. 지질학이라는 새로운 학문의 탄생하여 지구의 나이에 대해서 새로운 이론을 전개하였기 때문이다. 당시 유럽인은 〈창세기〉에 기초해서 지구가 대략 기원전 4000년에 창조되었다고 믿고 있었는데, 지질학자들은 지구의 나이가 헤아릴 수 없이 많다고 주장하였다.

이러한 주장이 인정받으면서 19세기 유럽인은 지적인 혼란을 겪었다. 창조론을 더이상 맹목적으로 믿을 수 없게 되었는데, 이를 대신할 대안이 나오지 않고 있었기 때문이다. 이런 지적인 공백을 다윈이 메웠던 것이고, 그래서 진화론은 핍박받지 않고 수용될 수 있었다.

따라서 다윈의 진화론을 이해하려면 먼저 지질학의 탄생과 이 학문이 맨 먼저 던진 질문을 살펴보아야 한다. 18세기 후반과 19세기 전반기, 지표에 형성된 바위들과 그 안에 포함된 화석들로 지구의 역사를 규명할 수 있다는 생각이 나타나기 시작했다. 이런 생각이 나타난 것은 어떤 동물들이 멸종되어 없어져 버렸기 때문에 창조 후에 변화가 있었다는 사실이 알려지기 시작하면서부터이다. 멸종된 동물 중 특히 많은 관심을 끌었던 것이 아일랜드 큰사슴이다. 16세기 이전부터 아일랜드에서 이 사슴의 뿔이 발견되었는데, 이 사슴은 지금까지 지상에 살았던 사슴 중에서 가장 컸고, 특히 그 뿔이 참으로 크고 멋졌다. 뿔의 길이가 최고 3.5미터나 되었고, 멋지게 가지를 치고 있었기 때문에 장식품으로는 최고였다.

  많은 사람들이 이 사슴 뿔을 장식품으로 구하고 선물했으나, 아일랜드 큰사슴은 아일랜드에서는 약 16,000년 전에 멸종되고 없었다. 그러자 이 동물이 언제, 왜 멸종했는지에 대한 논란이 일어났다. 1812년 프랑스의 고생물학자 퀴비에Georges Cuvier(1769~1832)는 치밀한 해부학적 비교를 통해서 아일랜드 큰사슴에 해당하는 동물이 현재는 없다는 것을 입증하였다.[12] 이후 산업혁명으로 석탄 생산이 증가하면서 멸종한 동물들의 뼈나 화석이 점차 많이 발견되기 시작했다. 이제 창조 후 생물계에 아무런 변화가 없었다는 생각은 그 입지를 완전히 상실하였다. 멸종한 동물들이 있다는 것은 무엇을 의미할까?

  멸종한 동물들의 중요성을 최초로 인식한 사람 가운데 한 명이 뷔퐁Georges Louis Leclerc de Buffon(1707~1788)이다. 뷔퐁 이전의 사람들은 신이 창조한 생물들이 그때까지 아무 변화 없이 살고 있다고 생각하였다. 그러나 뷔퐁은 현재의 형태는 신이 직접 창조한 것이 아니라, 오래된 형태가 서서히 변화하여 만들어진 것이라고 생각하고, 생물 형태의 변이를 서식 환경과 관련지어 설명했다. 즉, '풍토'가 여러 세대에 걸쳐 영향을 끼치기 때문에 종의 변화가 발생했다고 생각한 것이다. 그러나 뷔퐁은 생물체의 변이를 인정하기는 해도, 변이가 개체 간의 생식이 불가능해질 정도로 원형을 크게 변화시키는 일은 없다고 생각하였다. 이렇듯 종 내에서의 변화만을 생각했기 때문에, 뷔퐁이 확실히 진화론을 생각했다고 볼 수 없다. 다만 생물 세계에 끊임없이 변화가 일어난다는 사실을 주장했다는 점에서 진화론으로 가는 길목을 열었다고 평가할 수 있다.

멸종한 동물들을 설명하기 위해서 프랑스 고생물학의 창시자인 퀴비에는 천변지이설天變地異說을 주장하였다. 지구에 대격변이 여러 번 일어났고, 그때마다 대부분의 생물이 사멸하고, 새로운 생물이 만들어졌다고 주장한 것이다. 퀴비에의 설명은 노아의 홍수의 기록과 맞아떨어졌기 때문에 매우 많은 지지를 받았다.

이렇게 프랑스 학자들이 고생물학을 통해서 변화를 발견하고 그것을 설명하려고 노력하고 있을 때, 독일과 영국의 과학자들은 지질학을 발전시켰다. 지질학은 지표의 물리적인 구성과 그 성질을 연구하는 학문이다. 지질학이 중요한 것은 퇴적층과 충적층을 발견하고 이를 통해서 지구가 매우 오래되었다는 사실을 입증했기 때문이다. 지표의 형성과 발달에 대해서는 크게 두 가지 이론이 제기되었다. 독일의 지질학자 베르너Abraham Gottlob Werner(1749~1817)는 바다에 주목하여 한때 바다가 전 지구를 뒤덮고 있었고, 그때 물속에 포함된 화학 성분들이 침전되어 화강암을 비롯한 돌들이 만들어졌다고 주장했다. 이렇게 바다를 강조했기 때문에 베르너는 수성론자水成論者라고 불린다. 반면에 부흐Baron Christian Leopold von Buch(1774~1853)는 화산 활동을 일으키는 지구 내부 힘의 효과를 더 강조하였기 때문에 화성론자火成論者라고 불린다. 그는 화산 폭발로 인해서 지표면의 암석들이 만들어졌고 주장했다. 프랑스의 데마레가 현무암이 화산에서 분출된 용암이 굳어진 것임을 밝히고, 허턴·스크로프 등이 화강암과 현무암이 화성암이라고 주장하면서 베르너의 수성론은 베르너 사후 곧 소멸되었다.

지층에 대한 연구를 통해서 지구의 나이가 오래되었다는 것을 입증하는 데 큰 역할을 한 사람은 허턴James Hutton(1726~1797)이다. 허턴은 1788년 《지구의 이론*Theory of the Earth, or an Investigation of the Laws Observable in the Composition, Dissolution and Restoration of Land upon the Globe*》이라는 책에서 지구의 나이를 밝히기 위해서는 인간의 기록에 의존해서는 안 되고, 지질학적 퇴적물에서 그 답을 찾아야 한다고 주장하였다. 허턴은 퇴적물이 쌓이는 속도가 연간 약 1밀리미터이므로, 지구에 퇴적암이 만들어지는 데 무한히 많은 시간이 걸렸다고 생각했다.[13] 허턴의 이론을 다윈의 친구였던 라이엘이 받아들였고, 다윈은 친구를 통하여 지질학에 대한 지식을 갖추게 되었다.

다윈의 진화론

지구의 나이가 매우 많으며, 과거에 존재하던 어떤 생물이 현재는 사라지고 없다는 사실이 밝혀지면서 점차 생물의 진화에 대한 관념이 생겨나고 있었다. 여러 사람들이 생명의 신비를 찾았는데, 다윈도 그중 한 명이었다.

찰스 다윈은 1809년 영국 슈루스베리에서 태어났다. 그의 할아버지와 아버지가 모두 성공한 의사였는데, 특히 할아버지는 진화에 대해서 선진적인 생각을 가지고 《주노미아Zoonomia(동물 분류)》라는 책을 써서 상당한 명성을 얻은 인물이었다. 다윈은 할아버지를 통해서 일찍부터 진화사상에 대해서 잘 알고 있었다. 다윈은 16세 때에 에딘버러 의과대학에 진학하였는데, 그곳은 당시 해양생물학의 중심지였다. 다윈은 그곳에서 그랜트Robert Edmund Grant(1793~1874)라는 인물을 만났다. 그랜트는 라마르크의 진화론을 공개적으로 옹호하는 인물로, 히드라 충류나 산호와 같은 해양 무척추동물에 관심을 가지고 있었다. 그랜트는 이런 피조물들이 식물과 동물을 잇는 교량 역할을 한다고 주장했다. 후에 다윈은 비글호Beagle를 타고 갈라파고스 제도를 여행하면서 그랜트의 생각이 옳다는 것을 깨달았다.

에딘버러 의대에서 다윈은 화학과 생물학에 관심을 갖고, 정작 본업이라고 해야 할 의학에는 소홀하였다. 아니 오히려 의술을 행하는 것을 불쾌해했다. 환자의 피를 보고 수술하는 것은 다윈에게 고통이었다. 의학이 적성이 맞지 않다는 것을 깨달은 다윈은 진로를 바꾸기로 결심했다. 그때 다윈의 아버지는 목사가 되라고 권하였고, 다윈은 아버지의 충고를 받아들여 1827년 케임브리지대학 크라이스트 칼리지에 진학하였다. 그러나 이곳에서도 다윈은 고전과 신학 분야에는 정을 붙이지 못했고, 생물학과 지질학에 깊은 관심을 보였다. 특히 다윈은 식물학 교수였던 헨슬로John Stevens Henslow(1796~1861)의 강의를 열심히 들었고, 그와 매우 친해졌다. 다윈은 헨슬로와 식사도 같이하고, 야외 실습에도 동행하면서 점차 생물학자로 성장했다. 다윈은 열성적으로 곤충을 수집하였고, 생물의 다양성에 깊은 관심을 보였다.[14]

생물학에 대한 열정으로 열병을 앓고 있던 다윈은 생물의 보고인 열대 지방을 연구해야겠다고 결심했다. 다윈은 케임브리지대학의 마지막 해에 헨슬로와 카나리아 제도로 떠나는 계획을 세웠으나 실패했다. 그렇지만 하늘이 다윈에게 기회를 주었다. 1831년 8월 남아메리카 해변과 남해 군도를 탐사할 비글호에서 여행에 동참할 박물학자를 찾고 있었던 것이다. 이에 헨슬로 교수가 다윈을 추천하였다. 박물학은 동물·식물·광물 등 자연물의 종류·성질·분포·생태 등을 연구하는 종합적인 학문으로, 현재는 학문이 워낙 분화되어 이렇게 여러 학문을 동시에 연구하는 학자가 드물지만 예전에는 자연물을 연구하는 학자들을 흔히 박물학자라고 불렀다.

1831년 2월 27일, 다윈은 자신을 세계적인 명사로 만들어 준 여행을 시작하였다. 여행은 경이로운 것이었고, 다윈은 생물학의 보고인 열대에서 생의 기쁨을 맛보았다. 다윈은 이 여행에서 한 종류의 생물에도 여러 종류의 아종이 있다는 사실을 발견하였다. 가령 다윈은 단 하루 동안에 68종의 딱정벌레를 수집한 적도 있는데, 생물의 종이 그렇게 다양하다면 모든 종을 신이 창조했고 창조된 종은 변하지 않는다는 생각은 틀릴 수도 있을 것이라고 생각하였다. 또한 다윈은 여러 곳에서 멸종된 동물들의 화석을 발견하였다. 이런 발견을 통해 하나의 종이 태초부터 영원히 존재하는 것이 아니라 어떤 종은 소멸하고, 또 어떤 종은 새로 탄생할 수 있다는 생각을 갖게 되었다. 여행 기간 내내 다윈은 라이엘이 쓴 《지질학 원리》를 들고 다니면서 읽었다. 생물학뿐만 아니라 지질학에도 깊은 관심을 갖고 있었던 것이다.

1835년, 다윈이 탄 비글호는 남아메리카에서 수백 마일 떨어진 태평양의 적도 부근을 항해하다 갈라파고스 제도에서 특이한 동물들을 만나게 되는데, 특히 갈라파고스 핀치라는 방울새들이 큰 깨우침을 주었다. 방울새들의 부리는 그들이 사는 섬에 따라서 달랐다. 다윈은 같은 방울새들의 부리 모양이 다른 것은 섬마다 새들이 먹는 먹이가 다르기 때문이고, 그것은 환경에 따라서 생물이 변화할 수 있다는 것을 보여 준다고 생각하였다.

1836년, 드디어 비글호의 여행은 끝났다. 여행에서 수집한 자료들을 정리하면서 다윈은 종이 불변한다는 기존의 생각이 틀릴 수도 있다는 확신을 굳히고 있었다. 이런 수수께끼를 풀기 위하여 많은 책을 읽었는데, 그 가운데에는 맬서스의 《인구론 Essay on the Principle of Population》도 있었다. 1798년에 발표된 이 책에서 맬서스는 생산은 산술급수적으로 증가하는데, 인구는 기하급수적으로 증가하기 때문에 식량은 항상 부족하고 범죄와 죄악을 피할 수 없다고 주장했다. 맬서스는 이로써 인간 세상에서 경쟁이라는 것은 피할 수 없는 것이고, 그 경쟁은 '매 세대마다 적합하지 못한 것을 제거하는 창조적 과정'이라고 평가했다.

여기서 다윈은 자연계에서 생물은 자연이 수용할 수 있는 것보다 더 많은 자손을 퍼뜨리고, 이 때문에 그 자손들 사이에서 필연적으로 경쟁이 발생한다는 사실을 깨달았다. 동물들은 자신들의 영역을 넓히기 위해서 끊임없이 투쟁하고, 거기서 같은 종의 개체들 사이에 치열한 경쟁이 벌어지는데, 수억 년 동안 생물들 간의 경쟁이 지속되었다면 경쟁에서 이긴 것들만 살아남았을 것이고, 그 과정에서 종의 변화가 있었을 것이다.

동물의 경쟁을 더욱 촉진시키는 것은 환경의 변화이다. 지질학에 따르면 그때까지 바다가 육지가 되고, 육지가 바다가 되는 거대한 변화가 수없이 일어났다. 환경이 바뀌면, 바뀐 환경에서 살아남기 위해

동물의 경쟁은 더욱 심해질 것이다. 모든 생물은 주변 환경에 적응하면서 신체를 변화시킨다. 가령 기린의 목은 원래 짧았지만, 목이 긴 놈만 살아남는 과정이 반복되면서 오랜 세월이 흐르다 보니 목이 긴 기린만 존재하게 되었다. 즉, 자연이 가장 우월한 개체를 선택했고, 그 과정이 반복되면서 종의 변화가 일어난 것이다. 이것이 다윈이 내놓은 주장의 핵심인 '자연선택설'이다.

그러나 자연선택만으로는 진화를 완벽하게 설명할 수 없다. 어떤 생물이 새로운 환경에 적응하면서 일부 신체의 모양이 변했다 하더라도, 그렇게 얻어진 획득 형질이 유전되지 않는다면 종의 변화가 일어날 수 없기 때문이다. 따라서 다윈은 획득 형질의 유전이 자연선택을 보완한다고 생각하였다. 여기서 다윈은 생물의 몸은 제뮬gemmule이라고 불리는 무수한 입자를 만들어 내고, 이 입자가 혈액을 통해서 생식기관으로 운반되어 한 기관이 지닌 특성이 그대로 다음 세대로 전해진다고 생각했다. 이것을 범생설汎生說이라고 한다. 뒤에서 밝히겠지만 다윈의 이 생각은 틀렸다. 다윈이 잘못된 생각을 할 수 밖에 없었던 것은 당시 사람들은 유전자를 몰랐기 때문이다. 생물체의 형질이 유전자를 통해서 후손에 전해진다는 사실이 밝혀진 것은 20세기 초의 일이다.

다윈 이후의 진화론

다윈 이후에 진화론은 어떻게 발전했을까? 바이스만August Weismann(1834~1915)은 획득 형질이 유전되지 않는다는 것을 실험으로 밝혀 냈다. 그는 쥐의 꼬리를 자른 뒤 그것이 유전되는지 계속 관찰하였다. 엄마 쥐의 꼬리를 계속 잘라도, 그 엄마가 낳은 새끼에게는 꼬리가 있었다. 이 연구에서 비이스만은 생식세포나 체세포가 별개의 것이라고 주장하였다. 부모의 몸, 즉 체세포에서 일어나는 변화는 생식세포에 영향을 끼치지 못한다고 결론 지은 것이다. 그러나 비이스만은 유전에 관한 다윈의 설명이 잘못되었음을 밝히고도 다윈을 지지하였다. 다윈 학설의 핵심은 획득 형질의 유전이 아니라 자연선택이었기 때문이다. 비이스만은 생식세포 내에서 어떤 변화가 일어나거나, 또는 자연선택이 있어야만 새로운 형질이 집단 내에서 증가할 수 있다고 믿었다.

1901년 암스테르담의 생물학 교수였던 드 브리스Hugo De Vries(1848~1935)는 달맞이꽃 연구를 통해 생명체의 탄생 과정에서 돌연변이가 생겨난다는 것을 밝혔다. 드 브리스는 새로운 종은 미세한 변이가 축적되어 발생하는 것이 아니라 갑자기 일어난다고 생각했고, 이것을 입증하기 위해서 성장이 빠른 달맞이꽃을 직접 재배하였다. 그러던 어느 날, 드 브리스는 재배하던 종과는 다른 형태의 달맞이꽃이 자연적으로 생겨난 것을 발견했다. 새로 나타난 달맞이꽃은 그때까지 한 번도 세상에 알려진 적이 없고, 어떤 형태의 중간형도 아니었다. 이로써 다윈의 진화론은 새로운 활력을 얻게 되었다. 돌연변이의 발견은 자연 상태에서 배열이 근본적으로 다른 종이 탄생할 수 있다는 사실을 알려 주었기 때문이다. 이리하여 유전학자들은 진화라는 것은 돌연변이에 의해서 생겨난 새로운 유전 형질이 자연선택에 의해서 확산되거나 소멸하는 과정이라고 이해하게 되었다.

미국 컬럼비아대학의 모건Thomas Hunt Morgan(1866~1945) 교수도 초파리의 관찰로 돌연변이 연구에 기여했다. 초파리는 열대와 아열대 지방에 많이 사는 작은 곤충으로, 그 길이가 2~3밀리미터밖에 되지 않는다. 초파리가 유전학 연구에 많이 쓰이는 것은 1세대의 소요 시간이 짧고, 소형 그릇에 많은 개체를 사육할 수 있기 때문이다. 모건은 25종의 변종 초파리를 발견하여 자연 상태에서 돌연변이가 발생한다는 것을 다시 확인하였다.

모건의 제자 멀러Hermann Joseph Muller(1890~1967)는 여기서 한 걸음 더 나아가 인위적으로 돌연변이를 일으킬 수 있음을 발견했다. 멀러는 1927년에 초파리에 엑스선을 쐬어 초파리의 돌연변이를 유도하였고, 이 공로로 1946년에 노벨 생리의학상을 받았다. 그러나 이 돌연변이 개체들을 연구하면서 멀러는 대부분의 돌연변이가 유전적으로 질병을 가진 개체나 기형적인 개체를 만든다는 것을 알아냈다. 그의 연구에 따르면 자연 상태에서 돌연변이가 발생할 수는 있지만, 그 돌연변이가 생존하고 번식하는 것은 거의 불가능하다.

돌연변이설이 심각하게 도전받은 이후 현대의 과학자들은 정향진화설·격리설·DNA속성설 등 다양한 진화 이론을 제시하고 있다. 그러나 아직도 생명의 신비와 진화의 원리가 분명하게 해명된 것은 아니다. 생명의 신비 가운데서도 가장 풀기 어려운 문제는 태초에 생물체가 어떻게 생겨났는가이다. 과학자들은 생명체의 형질을 결정하는 염색체DNA가 단백질 덩어리이고, 이는 자연 생태에 무한히 존재하며, 강한 전기적인 자극 등을 받으면 생명체가 될 수 있다고 주장한다. 그러나 이것은 어디까지나 가설에 불과하다. 그들의 설명대로라면 죽은 생명체에도 염색체가 무한히 존재하기 때문에 죽은 생명체에 강한 전기 자극을 주면 그 생명체가 부활해야 한다. 또한 대진화, 즉 한 종이 어떤 변화를 통해서 다른 새로운 종으로 변화할 수 있는지도 아직 명확하게 규명되지 않았다.

　이렇듯 아직 진화의 원리가 명확하게 규명된 것은 아니지만, 진화론은 탄생 이후 중요한 성과를 거두었다. 진화론은 창조론에 중대한 도전을 했고 어느 정도 성공을 거두었다. 아직도 기독교 신자와 이슬람 신자들은 창조론을 믿고 있으나, 진화론이 나오기 이전의 창조론, 즉 천지가 6일 만에 만들어졌으며 창조 이후에 아무런 종의 변화가 없었다고 믿는 사람은 많지 않다. 진화론자들이 멸종된 동물들이 엄연히 있으며, 지구상에 존재하는 생명체들이 태어난 시기가 각기 다르다는 것을 입증했기 때문이다. 그리고 진화론이 제기된 후 생명체의 비밀을 밝히는 연구가 활성화되었다는 것도 잊어서는 안 될 것이다.

9 세계사의 주도권을 바꿀 미국의 건설

아메리카로 출발한 최초의 이민자 선박

1492년 콜럼버스가 아메리카에 도착한 후, 서양인들은 아메리카라는 새로운 대륙을 알게 되었다. '미개한' 아메리카 인디언이 살고 있는 곳, 넓은 땅과 풍부한 자원이 있는 곳이 새로이 발견된 것이다. 그러나 모든 유럽인들이 자유롭게 아메리카에 갈 수 있었던 것은 아니다. 지리상의 발견을 주도한 나라는 에스파냐와 포르투갈이었고, 1493년 교황 알렉산드로스 6세가 그들의 공적을 인정하여 유럽 밖의 미개척지에 대한 권리를 이 나라들에게 주었기 때문이다. 1494년 두 나라는 토르데실라스 협정을 맺어 새로운 영역에 대한 경계선을 정하였다. 이 협약에 의하면 브라질을 제외한 대부분의 아메리카는 에스파냐의 몫이었다.

에스파냐와 포르투갈이 신대륙을 발견하여 엄청난 부를 얻자, 유럽의 여러 나라도 신대륙에 대한 환상을 품게 되었다. 특히 섬나라로서

신대륙 발견으로 포르투갈 등이 엄청난 부를 획득하자 영국의 헨리 7세는
서방 항로 개척에 나서 1497년 캐보트 원정대(사진)를 파견했다.

일찍부터 항해에 능했던 영국인들은 서둘러 해외 진출을 모색하였다. 맨 먼저 그 닻을 올린 이는 헨리 7세Henry VII(1457~1509)였다. 헨리 7세는 영국도 향신료를 구할 수 있는 서방 항로를 개척해야 한다고 생각하고, 1497년 캐보트 원정대를 파견하였다.

캐보트John Cabot(1450~1499)는 비록 인도로 가는 길을 발견하지는 못했지만, 뉴펀들랜드에 도착하였다. 이 발견으로 영국인들은 에스파냐인이 아직 발견하지 못한 북아메리카가 있다는 사실을 알게 되었다. 엘리자베스 여왕은 월터 롤리Walter Ralegh(1552?~1618)로 하여금 이 지역을 다시 탐험하도록 했다. 1584년 월터 롤리가 파견한 애머더스와 아서가 노스캐롤라이나의 해안에 있는 로어노크섬에 도착했고,

이 소식을 들은 월터 롤리는 그곳을 버지니아Virginia라고 명명하였다. 평생 처녀로 살았던 엘리자베스 여왕을 기리기 위해서였다.[1] 이후 북쪽으로는 메인주로부터 남쪽으로는 노스캐롤라이나주까지의 광활한 지역이 버지니아로 불리게 되었다.

1588년 에스파냐의 무적함대를 격파한 후 영국은 본격적으로 해외 식민지 개척에 나섰다. 이제 신세계에 대한 에스파냐의 독점권을 무시할 수 있게 되었기 때문이다. 그러나 에스파냐의 영역을 즉시 공격한다는 것은 어려웠기 때문에, 영국은 북아메리카를 선택하였다.

이 당시 영국이 직면하고 있던 가장 중요한 문제 중 하나는 인구 과잉이었다. 인클로저와 농업혁명으로 인구가 갈수록 늘어나 많은 농촌 사람들이 도시로 이주하였다. 이렇듯 도시에 사람이 넘쳐나면서 영국인들은 새로운 땅을 갈망하고 있었다. 그 와중에 에스파냐 사람들이 아메리카에서 황금을 가득 싣고 왔다는 소식이 전해지자 영국인들은 신세계에 대한 환상을 가지게 되었다. 이제 사람들 사이에 북아메리카가 황금이 가득한 엘도라도라는 소문이 급속히 퍼졌다. 가령 1605년에 런던에서 상연된 〈아! 동쪽으로〉라는 연극에서도 북아메리카는 황금이 가득한 엘도라도로 묘사되었다.

신세계로 가기만 하면 엄청난 부자가 될 수 있다는 소문이 돌면서, 상인들과 모험가들은 1606년 런던 회사The London Company와 플리머스 회사The Plymouth Company라는 식민지 개척 회사를 설립하였다. 제임스 1세는 런던 회사에는 버지니아의 남쪽을, 플리머스 회사에는 북쪽을 개척할 수 있는 특허장을 주었다. 국왕의 허락을 받은 런던 회사는 신세계로 이주할 사람들을 모집하여, 1606년 크리스마스 무렵 143명의 이주자를 실은 세 척의 배를 버지니아로 출발시켰다. 아메리

1600년 초 당시의 버지니아 지도. 1606년 출발한 세 척의 이민선은 이듬해 5월 체사피크만에 도착했다.

카로 이주하여 정착한 최초의 143명은 모두 한탕주의에 물든 사람들로, 대부분이 한량들이었다. 이들은 북아메리카가 중부 아메리카처럼 폭이 좁은 땅이라고 생각했으며, 그곳을 횡단하면 중국이나 인도로 갈 수 있을 것이라고 믿었다. 그래서 잉카의 황금제국이나 동화에 나오는 낙원을 발견하기만 바랄 뿐이었다.

1607년 5월 초, 드디어 체사피크만에 도착한 이주자들은 해안 가까이에 정착지를 건설하고, 국왕 제임스를 기려 이곳을 '제임스타운James town'이라고 명명하였다. 그러나 이곳에는 그들이 고대하던 황금은 없었다. 그들을 기다리고 있던 것은 추위과 배고픔, 말라리아와 원주민인 인디언뿐이었다. 이주자들은 출발할 때 1년치 식량을 가져 왔으나,

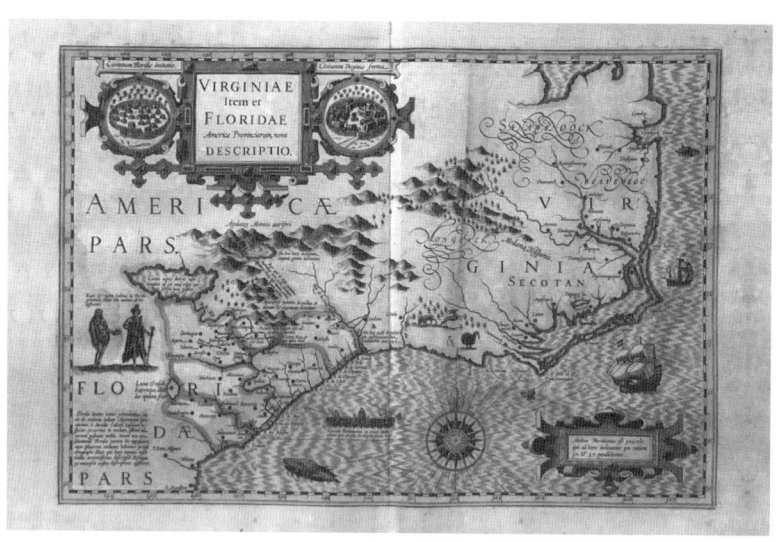

> 체사피크만에 도착한 최초의 아메리카 이주자들은 해안 가까이에
> 정착지를 건설하고, 이곳을 '제임스타운'이라 명명했다.

아무도 일하려 하지 않았으므로 식량은 곧 바닥을 드러냈다. 하지만 식량이 다 떨어져 가도 그들은 일하려고 하지 않았다. 원래부터 먹고 놀던 습성에 젖어 있었기도 했거니와 본래 황금의 엘도라도를 찾아온 것이지, 농사지으러 온 것이 아니었기 때문이다. 많은 사람들이 곡식을 경작하는 대신, 헛되이 금을 찾기 위해서 아무 곳이나 구덩이를 파면서 시간을 보냈다. 결국 굶주림 속에서 1607년이 채 가기 전에 처음 도착한 105명 가운데 67명이 굶어 죽고 38명만이 살아남았다.

본국에서 보급선이 올 희망도 없는데도 도무지 일할 생각을 하지 않는 사람들을 지켜 보던 존 스미스John Smith(1580~1631) 선장은 "일하지 않는 자는 모두 사형에 처하거나 추방하겠다"고 선언하였다. 그

9_세계사의 주도권을 바꿀 미국의 건설 219

> 인디언 추장의 딸 포카혼타스와 결혼한 존 롤프가 담배 농사를 배워 온 덕분에 금을 찾겠다는 헛된 희망으로 일을 하지 않아 굶주리던 제임스타운 사람들은 새 희망을 얻었다.

가 의무적으로 규정한 노동 시간은 하루 4시간이었다. 1609년, 마침내 영국에서 보급선이 왔는데, 이때 열 명의 처녀들이 함께 왔다. 이렇게 해서 제임스타운에 최초로 가족이 생겨났다.

1612년, 근근이 생계를 이어나가던 제임스타운의 사람들에게 희망이 찾아왔다. 인디언 추장의 딸 포카혼타스Pocahontas(1595~1617)와 결혼한 존 롤프John Rolfe(1585~1622)가 담배 농사를 배워 온 것이다.

포르투갈과 에스파냐 사람들이 인디언에게 얻어 유럽에 소개한 담배는 당시 만병통치약으로 여겨져 유럽에서 날개 돋친 듯 팔리고 있었다. 제임스타운 사람들은 담배 농사를 대대적으로 발전시켰고, 1616년에 2만 파운드였던 수확이 1637년에는 50만 파운드, 1662년에는 2,400만 파운드로 급증했다. 이처럼 식민지에서 담배 농사가 성공을 거두자, 런던 회사는 새로운 토지제도를 도입하여 더 많은 사람들을 식민지에 이주시키려고 하였다. 1613년에 도입된 토지제도는 개인에게 3에이커씩의 토지를 나누어 주고, 일정량의 농산물을 회사가 지대로 받는 제도였다. 이 제도는 나중에 인두권 제도Headright System로 발달하였는데, 이는 아메리카로 오는 사람에게 무조건 50에이커의 토지를 나누어 주는 것이다. 이 제도로 인하여 아무리 가난한 사람이라고 해도 아메리카에 오기만 한다면 자영농이 될 수 있었다.[2]

초기 식민의 물결

제임스타운 이주자들이 담배 농사로 정착에 성공하고 있는 동안, 다른 이주자 무리가 이들과 다른 목적을 갖고 아메리카에 도착하였다. 1620년 메이플라워호Mayflower를 타고 종교적인 박해를 피하기 위해서 아메리카로 향한 102명의 청교도들이 그들이다. 순례자라고 불리는 이들은 제임스 1세가 영국 국교(성공회)를 강요하자 1609년 종교적 자유가 허용되는 네덜란드로 이주했다가, 가톨릭의 나라인 에스파냐가 네덜란드를 점령할지도 모른다는 두려움에 사로잡혀 아메리카 이주를 결심했다. 그리하여 그해 12월 21일, 청교도들은 버지니아보다 훨씬 북쪽에 있는 플리머스에 도착하였다. 이들이 도착한 곳은 어떤 지배자도 제도도 없는 그야말로 '처녀지'였다. 이들은 자율적으로 협약을 만들고, 모든 사람의 동의를 얻어 결정한 법률을 지킬 것을 맹세하였다. 이것이 미국 최초의 자치헌법인 '메이플라워의 서약'이다. 플리머스에 정착한 이들은 인디언들의 도움을 받아서 황무지를 개척하고 농사를 지어서 그 첫 수확을 하느님께 바쳤고, 여기서 미국인들의 최대 축제인 추수감사절이 시작되었다.

 이상은 우리가 흔히 알고 있는 이야기이다. 그러나 여기에는 많은 거짓이 들어 있다. 우선 메이플라워호에 승선한 102명 가운데 순례자는 단지 35명에 불과했다. 대다수의 승선자들은 이미 담배 농사로 성공을 거둔 버지니아로 가고 싶어했으나, 어떻게 된 건지 배가 버지니아에서 멀리 떨어진 플리머스에 도착했던 것이다. 순례자가 아닌 다른 승선자들은 놀랐고, 반란의 기미까지 보였다. 순례자 지도자들이 다른 승선자들에게도 똑같은 권리를 주어 반란은 겨우 진정되었다.[3] 이들이 하느님의 자애를 믿는 청교도들이었기 때문에, 비신도들에게도 똑같은 권리를 주었을 것이라고 '순진'하게 생각할 수도 있다. 그러나 1630년 매사추세츠 찰스타운으로 이주한 청교도들은 스스로 신의 '선택을 받은 자'들이라고 생각했다. 그리하여 자신들은 '성도'로서 투표권을 가진 완전 시민이고, 나머지 사람들은 '비성도'로서 투표권이 없는 불완전한 시민이라고 규정했다.

 본격적으로 정착에 들어가자 플리머스 이주자들은 '본성'을 드러내기 시작하였다. 그들은 황무지를 개척한 것이 아니라 인디언이 살고 있는 땅을 빼앗았다. 뿐만 아니라 인디언의 식량을 훔치고, 집을 빼앗았다. 초기의 이주자가 남긴 이야기를 들어보자.

1620년 영국 뉴잉글랜드 최초의 청교도 이민선 메이플라워호가 북아메리카로 향했다. 그러나 사실 101명의 승선자 가운데 순례자는 단지 35명에 불과했고, 대부분의 승선자들은 부자가 되는 게 그 목적이었다.

우리는 콘힐이라 부르는 곳으로 행군했는데, 그곳(한 빈집)에서 두세 바구니를 가득 채울 정도로 많은 옥수수 낟알과 콩 한 가방을 발견하였다. 모두 10부셀가량이었는데, 밭에 심기에 충분한 양이었다. 이 옥수수 낟알을 발견한 것은 신의 은총이다. 신이 도와 주시지 않았던들 어떻게 우리가 인디언을 만나지 않고, 이 곡식 낟알을 얻을 수 있었겠는가.[4]

이주자들은 이렇게 인디언의 곡식을 훔치고는 신이 주었다며 신에게 감사했다. 심지어 인디언의 무덤을 파헤쳐 무덤에 있는 부장품들을 훔쳐 내고는 또 신에게 감사를 드리기도 했다. 소위 '청교도의 아버지'들이 이렇게 정착에 '노력'했지만, 결과는 신통치 않았다. 1691년 이들의 정착지가 매사추세츠 식민지와 합병되었을 때, 이들의 숫자는 겨우 7,000명에 불과하였다.

이후 북부에 뉴햄프셔·매사추세츠·코네티컷·로드아일랜드의 4개 중요 식민지가 만들어져 이 지역을 합쳐서 뉴잉글랜드라고 부르게 되었다. 뉴잉글랜드의 주민들은 양키yankee라고 불렸다.[5] 이들은 모두 청교도 신자는 아니었지만, 북부 식민지에는 청교도들이 많았으며, 이들이 이 지역의 성장에 중요한 역할을 하였다.

플리머스에 청교도들의 식민지가 자리 잡을 무렵, 제임스타운 북쪽에는 메릴랜드가 건설되고 있었다. 1632년 찰스 1세가 조지 캘버트 George Calvert(1580~1632)에게 포토맥강 남쪽의 광활한 땅을 영지로 주었는데, 그는 여기에 영국에서 박해받고 있던 가톨릭 교도를 위한 식민지를 건설하고자 했다. 그리하여 1634년에 수백 명의 가톨릭 교도가 이곳에 도착하였고, 이들은 담배 농사를 주로 지었다. 이 지역은 버지니아나 플리머스와 달리 봉건 영주인 캘버트 가문의 주도로 식민 사업이 이루어졌다. 캘버트 가문은 누구든지 다섯 명의 남자를 거느리고 메릴랜드로 이주하는 사람에게 2,000에이커의 토지를 주었다. 다섯 명이 되지 않은 경우 남녀 구분 없이 성인은 1인당 1,000에이커, 어린이는 50에이커를 주었다.[6]

이런 까닭에 이 지역에는 지주 세력이 강했고, 주민의 대부분이 소작농이었다. 나중에 자유민들의 대의 기구가 설치되어 민주화가 많이 진행된 뒤에도 여전히 지주들의 영향력은 크게 남아 있었다. 이와 유사한 식민 과정을 거쳐 남부에는 대지주들이 많이 생겨났으며, 그 결과 보수적이며 귀족적인 문화가 성립했다. 1650년경부터 버지니아와 메릴랜드를 비롯한 남부 식민지에 흑인 노예제도가 도입되면서 대농장 제도는 더욱 확장되었다. 대지주들은 새로운 귀족층으로 성장하여, 영국 젠트리의 생활을 모방하고 자식들을 영국에 유학 보내는 등 사치스러운 생활을 하였다. 18세기 초 남부를 방문한 한 영국 귀족은 이들의 생활을 보고 "영국은 변했는데, 버지니아는 변하지 않았다. 버지니아인들은 본국 사람들보다 더 한층 영국적이다"라고 말하였다. 독립전쟁에 중요한 역할을 하게 되는 조지 워싱턴이나 토머스 제퍼슨 같은 사람들도 이 대농장주의 후손이었다.[7]

한편 초기 식민지들 가운데는 외국에서 빼앗은 것도 있었다. 1609년, 네덜란드 사람 헨리 허드슨Henry Hudson(1550?~1611)이 훗날 맨해튼이라고 불리게 되는 섬에 상륙했는데, 여기에서 강과 훌륭한 항구로 사용할 수 있는 만을 발견하고, 자기 이름을 따서 허드슨만이라고 불렀다. 허드슨이 많은 모피를 가지고 돌아오자, 네덜란드에서는 이 지역을 동경하는 사람들이 많아졌다. 1621년 네덜란드의 서인도회사가 이곳의 식민권을 얻고, 1624년 맨해튼섬에 뉴암스테르담이라는 도시를 건설하였다. 1626년경 네덜란드의 서인도회사가 임명한 총독 페테르 미노이트Peter Minuit(1580~1638)가 인디언에게 금화 60개를 주고 이 섬 전체를 샀다. 이후 이곳 식민지는 17세기 전반 세계 일류의 해상국가였던 본국 네덜란드의 지원 아래 빠르게 성장하여, 네덜란드 사람들은 인디언에게 럼주와 총을 팔고 대신 모피를 사들여 유럽에 수출하였다. 그런데 1631년 미노이트가 해임되었다. 아마도

9_세계사의 주도권을 바꿀 미국의 건설 225

훗날 맨해튼이라고 불리는 섬에 상륙한 뒤 여기에 자신의 이름을 붙여
'허드슨만'이라고 명명한 헨리 허드슨(왼쪽). 네덜란드 서인도회사가 임명한
미노이트 총독(가운데)은 1624년 금화 60개를 주고 맨해튼섬 전체를 샀다.
그러나 1645년 네덜란드 속령의 총독이 된 페테르 스타위베산트(오른쪽)는
독재를 휘두르다 급기야 영국인에게 이 지역을 빼앗기고 만다.

대지주와 이주자들 사이에 갈등이 있었고, 그 과정에서 그가 일방적으로 대지주 편을 들었기 때문인 것 같다. 1645년에 페테르 스타위베산트Peter Stuyvesant(1592~1672)라는 사람이 북아메리카와 카리브해에 있는 모든 네덜란드 속령의 총독이 되었다. 정열적이면서도 괴팍한 성격의 소유자였던 그는 1647년 뉴암스테르담에 도착한 후 서인도회사의 이익을 대변하며 독재를 휘둘렀다. 그는 이주민들이 의회를 만들자고 하자 이렇게 대답했다. "누구나 자기와 똑같은 사람에게 투표할 것이다. 도둑놈은 도둑놈에게, 건달과 술주정뱅이와 밀수업자 등은 자기와 비슷한 부정을 서슴지 않는 무리에게 투표하여, 그런 놈들이 악행과 사기를 마음대로 하게 될 것이다."

그런데 지리적으로 뉴욕은 매사추세츠와 매우 가까웠다. 영국인들은 바로 옆에 네덜란드인이 사는 것을 좋아하지 않았다. 급기야 1653

년부터 이 지역을 놓고 영국인들과 네덜란드인들은 전쟁을 벌였다. 페테르 스타위베산트 총독은 이때 맨해튼섬을 횡단하는 방위 벽을 쌓았는데, 이 벽이 오늘날 월 스트리트Wall Street의 기원이 되었다. 페테르 스타위베산트는 네덜란드에 증원병을 요구하였으나, 네덜란드 의회가 그를 싫어했기 때문에 증원군은 오지 않았다. 1664년 마침내 영국 해군이 이 지역을 점령하였고, 영국 왕은 자기 동생인 요크York 공에게 이 지역을 하사였다. 그리하여 이 지역 이름이 뉴욕New York이 되었다.

뉴욕이 발전하고 있을 무렵인 1681년에는 윌리엄 펜William Penn(1644~1718)이 영국의 국왕 찰스 2세가 고인이 된 아버지에게 빚진 돈 대신에 땅을 하사받았는데, 그곳이 펜실베니아 식민지였다. 그는 퀘이커 교도였는데, 퀘이커교는 개인의 양심을 가장 중요시하고 교회 조직과 성직자의 필요성을 부정했기에 당시 심한 탄압을 받고 있었다. 펜은 모든 기독교들에게 신앙의 자유를 보장하고, 모든 정착민에게 영국인으로서의 권리를 보장한다며 이주자들을 모집했다. 1681년에는 국제적으로 이주자를 모으기 위해서 펜실베니아를 소개하는 책자를 만들었으며, 누구든지 이주해 오면 가족을 거느린 성인 남자 1인당 50에이커의 땅을 무상분배한다고 약속했다. 그리하여 18세기 들어 아일랜드·독일·스웨덴 등 여러 나라 출신의 이민자들이 이곳에 모이게 되었고, 펜실베니아는 여러 민족이 하나로 용해되는 '인종의 도가니'가 되었다. 뉴욕과 펜실베니아를 합쳐 중부 식민지라고 부르기도 하는데, 이 지역에는 특히 상업이 발달하였다. 이처럼 17세기에 중부·북부·남부 지역에 식민지들이 건설되는 초기 식민 과정에서부터 아메리카는 자유와 평등의 땅이라는 인식이 퍼지기 시작했다.

아메리카 식민지가 자유의 땅이 될 수 있었던 것은 식민 사업을 주도한 회사나 상인, 귀족들이 더 많은 사람들을 끌어 모으기 위해서 신앙과 정치적 자유를 허락했기 때문이다. 이 시기 유럽은 종교의 자유 때문에 전쟁까지 벌이는 상황이었기 때문에 이러한 특혜가 주는 매력은 매우 컸다. 정치적인 면에서도 아메리카는 비교적 자유로웠다. 영국이 식민지에 대한 권리를 가지고 있기는 했지만, 거리상 워낙 멀리 떨어져 있었기 때문에 식민지에 대해서 크게 간섭하지 않았다. 따라서 이주자들은 비교적 자유롭게 자신들의 정치 기구를 조직할 수 있었다. 가령 1619년 버지니아 식민지는 투표를 통해 주민의 참정권·의회제도·토지 사유 등을 규정한 신대륙 최초의 민주적인 자치규약을 제정했다. 매사추세츠 식민지 역시 매년 주민들이 모두 참여하는 투표를 통해 관리를 선출했고, 주민들의 의사가 정치에 반영되도록 양원제 의회제도를 발전시켰다. 또한 주민들은 '읍민 회의Town Meeting'라고 하는 자치 기구를 만들어 생활에 관계되는 문제들을 스스로 해결해 나갔다.

그리고 아메리카 식민지는 평등의 이상을 구현할 수 있는 자연적인 조건을 갖추고 있었다. 땅은 광활하고 인구가 부족했기 때문에 대부분의 식민지는 토지 제공을 약속하고 이주민을 끌어모을 수밖에 없었다. 그래서 식민지마다 구체적인 조건은 달랐지만 이주자가 땅을 제공받고 자영농이 된다는 점에서는 동일했다.

하지만 그렇다고 아메리카 식민지에 자유와 평등의 이상이 글자 그대로 구현되는 이상적인 국가가 건설된 것은 아니었다. 분명히 식민지에도 계급이 있었고, 일상생활 깊숙이 불평등이 자리 잡고 있었다. 가령 1653년 매사추세츠에서 두 여인이 체포되었는데, 그 이유가 실크 두건과 스카프를 샀기 때문이다. 중세 말에 사치금지법이라는 것이 있어 평민들은 염색된 값비싼 옷을 사지 못하게 했는데, 이 법의 영향으로 매사추세츠에서도 일정한 계층이 못 되는 이들은 실크 옷감을 사지 못하게 했던 것 같다. 실제로 실크 스카프를 산 죄로 체포된 두 여인은 남편들이 200파운드를 지불할 능력이 있었기 때문에 석방되었다.

교회에서 앉는 자리도 재산에 따라서 정해져서, 부자는 가장 좋은 자리에 앉았다. 심지어 범죄를 저지른 경우에도 재산에 따라 처벌이 달라졌다. 이런 불평등은 사회적인 규정뿐만 아니라 정치적인 권한에서도 마찬가지여서, 대개의 식민지들은 재산이 있는 백인 남자에게만 투표권을 부여했다. 그럼에도 불구하고 식민지 아메리카는 다른 세계에 비하면 자유롭고 평등하고, 무엇보다도 기회의 땅이었다.

가자, 아메리카로

식민지 아메리카가 자유와 기회의 땅이라는 것이 알려지면서 유럽에는 아메리카에 대한 환상과 동경이 폭풍처럼 일었다. 종교와 국적에 상관없이 자유와 새로운 기회를 찾고자 하는 사람들이 아메리카로 향하는 배에 몸을 실었다. 제임스타운이 건설된 후 한 세기가 지나도록 북미 아메리카의 백인은 20만이 넘지 않았는데, 불과 200~300년 만에 수백 만의 사람들이 미국으로 몰려들었다.

이민 초기 200여 년간 유럽인들이 아메리카로 건너가기 위해서 탄 배는 너비 26피트에 무게가 300톤밖에 되지 않는 작은 돛단배였다. 바람이 좋으면 7주 만에 미국에 닿기도 했지만, 그렇지 않으면 12주나 걸렸다. 그 긴 항해 동안 이민자들은 짐짝처럼 실려서 인간 이하의 대접을 받아야 했다. 1750년 오르간을 연주하기 위해 필라델피아로 건너온 고트리브 미텔버거라는 사람이 남긴 회고록의 한 장을 살펴보자.

로테르담에서도 암스테르담에서도, 사람들은 청어가 실리듯 짐짝처럼 배에 마구 실렸다. 그러나 정말 비극이 시작된 것은 카우즈에서 배가 마지막으로 닻을 올렸을 때였다. 그곳에서 필라델피아까지는 바람이 가장 좋은 경우 7주가, 바람이 좋지 않을 때에는 8주에서 9주, 심지어 10주 또는 12주씩이나 걸리는 길이었기 때문이다. ……배급되는 음식들도 형편없는 데다가 양도 매우 적었다. 이 음식들도 너무나 불결한 까닭에 차마 먹을 수가 없었다. 배에서 주는 물도 색깔이 시커멓고 탁하였으며 벌레들이 우글거려서 아무리 갈증이 심해도 마시기만 하면 구역질을 해댔다. ……항해가 거의 끝나갈 무렵 우리는 배에서 주는 상한 지 오래된 비스킷으로 연명해야 했다. 비스킷도 붉은 벌레나 거미줄이 가득해서, 성한 부분이라고는 동전 한 닢 크기도 되지 않았다.[8]

너무나 배가 고파서 쥐를 잡아먹었다는 사람들도 많았다. 그나마 살아남은 자들은 다행이었다. 많은 사람들이 항해를 견디지 못하고 죽었다.

이민자들 가운데 많은 사람들은 그야말로 빈털터리였다. 그들은 고향에서 한 뼘의 땅도 갖지 못한 채 무거운 세금을 내고, 늘 배고픔에 시달려야 했던 사람들이었다. 아무런 희망도 없던 그들에게 아메리카로 간 친구들의 편지가 왔다. 아무리 가난한 집이라고 해도 식탁에 고기가 오르지 않는 날이 없다는 것이다. 마음껏 고기를 먹을 수 있고,

아메리카 식민 기간 중 행해진 인신매매의 가장 큰 피해자는 아프리카 흑인들이었다. 16세기부터 19세기까지 아메리카로 팔려온 흑인 수는 무려 1,000만 명이나 되었다. 이들을 태운 노예선은 너무나 비좁아 옴짝달싹할 수조차 없었다.

또 잘하면 부자가 될 수 있는 땅이 있다는데 누가 가지 않겠는가?

그렇지만 그들에게는 아메리카까지 갈 뱃삯조차 없었다. 이런 사람들을 위해서 '계약 노동제'라는 것이 도입되었다. 아메리카까지 가는 뱃삯을 대신 지불해 주는 대신 이민자들에게 몇 년간 일을 시키는 것이었다. 1774년《펜실베니아 스타아츠보테》지에는 다음과 같은 광고가 실렸다.

> 최근 독일에서 온 50~60명의 독일인이 아직 남아 있음. '황금의 백조' 가게의 크리데린 미망인에게 연락하면 만나볼 수 있음. 교사 2명과 기계공, 농부와 소년, 소녀들과 젊은 사람들임. 그들은 뱃삯을 갚기 위해 고용살이 하기를 바라고 있음.[9]

사람을 싣고 가기만 하면 아메리카에서 뱃삯을 받아 낼 수 있다는 사실이 알려지면서, 인신매매도 적잖이 행해졌다. 상인들은 사람을 강제로 납치하거나 혹은 팔려는 사람들에게서 '구입'하여 아메리카로 실어 날랐다. 돈에 눈이 먼 부모가 자식을 팔고, 고아나 방랑자들을 데리고 있던 사람들은 귀찮은 짐을 처분하듯 내다 팔았다.

이렇게 팔려 온 사람들 가운데 가장 많은 수가 흑인 노예들이었다. 흑인 노예들의 비참한 아메리카 이주는 16세기부터 본격적으로 진행되었다. 중부 아메리카에 사탕수수 농장이 생기며 많은 노동자가 필요해지자 백인들, 특히 영국인들이 아프리카 황금 해안에서 노예를 싣고 와서 아메리카에 팔았다. 그리고 노예들이 생산한 럼주와 면화 등을 사서 유럽에 팔았다. 이것을 '대서양 삼각무역'이라고 한다. 16세기부터 19세기까지 아프리카에서 아메리카로 팔려 온 흑인은 1,000

만 명이나 되었다. 그중에서 40만 명 정도는 미국 남부로 흘러들었다. 이때 흑인들이 당한 고통은 글로 표현할 수 없는 것이다. 노예선의 상황을 전하는 한 기록을 살펴보자.

> 배는 아프리카 해안에서 336명의 남자와 226명의 여자, 합해서 562명을 실었다. ……노예들은 모두 갑판 사이의 쇠살로 된 승강구 밑에 갇혀 있었다. 갑판 아래 공간이 너무나 좁고 천정이 낮아서 그들은 다리와 다리 사이로 깍지를 끼고 앉아 있었는데, 너무나 비좁아 낮이나 밤이나 누울 수도 자세를 바꿀 수도 없었다.[10]

이렇게 자유와 기회를 찾아 왔든지, 아니면 강제로 왔든지 아메리카의 인구는 날로 늘었다. 처음 몇 백 명으로 시작한 아메리카의 인구는 1715년 40만, 1763년에는 250만에 이르렀다.

영국 정부, 통제를 시작하다

아메리카 식민지가 성장하던 초기, 영국 정부는 아메리카를 과잉 인구의 배출지, 특히 신앙이 다른 사람들이나 범죄자들의 배출지 정도로 생각하였다. 이주자들은 그야말로 마음껏 자유를 누리면서 살 수 있었다. 그러나 아메리카의 새로운 도시들이 점점 성장하면서, 영국 정부는 본국 제품의 판매처이자 원료 생산지, 조세 징수지, 그리고 전략적 중심지로서 식민지 아메리카가 지닌 가치를 인식하기 시작하였다.
　버지니아·캐롤라이나·조지아 등이 사탕수수를 비롯한 열대 작물을 생산하자, 영국은 이제 다른 외국에서 이 작물들을 수입하지 않아도 되었다. 메릴랜드와 펜실베니아에서 생산되는 담배와 목재도 중요한 자원이었다. 식민지가 귀중한 자원의 보고라는 사실을 깨달은 영국 정부는 1660년부터 식민지를 조직하여 하나의 제국으로 만들려고 하였다.[11] 대서양 건너에 또 하나의 영국이 있다면 영국의 국익에 크게 도움이 될 것이기 때문이다. 영국이 이렇게 정책을 바꾼 데에는 방위를 위한 전략적인 면도 있었다. 에스파냐와 네덜란드에 이어 프랑스까지 해외 진출을 본격적으로 시작함에 따라서 기존의 식민지를 지키고 효율적으로 관리하는 것이 더욱 절실해진 것이다. 영국 정부는 플로리다에 있는 에스파냐 세력에게서 버지니아를 지키기 위해 캐롤라이나를 건설했고, 북쪽의 프랑스 세력을 막기 위해 뉴잉글랜드 자치령을 조직했다.

영국이 아메리카에 대한 통제를 시작했을 때, 그 중점은 주로 경제적인 것이었다. 영국 정부는 1651년 항해법 제정을 시작으로 여러 가지 법을 만들어 식민지의 경제 활동을 통제하였다. 이 법에 따라서 식민지는 설탕·담배·염료·쌀·해운 필수품 등 중요 생산물을 영국이나 영국령 식민지에만 팔아야 했고, 식민지가 유럽에서 수입하는 모든 물품은 영국을 경유해야 했다. 영국 정부는 이렇게 식민지의 교역을 통제하는 것에 그치지 않고, 식민지의 경제가 본국과 경쟁하는 일이 없도록 통제하기 시작하였다. 1732년 모자법, 1750년 철강법 등을 만들어 식민지가 생산한 물품을 해외에 판매하는 것을 막거나, 아예 식민지인들이 영국과 경쟁하는 산업시설을 만드는 것을 금지했다.[12]

영국이 통제를 강화하자 아메리카인들의 저항이 시작되었다. 영국 상인들의 독점으로 물가가 오르자, 식민지인들은 영국 정부 몰래 서인도제도와 거래를 하였다. 특히 뉴잉글랜드 상인들은 서인도제도에서 당밀을 수입하여 럼주를 만든 다음 이것을 아프리카로 수출하였고, 아프리카에서 노예를 사와 서인도제도와 남부의 대농장에 팔았다. 이것은 영국 의회가 정한 당밀법을 어기는 행위였다. 뉴잉글랜드인들은 또한 영국과 경쟁할 수 있는 제조업 시설들을 만들었다. 1643년 매사추세츠 린에 최초의 제철소가 세워졌고, 1775년이 되자 아메리카 식민지는 전 유럽 철 생산량의 7분의 1을 생산하기에 이르렀다.

통제를 강화하려는 영국 정부와 그 통제를 벗어나려는 식민지인들 사이의 긴장은 때때로 폭동이나 반란으로 번졌다. 1676년 버지니아에서 일어난 베이컨의 반란이나 1686년 매사추세츠의 반란 등이 대표적인 사례다. 베이컨 반란은 주도자였던 나다니엘 베이컨Nathaniel Bacon(1647~1676)의 이름을 딴 것인데, 버지니아의 버클리 지사가 강압적으로 통치한 것이 원인이었다. 베이컨은 반란군을 이끌고 버지니아의 수도였던 제임스타운을 불살랐다.

17세기 후반부터 18세기 전반기까지 식민지와 모국의 관계는 더이상 악화되지 않았다. 18세기에 식민지인들은 나중에 '구 서부'로 불리게 될 서쪽 변경 지방을 개척하는 데 몰두하였고, 식민지의 경제가 계속 팽창하고 있었기 때문이다. 그러나 식민지와 영국의 갈등은 이미 표면화되어 있었기 때문에 주머니 속에 감추어진 송곳처럼 언제든지 튀어나올 수 있는 상태였다.

식민지 아메리카와 영국의 갈등이 다시 부각된 것은 7년전쟁이었다. 프로이센과 오스트리아가 벌인 이 전쟁에서 영국은 프로이센 편에, 프랑스는 오스트리아 편에 가담하였다. 7년이나 계속된 이 전쟁은 유럽의 많은 열강들이 참가한 국제전으로, 그 싸움터는 유럽만이 아니었다. 특히 영국과 프랑스는 아메리카 대륙의 주도권을 놓고 치열하게 싸웠다. 7년전쟁이 일어나기 전 식민지인들은 애팔래치아산맥을 넘어 서쪽으로 세력을 넓혀 가고 있었는데, 산맥 너머 넓게 펼쳐진 오하이오강 유역을 탐냈기 때문이다. 이에 프랑스는 군대를 보내 이 지역에 대한 권리를 주장하고, 피츠버그의 여러 곳에 요새를 세웠다. 또한 이로쿼이족 인디언을 프랑스 편으로 끌어들이려 했다.

상황이 이렇게 돌아가자 영국과 프랑스는 모두 식민지에서의 전쟁이 불가피하다는 생각을 하게 되었다. 그리하여 1754년부터 양국은 대대적인 전쟁 준비에 돌입하였다. 프랑스는 디에스코 장군을 캐나다로 파견했고, 영국은 브래독Edward Braddock(1695~1755) 장군을 버지니아에 파견하였다. 전쟁 준비가 본격화되면서 식민지인들도 영국군을 돕기 시작하였다. 식민지인들은 1754년 올버니에서 회의를 소집하여 13개 식민지의 공동 방위 문제를 협의하였다. 회의는 별 성과를 얻지 못하였으나, 조지 워싱턴George Washington(1732~1799)과 벤자민 프랭클린Benjamin Franklin(1706~1790)이 영국군을 도와서 싸웠다. 초반 전투에서 영국군은 대패하였다. 브래독이 너무 자만하였기 때문이다. 그는 인디언의 매복을 조심하라는 프랭클린의 충고를 "미개인이 당신네 아메리카 민병대에는 무서운 적일지도 모르나 엄격한 훈련을 받은 국왕의 군대에게는 아무것도 아니다"라고 무시하였다.

초반 전투에서 인디언들은 식민지인들을 학살하고 얼굴 가죽을 벗기는 만행을 저질렀다. 수천 년간 살아온 땅을 백인들에게 빼앗긴 분풀이를 한 것이다. 그런데 이 같은 인디언들의 행위에 대해서 펜실베니아인들은 똑같은 만행으로 복수했다. 그들은 의회의 공식적인 결정을 통해 12세 이상 인디언 남자의 얼굴 가죽에 대해서는 130달러, 인디언 여자에 대해서는 50달러의 보상금을 약속하였다.[13] 펜실베니아

> 일명 '프랑스-인디언전쟁'이라고도 불리는 7년전쟁 때 프랑스 편에서 싸운 인디언들은 식민지인들을 학살하고 얼굴 껍질을 벗겼다. 그런데 기독교 신자들이 특히 많았던 펜실베니아인들 역시 똑같은 행동으로 복수했다.

에는 신앙심이 깊은 퀘이커 교도와 독일의 루터파, 잉글랜드의 국교파 등 기독교 신자들이 특히 많았다. 그 수도는 '우애의 도시'라는 뜻을 가진 필라델피아Philadelphia였다. 하느님을 믿고 우애를 선전하던 그들이 인디언들과 똑같은 만행을 공개적으로 저질렀던 것이다.

1757년 윌리엄 피트William Pitt the Elder(1708~1778)가 영국의 수상으로 취임하면서 전세는 바뀌기 시작하였다. 7년전쟁을 기회로 삼아 아메리카 대륙 전체를 차지하려고 한 그는 암허스트와 울프 두 장군을 식민지에 보냈다. 그에 반해서 프랑스는 지원 병력을 받지 못하였다. 당시 식민지 전투를 지휘하던 몽캄이 프랑스 수상에게 지원병을

9_세계사의 주도권을 바꿀 미국의 건설

요청하였으나, 수상은 "집이 타고 있는데 마굿간 걱정을 할 여유가 없다"고 대답하였다. 우세한 병력에 힘입은 영국군은 1758년 루이부르그를 함락하고 포트뒤케느를 점령하였다. 영국군은 수상의 이름을 기리기 위하여 포트뒤케느의 이름을 피츠버그로 바꾸었다. 이어 1760년에는 몬트리올을 함락시켰다. 이렇게 영국군이 프랑스 군을 압도하는 가운데, 1763년 전쟁이 끝나고 파리 조약이 맺어졌다.

독립을 향하여

7년전쟁이 끝난 뒤 아메리카 식민지는 프랑스의 위협에서 완전히 벗어나 안정된 발전을 이룰 수 있게 되었다. 프랑스의 위협에 맞서서 영국군과 식민지인들은 협력하여 싸웠고, 이로 인해 전쟁 기간 중에는 본국과 식민지 간의 갈등이 봉합되는 것 같았다. 그러나 7년전쟁은 더 큰 문제를 일으켰다.

큰 전쟁에서 승리한 식민지인들은 애팔래치아산맥 너머로까지 진출하고 싶은 욕구를 강하게 느꼈다. 애팔래치아산맥 너머로 진출한다는 것은 인디언들과의 전쟁을 의미했다. 그러나 영국은 전쟁에 지쳐 있었다. 7년전쟁 동안 막대한 전비가 소모되었는데, 또다시 분쟁이 발생한다면 재정적으로 너무나 큰 부담이었다. 더이상의 분쟁은 피하고 싶어 했던 영국 정부는 1763년 식민지인들에게 더이상 서부로 진출하지 말라고 명령했다.

그리고 영국은 전쟁을 치르느라 생긴 채무를 갚고, 식민지에 계속 영국군을 주둔시킬 비용을 마련하기 위해서 식민지인들에게 새로운 세금을 부과하였다. 1764년에는 설탕법을 제정하여 설탕·포도주·커피·견직물의 수입에 관세를 부과하였고, 1765년에는 인지세법을 제정하여 모든 공문서에 인지를 첨부하도록 했다. 그런데 이 인지세가 식민지인들에게 격렬한 반발을 일으켰다. 인지세는 그 부담이 과중하지는 않았지만, 그동안의 관세와는 달리 내국세였기 때문이다. 따라서 새로운 세금을 부과할 권리가 과연 누구에게 있는가에 대한 논쟁이 일었다.

원래 영국에서는 왕이 새로운 세금을 부과하려면 반드시 의회의 동의를 얻어야 했다. 그런데 식민지인들은 영국 의회에 대표를 파견한 적이 없다. 즉, 식민지인들의 동의 없이 새로운 종류의 세금을 부과한 것은 영국 법을 어긴 것이었다. 이에 식민지인들은 "대표 없는 곳에 과세도 없다no representation, no tax"를 외치며 인지세의 철폐를 주장하였다. 매사추세츠의 새무얼 애덤스Samuel Adams(1722~1803)는 '자유의 아들들'이라는 단체를 조직하여 인지세법의 시행을 방해하였다. 1765년 뉴욕에 모여서 인지세법 회의를 연 식민지인들은 인지세법이 식민지인들의 권리와 자유를 침해하는 것이라고 규정하고 영국 상품을 배척하는 결의안을 채택하였다.

식민지인들의 반발이 거세어지자 영국 정부는 1766년 인지세법을 폐기하였으나, 1767년 다시 타운센드 법을 제정하여 영국에서 수입하는 유리·납·종이·페인트·차에 대해서 관세를 부과하였다. 인지세법 폐지로 자신감을 얻은 식민지인들은 타운센드 법도 격렬히 반대하였다. 그러나 영국 정부는 군대를 파견하여 치안을 유지하는 한편, 영국의 정책에 항의하는 뉴욕 의회의 권한을 정지시키고, 매사추세츠와 버지니아 의회를 해산시켜 버렸다. 이러한 정부의 강경한 조처는 식

1770년 3월 5일 일어난 보스턴 학살 사건.
영국 군인과 민병대 간의 충돌로 미 독립전쟁 최초의 흑인 희생자인 크리스퍼스 애턱스를 포함한 다섯 명의 사망자를 냈다. 이 사건은 영국에 대한 식민지인들의 저항에 불을 지폈다.

민지인들의 자치권에 대한 논란을 일으켰고, 자치권 훼손에 격분한 식민지인들의 저항은 갈수록 거세졌다. 그러던 중 1770년 '보스턴 학살 사건'이 발생하였다. 거리를 지나가는 영국 군인들에게 식민지인들이 눈덩이를 던졌는데, 당황한 영국 병사들이 발포하여 식민지인 다섯 명이 사망한 것이다. '자유의 아들들'은 곧바로 이 사건을 학살이라고 규정했다. 학살된 사람들을 기념하고 영국에 항의하는 집회가 열리고, 영국의 강압성을 비판하는 소책자들이 간행되었다.

식민지인들의 저항이 거세지자 영국은 타운센드 법을 철폐하고 영국군을 철수시켰다. 이후 2년 동안은 일종의 해빙 기간이었다. 그러나 양측의 관계는 1773년부터 다시 악화되었다. 문제의 발단은 역시 영국 정부가 제공하였다. 영국 정부는 파산을 목적에 둔 동인도회사에 아메리카에 대한 차 수출에 관세를 면제해주는 특혜를 주었다. 이 조처로 인해서 식민지의 차 수입업자들은 큰 타격을 입었다. 과격파인 '자유의 아들들'은 차 불매운동을 적극적으로 펼쳤는데, 이 과정에서 차를 구입한 사람을 추적하여 협박하기까지 했다.

여기서 분명히 짚고 넘어갈 것은 보스턴 차 사건은 과격파들이 주도한 점이다. 영국 정부는 동인도회사에 차에 대한 관세를 면제하는 특권을 주었다. 그리하여 동인도회사가 중개인들을 배제하고 직접 소비자들에게 팔았기 때문에 찻값은 상당히 싸졌다. 당연히 소비자들은 별 불만이 없었다. 다만 차를 밀수하거나 중개하던 업자들, 특히 존 핸콕이라는 인물이 이 조치에 크게 분노했다. 차 밀수업자들과 과격파들은 대중을 선동하기 위해 음모를 꾸몄다. 1773년 12월 그들은 술을 잔뜩 마신 후, 인디언으로 변장하고 보스턴 항구의 영국 배에 뛰어올라 1만 8,000파운드나 되는 차를 바다로 던져 버렸다. '보스턴 차

1773년 12월 16일 밤에 일어난 보스턴 차 사건.
식민지 주민들이 영국 본국에서의 차茶 수입을 저지하기 위하여 항구 안에 정박 중인
동인도회사의 선박 두 척을 습격하여 342개의 차 상자를 깨뜨리고 그 안의 차를
모조리 바다로 던졌다. 이 사건은 1775년 무력 충돌의 도화선이 되었고,
결국 미국 독립혁명의 직접적인 발단이 되었다.

사건'이 벌어진 직후, 온건파들은 "인디언도 이런 야만적인 행동을 하지 않는다"면서 과격파들을 비난하였다.

영국 왕 조지 3세George Ⅲ(1738~1820)는 이 같은 식민지인들의 행위가 자기의 권위에 도전하는 것이라며 격분했고, 1774년 3월 식민지인들이 동인도회사에 끼친 손해를 배상할 때까지 보스턴 항구를 폐쇄하도록 했다. 식민지의 강경파들은 영국의 모든 상품에 대한 불매운동을 벌이자고 주장했지만, 이때까지도 온건파의 목소리가 높았다. 필라델피아와 뉴욕의 상인들, 남부의 대농장주들은 강경책을 쓰면 자신들의 사업이 큰 타격을 입을까 염려했다. 만약 이때 영국 정부가 좀

242 14가지 테마로 즐기는 서양사

더 유연하게 대응했더라면 사태는 악화되지 않았을 것이다. 그러나 영국은 1774년 3월에서 6월 사이에 계속해서 강경책을 폈다. 보스턴 항구를 폐쇄시킨 후 매사추세츠 정부법을 제정하여 식민지 의회의 상원의원을 왕이 임명하도록 했다. 또한 '군대 민박법'을 제정하여 식민지에 주둔하고 있는 영국군은 숙박을 위해 필요할 경우 언제든지 건물과 식량을 강제로 징발할 수 있도록 하였다.

이렇게 영국이 과격한 강경책을 동원하여 식민지인들의 자치권을 부정하자, 온건파들까지도 영국에 대해 분노하게 되었다. 그리하여 1774년 9월 식민지인들은 필라델피아에서 영국의 보복조치에 대한 대책을 강구하기 위해서 제1차 대륙회의를 열었다. 12개 식민지에서 55명의 대표가 참가한 이 회의에서 영국과의 통상 중지와 영국 상품의 수입 금지가 만장일치로 결정되었다. 그리고 과격파를 중심으로 한 반영운동이 전 식민지로 확대되었다. 이후 독립혁명의 지도자 패트릭 헨리Patrick Henry(1736~1799)는 "자유 아니면 죽음을 달라"고 외치며 영국에 대한 저항을 호소하였다. 마침내 식민지인들은 영국 군대의 숙박을 거부했고, 성직자들이 영국 수상을 저주하며 신도들에게 무기를 나누어 주기에 이르렀다. 매사추세츠 지방 의회는 1분 안에 소집할 수 있다는 뜻의 '1분 대기조'라는 이름의 민병대 1만 8,000명을 조직하였다.

이런 상황에서 1775년 4월 19일, 보스턴 북서쪽에 있는 렉싱턴에서 식민지인들이 조직한 민병대와 영국군이 최초로 충돌하였다. 당시 영국군은 식민지 애국파의 지도자인 존 핸콕John Hancock(1737~1793)과 새뮤얼 애덤스를 체포하려고 했다. 이에 '자유의 아들들'이 주축이 된 민병대가 영국군을 공격하였다. 이제 영국과 식민지인들의 충돌은 불가피해졌다. 식민지인들은 즉시 제2차 대륙회의를 소집하였다. 여기

1774년 9월 5일부터 10월 26일까지 필라델피아에서 열린 제1차 대륙회의.
이 회의에는 조지아주를 제외한 12개 식민지 대표가 한자리에 모여 양국의 보복조치에 대한 대책을 강구했다. 이 자리에서 식민지인들은 영국이 '참을 수 없는 법'을 철회할 때까지 영국과 무역을 하지 않으며, 식민지 의회가 모든 입법권을 가질 뿐만 아니라, 본국과 타협이 되지 않으면 영국 상품에 대한 불매운동을 벌이기로 결의하였다.

서 식민지인들의 군대인 대륙군을 창설하고, 조지 워싱턴을 그 사령관에 임명하였다. 식민지인들이 군대를 편성하고 본격적인 전투 준비에 들어가자, 1775년 영국 정부는 식민지가 반란을 일으켰음을 공식 선언하고 3만 명의 1차 원정군을 파견하였다.

그런데 여기서 또 하나 짚고 넘어가야 할 것이 있다. 제1차 대륙회의가 반영운동을 적극적으로 펴기로 했지만, 이 회의는 독립을 선언한 것이 아니라 영국 왕에게 '참을 수 없는 법'을 철폐해 달라고 청원하였

244　14가지 테마로 즐기는 서양사

을 뿐이다. 이 청원서에서 제1차 대륙회의는 아메리카 식민지인들이 영국 왕의 충성스러운 신민임을 밝히고, 식민지에 대해 억압적인 조처를 취한 영국 관리들을 견제해 줄 것을 요청하였다. 1775년 5월에 제2차 대륙회의가 열리고, 대륙군이 창설된 뒤에도 1776년 1월까지는 대륙회의에서 독립 문제가 공개적으로 논의되지 않았다. 대륙회의가 독립을 본격적으로 논의하기 시작한 것은 1776년 6월이었고, 1776년 7월 4일 독립선언서가 낭독되었다. 이 사실은 식민지인들이 대륙군을 결성한 후에도 아직 독립을 염두에 두지 않았음을 보여 준다.[14]

늘 혁명은 적극적인 소수가 머뭇거리는 다수를 급진적인 방향으로 끌어들여서 진행된다. 이 점에서는 미국 독립전쟁도 마찬가지였다. 1차 대륙회의가 열릴 때까지만 해도 머뭇거리는 다수가 회의를 주도하고 있었다. 온건파는 식민지 대표로 구성되는 상설 의회를 만들려고 했으나, 이 의회도 어디까지나 "영국 의회에 예속되는 분신기관"이 되어야 한다고 생각하고 있었다. 대부분의 식민지인들도 마찬가지였다. 1775년까지 90퍼센트 이상의 식민지인들이 영국 국왕에 대한 충성심을 가지고 있었다. 독립전쟁이 본격화된 후에도, 뉴욕 같은 곳에서는 대륙군보다는 영국군에 지원한 사람이 더 많았다.

이런 상황에서 식민지가 독립을 선언하고 영국과 싸우기에는 여러 가지 어려움이 뒤따랐다. 그들은 개별적인 13개 주로 존재해 왔지, 결코 하나의 통일된 국가가 아니었다. 따라서 독립과 전쟁 수행 문제와 관련한 식민지들의 의견 역시 통일되어 있지 않았다. 세계 최강이라는 영국군과 싸우기 위해서는 군대를 조직해야 하는데, 그 비용을 누가 댈 것인가. 이런 문제에서도 각 식민지 대표들은 묘한 신경전을 벌이며 시간을 낭비하기 일쑤였다.

식민지인들이 이렇게 머뭇거리고 있는 사이에 아메리카의 역사를 바꿔 놓을 한 권의 책이 발간되었다. 토마스 페인Thomas Paine(1737~1809)의 《상식Common Sense》이 그것이다. 페인은 원래 영국의 세무 관리였는데, 1772년 세무 관료의 부패를 척결하는 유일한 방법으로 관료의 보수를 올려야 한다고 강력히 주장한 글을 발표한 뒤 세무국에서 해고당했다. 절망적인 상황에 처해 있던 페인은 바로 그때 런던에서 벤자민 프랭클린을 만났다. 프랭클린은 그에게 미국에서 행운을 찾아보라는 충고를 하면서 소개장을 써 주었다. 1774년 필라델피아에 도착한 페인은 식민지 급진파에 가담하여 대륙회의가 열리는 동안 거리를 돌아다니며 뉴스를 모으고 여론을 조사하였다. 여기서 보통 사람들이 정세에 대해서 너무나 무관심하다는 것을 알고는 그들을 각성시키기 위해서 《상식》이라는 50쪽짜리 책을 썼다. 《상식》은 발표되자마자 폭발적인 인기를 끌어, 1776년 1월에 출판된 후 몇 개월 만에 50만 부 이상이 팔렸다. 당시 식민지의 인구는 300만 정도였고, 백인 성년 남자는 50~60만 명 정도 되었다. 식민지에서뿐만 아니라 영국에서도 이 책의 영향은 매우 컸다. 페인이 영국을 왜소한 나라라고 비난하며 식민지의 독립을 주장한 사실이 알려지자, 런던에서는 그의 이름을 구두 밑창에 새겨 넣고 밟고 다니는 것이 유행할 정도였다.

그러면 도대체 《상식》의 내용은 무엇이었을까? 페인은 지금까지 통치했던 왕들을 모두 합해도 정직한 사람 한 명의 가치보다 없다면서 군주제를 통렬히 공격하였다. 인간이 따라야 하는 가장 중요한 법은 자연법인데, 그에 가장 어긋나는 통치체제가 군주제라고 주장한 것이다. 이는 군주권이 강도와 같은 귀족들의 힘에 바탕을 두고 있기 때문이다. 페인은 아메리카와 같은 거대한 대륙이 영국과 같은 조그마한 섬나라의 지배를 받는 것은 매우 부자연스럽다고 주장하였다. 이러한 주장에 영향을 받은 많은 아메리카 식민지들이 독립에 대해 적극적으로 생각하기 시작했다.

식민지인들의 독립을 부채질한 또 한 가지는 영국 정부의 독선이었다. 영국 정부는 줄곧 과격한 조처를 취했고, 조지 3세는 식민지인들과 타협하지 말 것을 강력하게 명령하였다. 1775년 그는 영국이 절대로 식민지를 포기하지 않을 것이며, 식민지인들이 반항하면 무력으로 엄격하게 다스리겠다고 선언하였다. 이렇게 영국이 강경책으로 일관한 것은 영국의 국력과 군사력을 과신하고 있었기 때문인 것 같다. 사실 영국이 가졌던 자신감은 근거 없는 것은 아니었다. 당시 영국은 7년전쟁을 승리로 이끈 후 자신감에 차 있었으며, 산업혁명을 통해서 역동적으로 국력을 신장시키고 있었다. 더욱이 식민지 내에는 여전히 영국을 지지하는 왕당파들이 많았다. 영국은 식민지에 4만 2,000명의 영국 정규군을 파견했고, 확실한 승리를 얻기 위해서 독일에서 3만 명의 용병까지 고용한 상태였다.

불붙은 독립전쟁

영국 정부의 독단적인 조처에 분노하고, 토마스 페인의 《상식》에 영향을 받은 2차 대륙회의 대표들은 1776년 7월 4일, 드디어 독립을 선언하였다. 독립선언서는 식민지인들이 영국에 대항하여 반기를 든 이유를 표명하기 위한 것이었다. 그러나 독립 선언을 했다고 해서 당장 독립을 쟁취할 수 있는 것은 아니었다. 당시 영국은 세계 최강의 군사

1776년 7월 〈독립선언서〉에 사인하는 미국 독립 지도자들.
급진파의 대두와 토마스 페인의 소책자 《상식》 등의 영향으로
독립의 기운이 고조된 상황에서, 제2차 대륙회의는 1776년 5월 각 식민지에
새 정부 수립을 권고하였다.

력을 가지고 있었고, 식민지인들은 그런 영국과 싸워야 했다. 사실 독립선언서가 발표되기 전인 1776년 봄부터 벌써 양측의 전투는 본격적으로 진행되고 있었다.

1775년에 대륙회의는 조지 워싱턴을 식민지 연합군의 총사령관으로 임명했다. 워싱턴은 대륙회의의 협조를 받아가며 민병대를 모았다. 워싱턴은 7년전쟁 때 수많은 전투에 참가해 공을 세운 군인이었다. 7년간 진행된 독립전쟁에 약 40만 명의 식민지인들이 참전했지만, 워싱턴은 한꺼번에 3만 이상의 병력을 가져 본 적이 없었다. 병사들의

아메리카 독립전쟁 당시 영국군을 이끈 하우 장군.
식민지 연합군과 영국군이 맞붙은 초기 전투의 핵심은 허드슨 강변을 누가 차지하느냐였다. 그런데 하우 장군은 우세한 병력으로 먼저 뉴욕항을 점령하고도 교만에 빠져 다잡은 승리를 놓쳤다.

복무 기간이 몇 달밖에 되지 않았기 때문이다. 병사들은 자기 고장이 위험에 빠질 때만 싸웠고, 몇 주간 싸우다가 추수 때가 되면 귀가해 버리기도 했다.

초기 전투의 핵심은 허드슨 강변을 누가 차지하느냐였다. 허드슨 강변을 영국군이 완전히 장악하게 되면, 식민지군은 남북으로 양단되어 결정적인 타격을 받을 수밖에 없었다. 게다가 독립군은 해군력이 미미했던 데 반해, 영국은 강력한 해군을 보유하고 있었다. 영국군 사령관 하우Richard Howe(1726~ 1799) 장군은 우세한 병력과 해군력을 앞세워 뉴욕항을 점령하고 허드슨강을 따라 진격하는 한편, 별도의 부대를 북쪽으로 보내 북쪽에서 남하하여 올버드에서 합류하기로 했다. 이에 워싱턴은 허드슨강 입구를 방어하기 위해서 롱아일랜드와 맨해튼에 병력을 집결시켰다.

8월 27일, 하우는 롱아일랜드를 급습하여 아메리카 군 2,000명에게 사상을 입히며 큰 승리를 거두었다. 그러나 하우는 여기서 중요한 실책을 저지른다. 평화적으로 사태를 해결할 수 있다고 생각하고 포로로 잡은 설리반 장군을 대륙회의에 보냈으나 성과도 없이 시간만 낭비한 것이다. 만약 하우가 즉시 맨해튼에 있는 워싱턴 군대를 공격했다면,

9_세계사의 주도권을 바꿀 미국의 건설 249

대승을 거두고 전쟁을 승리로 이끌 수 있었을 것이다. 그러나 하우가 머뭇거리고 있는 동안 워싱턴은 병력을 맨해튼 북부 지역에 집결시키고 패배할 경우 신속하게 후퇴할 수 있는 길을 열어 놓았다. 하우는 9월 15일에야 맨해튼에 상륙, 워싱턴의 진지를 향해 돌격해 들어갔다. 워싱턴은 용감하게 싸웠으나 3,000명의 병사를 잃고 잔여 병사 4,000여 명을 거느리고 델라웨어강을 건너 펜실베니아로 후퇴하였다.

하우는 펜실베니아로 후퇴한 워싱턴 군대를 추적하다가 트렌톤에 주둔하였다. 그는 여기서 또다시 중요한 실책을 범한다. 교만에 빠진 나머지 언제든지 식민지 민병대의 잔여 세력을 소탕할 수 있다고 생각하고, 추격을 중단한 채 크리스마스를 보내기 위해서 뉴욕으로 가 버린 것이다. 하우가 뉴욕으로 떠나자 남아 있던 병사들도 크리스마스를 경축하며 해이한 분위기에 빠져들었다. 워싱턴은 그 틈을 이용하여 하우 군대를 공격하여 승리를 거두었다. 그러나 트렌톤에서의 승리로 전세가 바뀐 것은 아니었다. 다음 해 1777년 영국군은 우세한 병력으로 뉴욕과 필라델피아 등의 대도시를 점령했고, 식민지군은 산림 지대에 숨어서 가끔씩 기습적인 게릴라전을 펼쳤다.

전세를 유리하게 이끌고 있었으나 결정적인 승리를 거두지 못하자 영국은 캐나다에 주둔하고 있던 버고인John Burgoyne(1722~1792) 장군으로 하여금 1개 군단(약 8,000명)을 이끌고 남하하여 하우군과 올버니에서 합류하도록 명령했다. 버고인은 6월 17일 배를 타고 남하하여, 7월 30일 티콘데로가를 점령하고, 연이어 안네 요새 등에서 승리를 거두면서 올버니로 진격해 들어갔다. 그리고 8월, 신속하게 올버니로 가기 위해서 뉴욕 중부의 산림 지대를 통과하고 있었는데, 이곳에서 인디언들을 만나 약탈당하고 보급선이 끊겨 크게 고생하였다. 그러나

- 1775년 제2차 대륙회의는 버지니아 대표로 참석한 조지 워싱턴을 식민지 연합군의 총사령관으로 임명했다. 워싱턴은 1781년 10월 프랑스 군의 원조를 받아 요크타운 전투에서 결정적인 승리를 거두고 독립전쟁을 성공으로 이끌었다.
- - 1777년 9월과 10월, 식민지 연합군은 새러토가에서 두 차례의 전투 끝에 영국의 버고인군을 무장해제시킨다. 이 새러토가의 승리는 독립전쟁의 전세를 역전시켰다.

9_세계사의 주도권을 바꿀 미국의 건설 251

버고인이 천신만고 끝에 산림 지대를 통과한 것은 헛수고였다. 그때 하우는 필라델피아를 점령하기 위해서 출정한 터라 올버니에 없었던 것이다. 영국군이 이런 실수를 저지른 것은 정보 교환이 제대로 되지 않았기 때문이다. 어쨌든 버고인은 9월 13~14일 허드슨강을 넘어 새러토가로 진격하고 있었다.

한편 아메리카의 군대는 하우가 필라델피아로 떠나고 없는 상황에서 영국의 버고인 부대가 산림 지대를 통과하여 올버니로 가고 있다는 것을 알고 버고인 군대를 포위, 공격하려고 했다. 서쪽에서는 베네딕트 아널드의 군대가, 동쪽에서는 뉴잉글랜드의 군대가, 그리고 남쪽에서는 호레이쇼 게이츠의 군대가 진격했다. 새러토가에서 포위당한 버고인의 군대는 두 차례에 걸쳐 격렬하게 저항했지만, 10월 25일 공식적으로 항복했고, 버고인이 이끌던 잔여 병력 2,000명도 무장해제를 당하였다.

이 새러토가의 승리는 독립전쟁의 전세를 역전시켜 놓았다. 이 승리로 인하여 아메리카 군대의 사기가 높아졌으며, 아메리카 군대가 어느 정도 승리의 가능성을 보여 주자 그때까지 주저하고 있던 프랑스가 적극적으로 독립전쟁에 가담하였다. 7년전쟁에 패한 뒤 복수할 기회를 찾고 있던 프랑스는 아메리카를 영국에서 분리시킴으로써 영국의 국력을 축소시킬 수 있다고 생각했다. 프랑스는 1778년 6월 영국에 정식으로 선전포고를 하고 아메리카 군대에 자금과 병력을 적극적으로 지원했다. 프랑스뿐만 아니라 에스파냐와 네덜란드도 차관을 제공했다.

이후 아메리카 군과 프랑스 군은 협력하여 영국군과 싸웠고, 1781년 9월 19일 남부의 요크타운에서 영국군에게 결정적인 승리를 거두었다. 요크타운의 승리로 아메리카와 프랑스 연합군의 승리가 확실시되자 영국은 '평화'를 고려하기 시작했다. 당시 영국군은 여전히 뉴욕과 사우스캐롤라이나의 찰스턴을 장악하고 있었기 때문에 완전히 패배한 것은 아니었지만, 전쟁에 지쳐 있었다. 또한 영국은 아메리카와 프랑스가 너무 가까워지는 것을 두려워했다. 그리하여 영국은 협상의 길을 선택했고, 곧 전쟁을 끝내기 위한 협상이 진행되었다. 마침내 1783년 9월, 파리에서 영국과 아메리카 대표들이 평화조약을 맺었고, 영국은 아메리카의 독립을 정식으로 인정했다.

독립선언서와 미국의 출범

이제 아메리카는 영국의 그늘에서 벗어나 독자적인 발전을 모색할 수 있게 되었다. 새로운 나라 아메리카는 어떤 나라가 될 것인가. 식민지인들은 독립전쟁이 시작될 무렵부터 이미 미국이 어떤 나라가 되어야 할 것인지를 논의했다. 이 논의에서 화두가 된 것은 자유와 자연권이었다.

아메리카 식민지인들은 자신들이 특별한 운명을 타고났다고 생각했다. 그들은 먼저 노르만족이 영국을 정복하기 전의 시기(1066년 이전)가 영국사에서 가장 위대한 시대였다고 주장했다. 그 시대에 영국인들의 조상인 색슨족은 고향인 북구의 황야와 삼림을 떠나서 영국으로 건너와, 영국에 완전한 자유라는 원칙에 토대를 둔 정부를 만들었다. 모든 자유인들이 민족 내에서 차지하는 위치에 따라서 토지를 분배받았고, 민회에 참석할 수 있었다. 그런데 노르만족이 영국을 정복한 후 오랫동안 광포한 학정이 계속되었다. 영국인들은 이에 맞서 대신이 인간에게 부여한 천부적인 권리인 '자연권'을 주장한 존 디킨슨.
그러나 그는 처음에는 독립선언에 찬성하지 않고 영국과 타협하자고 주장했다.

헌장에서 권리청원에 이르기까지 자유를 수호하기 위한 문서들을 만들었다. 17세기까지 이 문서들이 효력을 발휘했으나, 메리 스튜어트를 시조로 하는 스튜어트 왕가가 '세속적 폭정과 종교적 압제'를 휘두르며 자유를 무참히 짓밟았다. 영국인들은 스튜어트 왕가의 전제정에 맞서 투쟁했다. 바로 이 중대한 투쟁이 벌어지고 있던 시기에 식민지인들은 새로운 땅에서 영국보다 더 순수하고 더 자유로운 세속 정부와 종교제도를 수립하기 위해서 아메리카로 이주했다.[15] 따라서 식민지인들은 아메리카를 자유가 보장되는 특수한 나라로 만들어야 한다고 생각했다.[16]

식민지인들은 자유란 법률에 따라 설정된 한계 안에서 '자연권'을 행사하는 역량이라고 생각했다. 여기서 자연권에 대한 논의가 시작된다. 1, 2차 대륙회의에 참가한 디킨슨John Dickinson(1732~1808)은 자연권을 이렇게 규정했다.

자연의 법칙을 세운 하느님의 뜻에 따라 우리 안에 만들어져 있다. 그것은 우리와 함께 탄생해서 우리와 함께 존재하며 우리의 목숨을 빼앗지 않고는 인간의 힘으로 빼앗을 수 없다. 간단히 말해 자연권은 이성과 정의에 관한 불변의 공리에 근거를 두고 있다.[17]

디킨슨의 말대로 자연권은 세속의 어떤 제도나 법이 있기 전부터 신이 인간에게 부여한 천부적인 권리이고, 그것은 절대로 양도 불가능한 것이었다. 식민지인들의 자연권에 대한 논의는 계몽사상, 특히 사회계약론의 영향을 받았다. 로크John Locke(1632~1704)에 따르면 자연 상태에서 인간은 신이 내린 천부적인 권리를 가지고 조화롭게 살고 있었다. 그 천부인권의 핵심은 생명·자유·재산이었다. 그런데 사유재산이 생기고 이에 따라 분쟁이 발생하자, 사람들은 계약을 맺고 사회를 구성하였다. 사회를 구성할 때 자연 상태에서 사람들이 가지고 있던 권리 가운데 통치권을 왕에게 위탁한 것이다. 왕은 사람들의 통치권을 위탁받아 질서를 바로잡고 나라를 다스린다. 여기서 중요한 것은 사람들이 통치권을 양도한 것이 아니라 '위탁'했다는 것이다. 그러므로 만약 왕이 통치를 엉망으로 하면, 시민들은 왕에게서 통치권을 되찾아올 수 있다. 미국 독립혁명은 이 점에서 로크 사상의 영향을 크게 받았다.

이런 자유와 자연권에 대한 추구는 1776년 7월 4일 발표된 독립선언서에서 구체적으로 그 모습을 드러냈다.

우리는 다음의 원리가 자명한 것이라고 생각한다. 사람은 모두 평등하게 창조되었다. 인간에게는 그의 창조자로부터 부여된 양도할 수 없는 권리가 있다. 그것은 생명, 자유, 그리고 행복을 추구할 권리이다. 이를 확보하기 위해서 사람들은 정부를 만들었으며, 정부의 정당한 권력은 인민의 동의에서 나온다. 정부가 이러한 목적을 파괴할 때에는 인민은 언제든지 이를 변혁 내지 폐지하고, 인간의 행복과 안전을 가장 효과적으로 가져다 주는 원칙에 기초해 이를 위한 기구를 갖춘 정부를 새로이 조직할 수 있는 권리가 있다.

그런데 독립선언서는 로크가 주장한 자연권, 즉 생명·자유·재산권에서 한 가지를 변경시켰다. 재산권이라는 항목 대신에 행복을 추구할 권리라는 항목을 포함시킨 것이다. 행복추구권이란 모든 개인은 다른 사람에게 피해를 입히지 않는 범위 내에서 자신의 행복을 추구하기 위해 무엇이든지 할 수 있는 권리를 말한다. 자유롭게 자신의 생각을 표현하고, 능력을 배양하고, 그리고 돈을 벌 수 있다. 그리고 자신이 행복을 추구하는 데 장애물이 되는 것이 있으면, 그것을 제거해 달라고 사회에 요구할 수 있다. 이는 사회를 구성하고 있는 개인의 자발성과 다양성을 인정하는 것이고, 개인이 사회의 주체이며 사회는 그 개인의 행복을 증진시키기 위해서 노력해야 한다는 함의를 가지고 있다. 이 점에서 미국의 독립선언서는 로크의 사회계약론에서 한 발짝 더 나아간 것이라고 볼 수 있다.

독립전쟁에 승리한 후 아메리카인들은 자유와 평등, 그리고 행복추구권을 보장하는 독립선언서의 정신을 제도화하기 위해서 헌법 제정 작업에 착수했다. 헌법을 만들려면 먼저 국가가 만들어져야 하는데, 1783년 9월 영국이 아메리카의 독립을 인정했을 때 아메리카는 하나의 국가가 아니라 13개로 나뉘어 있었다. 즉, 13개의 식민지가 각각 개별적인 국가였던 것이다.

1776년 6월 아메리카의 독립이 대륙회의에 제안되었을 때, 식민지인들은 처음으로 향후 통합된 하나의 국가를 건설할 계획을 세우기 시작했다. 대륙회의는 그해 6월 12일 별도의 위원회를 만들어 아메리카의 통합에 대해서 논의하도록 했고, 이 위원회는 '연합 및 항구적

동맹에 관한 헌장'을 제출했다. 이 헌장은 1781년 3월 1일에 13개 식민지의 비준을 받아 정식으로 효력을 발휘하기 시작했다.

이 헌장은 연합국가의 명칭을 '아메리카의 연합한 국가들The United States of America'이라고 했다. 현재 USA라는 미국의 국명이 여기서 생겨났다.[18] 이 헌장은 13개 국가들이 완전한 주권을 가지되, 국방·외교·인디언 대책과 같은 공통 사항은 연합 의회가 담당하도록 했다. 연합 의회에서 각 국가들은 한 표의 의결권을 행사하고, 의결은 9표의 찬성이 있어야 했다. 그러나 연합 의회의 의결 사항은 권고의 의미만을 가지고 있어서 그것을 집행하는 것은 각 국가들의 자율이었다. 따라서 이러한 상황이 계속되었다면 미합중국은 탄생하지 못했을 것이다.

전쟁이 끝난 후 아메리카 식민지인들은 큰 어려움을 겪어야 했다. 먼저 경제적인 어려움이 닥쳐 왔다. 전쟁 때문에 남부의 주산물인 담배와 쌀 같은 수출 작물들이 시장을 잃었고, 영국과의 무역이 재개된 이후에는 심각한 무역 수지 적자가 발생했다. 1784년에서 1786년까지 영국 상품은 760만 달러가 수입되었지만, 영국에 대한 수출은 250만 달러에 불과하였다. 연합 의회는 경제적 난국을 타파하기 위해서 수입품에 대한 관세를 부과하려고 했으나 각 국가들의 거부로 무산되었다. 아메리카의 각 국가들은 개별적으로 불황에 대처했으며, 자기들의 시장을 지키기 위해서 다른 아메리카 국가들의 상품에 대해서도 관세를 부과하였다. 이런 상황에서 심한 인플레이션이 발생했다. 전쟁 중에 대륙회의와 각 국가들이 전쟁 비용을 조달하기 위해서 채권과 화폐를 많이 발행했기 때문이다. 전쟁 중에 대륙회의가 진 국내 채무는 4,200만 달러에 이르렀고, 전쟁이 끝날 때까지 발행한 지폐는 무려 2억 1,000만 달러에 달했다. 연합 의회는 인플레이션에 대해서 아무런 대응책을 제시하지 못했다.

이렇듯 연합 의회가 경제 문제에 아무런 대책도 내놓지 못하자, 중앙 정부를 세워야 한다는 여론이 일기 시작했다. 1786년 버지니아 입법 의회의 요구에 따라서 국가들 사이의 통상 문제를 협의하기 위한 회의가 메릴랜드의 아나폴리스에서 열렸다. 그런데 이 회의가 열리던 중 '셰이즈의 반란 사건'이 터졌다.

셰이즈는 독립전쟁 당시 매사추세츠 식민지 군대의 대위로서 무공을 세운 군인이었다. 그를 따르는 매사추세츠의 농민들이 반란을 일으키게 된 사연은 다음과 같다. 매사추세츠 정부는 전쟁 후 농민들에게 무거운 세금을 부과하고, 통화 긴축 정책을 강력하게 펼쳤다. 당시 통화 정책은 계층 간의 대립을 가져오는 예민한 문제였다. 인플레이션이 발생하자 전쟁 중에 빚을 진 채무자나 가난한 농민들은 통화량을 늘려 줄 것을 요구한 반면, 상인과 채권자들은 돈의 가치가 떨어질 것을 염려하여 통화량을 줄여야 한다고 주장했다. 이때 대부분의 국가들이 상인과 채권자들의 주장을 받아들여 통화량을 줄였고, 매사추세츠 정부도 예외가 아니었다.

그런데 매사추세츠 정부는 금융의 견실화라는 명목으로 징수 예정 총 세금의 40퍼센트를 빈부의 차별 없이 인두세 형식으로 징수하려고 했다. 이 때문에 막중한 세금과 채무로 인해서 채무 불이행으로 감옥에 들어간 사람이 일개 읍에서만 92명에 이르렀다. 농민들은 채무 이행을 강제하는 재판을 중지해 줄 것을 요구했으나, 관철되지 않자 재판을 막기 위한 실력 행사에 들어갔다. 이때 매사추세츠 주지사는 무력으로 농민들의 집회를 해산시키려 했다. 이에 셰이즈를 중심으로 1,100명의 농민들이 반란을 일으켰으나, 이 반란은 곧 진압되었다.

1787년 식민지 아메리카의 각 국가 대표 55명이 참석한 가운데 마침내 미합중국의 기초가 될 헌법이 제정되었다. 그림은 뉴욕시에서 벌어진 헌법 비준 축하 퍼레이드.

이렇게 되자 아나폴리스에 모였던 국가 대표들은 차후에 셰이즈의 반란과 같은 대규모 반란이 또 일어났을 때 각 국가들이 협력해야 한다는 인식 아래, 연합 회의를 중앙 정부로 발전시키기 위한 협의에 착수했다. 그리하여 1787년 5월 25일, 연방 국가의 헌법을 만들기 위한 제헌 의회가 열렸다. 각 국가의 대표 55명이 참석한 제헌 의회는 9월 17일, 마침내 미합중국을 이끌어 갈 헌법을 만들었다.

이 헌법의 첫머리는 다음과 같다.

우리들 연합주의 인민은 더 완벽한 연방을 형성하고 정의를 수립하고 국내의 안녕을 유지하고 공동의 방위를 준비하고 일반의 복지를

9_세계사의 주도권을 바꿀 미국의 건설

증진하고 우리들과 자손들에게 자유의 혜택을 확보할 목적으로 미국을 위하여 이 헌법을 제정한다.

이 전문은 인민들이 연방을 만든다는 것을 밝힘으로써 인민주권의 원리를 명시했고, 자유의 혜택을 누리고 확보하기 위해서 헌법을 만든다고 밝힘으로써 독립선언서가 제시했던 자유의 원리를 받아들였다. 그리고 이 헌법은 삼권분립의 원칙을 채택해서 권력의 집중을 막았다. 입법부는 상원과 하원으로 구성되었는데, 각 주(이전의 '국가')가 2명의 상원 의원을 선출하고, 하원 의원은 각 주의 인구 비례에 따라서 선출하도록 했다. 이렇게 상·하 의원의 선출방식이 다른 것은 주별로 인구가 다른 것을 고려하면서 각 주의 권한을 배려하기 위해서였다. 행정부를 대표하는 대통령은 각 주가 선출한 선거인들이 선출하도록 했으며, 임기는 4년이었다. 그리고 대법원 휘하에 사법부를 두었다.

이 헌법은 1787년 7월 26일에 11개 국가들이 비준을 완료함으로써 정식으로 효력을 가지게 되었고, 그 후 신국가의 건설 작업이 진행되었다. 1789년 1월부터 각 주에서 상·하 의원과 대통령을 뽑는 선거가 치러졌고, 4월 1일에는 하원이, 4월 6일에는 상원이 개원하였으며, 4월 30일 워싱턴이 초대 대통령으로 취임하였다. 이로써 미국이라는 국가가 정식으로 출범했다.

이렇게 출범한 미국은 150년이 지나지 않아 세계의 패권 국가가 되었다. 미국은 지금까지 패권을 지키고 있는데, 현재 미국의 경제력이 세계 경제에서 차지하는 비중은 약 30퍼센트 정도 되고, 군사력의 경우 미국의 비중은 세계의 50퍼센트가 넘는다. 이렇게 강력한 경제력과 군사력을 가지고 미국은 세계의 정치·경제·사회·문화를 주도하고 있다. 도대체 미국은 어떻게 해서 이렇게 강력한 국가가 되었을까. 많은 자원을 거론하는 사람도 있을 것이고, 제1, 2차 세계대전이 좋은 기회를 제공했다는 것을 지적하는 사람도 있을 것이다.

그러나 미국보다 훌륭한 조건을 가진 나라들은 많다. 러시아, 브라질이나 인도, 중국 같은 나라들은 미국 못지않은 자원과 인구를 가지고 있다. 미국과 이런 나라들의 차이점은 무엇일까. 사람과 제도가 가장 중요하다. 미국의 건국 과정에서 필자는 미국이 자유와 기회의 나라라는 것을 강조하였다. 아메리카 식민지인들이 미국을 건설할 때 그들은 모든 사람이 자기 능력을 무한히 발휘할 수 있는 나라를 건설하려고 했다. 그 후 미국인들은 건국의 이념에 따라서 누구도 종교·정치·사회적 억압이나 인습에 얽매이지 않고 자신의 욕구와 의사를 자유롭게 표출하고 창의성을 극대화시킬 수 있는 세계를 만들었다.

이렇게 모든 사람에게 자유와 기회를 주어야 한다는 사회적 공감대가 형성되자 미국 사회는 활기가 넘쳤으며 세계를 주도할 수 있는 발명품들이 쏟아져 나왔다. 에디슨, 벨에서 빌 게이츠까지 현대사회를 움직이는 발명가들이 미국에서 나온 것은 결코 우연이 아니다. 이렇게 개인의 창의력이 자율성이 최대한 보장한 것이 미국 발전의 원동력이었을 것이다.

10

불평등을 갈아엎은 프랑스혁명

혁명을 잉태한 175년 만의 삼부회

"짐이 곧 국가"라는 말을 남긴 루이 14세 이래 프랑스의 왕들은 왕권의 절대성을 강조하며 강력한 통치를 행했다. 1614년 이후 175년간 소집되지 않은 삼부회는 1789년 루이 16세Louis XVI(1754~1793)에 의해 다시 소집되었다. 그렇다면 왜 루이 16세는 그렇게 오랫동안 무시해 온 삼부회를 소집했을까? 바로 귀족들의 반란 때문이었다.

당시 프랑스는 심각한 재정 위기를 겪고 있었다. 루이 15세 치세 말년에 이미 프랑스의 재정은 파산 직전이었다. 그런데도 루이 15세와 16세는 계속해서 막대한 '품위 유지비'를 사용하였다. 그들은 기즈 공작의 딸 결혼식에 10만 리브르, 뽈리냑 백작의 딸 결혼 지참금으로 80만 리브르, 아르똬 백작의 빚을 갚아 주는 데 2,300만 리브르를 사용하였다.

루이 15세의 손자이며 황태자 루이의 셋째아들인 루이 16세.
그는 재정 위기를 타개하고 국정 개혁을 도모하기 위해 과세의 평등을 실현하려 했으나
사제와 귀족 등의 격렬한 반대에 부딪히자 1789년 5월 국민의
협력과 동의를 얻기 위하여 삼부회를 소집하였다.

이렇게 왕실의 낭비가 지속되는 가운데 프랑스의 국고를 결정적으로 파탄시킨 사건이 일어났다. 그것은 프랑스가 미국 독립전쟁에 미국을 도와서 참전한 것이다. 여기에 쏟아부은 돈이 무려 20억 리브르였다. 당시 프랑스 정부의 1년 수입이 5억 리브르 정도였으니, 4년치 수입을 한꺼번에 쏟아부은 것이다. 이리하여 1789년 프랑스의 국가 채무는 45억 리브르나 되었다. 이자를 갚는 데만도 매년 약 3억 리브르가 필요했다.

이렇게 국가 부채의 문제가 심각해지자 재무대신들은 세금 징수액을 늘리고, 부채를 줄이기 위해서 안간힘을 썼다. 그러나 아무리 노력해도 근본적인 제도 개혁 없이는 더이상 세금을 늘릴 수 없었다. 문제는 프랑스 전체 토지의 30~50퍼센트를 차지한 채 면세 특권을 누리고 있는 제1·2신분들이었다. 제2신분인 귀족들은 이론적으로는 소득세와 인두세를 내야 했지만, 편법으로 운영되는 징수체계 때문에 사실상 세금을 거의 내지 않고 있었다. 제1신분인 성직자들은 법적으로 세금을 내지 않아도 되었다.[1]

루이 16세와 재무대신들은 이들에게 과세하는 것만이 유일한 해결책이라고 생각하였다. 재무대신 칼론느Charles-Alexandre de Calonne (1734~1802)가 성직자와 귀족들의 토지에도 세금을 부과하자고 제안하였다. 1787년 2월 22일, 왕은 귀족들의 협력을 얻어서 이 안을 통과시키기 위해서 명사회를 소집하였다. 이때 모인 총 144명의 명사들은 중앙 정부의 요원들과 주나 도시의 중요 인물들이었다. 그러나 대부분 귀족들인 이들은 칼론느의 제안을 거부하고, 납세할 의사가 없다고 선언했다. 이후 귀족들은 고등법원을 중심으로 왕의 명령에 공공연히 항의하였고, 세금을 징수하려면 삼부회의 승인을 받으라고 요구했다. 그러나 귀족들은 제 자신의 무덤을 파고 있었다. 이렇게 그들의 요구로 소집된 삼부회가 예상과는 달리 그들의 통제를 벗어났기 때문이다. 하여튼 이렇게 해서 1788년 8월 8일 삼부회의 소집이 결정되었다. 그리고 선거 공고가 나자 선거운동이 본격화되었다.

삼부회 의원들을 뽑는 선거가 시작되면서 프랑스 전체를 대대적으로 개혁해야 한다는 목소리가 곳곳에서 터져 나왔다. 이런 열망을 담은 소책자들이 홍수를 이루었고, 진보적인 인사들이 봉건 모순과 특권계급의 부도덕함을 공격하였다. 볼네는 《인민의 파수꾼》을 창간했고, 미라보Comte de Mirabeau(1749~1791)는 〈프로방스인에 호소함〉을, 로베스피에르는 〈아라스인에게 호소함〉을 발표했다. 그리고 혁명 초기의 위대한 논객 시에예스는 〈제3신분이란 무엇인가〉를 발표했다. 시에예스Emmanuel-Joseph Sieyès(1748~1836)는 이 소책자에서 제3신분은 사회의 생산을 담당하고, 사회를 움직이는 '모든 것'인데도, 지금까지 '아무것'도 아닌 대접을 받았으나 앞으로는 '모든 것'이 될 것이라고 주장했다. 특히 평민들은 삼부회의 소집에 무한한 희망을 걸었다. 그들은 지방 차원의 수많은 문제가 전국 차원에서 해결될 것이라고 믿었다.

사실상 혁명은 삼부회의 선거 과정에서부터 잉태되고 있었다. 전통적으로 삼부회는 각 신분별 대표가 비슷한 비율로 구성되어 신분별 투표를 하였다. 그런데 제3신분 옹호자들이 전통적인 방식으로 삼부회가 열리는 것을 비판하였다. 결국 귀족들의 대표인 고등법원이 양보하여 제3신분 대표 수가 배로 늘어났다. 각 지방에서 삼부회 의원을 선출하는 과정에서도 혁명의 조짐이 꿈틀거렸다. 곳곳에서 군중들이 봉기하여 영주의 성을 약탈하고, 평민들의 요구 사항을 관철시켰

1789년 5월 5일, 베르사유 궁전의 환희홀에서 열린 삼부회 모습.
루이 16세가 높은 연단에 앉아 있고, 제1신분은 왕의 오른쪽에, 제2신분은 왼쪽에, 제3신분은 그 뒤편에 있다. 그림에는 보이지 않지만 홀 밖에는 1만여 명의 구경꾼들이 모여 있었다.

다. 평민들은 삼부회 구성을 위한 여러 선거 회의를 통해서 자신들의 대표를 스스로 선출하며 민주주의에 대한 훈련을 하고 있었다. 이렇게 선출된 대표들은 주민들의 의견을 적극적으로 수렴하며, 봉건 영주들을 상대로 소송을 제기하는 등 새로운 사회를 모색했다.[2]

그리고 마침내 1789년 1월 24일, 삼부회 선거 규정이 공표되고, 몇 달 뒤인 5월 5일 175년 만에 삼부회가 열렸다. 장소는 베르사유 궁전의 '환희' 홀이었다. 물론 아무도 이날이 삼부회의 마지막이 될 줄은 몰랐다. 이날 열린 삼부회는 자리 배치에서부터 전근대의 질서를 그대

10_불평등을 갈아엎은 프랑스혁명

로 반영하고 있었다. 한쪽 끝에 화려하게 차려입은 왕이 집회장을 내려다보며 연단에 앉아 있었고, 왕 옆에는 서열에 따라 왕비·왕자·공작 등이 있었으며, 연단 아래에는 대신과 비서들이 자리했다. 2,000여 명 정도의 관람자들이 발코니에 있었고, 밖에는 1만 명의 구경꾼이 회의를 지켜보기 위해서 모여 있었다. 삼부회 대표들은 집회장 중앙에 있었다. 제1신분 대표는 왕의 오른쪽에, 제2신분 대표는 왼쪽에 있었고, 인원이 많은 제3신분 대표들은 그 뒤편에 있었다.

삼부회의 의원들은 대략 1,200명이 소집되었지만, 먼 지방 대표들의 도착이 늦어져 이날 회의에 참가한 수는 800여 명이었다. 그리고 한 달 뒤인 6월 중순, 회의가 제 모습을 갖추었을 때 의원 수는 1,177명이었다. 그중 제3신분, 즉 평민 대표는 640명이었고, 제1신분(성직자) 대표는 295명, 제2신분(귀족) 대표는 278명이었다. 이 의석 분포는 중요한 의미가 있다. 제3신분 대표가 전체의 절반이 넘었기 때문이다.[3]

삼부회의에서 국민의회로, 혁명의 시작

제3신분 대표들은 삼부회에서 전통적인 관념으로는 있을 수 없는 요구를 내걸었다. 요구 사항은 두 가지였다. 먼저 자신들이 의원들의 자격을 심사하겠다고 하였다. 각 지방에서 선출된 대표들의 신원이 정확한지, 그들의 위임장이 진짜인지를 확인하는 절차가 있었는데, 그것을 평민들이 하겠다고 나선 것이다. 여기에 제3신분 대표들은 머릿수 표결을 주장했다. 기존의 방식대로 신분별 투표를 하면, 성직자와 귀족이 한편이 되기 쉬워 제3신분의 요구를 관철시키기 어려웠다. 그러나 머릿수 투표를 한다면 의원 수가 많은 평민들이 의회의 주도권을 장악할 수 있었다.

　귀족과 성직자들이 반발하는 사이, 6월 12일 평민 대표들은 독자적으로 위임장 점검을 실시하였고, 6월 17일 점검을 모두 마치자마자 회의를 삼부회가 아니라 '국민의회'라고 부르게 했다. 당황한 왕과 귀족들은 이들을 해산시키려고 회의장의 문을 잠가 버렸다. 그러자 6월 20일, 평민 대표들은 뽀므Paume(테니스와 비슷한 옥내 스포츠) 경기장에 모여서 스스로 해산을 결의할 때까지 해산하지 않겠다고 선언하였다. 왕의 해산권을 부정한 것이다. 이제 국민의회는 삼부회의 틀을 완전히 벗었고, 이 순간 혁명이 시작되었다. 새로운 의회, 새로운 질서가 탄생한 것이다.

　뽀므 경기장에서의 선서가 있은 지 4일 후, 제3신분 대표들의 대의에 동의하는 성직자 대표가 국민의회에 참가하고, 그 이튿날에는 귀족 대표 일부가 국민의회에 참가하였다. 루이 16세는 제3신분 대표들이 해산 명령을 거부하고, 성직자와 귀족의 일부가 그들에게 가담함으로써 자신의 통치권과 자존심이 여지없이 무너졌다고 생각했다. 이제 의지할 수 것은 오직 하나, 군대밖에 없었다. 루이 16세는 당시에 가장 믿을 수 있는 군대였던 용병부대 2만 명을 비밀리에 결집시켰다. 그리고 국민의회 의원들이 군대 소집을 알지 못하도록 하기 위해서, 귀족 대표와 성직자 대표들로 하여금 국민의회에 동참하도록 명령했다.

　그러나 루이 16세가 왕권을 온전히 보존하고, 혁명을 막기에는 이미 늦은 상태였다. 군인들조차도 혁명을 열렬히 원하고 있었기 때문이다. 상당수의 군인들이, 때때로 부대 단위로 국민의회 아래로 들어왔다. 왕이 질서를 유지하기 위해서 파견한 경기병과 기마병조차도

'국민 만세'를 외치며 군중에 대한 공격을 거부했다.

　이렇게 일부 군대가 왕의 명령을 거부했지만 왕이 군대를 동원하여 혁명을 진압하려는 움직임은 계속되었다. 이에 파리를 중심으로 전국적인 폭동과 소요가 일어났다. 특히 파리 시민들은 7월 14일 전제 왕권의 상징인 바스티유 감옥을 함락하였다. 바스티유 감옥은 파리 시내에 있는 성으로, 처음에는 요새였으나 나중에 정치범 수용소로 이용되고 있었다. 우스갯소리를 좋아하는 사람들은 바스티유 감옥이 함락되었을 때 감옥 안에 정치범은 한 명도 없었다고 이야기하지만, 중요한 것은 함락 당시 바스티유 감옥에 정치범이 몇 명 있었는지가 아니라 그것이 전제정치의 상징이었다는 점이다. 더욱이 이곳에는 많은 양의 탄약이 저장되어 있어서 이곳을 함락하면 시민들이 무장군대를 조직할 수 있었다. 따라서 루이 16세와 그를 따르는 귀족들은 바스티유 감옥이 무너지면 자신들의 권력이 무너진다고 생각했다. 이 때문에 시민들이 감옥을 포위하고, 감옥을 지키는 사령관에게 무기를 버리고 투항하라고 권유했지만, 감옥을 지키던 병사들은 총을 쏘면서 저항하였다. 시민군은 즉각 응사하였고 전투가 시작되었다. 이 과정에서 100여 명이나 사망하였다.

　그런데 여기서 우리가 주목해야 할 것은, 감옥을 함락한 후 시민군이 끔찍한 학살을 자행했다는 사실이다. 감옥을 지키던 군인들뿐만 아니라, 함락 과정에 비협조적이었던 파리시장 플레셀도 죽음을 면치 못하였다. 시민들은 그를 시청 옆 광장에서 죽이고, 창에 머리를 꽂아 광장에 내걸었다. 당시 시민군의 학살은 혁명에 동조하는 인사들마저 치를 떨게 할 정도였다.

　혁명 당시 가장 진보적인 인물로 손꼽히던 바뵈프François Noël

프랑스의 혁명가인 바뵈프.
재산 평등과 소수 봉기를 통한 혁명을 주장한 진보적인 인물이었지만, 그마저도 바스티유 함락 후 시민군이 자행한 만행에는 몸서리를 쳤다.

Babeuf (1760~1797)는 인권선언만으로는 현실적인 굶주림을 달랠 수 없다는 신념을 가지고 프랑스혁명이 실질적 평등을 이룩하는 생활혁명으로 나가야 한다고 생각한 사람이었다. 그리고 이를 위하여 법과 신분의 평등뿐만 아니라 재산의 평등을 실현시켜야 한다고 주장하였다. 그는 자신의 이상을 실현하기 위해 옛 자코뱅 당원과 에베르파·혁명군 장병·소시민·노동자들을 포섭하여 무장봉기를 시도하였으나, 사전에 발각되어 1796년 5월 체포되고 1년 만에 처형되었다. 바뵈프는 재산의 평등과 소수의 봉기를 통한 혁명의 실현을 주장했기 때문에 공산주의의 선구자로 숭배되기도 한다. 그런데 이렇게 진보적인 그가 시민들의 무자비한 폭력을 목격하고 이렇게 말하였다. "온갖 종류의 처벌, 즉 사지 찢어 죽이기·고문·수레에 매달아 끌기·화형·교수형 그리고 온갖 방면의 잡다한 처형은 우리의 도덕에 아주 나쁜 영향을 미쳐 왔고, 우리의 지배자들은 그들 자신이 야만스러웠기 때문에 우리를 개화시키는 대신 우리를 야만인으로 만들었소. 그들은 자신들이 뿌린 것을 거두고 있으며, 장래에도 그럴 것이오."[4]

바뵈프의 이 말은 시민들이 지배계급에게 받았던 대로 복수를 했으며, 앞으로도 계속 그럴 것임을 보여 준다. 이 말대로 이후 혁명은 피의 길이었다. 각지에서 반란을 일으킨 농민들은 엽총·낫·쇠스랑·도리깨를 들고 영주의 집으로 몰려가 봉건 문서들을 불태웠고, 반항하면 집을 불태워 버렸다.

이렇게 민중들의 혁명 열기가 계속 분출되는 가운데 국민의회는 회의를 계속했다. 7월 9일, 자신들의 임무가 프랑스를 새롭게 운영해 나갈 헌법을 만드는 것이라고 선언하고, 의회 이름을 '제헌국민의회'로 바꾸었다. 여기에 참가한 의원은 대략 900명이었다. 처음 삼부회의 의원 수는 1,200명가량이었지만, 혁명에 반대한 귀족 대표들은 국민회의에 참가하지 않았다. 그래도 900명이라는 숫자는 서유럽의 대의체 가운데 매우 큰 규모에 속한다. 1614년 삼부회 인원의 세 배나 되고, 미국 헌법을 만들기 위해 모인 55명과는 비교할 수도 없는 숫자이다. 900명의 의원들은 여러 차례 회의를 진행하며 이 과정에서 어떻게 회의를 해야 하는지, 민주주의의 기본을 익혀 갔다. 처음에는 회의 진행이 매우 느렸다. 의원들이 너무 많아서 넓은 집회장에 모여야 했는데, 당시에는 음향시설이 없었기 때문에 말이 잘 들리지 않았다. 따라서 회의를 주도하려면 목소리가 커야 했고, 그러다 보니 젊은 의원들이 두각을 나타냈다. '청렴 지사'라는 별명을 가진 로베스피에르 Maximilien Robespierre(1758~1794)가 대표적인 인물이다. 회의 진행이 더뎌지자 의원들은 30명씩 조를 만들어 미리 토론한 다음, 그 결과를 대표들이 발언하게 했다. 이렇게 해서 분과위원회가 만들어졌다.

국민의회는 1789년 8월 4일, 처음으로 중요한 성과를 내놓았다. 봉건제를 폐지하기로 한 것이다. 국민의회에는 분명히 고위귀족들과 성직자들도 포함되어 있었는데, 그들이 스스로 자기들의 권리를 포기하고, 자기들도 평민들과 똑같이 세금을 내겠다고 선언했다. 이렇게 1,000년간이나 계속된 봉건 지배는 종말을 고했다.

부르따뉴 대의원이었던 강 드끄랑갈은 봉건제의 모순을 다음과 같이 비유했다. "쾌락을 사랑하는 영주들의 잠을 개구리들이 방해하지 못하도록 연못가를 두들기면서 밤을 새우라고 인간에게 강요하는 고문서(봉건적 권리 문서)를 가져 와서 불사릅시다." 그렇다면 국민의회에 참가한 귀족들은 왜 봉건제 철폐에 적극적으로 동의했을까. 국민의회에 참가한 귀족들은 귀족들 중에서도 진보적인 사람들이었고, 다음에 살펴보겠지만 계몽사상에 물들어 있었기 때문이다.

국민의회의 개혁은 봉건제 폐지 선언에서 끝나지 않았다. 불과 22일 뒤에 인류 역사에 길이 남을 '인권선언'을 선포했다. 인권선언을 작성하자고 가장 먼저 제안한 사람은 놀랍게도 장군으로서 미국 독립전쟁에 참전한 귀족이었던 라파예트Marquis de Lafayette(1757~1834)이다. 대의를 존중하여 혁명에 참가한 그는 혁명 초기 혁명 세력이 조직한 국민방위대의 사령관이었고, 국민의회의 부의장이었다. 미국 독립전쟁에 참가하여 미국의 발달한 민주주의를 직접 목격한 것이 그를 진보적인 인물로 만들었던 것 같다. 라파예트는 미국의 〈독립선언서〉를 알고 있었고, 국민의회도 그와 비슷한 선언을 해야 한다고 생각하였다. 그리하여 미국 〈독립선언서〉의 기초자인 토마스 제퍼슨(당시 파리 주재 미국 대사)의 견해를 따라서 '인권선언'을 만들려고 했다.

그러나 시에예스, 말루에를 비롯한 급진적인 사람들은 미국의 독립선언이 인권을 명확하게 규정해 놓지 않았기 때문에 이와는 완전히 다른 독자적인 인권선언을 해야 한다고 주장하였다. 미국 〈독립선언서〉의 핵심 정신은 개인에게 '행복을 추구할 권리'를 주는 것이다. 즉, 사회나 국가가 개인이 행복해지도록 보호하고 여러 권리를 보장해 주는 것이 아니라, 개인 스스로 자기의 행복을 추구할 수 있는 여건을 만들어 주는 것이다. 가령 프랑스혁명의 우애 정신은 가난한 자를 사회가 구제해 주어야 한다고 주장한 반면, 미국 헌법은 그 자가 스스로 가난을 면하려고 노력할 권리를 주어야 한다고 규정했다.

시에예스나 말루에는 루소의 사회계약론에 영향을 받았다. 그들은 사회라는 것은 궁극적으로 개인을 보호하기 위해서 존재하며, 개인은 하늘이 부여한 신성한 권리를 갖는다고 생각하였다. 특히 시에예스는 나중에 '사회적 권리'라고 불리게 되는 것까지 생각하였다. 그는 '사회를 이룸social state'으로써 얻을 수 있는 이점들을 다음과 같이 주장하였다.

> 사회의 이점은 개인의 자유를 보호하는 것에서 그치지 않는다. 사회의 성원들은 공공 재산과 공공 작업에서 가장 큰 이득을 얻는 것을 알고 있다. ……자신의 필요를 충족할 수 없는 사회의 구성원은 동료 시민들에게 도움을 받을 권리가 있다. ……좋은 교육제도가 인간을 완벽하게 하는 데 가장 적절하다. ……시민들은 국가가 그들을 대신하여 할 수 있는 모든 것에 대해서 권리를 갖는다.

이처럼 '사회적 권리'는 개인이 사회를 구성하여 사회의 보호를 받으며 사는 것을 넘어서서, 사회가 각 개인을 행복하게 해 주기 위해서 최선을 다해야 한다는 개념을 포함하고 있다. 이 점에서 각 개인이 '행복해질 권리'를 가지고 있다고 선언한 미국 헌법과 프랑스혁명의

'인권선언'은 다르다. 당시 시에예스의 주장이 대세를 장악하지는 못하였으나 완전히 사장된 것은 아니었다. 1793년 민중이 권력을 장악했을 때, 그의 주장들이 대거 받아들여질 것이다. 이렇게 작성된 프랑스 '인권선언'의 정식 명칭은 '인간과 시민의 제권리에 대한 선언 Declaration des droites de l'homme et de Citoyen'이었다. 여기서 인간은 프랑스인이 아닌 모든 인류를 의미하고, 시민은 프랑스인을 의미한다. '인권선언'의 중요 조항들은 다음과 같다.

제1조 인간은 자유롭고 평등하게 태어나서 생활할 권리를 가진다. 사회 구별civil distinction은 공공 이익에 의해서만이 근거가 설정된다.
제2조 모든 정치적 결사의 목적은 인간의 자연적이며 시효에 의하여 소멸될 수 없는 권리들을 보전함에 있다. 이 권리들이란 자유, 재산, 안전 및 압제에 대한 저항이다.
제3조 모든 주권은 본질적으로 국민에게 있다. 어떤 단체나 어떤 개인도 명백히 국민에게서 유래하지 않는 권력을 행사할 수 없다.
제7조 누구도 법에 의하여 규정된 경우이거나 법이 정하는 절차에 의하지 아니하고는 고소, 체포, 구금되지 아니한다. 자의적인 명령의 작성을 선동하거나 편의를 제공하거나 또는 그 명령을 집행케 하는 자는 처벌되어야 한다. 그러나 법에 의하여 소환되거나 체포되는 시민은 누구나 즉각 법에 순응해야 한다. 이에 저항하는 자는 범죄자가 된다.
제11조 사상과 의견의 자유로운 소통은 인간의 가장 귀중한 권리의 하나이다. 그러므로 모든 시민은 자유로이 말하고 쓰고 출판할 수 있다. 다만 법률에 의하여 규정될 경우에는 자유의 남용에 대

1789년 8월 26일 국민의회는 인간이 누려야할 기본적인 권리를 밝히는 인권선언문을 발표하였다.
이 선언은 생명, 자유, 평등, 소유권을 대표적인 인간의 기본 권리로 제시하였고,
주권재민의 원칙을 명확히 밝혀 이후 세계 여러 나라의 헌법과 정치에 큰 영향을 끼쳤다.
아래 그림은 1793년 6월 24일 발표된 인권선언문이다. '93년 인권선언'은 93년 헌법의 전문으로
노동권, 부조권, 교육권을 명시하여, '89년 인권 선언'보다 사회권을 강화하였다.

하여 책임을 져야 한다.
제17조 소유권은 신성불가침의 권리이므로, 합법적으로 확인된 공공의 필요가 명백히 요구하고 또 정당한 사전 배상의 조건하에서가 아니면 결코 침탈될 수 없다.

'인권선언'은 자유와 평등을 기본 정신으로 주권재민의 원칙을 명확하게 밝혔다는 점에서 중요한 정치적 의미를 갖는다. 그런데 여기서 중요한 의문이 한 가지 든다. 왜 삼부회는 소집되자마자 전통을 부정하고 스스로 국민의회로 변신했고, 그렇게 탄생한 국민의회는 누가 강요하지도 않았는데 봉건제를 폐지하고, '인권선언'을 발표했을까? 삼부회가 소집된 것이 5월 5일이고, '인권선언'이 발표된 것이 8월 26일이니 불과 110여 일 만에 이렇게 중요한 일들이 일어난 것이다. 사전에 짜여진 각본도 없이 어떻게 단시일 내에 이런 일들이 가능했을까? 이에 대한 답은 당시 국민의회 의원들, 나아가 프랑스인 전체가 심취해 있던 계몽사상이라는 새로운 사상에서 찾을 수 있다. 프랑스인들은 당시 이 사상의 마력에 빠져 있었기 때문에 그리도 신속하게 혁명을 진행시킬 수 있었다.

계몽사상

16~17세기에 서양인들은 신화적인 세계관을 벗어 던졌다. 신화적인 세계관이란 세계와 인간을 종교를 통하여 이해하고 설명하려는 태도를 말한다. 16세기 들어 여러 가지 요인이 이런 신화적인 사고를 극복

하게 했다. 지리상의 발견은 지상에 신비로운 세계는 없다는 사실을 밝혔다. 이로써 세계의 사방 끝에서 큰 괴물이 지키고 있다든가, 바다로 멀리 나가면 낭떠러지가 있어 영원한 나락으로 빠진다는 자연에 대한 막연한 두려움은 사라졌다.

베이컨과 데카르트와 같은 철학자들은 자연을 탐구의 대상으로 설정하고, 이성으로 설명할 것을 주장하였다. 베이컨Francis Bacon(1561~1626)은 실험을 통하여 자연에 대한 지식을 늘릴 것을 촉구하였고, 데카르트René Descartes(1596~1650)는 세계를 기계론으로 해석할 것을 제안하였다. 즉, 데카르트는 세계는 시계처럼 규칙적으로 움직이는 기계이고, 신은 그 시계의 태엽을 감은 최초의 존재였다고 주장했다. 또한 이들은 각각 귀납법과 연역법이라는 논리적 사고방식을 제창하였다. 특히 베이컨은 1605년 발표한 논문 〈학문의 진보The Advancement of Learning〉에서 인류가 이룩한 지식 재산 일람표를 만들었는데, 이를 통해 그때까지 자연에 대한 연구가 매우 부족하다는 점을 지적하였다.

이렇게 신화적 세계관이 극복되는 가운데 17세기 들어 과학혁명이 일어났다. 이 시기의 위대한 천재들인 케플러, 갈릴레이, 뉴턴이 이 혁명을 주도했다. 과학혁명을 한마디로 말하자면 세계를 이성으로 설명하려 한 움직임이었다고 할 수 있다.

이러한 움직임 속에서 자연은 이성으로 파악할 수 있는 법칙을 지닌 대상으로 인식되었다. 이러한 변화는 더 엄청난 사고혁명을 낳았으니, 바로 자연의 비밀을 풀어 낸 인간을 위대한 존재로 인식하게 된 것이다. 이제까지 신이 주도한다고 생각했던 자연의 법칙을 발견해 낸 인간의 이성은 얼마나 위대한가? 그리고 뉴턴의 《자연철학의 수학적 제원리》에 따르면 자연 세계는 법칙대로 질서 정연하게 움직인다.

> 16세기까지 서양을 지배한 신화적 세계관을 극복하는 데 기여한 베이컨(왼쪽)과 데카르트(오른쪽).
> 영국 고전 경험론의 창시자인 베이컨은 비록 중세적 '형상形相'의 사고방식에서 벗어나지 못하였지만, 실험을 통해 자연에 대한 지식을 늘리고자 주장했다. 반면 근대 철학의 아버지로 불리는 데카르트는 세계를 기계론으로 해석할 것을 주장했다.

그렇다면 인간 세계는 어떠한가? 인간도 자연의 일부이므로 인간 세계에도 자연 법칙의 적용을 받아 질서 정연하게 움직인다. 이런 생각들이 계몽사상의 핵심인 이성과 자연법을 낳았다.

여기서 계몽주의자들이 생각한 인간의 이성에 대해 좀 더 깊게 살펴보자. 그들은 남자와 여자, 노예 소유주와 노예, 백인과 흑인 구별 없이 인간의 이성은 모두 같다고 생각하였다. 이런 생각은 나중에 평

10_불평등을 갈아엎은 프랑스혁명

등운동의 기본 전제가 되었다.

또 하나 계몽주의자들은 조금씩 차이를 보이기는 하지만, 인간의 이성은 본질적으로 선하다고 생각했다. 그런데 모든 인간이 이성을 가지고 있고, 그 이성이 절대적으로 선하다면 왜 사회에 악이 존재하는가? 이런 모순에 부딪혔다. 그래서 계몽주의자들은 인간의 이성은 선하지만 종교, 특히 기독교의 압박을 받아서 왜곡되었다고 주장했다. 종교나 교회가 인간을 지배하지 않던 시대에 인간은 행복했다. 이런 관점에서 계몽주의자들은 교회의 지배를 받지 않는 중국인을 '행복한 중국인'이라고 부르기도 했고, 아메리카 원주민의 역사에도 깊은 관심을 보였다.

결국 계몽주의자들은 과학혁명의 성과에 힘입어 인간 이성의 절대성 또는 탁월함을 믿었고, 그 인간 이성이 보편적이고 선하다고 생각했다. 그동안 종교와 미신이 인간 이성이 제대로 발현되는 것을 막았기 때문에 인간은 불행하였고, 사회는 진보하지 못하였다. 이런 관점에서 보면 종교가 지배한 서양의 중세는 철저한 암흑시대였다.[5]

그런데 계몽사상의 표어는 이성과 자연법뿐만 아니라 진보를 포함하고 있다. 여기서 진보의 개념이 어떻게 나왔을까? 17세기 이전의 서양인들은 순환론적 사고방식을 가지고 있었다. 자연 세계는 하루, 사계절, 1년이 반복된다. 그리고 그 안에 사는 인간의 삶은 언제나 같다. 따라서 하늘 아래 새로운 것은 없으며, 그저 모든 것이 반복되는 것이다. 이런 순환론적 사고방식을 가진 고대와 중세인들은 과거의 이상시대로 회귀하는 것을 꿈꾸었다. 성경 속에 등장하는 에덴 동산이나, 베르길리우스가 노래한 황금시대, 동양의 요순시대가 모두 그런 이상향이었다.

서양의 고대·중세인들이 이런 믿음을 가졌던 것은 자신들이 겪은 모든 일을 과거의 사례로 설명할 수 있었기 때문이다. 그러나 16세기 이후, 전에는 전혀 경험할 수 없는 새로운 사건들이 일어났다. 농사가 아니라 상업을 주업으로 하는 사람들이 늘어나고, 곳곳에 공장이 세워지고 신분제가 무너지면서 새로운 인간관계가 모색되었다. 새로운 것들이 자꾸 늘어나면서 사람들은 역사가 변화하고, 나아가 진보하지 않을까라는 생각을 가지게 되었다.

진보사상이 체계화되기 시작한 것은 17세기에 있었던 '고대인과 근대인에 관한 논쟁'이 계기가 되었다. 이때 서양의 학자들은 근대의 학자들과 고대의 학자들 중 어느 쪽이 더 우수한지를 놓고 논쟁을 벌였다. 많은 학자들이 고대에 대한 환상을 가지고 있었기 때문에 고대인들이 더 우수하다고 주장하였다. 이런 관념 때문에 17세기 초 옥스퍼드대학의 사학과 교수들은 처음에는 강의하지 않고 고대 사학자들의 작품에 주석을 달기만 했다. 18세기 말 근대 역사학의 대표자라 할 수 있는 와튼도 단지 소수의 학자들만이 고대 학자들의 수준에 미친다고 생각했다.

그러다가 퐁트넬Bernard de Fontenelle(1657~1757)이 최초로 진보사상을 제기했다. 그는 1683년 《죽음의 대화》에서 고대는 근대보다 우월하지 못하다고 주장한 뒤, 1692년에는 《고대인과 근대인의 차이》라는 저술을 통해 예술에서는 고대와 근대 사이에 차이가 없지만, 과학과 산업에서 고대에 비해 발전했다고 주장했다. 그리고 시간이 흐름에 따라 지식이 더 많이 축적되기 때문에, 미래는 더 위대한 시대가 되리라고 전망했다. 이후 튀르고Anne Turgot(1727~1781), 콩도르세Marquis de Condorcet(1743~1794) 등이 진보사상을 본격적으로 발전시켰다. 그리하여 19세기에 오면 인류가 진보한다는 생각은 하나의 신념이 되었으며, 사람들은 그것을 실현시키기 위해서 노력하였다.

프랑스를 휩쓴 개혁 열망

계몽사상은 인간 사회를 뿌리부터 변혁시키고, 진보하게 해야 한다는 열망을 낳았고, 이는 사람들의 가슴을 용광로처럼 달구었다. 이는 학자와 지식인뿐만 아니라 일반 민중들도 마찬가지였다. 프랑스의 사례를 중심으로 당시 계몽사상과 개혁에 대한 열망이 얼마나 널리 퍼져 있었는지를 살펴보자.

당시 민중들의 교육열에 대해서 르블이라는 보수주의자는 민중이 체질에 맞지 않는 공부에 너무 전념한다고 비판했고, 오슈 지방의 지사 데티니는 어린이들이 학교에 가기 위해 토지를 떠나는 것을 막기 위하여 교장들에게 주는 수당을 철폐하였다. 이는 민중이 교육을 받아서 똑똑해지면 자신들의 말을 듣지 않을까 두려워한 귀족들의 염려를 반영한 것이다.

이 와중에 일반 대중들에게도 독서 열풍이 불었다. 아를르의 대주교는 1782년 성직자회에 낸 보고서에서 루소와 볼테르의 작품이 시골에서 싼 값에 유통된다고 말하였다. 또한 코아예 신부는 루이 14세 치세에는 농민의 아들들이 토지를 경작하는 일밖에 몰랐는데, 이제는 종교를 놓고 토론하고, 법정에 나타나며, 연극에 대한 소감을 말한다고 전한다. 상대적으로 책을 구하기 쉬웠던 도시 노동자들의 독서열은 더욱 높아서, 18세기 후반 레스티프라는 사람은 이렇게 말했다.

"얼마 전부터 파리의 노동자들을 다룰 수 없게 되었는데, 그들이 우리의 책에서 매우 자유분방한 진리를 읽었기 때문이다. 진리란 다름 아닌 노동자도 값진 인간이라는 것이다."[6]

계몽사상가들 가운데 가장 큰 영향력을 행사한 사람은 루소Jean-Jacques Rousseau(1712~1778)였다. 루소와 같은 시대에 살았던 유리 공장 직공, 자크 루이 메네트라가 읽었다고 한 여섯 권의 책 가운데 세 권이 루소의 저작이었다. 루소는 살아 있을 때 많은 사람들과 편지를 주고받았고, 죽은 뒤에는 귀족에서 평민까지 수많은 사람들이 그가 묻힌 에르므농빌 정원으로 순례를 왔다. 인쇄업을 하던 장 랑송은 루소의 죽음에 대해서 이렇게 썼다. "아! 우리는 위대한 루소를 잃었다. 다시는 그를 볼 수도 들을 수도 없다니 얼마나 고통스러운 일인가? 그의 책을 읽으면 그에게 최고의 존경을 보내게 된다. 만약 언젠가 내가 에르므농빌 근처를 여행하게 된다면, 나는 반드시 그의 묘지를 찾아갈 것이며, 그곳에서 눈물을 흘릴 것이다."[7]

이처럼 18세기 프랑스 사상계에 큰 영향을 끼친 루소는 1712년 스위스 제네바에서 가난한 시계공의 아들로 태어났다. 루소의 유년 시절과 청년 시절은 불우하기 짝이 없었다. 생후 10일 만에 어머니가 죽었고, 열 살 때 아버지가 가출하였다. 루소는 16세 때 학교 교육을 포기했고, 빈민과 고통으로 어린 시절을 보냈다. 이렇게 불우한 시절을 보낸 루소의 사상은 민중들의 의견을 적극 반영한 것으로 당시로는 매우 혁신적이었다. 그는 《학문예술론 Discours sur les sciences et les arts》(1750), 《인간 불평등 기원론 Discours sur l'origine de l'inégalité parmi les hommes》(1753), 《사회계약론 Du contrat social》(1760) 등의 저술을 남겼다.

루소는 인간의 본성이 선하다는 성선설을 신봉했고, 자연 상태를

계몽사상가 가운데 일반 대중들에게 가장 큰 영향력을 행사한 루소.
17세기 중·후반, 루소에 대한 프랑스 대중들의 애정은 상상을 초월할 정도였다.
평생 동안 많은 저서에서 광범위한 문제를 논하였으나, 그의 일관된 주장은
인간의 본성을 자연 상태에서 파악하는 '인간 회복'이었다.

이상적인 상태로 보았다. 그가 보기에 자연 상태일 때에는 누구도 예속됨 없이 독자성을 가지고 있었다. 그런데 소유 개념이 등장하면서 혼란이 생겼고, 이를 제어하기 위해서 국가가 등장했다. 그러나 국가는 대립과 혼란을 중재하는 역할을 뛰어넘어, 기득권자들의 이득을 옹호함으로써 변질되었다. 이렇게 국가가 억압적인 성격을 띠게 되면서, 인간은 "자유롭게 태어났으나 가는 곳마다 쇠사슬에 묶이게 되었다." 이 억압의 사슬을 풀려면 자연 상태에서 인간이 누리던 권리와 국가 권력이 조화를 이루어야 한다. 그리고 이를 위해서는 국가 권력을 소수의 권력자들이 운영해서는 안 되고, 전체의 합의로 운영되어야 한다. 즉, 왕이나 지배계급이 아니라, 인민이 통치권을 가지고 합의를 통해 국가를 운영해야 한다. 이 점에서 루소의 사상은 혁신적이었다. 그때까지 다른 사상가들은 고작해야 인민은 왕이 통치를 잘못하면 갈아치울 수 있으나, 통치권은 궁극적으로 왕을 비롯한 지배계급이 가져야 한다고 주장했기 때문이다.

이러한 계몽사상은 엄청난 사회적 반향을 일으켰다. 이제 거의 모든 프랑스인이 어떤 형태로든 모순을 철폐하고, 변혁을 통해서 프랑

스가 새로 태어나야 한다고 믿었다. 심지어 루이 16세조차도 삼부회의 세 신분들에 보낸 편지에서 "왕국을 갱생하게 하는 작업을 해야 한다"고 말하였다. 이 시기 국민의회 의원부터 시골의 평범한 사람에 이르기까지 가장 널리 사용한 말이 '갱생'이었으며, 사람들은 '행정의 갱생, 공공 질서의 갱생, 국가의 갱생, 프랑스의 갱생'을 이야기했다. 이런 의식은 곧바로 행동으로 나타났다. 가령 농민들은 봉쎄르프의 《봉건적 권리의 병폐》를 읽고 모르트라프 공작 친척의 사냥을 막았고, 비브레의 영주가 농민을 투옥한 데 대한 보복으로 그의 성관城館(군주나 제후의 거성이나 별장)을 약탈했다.

이렇게 계몽사상에 물든 사람들이 왕국을 갱생해야 한다는 열망을 가졌기 때문에, 삼부회는 소집되자마자 혁명의 길로 나아갔고, 국민의회 의원들은 스스로 봉건제를 철폐하기로 결의했으며, 인간의 권리를 천명하는 '인권선언'을 발표한 것이다.

입헌군주제를 유지한 초기의 혁명 상황

삼부회가 국민의회로 바뀌었을 당시 혁명의 주도 세력은 진보적인 귀족과 상층 부르주아였다. 부르주아는 신분은 평민이지만, 상공업이나 상업적인 농업 경영을 통하여 부를 축적한 사람이나 전문직업 종사자들을 말한다. 국민의회에 참가한 제3신분 대표들 가운데서도 전문직업 종사자, 특히 법률 계통 종사자들이 가장 많았다.

구체적으로 보면 218명이 사법 기구의 관리였고, 181명이 변호사였는데, 공증인을 포함한 하급 관리들까지 포함한다면 제3신분 대표

1791년 외국으로 도망치려다 바렌에서 발각되어 파리로 잡혀 오는 루이 16세.
프랑스혁명 초기에는 공화제에 대한 목소리가 거의 없었지만, 루이 16세는 혁명에 반대하는
견해를 공공연히 표명하면서 화를 자초했다.

들 가운데 약 3분의 2가 법률 계통 종사자들이었다. 이렇게 전형적인 중산층으로 구성된 제3신분 대표들이 혁명을 주도했다. 더욱이 국민의회에는 성직자와 귀족 대표도 300명이나 있었다. 그들은 온건개혁파로서 제3신분 대표들보다 더 큰 영향력을 행사하고 있었다. 따라서 국민의회 기간, 즉 1789년 6월 17일부터 1791년 9월 30일까지 혁명은 온건했다. 이 기간에 특히 중요한 쟁점은 입헌군주제를 채택하되, 왕의 권한을 어느 정도 제한할 것인가 하는 것이었다.

혁명 초기에는 왕을 처형하거나 공화제를 실시하자는 주장은 거의 없었고, 설령 있었다고 해도 표면으로 드러나지 않았다. 더욱이 기묘하게도 혁명 초기에 왕권은 약해진 것이 아니라 오히려 강해진 측면

이 있었다. 혁명 전 왕권을 견제하던 귀족 세력이 거의 완전히 와해되어 버렸기 때문이다.[8] 그런데 루이 16세와 마리 앙투아네트가 혁명에 반대하는 견해를 공공연히 표명하면서 상황이 달라졌다. 그들은 외국 군대를 동원해서 혁명 세력을 일소하고 왕권을 회복하려고 했다. 이를 위해서 1791년 6월 21일 외국으로 도망가려고 했으나 바렌에서 발각되어 파리로 다시 잡혀 왔다. 이에 격분한 파리 시민들은 1791년 7월 17일, 마르스 광장에 모여 왕을 폐위시키고 공화제를 실시하자고 주장하였다. 민중들의 열기와 요구에 놀란 국민의회는 민중들을 무력으로 진압하고 학살하였다. 이 사건은 혁명 초기에 누가 혁명을 주도했고, 혁명이 추구한 것이 무엇이었는지를 잘 보여 준다.

여기서 한 가지 짚고 넘어가야 할 것이 있다. 프랑스혁명을 이야기할 때 가장 오해하기 쉬운 대목이 왕권에 관한 것이다. 민중이 바스티유 감옥을 함락했고, 루이 16세가 혁명 세력에 사로잡혔으니 그가 모든 권력을 상실했다고 생각하기 쉽다. 그러나 제헌 의회 기간 중 왕은 계속 통치권을 보유하고 있었다. 제헌 의회 초기, 즉 1789년 9월 22일 제헌 의회는 "프랑스 정부는 군주제다"라고 선언했으며, 그 후의 토론에서 왕에게 법률안에 대한 거부권(헌법구조에 관한 법과 재정 관계 법에는 적용되지 않았음)·각료 선택권·외교권을 부여했다. 물론 왕이 이런 통치권을 가지고 있었다고 해서 정치를 독단적으로 주도할 수 있었던 것은 아니다. 의회는 재정 문제에서 절대적인 권리를 행사했으며, 각료들을 탄핵할 수 있었고, 긴급한 경우에는 외교·국방 문제에도 관여할 수 있었다. 이렇듯 제헌 의회는 왕권을 일부 제한하기는 했지만, 군주제를 철폐할 생각은 꿈에도 하지 않았다. 1791년 9월 30일, 제헌 의회가 해산할 때 의원들은 심지어 "국왕 만세! 국왕 만세!"를 외치기까지 했다.

　1791년 10월 1일 소집된 입법 의회는 제헌 의회가 만든 헌법에 따라서 운영됐기 때문에 입법 의회 기간에도 루이 16세는 법률 거부권과 각료 선택권을 가지고 있었다. 루이 16세가 정치적 권리를 완전히 상실한 것은 1792년 8월 10일 파리 시민들의 봉기 이후이다. 뒤에서 설명하겠지만, 이날 이후 민중이 권력을 장악하며 혁명은 급진화되었다. 8월 10일의 봉기가 성공하자 입법 의회는 왕권을 정지시켰고, 1792년 9월 20일 소집된 국민공회는 이튿날 왕권을 폐지하고 공화국을 수립했다. 이렇듯 혁명이 시작된 뒤에도 상당 기간 동안 루이 16세는 제한적이나마 왕권을 가지고 있었다. 그리고 그는 그 권한을 이용해서 겉으로는 혁명에 동조하는 체하면서도 끊임없이 혁명을 분쇄하려고 노력했다.

　혁명이 일어난 후에도 거의 3년간 루이 16세가 왕권을 유지했다는 사실은 전근대인들이 왕에 대해 가졌던 절대적인 '경외'를 반영한다. 전근대인들은 왕이 단순한 통치자가 아니라 신 혹은 신의 대리인이라고 생각하여, 왕에게 초능력이 있을 것이라고 생각하는 경우도 많았다. 즉, 왕이 비를 내리게 하고, 병을 고칠 수 있다는 생각이 널리 퍼져 있었다. 그들은 왕이 사라지면 세상이 멸망할지도 모른다고 생각했기 때문에, 왕을 제거하거나 왕이 없는 정치체제를 생각한다는 것은 매우 힘든 일이었다. 그리고 왕이 정치를 잘못할 경우에도 왕의 잘못이 아니라 왕을 보좌하는 신하들에게 잘못이 있다고 생각했다. 이런 생각 때문에 혁명 초기에 대부분의 사람들은 왕이 혁명의 대의에 동의할 것이라고 여기고, 왕을 그대로 두고 새로운 질서를 모색하려고 했다.

　그런데 바렌 사건으로 왕이 혁명에 반대한다는 것이 명백해지자,

1791년 7월 17일 마르스 광장에서 벌어진 민중 학살 사건.
외국으로 도망가려다 붙잡힌 루이 16세 때문에 화가 난 파리 시민들이 마르스 광장에 모여 공화제 실시를 주장하자, 이에 놀란 국민의회가 민중을 무력으로 진압했다. 이 사건 이후 혁명 세력 간의 파벌 대립이 나타났다.

왕에 대한 환상에서 깨어난 일부 민중이 군주제 폐지 시위를 했다. 그럼에도 불구하고 아직도 대다수 사람들은 왕이 일시적으로 잘못 판단했을 뿐이라고 생각하며, 왕에 대한 미련을 버리지 못하였다. 7월 17일의 학살 사건이 발생하고, 루이 16세가 계속 왕권을 유지할 수 있었던 것도 이러한 이유 때문이었다.

그러나 학살 사건 이후 앞으로 혁명을 어떻게 이끌어 가야 하는가에 대한 의견들이 갈라지기 시작했다. 이 사건을 계기로 라파예트를 중심으로 한 보수적인 인사들은 혁명 초기에 혁명을 지지하는 이들이

10_불평등을 갈아엎은 프랑스혁명

자코뱅 수도원에 모여 결성한 모임인 자코뱅파를 탈퇴하고, 푀이양 수도원에 모여서 푀이양파를 만들었다. 푀이양파는 군주제를 확고하게 지키고, 혁명을 온건하게 진행시켜야 한다고 주장했다. 그리하여 자코뱅파에는 로베스피에르와 같은 가장 급진적인 인사들만 남게 되었다. 이들은 국민의회가 민중을 학살한 것을 애석하게 생각했으며, 혁명을 좀 더 급진적인 방식으로 진행시키려고 하였다.

이렇게 파벌이 나뉘고, 국민의회 의원들이 혁명 노선을 두고 싸우는 가운데 1791년 9월 3일 드디어 헌법이 만들어졌다. 스스로 국민의 대표이고, 프랑스를 운영해 나갈 헌법을 만드는 것이 자신들의 임무라고 선언했던 국민의회 의원들의 임무가 이제 헌법이 만들어짐으로써 끝난 것이다. 이때 만들어진 헌법은 입헌군주제를 채택했지만, 국민주권의 개념을 명확히 했다. 이제 왕은 자의로 통치하는 것이 아니라, 국민의 대표인 의회의 통제를 받아야 했다. 그렇지만 이 헌법은 재산세를 내는 액수에 따라 시민을 능동적 시민, 수동적 시민으로 분류했기 때문에 어디까지나 가진 자들을 위한 헌법이라는 한계를 떨치지 못했다.

어쨌든 새로 만들어진 헌법에 따라 선거가 치러지고, 1791년 10월 1일 입법 의회가 열렸다. 여기에는 보수파인 푀이양파가 264명, 좌파가 136명이었고, 어느 파에도 속하지 않는 독립파가 345명이었다. 여기서 좌파란 대체로 자코뱅 클럽에 등록되어 있던 의원들을 통칭한다. 좌파 중에서 언론인 출신의 브리소를 따르는 브리소파, 남서부 지방인 지롱드 출신 의원들로 구성된 지롱드파, 쿠통·샤보와 같은 급진적 민주파, 철학자 콩도르세를 따르는 콩도르세파 등이 있었다. 입법 의회가 진행되면서 지롱드 출신 의원들이 브리소를 중심으로 뭉침으로써 지롱드파가 형성되었다. 지롱드파는 독립파 의원들의 협조를 받으며 입법 의회를 주도하였다.

지롱드파는 대체적으로 지방 부르주아 출신으로, 경제적으로 부르주아의 이익을 대변하면서 자유주의 정책을 추구했고, 파리의 민중운동을 혐오했다. 이들은 보르도·낭트·마르세이유 등의 상공업자들과 손을 잡고 있었고, 스위스·네덜란드·벨기에 등에서 프랑스로 망명온 금융업자들과도 깊은 관계를 맺고 있었다. 이렇듯 지롱드파가 민중이 아니라 부르주아의 이익을 대변했기 때문에 이들과 파리 민중을 대변하는 급진적 민주파 사이에 대립이 발생했고, 이 때문에 뒤에서 설명할 1792년 8월 10일의 봉기가 일어났다.

전쟁을 획책한 루이 16세, 탑 속에 갇히다

입법 의회 기간 중에 일어난 일 가운데 가장 중요한 사건은 프랑스가 1792년 4월과 7월에 각각 오스트리아와 프로이센에 선전포고한 것이다. 오스트리아와 프로이센이 혁명을 무력으로 진압하겠다고 선언했지만, 먼저 전쟁을 걸어오지는 않았다. 물론 프로이센과 오스트리아의 무력 개입 징후가 계속해서 보이긴 했지만, 선전포고를 하고 전쟁을 일으킨 것은 프랑스였다.

당시 프랑스의 각 정파들은 외국과의 전쟁을 통해서 국내 문제를 해결하려고 했다. 루이 16세는 전쟁이 일어나면 프랑스가 질 것이고, 그렇게 되면 예전의 왕권을 다시 회복할 수 있을 것이라고 믿었다. 그래서 적극적으로 전쟁을 지지했다. 한편 푀이양파의 지도자인 라파예트는 전쟁이 나면 지휘권을 가진 자신이 유리할 것이라고 생각해서 오스트리아와 프로이센의 전쟁에서 급성장한 프랑스 민중 세력은 지롱드파가 개혁에 미온적인 태도를 보이자 1792년 8월 10일 봉기하였다. 민중들은 왕궁으로 쳐들어가 궁정 수비대와 대전투를 벌인 후 마침내 권력을 장악했다.

전쟁을 지지했고, 입법 의회의 주도 세력이었던 지롱드파는 국내외에 만연한 반혁명 세력을 일소할 좋은 기회라고 여기고 전쟁을 적극 지지했다. 이렇게 모두 동상이몽을 꾸고 있었지만, 전쟁은 뜻대로 진행되지 않았다. 이들은 모두 단기전을 원했지만 전쟁은 장기화되었고, 전쟁을 통하여 민중 세력이 급격히 성장하였다.

민중 세력이 성장하게 된 경위는 다음과 같다. 전쟁이 일어난 후 프랑스는 군대를 벨기에 쪽으로 보냈다. 당시 프랑스 군은 10만 명이나 되었고, 오스트리아 군은 3만 5,000명밖에 되지 않았다. 그러나 디롱 장군을 비롯한 프랑스의 장군들은 싸우지도 않고 후퇴해 버렸고, 라파예트는 오스트리아에 사절을 보내어 휴전을 제의했다. 루이 16세의

뜻대로 프랑스가 패전할 것 같았다. 라파예트와 장군들이 일방적으로 휴전하려고 한다는 소식을 들은 입법 의회는 장군들의 배후에 왕이 있다고 생각하고, 독자적인 군사력을 확보하기 위해서 지방 민병대를 파리로 불러들이려고 했다. 이에 루이 16세는 의용병 소집에 반대하며 지롱드파로 구성되어 있던 내각을 해산해 버렸다.

장군들이 배신하고, 지롱드파 내각이 해산당하여 혁명이 무산될 위험에 처하자 분노한 파리 민중이 6월 20일 봉기했다. 민중들은 왕의 거실에까지 난입하여 "애국자인 대신들을 복직시키라"고 외치며 국왕의 머리에 강제로 '자유의 모자'라는 빨간 모자를 씌우기도 했다. 여기서 애국자란 지롱드파를 말한다. 그러나 국왕과 장군들은 계속 저항했고, 오스트리아와 프로이센 군대는 점점 더 프랑스 국경 쪽으로 진군해 왔다.

이에 위기를 느낀 지롱드파는 지방 연맹병의 파리 소집을 강행했고,⁹ 7월 11일 "조국 프랑스가 위기에 처했다"면서 계엄령을 선포하고, 그때까지 무기 휴대가 금지되어 있던 '수동적 시민'에게도 무기 휴대를 허락했다. 그리고 이들을 파리의 48개 구민회의에 참가할 수 있도록 했다. 이후 파리 민중들은 구민회의를 장악하고 급격히 세력을 키웠다. 그들은 지롱드파에게 왕권의 정지를 선언할 것과, 혁명을 적극적으로 추진하고, 민중들을 위한 정책을 펼 것을 요구하였다. 그러나 파리의 민중을 혐오한 지롱드파는 왕과 타협하여, 문제를 해결하려고 했다.

지롱드파가 계속 미온적인 태도를 취하자 파리의 민중들은 1792년 8월 10일에 봉기하였다. 봉기한 민중들은 '혁명 시의회'를 만들고, 왕궁으로 쳐들어 갔다. 궁정 수비대 800명과 시민 500여 명이 사망한 대

전투 이후 마침내 민중이 권력을 잡았다. 민중들은 의회로 달려가 왕권을 정지시키고, 새로운 헌법을 수립하기 위한 국민공회를 소집하도록 요구했다. 이제 루이 16세는 탕플 수도원의 탑 속에 갇히는 신세가 됐고, 왕을 옹호했던 귀족 세력은 파멸했다.

루이 16세의 죽음과 혁명의 '수출'

8월 10일 봉기로 권력을 장악한 민중은 입법 의회를 해산시키고 새로 선거를 치르라고 요구했다. 그 결과 9월 20일 국민공회가 소집되었다. 앞에서 언급했듯이 국민공회는 9월 21일 공화정을 선포하였는데 이로써 프랑스 제1공화정이 수립되었다. 공화국의 앞날은 밝아 보였다.

국민공회가 열리는 날, 민중의 승리를 축하라도 하듯 프랑스 군이 베르됭 서쪽 발미에서 프로이센 군을 상대로 승리했다. 3차에 걸친 치열한 포격전으로 시작된 이날 전투에서 프랑스 군인들은 혁명가인 '라 마르세예즈'를 부르며 완강히 저항했고, 밤중에 비가 내리자 프로이센 군이 퇴각했다. 프로이센 군에게 큰 타격을 입힌 것은 아니지만 진군을 막은 것만도 대단한 성과였다. 프랑스 군대는 훈련이 안 된 민병대로 구성되었고, 프로이센 군은 당시 유럽 최강의 육군이었다. 이때 프로이센 군으로 전투에 참가한 《파우스트Faust》의 작가 괴테Johann Wolfgang von Goethe(1749~1832)는 "이날, 이곳에서 세계사의 새로운 시대가 시작되었다"고 말했다.

새로 소집된 국민공회의 총 의원 수는 750명이었다. 지롱드파가 150~200여 명에 이르렀고, 중도파인 '평원당'이 과반수를 차지했고,

8월 10일의 봉기를 주도하고 파리 민중의 지지를 받은 대표적 '산악파' 지도자들인 마라(왼쪽)와 당통(오른쪽). 마라는 철저하게 인민주의로 일관하며, 소농민과 소시민층의 절대 생활권 보장과 모든 특권층과 기생계급을 없앨 것을 주장하였다. 당통은 혁명적 독재와 공포정치의 완화를 요구하고 경제 통제에도 반대하다가 1794년 4월 로베스피에르에 의하여 숙청되었다.

8월 10일의 봉기를 주도했으며 파리 민중의 적극적인 지지를 받은 '산악파'는 소수파였다. 산악파라는 별명은 소속 의원들이 의사당의 높은 자리에 앉았기 때문에 생긴 별명으로, 로베스피에르·마라Jean Paul Marat(1743~1793)·당통Georges Jacques Danton(1759~1794) 등이 대표적인 인물이었다.

그런데 국민공회의 구성에서 지롱드파가 다수를 차지했다는 사실은 곰곰히 생각해 보아야 할 문제이다. 민중들은 지롱드파의 온건한 정책과 미온적인 태도에 반대해서 봉기를 일으켰고, 지롱드파가 주도한 입법 의회를 해산시켰다. 그렇다면 국민공회 선거에서 지롱드파는 몰락하고, 민중을 대변하는 산악파가 다수를 차지했어야 한다. 그러

10_불평등을 갈아엎은 프랑스혁명 295

나 지롱드파가 다수를 차지했는데, 이는 전혀 이상한 일이 아니다. 8월 10일의 봉기를 주도한 것은 파리의 시민들이지 지방의 민중들은 아니기 때문이다. 지방 민중들은 파리 시민들만큼 혁명에 대해서 적극적이지 않았으며, 급진적인 개혁을 추구하지도 않았다.

이렇게 국민공회가 소집된 후에도 지롱드파가 세력을 유지하고 있었기 때문에 지롱드파와 파리 민중을 대변하는 산악파 간의 대립은 피할 수 없는 것이었다. 국민공회 초기 지롱드파와 산악파는 국왕의 처리 문제를 놓고 격렬하게 대립하였다. 지롱드파는 국왕은 신성하기 때문에 백성이 그를 재판할 수 없다고 주장했고, 산악파는 왕을 처형하고 혁명을 더욱 진전시키려고 했다.

대립의 승패는 다소 의외의 사건에서 결정지어졌다. 원래 루이 16세는 기계를 만드는 데 상당한 재주가 있어서 벼룩을 잡는 조그마한 대포를 직접 만들기도 했다. 그는 자신의 재능을 살려 튈르리 궁에 있을 때 직접 비밀 벽장을 만들어 온갖 문서들을 보관했다. 그런데 이때 루이 16세를 도왔던 자물쇠공이, 국왕이 비밀을 지키기 위해 자신을 죽일지 모른다고 생각하여 비밀의 방이 있다는 것을 신고했다. 그곳에서 온갖 반혁명적 행적이 담긴 문서가 발견되자 여론은 급격히 왕에게 불리해졌고, 결국 이듬해인 1793년 1월 14일 387대 334로 사형 판결이 내려졌다. 그리고 1월 21일 국민공회는 콩코드 광장에서 루이 16세를 처형하였다.

여기서 루이 16세는 위엄 있는 말을 남기고 죽었다. "나는 죄가 없다. 그러나 나는 적을 용서하겠다. 나의 피가 프랑스인에게 행복을 주고, 또 신의 노여움을 풀어 주기를 바랄 뿐이다."

프랑스에서 민중이 권력을 장악하고, 국왕을 처형시키자 전 유럽이 경악했다. 더욱이 그동안 수세에 몰려 있던 혁명군은 전세를 역전시

1793년 1월, 오스트리아에 여러 통의 비밀 편지를 보낸 것이 발각된 루이 16세는 사형 판결을 받았다(위). 그리고 일주일 뒤 콩코드 광장에서 루이 16세가 처형되었다(아래).

켜 알프스·라인·벨기에 쪽으로 진격하였다. 바야흐로 혁명이 전 유럽으로 '수출'되려는 순간이었다. 이에 놀란 유럽 각국의 왕과 귀족들은 프랑스를 격파하기 위한 대프랑스 동맹군을 결성하였다. 여기에

10_불평등을 갈아엎은 프랑스혁명 297

영국·오스트리아·프로이센·에스파냐·이탈리아 등이 참가하였고, 이로 말미암아 프랑스는 완전히 고립된 채 전 유럽을 상대로 싸워야 했다. 그야말로 위기였다.

  1793년 봄, 프랑스 전역에 긴장과 불안이 증폭되었다. 전쟁 비용을 마련하기 위해서 국민공회가 계속해서 화폐 아시냐를 남발했기 때문에 인플레이션이 격화되었고, 생필품이 품귀 현상을 빚었다. 또한 2월 하순 국민공회가 대프랑스 동맹군과 싸우기 위해서 30만 명 징집령을 내리자, 프랑스 서부의 방데 지역 농민들이 이 징집령에 반대하여 반란을 일으켰다. 혁명 정부는 이들을 진압하기 위해서 25만 명이나 학살해야 했다. 더욱이 전선 상황은 좋지 않았다. 가령 벨기에 전선을 맡고 있던 뒤무리에 장군은 멋대로 행동하다가 오스트리아로 도망가 버렸다.

로베스피에르의 공포정치

이렇게 위기가 심화되자 민중의 불만은 높아져갔고, 산악파가 더욱 득세하게 되었다. 민중의 지지에 힘입은 산악파는 혁명을 더욱 강화하기 위해서 혁명재판소와 공안위원회를 설치하고 권력을 장악했다. 그리고 민중을 위한 정책을 적극적으로 펼쳤다. 곡물과 밀가루에 대한 최고가격제 도입이 좋은 예다. 민중이 정권을 장악하고, 민중을 위한 정책이 만들어지고 공안위원회의 독재가 본격화되자, 지롱드파는 궁지에 몰렸다.

  지롱드파는 과격한 파리 민중이 지지하는 산악파가 정권을 완전히 장악하면 자신들의 대의가 흔들릴 뿐만 아니라 목숨도 부지하기 힘들다고 판단하고, 파리의 민중운동을 분쇄하고 의회를 중부의 브뤼주로 옮기려고 했다. 여전히 의회 내에 상당한 세력을 가지고 있던 지롱드파는 파리 민중운동의 지도자였던 에베르Jacques René Hébert(1757~1794)와 바를레Bertrand Barère(1755~1841)를 체포했다. 이에 지롱드파와 파리 민중들의 대립이 격심해졌고, 마라는 파리 시민들의 봉기를 촉구했다. 드디어 1793년 5월 31일, 파리 민중은 봉기했고, 6월 2일 의회를 포위하여 지롱드파 의원들을 축출하였다.

그런데 여기서 로베스피에르와 민중운동 지도자 간의 이해관계가 갈린다. 앞에서 설명했듯이 1792년 8월 10일 파리 민중은 입법 의회를 해산시키고, 1793년 6월 또다시 국민공회를 포위하고 국민공회를 무력화시켰다. 하지만 이때 국민공회의 가장 진보적인 인사들인 로베스피에르와 당통조차도 민중의 힘에 의해서 의회가 전복되는 것을 원하지 않았다. 단지 그들의 힘을 등에 업고 의회 스스로 지롱드파를 축출하기를 바랐다. 민중이 의회를 좌지우지하면 무정부 상태가 올 수 있고, 혁명이 통제할 수 없는 방향으로 갈 수 있었기 때문이다. 그러나 민중들은 그들을 '실망'시켰다. 이후 전권을 장악한 로베스피에르는 혁명을 정상적으로 수행하려면 민중운동을 어느 정도 약화시켜야 한다고 판단하고, 민중운동을 제어하기 위해 노력하게 된다.

어쨌든 1792년 8월 10일 봉기 때 이미 민중은 정치의 전면에 나섰고, 이듬해 6월 2일의 봉기로 혁명 정부의 정권을 완전히 장악하였다. 이제 혁명은 민중의 손에 의해서 진행되었다. 이때 과연 무슨 일이 일어났을까? 역사상 민중이 권력을 최초로 장악한 때는 아테네 민주주의가 전성기를 맞았던 기원전 5세기다. 이때 아테네 민중들은 관직을 추첨제로 바꾸고, 민회 참석 수당, 관극觀劇 수당 등을 만들었다. 그리고 민중들의 생계를 보장하기 위해 제국주의 정책과 대규모 건설 사업을 벌였다.

1793년 여름부터 프랑스에서도 비슷한 일이 벌어졌다. 9월 5일, 국민공회는 매주 두 번씩 열리는 구민회의에 참석하는 시민들에게 40수의 수당을 지급하기로 결의하였다. 그리고 9월 11일에는 최고가격제 실시를 전국으로 확대하였다. 상품 가격의 상한선을 정한 최고가격제는 상공업자의 활동을 위축시키고, 민중의 이득을 보장하는 제도였다. 그리고 정부에 필요한 물품을 원활하게 조달하고, 실업자를 구제하기 위해서 국립 작업장이 만들어졌다.

이런 민중들의 요구는 국민공회의 여러 선언으로 구체화되었다. 국민공회는 이해 3월 19일에 공공 부조의 일반 조직에 관한 원칙을 법으로 정한 바 있다. 그 1조는 "모든 인간은 건강하다면 노동을 통하여, 일할 수 없다면 무상으로 부조를 받아 생계를 유지할 권리를 지닌다"이다. 그리고 '권리선언'에서는 이렇게 밝혔다. "사회는 곤궁한 시민에게 일터를 제공해 주거나, 노동이 불가능한 사람에게는 생존수단을 보장해 주어야 할 의무를 지닌다." 이 규정들은 사회가 개인을 행복하게 만들어 주어야 한다는 원칙을 천명했다. 이로써 프랑스혁명은 각 개인에게 '행복을 추구할 권리'를 준 미국 헌법과는 다른 새로운 세계관을 제시했다. 개인이 노동을 하고, 부조를 받는 것을 의무가 아니라 권리로 규정한 것이다. 국민공회는 사회가 개인의 행복을 책임지는 또 다른 요소로서 교육을 중요시했다. 그래서 무상 의무교육을 실시하려고 구상하기도 했다.

이런 인식하에 국민공회는 6월 24일 발표한 '권리선언'에서 "사회는 총력을 다하여 공공 이성의 진보를 촉진시키고, 모든 시민이 교육을 받을 수 있게 해야 한다"[10]고 규정했다. 국민공회는 민중의 이익을 대변하고, 인간에게 사회적 권리를 부여하는 원칙들을 헌법으로 만들어 같은 해 8월 10일 공표하였다. 그러나 툴롱이 영국군에게 장악되는 등 대프랑스 동맹군의 공격이 거세지고, 혁명 세력 내에서도 계속 치열한 분파 활동이 전개되는 가운데 헌법 실시를 위한 재원 마련과 제도 정비를 할 수 없었기 때문에, 10월 10일 헌법 시행이 보류되었다.

1793년 말 헌법 시행이 보류되기는 했지만, 국민공회가 여전히 의욕적으로 활동하고 있었고, 정권을 장악한 파리 민중의 혁명 열기는 최고로 고조되었으나, 혁명은 서서히 종말을 향하고 있었다. 앞에서 설명했듯이 1793년 봄부터 민중들은 점점 더 과격한 주장을 내세웠다. 민중운동의 지도자 에베르는 재산의 평등을 지향하는 주장을 서슴지 않았다. 그는 '재산의 최고액을 규정할 것, 누구나 직접 경작할 수 있는 범위 이상의 많은 토지를 차지하지 못하게 할 것, 공장이나 점포는 1인 1개밖에 갖지 못하도록 할 것' 등을 주장했다.

이렇게 과격한 세력이 계속 세력을 키워 가고 있는 상황에서 대내외 정세가 매우 불안하였다. 루이 16세 처형 이후에 결성된 대프랑스 동맹군의 공세가 강화되었기 때문이다. 영국·오스트리아·프로이센의 군대가 북부 지역에서 프랑스를 침공하였고, 에스파냐의 군대는 남쪽을 위협하고 있었다. 또한 내부에서는 반혁명 분자들의 움직임이 계속되었는데, 특히 1793년 7월 방데 반란군은 루아르강을 건너서 세력을 확대하였다. 국민공회가 국민총동원령을 내려서 혁명을 지켜내기 위해서 애쓰고 있는 가운데 갈수록 위기감이 팽배해지자 에베르파를 비롯한 과격파들은 9월 5일 국민공회로 몰려가서 반혁명 분자의 신속한 처벌을 요구하였다. 이에 국민공회는 반혁명 혐의자

1793년 6월 24일 국민공회는 혁명력 제1년의 헌법인 '몽타냐르 헌법'을 제정하고
같은 해 8월 10일 공표했으나 평화가 올 때까지 헌법 시행이 보류되었다. 이 헌법의 주안점은
사회적 권리의 확립에 있었다. 이에 따라 사회의 목표를 공통된 행복의 실현에 두고
생활권의 향유와 인민의 봉기를 승인했다.

를 신속하게 체포하고, 최고가격제를 실시하며, 공안위원회의 권한을 확대하는 법을 잇달아 만들었다. 이렇게 해서 9월 5일부터 '공포정치'가 시작되었다.[11]

공안위원회가 군대 통수권을 비롯한 최고의 권력을 갖게 된 상황에서, 로베스피에르는 10월 10일 '프랑스의 임시 정부는 평화가 도래할 때까지 혁명적'이라고 선포하고, 공안위원회에 일종의 비상대권非常大權을 부여하였다. 이제 공안위원회가 비상혁명위원회로서 프랑스 정부의 외교·군사·행정 일체를 감독하게 되었다. 이 시기 로베스피에르는 대프랑스 동맹군의 공세가 거세지는 상황에서 혁명의 모든 역량을 한 곳에 집중시켜야 한다는 강박관념을 가지고 있었다. 그는 반혁명 세력을 과감하게 처단하고, 분파 활동으로 인한 역량의 분산을 막기 위해서 일체의 분파 활동을 금지시키려고 했다. 그는 혁명재판소를 이용하여 반혁명분자들과 분파 활동자들, 즉 공

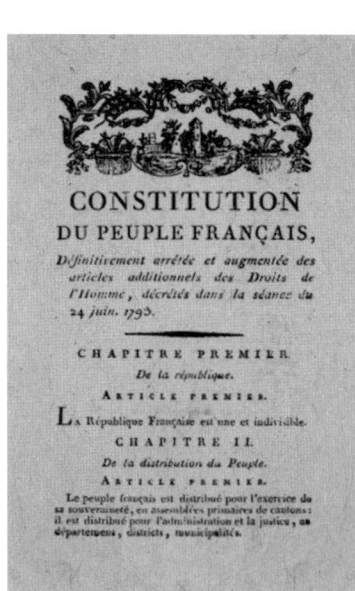

안위원회의 결정에 반대하는 지롱드파의 잔여 세력과 과격한 에베르파, 공포정치에 반대한 당통파를 과감하게 처형했다. 1793년 10월 16일에는 왕비 앙투아네트가, 10월 31일에는 21명의 지롱드파 위원들이, 이듬해 3월 24일에는 에베르와 그의 동료들이, 4월 5일에는 당통과 그의 동료들이 처형되었다. 이 과정에서 파리 민중의 지도자들이 차례로 처형되었고, 민중 조직도 약화되었다.

테르미도르 반동과 혁명의 종결

이렇게 국내에서 공포정치가 행해지는 동안, 1794년 봄부터 외국과의 전쟁 상황은 점차 개선되기 시작하였다. 그동안 혁명 정부는 통제 경제를 통하여 무기와 군수품을 풍부하게 공급하여 병사들의 사기를 높였다. 그리고 혁명군을 이끌던 장군들의 통제력과 전술력도 날로 향상되었다. 그 결과 프랑스 혁명군은 연이어 승리를 거두었고, 6월에는 벨기에를 정복하기에 이른다.

긴박한 외국의 위협이 사라지자 프랑스인들은 안도의 숨을 내쉬었고, 혁명 정부를 해체하고, 공포정치를 완화해 줄 것을 요구하였다. 다시 온건파들이 곳곳에서 고개를 내밀기 시작하자 로베스피에르는 위기를 느꼈다. 그는 혁명이 동결된 채 자신의 이상이 받아들여지지 않고 있다고 생각하고, 확실한 반격을 통하여 혁명을 더욱 전진시켜야 한다고 판단했다. 상황이 불리하게 돌아가자 로베스피에르는 이미 죽을 각오를 하고 있었다. 로베스피에르는 "나는 오래 살 생각이 없다. 오직 미덕과 신의 섭리를 위해 나를 희생시키고 싶을 뿐이다"라고 말하면서 최후의 결전을 준비하고 있었다.

　1794년 7월 26(테르미도르 8일), 로베스피에르는 국민공회의 연단에서 2시간에 걸친 긴 연설을 하였다. 그는 혁명 정부에 기생하는 부패한 무리들과 반대파의 음모에 대해서 비난했고, 연설이 끝나자 우레와 같은 박수 소리가 터져 나왔다. 이로써 로베스피에르는 자신이 승리한 줄 알았지만, 결과는 그 반대였다. 혁명의 기생 세력으로 제거되어야 할 자들이 누구인지를 구체적으로 밝히지 않았기 때문이다. 당시 로베스피에르가 제거할 사람들의 명단을 가지고 있다는 소문이 돌았는데, 이들이 누구인지 구체적으로 밝히지 않음으로써 중도파 의원들의 불안은 극에 달했다. 7월 27일 다시 국민공회가 열렸다. 그날 로베스피에르의 최측근이었던 생쥐스트가 연설을 하려고 하자, 탈리앙·비요 바렌 등은 그가 숙청자 명단을 발표하려고 한다고 생각하고 연설을 방해하였다. 로베스피에르가 생쥐스트를 옹호하기 위해서 연단으로 가려 하자, 장내에서는 "폭군을 죽여라!"는 소리가 터져 나왔다. 결국 온건파 의원들이 국민공회를 장악했고, 그들은 로베스피에르와 생쥐스트의 체포를 결의했다.

　이때 로베스피에르를 구해 줄 수 있는 유일한 세력은 파리의 민중뿐이었으나 민중 조직은 이미 심각하게 약화되어 있었다. 앞에서 설명했듯이 로베스피에르가 그들의 지도자들인 에베르파와 당통파를 모두 처형해 버렸기 때문이다. 결국 로베스피에르는 자신의 무덤을 스스로 팠던 셈이다. 이렇게 해서 로베스피에르와 그 일파는 단두대의 이슬로 사라졌다. 이것이 이른바 '테르미도르 반동'이다.[12]

　로베스피에르가 죽었다고 해서 혁명은 끝난 것은 아니다. 테르미도르 반동을 일으킨 국민공회의 의원들도 엄연히 혁명을 지지하는, 아니

> 테르미도르, 곧 혁명력 11월에 발생한 '테르미도르 반동'.
> 1794년 7월 9일 열린 국민공회에서 산악파 내부의 반로베스피에르파가 당통파 잔당과 지롱드 평원파와 제휴하여 로베스피에르 등을 체포한 사건이다. 이때 로베스피에르는 제 손으로 민중 조직의 힘을 약화시켜 놓은 뒤라 아무런 도움도 받지 못한 채 단두대에 서야 했다.

혁명을 이끌어 가는 사람들이었기 때문이다. 그러나 테르미도르의 반동 이후에 프랑스 혁명은 동결되었다. 그동안 혁명을 이끌어 온 마라·당통·로베스피에르를 비롯한 주요 지도자들이 거의 죽고, 파리의 민중 세력은 와해되었기 때문이다. 이후 혁명은 그 힘을 잃은 채 방황하며 점차 보수화되었고, 군사력을 장악한 장군들이 득세하기 시작했다.

그러던 중 군사적인 면에서 뛰어난 업적을 세운 나폴레옹이 인기를 끌며 1804년 마침내 황제가 되었다. 나폴레옹이 황제가 되는 순간, 프랑스혁명은 일단락되었다. 나폴레옹은 표면적으로는 혁명 이념과 정신을 존중한다고 했지만, 그것은 겉치레에 불과했다. 쫓겨난 귀족들이 돌아왔고, 왕을 중심으로 한 군주제가 부활했다. 국민주권에 기반한 공화제 정체가 무너졌고, 혁명의 열기를 토하던 혁명 지도자들과 민중의 토론과 함성이 멈추었다. 그러나 프랑스혁명이 남긴 자유와 평등, 우애에 대한 열망은 사라지지 않은 채 19세기를 혁명의 시대로 만들었다.

유럽인들은 19세기 내내 혁명 이념을 실현하기 위해서 싸웠고, 그 결과 19세기는 '혁명의 시대'가 되었다. 프랑스만 보더라도 중요한 세 개의 혁명이 19세기에 일어났다. 1830년에 샤를 10세의 폭정을 무너뜨린 '7월혁명'이 있었고, 1848년에는 7월 왕정을 무너뜨리고 제2공화정을 수립한 '2월혁명'이 있었다. 그리고 1871년에는 파리 시민들이 독일의 프랑스 지배에 반대하여 파리 코뮌을 결성하였다. 파리 코뮌은 세계 최초로 노동자 정부를 수립하려고 한 급진적인 운동이었다. 다른 나라에서도 사정은 비슷했다. 19세기 유럽 각국의 진보적인 지식인과 시민들은 프랑스혁명 이념을 실현하기 위해서 계속 투쟁하였다. 그 투쟁의 결과 민주주의라는 제도가 확고하게 뿌리내리게 되었다.

11
맬서스의 환경을 극복한 산업혁명

맬서스적 환경

─── 산업혁명이 일어나기 전 인류의 주산업은 농업이었다. 인구의 90퍼센트 이상이 농사를 지어 생활했다. 상공업자들은 극소수였고, 5~10퍼센트 정도의 사람들은 지배계층으로 무위도식했다. 그런데 사람들이 농사를 지을 수 있는 토지는 한정되어 있어, 새로운 토지를 개간해도 그 면적을 대폭 늘릴 수는 없다. 그 결과 사회가 생산해 내는 생산량도 늘 일정할 수밖에 없다.

전근대인들도 이 사실을 잘 알고 있었다. 중세 유럽인들은 폭풍우를 일부러 만들어 내는 사람이 있다고 생각하였다. 어떤 신기한 능력을 가진 주술사가 주문을 외워 폭풍우를 일으키고, 그 대가를 하늘의 항해자(중세인들이 존재한다고 믿었던 구름 배를 타고 다니는 외지인)들에게 받는다고 여긴 것이다.[1] 폭풍우가 오면 농사를 망치게 되는데, 사람들은 주술사들이 그런 폭풍우를 일으키는 것은 자신들이 먹을 음식

고대 스파르타.
스파르타인들은 아이가 태어나면 길러도 좋을 아이를 '선별'한 뒤, 그렇지 않은 아이는 산에다 버리는 방식으로 인구를 조절했다.

을 다른 지역에 주기 위해서라고 믿었다. 이런 믿음은 그리스·로마·게르만·스칸디나비아인들 사이에 널리 전해졌다. 농작물뿐만이 아니다. 서기 9세기 아고브라드 사람들은 가축이 전염병으로 떼죽음당하자, 그리모랄드라는 공작이 들판에 이상한 가루를 뿌렸기 때문이라고 믿었다. 그래서 들판을 헤매던 이방인들을 공작의 하수인으로 몰아서 죽였다. 사람들은 왜 공작이 가루를 뿌려서 가축을 죽였다고 생각했을까. 이는 어느 마을의 가축이 죽으면, 다른 마을에는 그만큼 가축이 증가한다는 믿음 때문이었다. 이렇게 전근대인들은 세상 사람들이 먹을 수 있는 식량은 한정되어 있다고 생각했다.

그래서 전근대인들은 늘 인구를 조절해야 한다고 느끼고 있었다. 사회가 부양할 수 있는 이상으로 인구가 증가한다면, 그것은 재앙이었다. 그러나 전근대에는 피임술이 발달하지 못했기 때문에 너무나 많은 아이들이 태어났다. 따라서 전근대 사회는 스스로 인구를 조절해야 했다. 그러기 위해 선택된 방법이 유아와 노인을 방기하거나 죽이는 것이었다. 유아의 방기, 특히 여아의 방기는 동·서양을 막론하고 어디에서나 쉽게 관찰된다. 대표적인 예가 스파르타인들의 방법이다. 그들은 아이가 태어나면 길러도 좋을지를 검사하고, 그 검사에서 불합격한 아이는 타이겟돈산에 있는 아포테타이라는 곳에 버렸다. 노인을 버리거나 죽이는 사례 또한 수많은 원시부족들에게서 쉽게 발견되는데, 그 유습이 문명 사회를 이룩한 곳에서도 발견된다. 역사의 아버지 헤로도토스가 마사게타이인들의 습속에 관해 남긴 기록이다.

> 어떤 자가 몹시 연로해지면 모든 친척들이 함께 모여 다른 가축들과 더불어 그를 제물로 잡아 죽이고 그 고기들을 삶아서 잔치를 벌인다. 그들은 이것을 가장 행복한 죽음으로 여긴다. 반면 병으로 죽은 자의 경우에는 먹지 않고 땅에 묻는데, 그들은 그가 제물로 죽지 못하게 된 것을 불행으로 간주한다.[2]

헤로도토스의 기록이 너무나 비정상적인 풍습을 전하는 것 같지만, 비슷한 사례들은 매우 많다. 튀르크-몽골족은 노인이 늙어서 힘이 없어지면, 그들을 질식시켜 죽였다. 시베리아 북쪽의 사람들은 늙어서 더이상 사냥을 할 수 없게 되면 자살하도록 했다. 또한 남아메리카의 안데스인들은 노인을 죽여서 그 시체를 먹었는데, 12세기 잉카의 지도자 만코 카팍이 그곳을 정복한 후에야 그런 풍습이 사라졌다.[3] 동방예의지국이라고 불리는 우리나라에도 고려장이라는 풍습이 있었다. 대부분의 학자들은 전혀 근거가 없다고 주장하지만, 몽골 계통의 유목민들에게 노인 유기의 풍습이 널리 있었기 때문에 문화적으로 같

> 맬서스는 《인구론》에서 빈곤과 악덕의 근원이 과잉 인구에 있다고 보았다.
> 그리고 인구와 식량 사이의 불균형과 인구 증가를 막기 위해서는 기근과 질병 등으로 인한
> 사망과 같은 적극적 억제 외에 성적 난행을 막고 결혼을 연기하여 출산율을
> 감소시키는 등의 도덕적 억제책을 써야 한다고 주장했다.

은 계통인 우리 민족에게도 유사한 풍습이 있었을 가능성이 있다. 물론 현대적인 관점에서 이런 관습들을 평가해서는 안 된다. 모두 인구를 조절하지 않으면 공멸한다는 공감 아래 행한 일이고, 자살을 권고받거나 버려진 노인들도 자손을 원망하는 일은 거의 없었다.

하지만 이런 인구 조절제도에도 불구하고, 늘어나는 인구를 적정 수준으로 유지하는 것은 매우 힘들었다. 그렇다면 인구는 계속 증가하지만, 식량은 그 증가 속도를 따라잡지 못하여 마침내 사회가 불어난 인구를 감당할 수 없게 되면 어떻게 될까? 먹을 것을 찾아 대규모의 인구 이동이 일어나 전쟁이 발생할 것이다. 인구 이동이 불가능하다면 사람들의 먹는 양이 줄고, 그것이 개인들의 면역력 약화를 초래하여 전염병이 창궐하여 많은 사람이 죽게 될 것이다. 이렇게 해서 인구가 대폭 감소하면, 이번에는 토지가 남아돌게 된다. 그러면 1인당 곡물 생산량이 증가하여 사람들의 영양 상태가 좋아

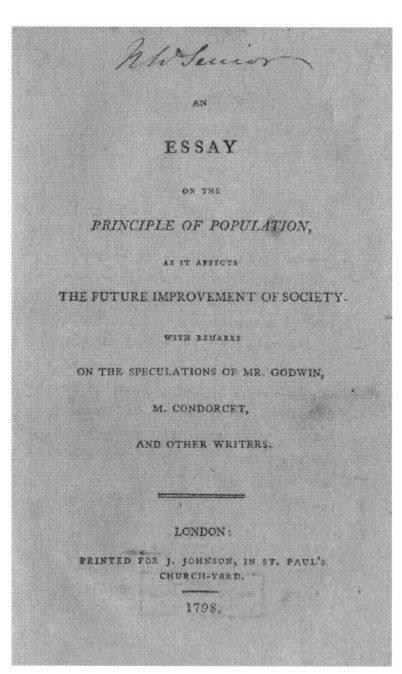

지며, 후손들이 많이 태어나고 다시 인구가 증가하게 된다. 이렇게 인구가 감소했다가 증가하는 현상이 반복된다.

1798년 영국의 경제학자 맬서스Thomas Malthus(1766~1834)는 전근대 사회의 인구가 이런 변동을 보이는 것을 발견하고 "인구는 기하급수적으로 증가하지만, 식량은 산술급수적으로 증가한다"고 주장했다. 이후 식량이 일정하기 때문에 인구가 증가와 감소를 반복할 수밖에 없는 상황을 '맬서스적 환경'이라고 부르게 되었다.

그런데 이런 맬서스적 환경은 인간뿐만 아니라 동물 세계에도 존재한다. 동물학자들이 실험적으로 한정된 공간에 사는 동물들의 개체수를 늘려 보았더니 각 개체군의 밀도가 한계에 도달하자 동물들의 사회구조가 파괴되어 버렸다. 동물들은 이유 없이 병에 걸리고, 새끼를 죽이고 난폭하게 싸웠다. 심지어 스스로 자기 몸을 불구로 만들어 버리기도 했다.[4] 동물들조차도 개체 밀도가 높아지면 개체 수를 감소시켜야만 한다는 것을 알고 있는 것이다.

농업혁명

그런데 16세기에 일어난 농업 기술의 혁신은 인류를 맬서스적 환경에서 벗어나게 해 주었다. 농업혁명을 선도한 국가는 영국이다. 14세기에는 전 유럽에 전염병과 전쟁, 반란, 기후조건의 악화 등으로 인구가 급격히 감소하였다. 1348~1350년 사이에는 치명적인 전염병인 흑사병이 만연하여 유럽 인구의 약 30퍼센트가 죽었다. 흑사병은 이후에도 수시로 재발하여 사람들을 괴롭혔다. 이런 와중에서 전쟁과 반란까지 끊이지 않았다. 1337년부터 영국과 프랑스는 백년전쟁을 치르고 있었고, 베네치아는 제노바와 또 다른 백년전쟁을 치르고 있었으며, 한자동맹Hanseatic League은 덴마크와 싸웠고, 1358년 프랑스에서는 쟈크리의 난이, 1381년에 영국에서는 와트 타일러의 난이 일어났다. 또한 곳곳에서 기근과 기아가 창궐했다.[5]

이렇게 혹독한 14세기의 위기를 극복하는 과정에서 이전에는 볼 수 없었던 새로운 현상이 나타나기 시작하였다. 새로운 토지 소유제가 등장한 것이다. 원래 중세의 장원제도는 영주와 농노로 구성되어, 영주는 토지 소유권과 그 지역에 대한 지배권을 가지고 농업 생산량의 70퍼센트가량을 빼앗아 갔다. 그러나 농노들은 토지에 대한 경작권을 가지고 보유지를 평생 경작할 수 있었고, 후손에게 상속시킬 수도 있었다. 또한 농노들은 각자 자신의 판단대로 경작할 수 있었다. 즉, 자신의 토지를 어떻게 운영하든 그것은 농노의 자유였다.

그런데 14세기의 위기는 이런 중세적인 토지 소유 관계에 근본적인 변화를 가져 왔다. 위기가 닥치고, 인구가 대폭 줄어들자 노동력이 부족해졌다. 이 틈을 이용하여 농노들은 자신들의 부담을 대폭 줄였다. 처음에 영주들은 여러 봉건적인 부담을 덜어 주면서 농노들을 붙잡아 두려고 했다. 그러나 수입이 줄어들자, 영주들은 강압적으로 농노들을 억제하려 했다. 양자의 요구가 충돌하면서 14세기 후반부터 16세기까지 전 유럽에 계급투쟁이 일어났다.

논쟁점은 두 가지였다. 첫째는 농노들의 인신 예속 문제이고, 둘째는 농노들의 토지 보유권 문제였다. 즉, 농노들의 신분을 어느 정도 자유롭게 할 것이고, 농노들이 보유하고 있던 토지 보유권을 어떻게 처리할 것인가가 문제였다. 영국의 영주들은 1349년 이후 이주 허가 영주가 토지 소유권과 지배권을 갖고 생산량의 70퍼센트를 빼앗아 가는 중세의 장원제도는 14세기의 위기를 겪으면서 근본적인 변화를 맞았다. 인구 감소로 인한 노동력 부족은 농노들의 계급투쟁을 촉발했다.

때 내는 벌금을 크게 올려서 농민의 이주를 억제하려고 했다. 그러나 농민들의 반란과 도주가 계속되어 이 시도는 1400년경에 완전히 실패했다.[6] 이렇게 영국의 영주들은 농노들을 강력하게 구속하는 데는 실패했지만, 그 대신 농노들이 가지고 있던 토지를 자신들의 직영지에 병합시킬 수 있었다. 그리고 농노들에게 토지 보유 허가료를 징수하였다. 토지 보유 허가료는 농노가 자신의 보유지를 매매하거나 상속할 때 영주에게 바쳐야 하는 돈이었다. 15세기 영주의 장원에 남아 있던 농노들은 이 돈을 납부하지 않기 위해서 대대적인 저항을 폈으나, 성공하지 못하였다. 그 결과 영주는 점차 농노의 경작권을 완전히 부정하고, 대규모로 토지를 집적할 수 있었다.

이 같은 대규모 토지 집적을 흔히 '인클로저 운동Enclosure movement' 이라고 한다. 토지를 대규모로 집적한 영주들이 울타리와 담장 등으

11_멜서스의 환경을 극복한 산업혁명

로 토지 경계를 둘러 막았기 때문이다. 이미 14~15세기에 인클로저의 사례가 많이 발견되며, 16세기에는 사회에 큰 변화를 가져올 만큼 대규모로 인클로저가 형성되었다. 이때 지주들은 농민들을 농노가 아니라 소작인으로 고용하여 새로운 상품 작물을 재배하거나, 농민들을 쫓아 내고 토지를 목초지로 만들어 양을 방목했다.[7] 당시 모직물업이 성장하고 있어 농민들을 쫓아 내고 양을 치는 것이 유행했던 것이다. 이렇게 농민들이 농지에서 쫓겨 나는 것을 보고, 《유토피아*Utopia*》의 작가 토마스 모어Thomas More(1477~1535)는 "양이 사람을 잡아먹는다"고 표현하였다.

이렇듯 14세기의 위기와 그에 따른 계급투쟁의 결과, 영국의 토지 소유 관계는 근본적인 변화를 겪었다. 중세적인 토지 소유 관계를 이루었던 영주와 농노가 사라지고, 지주와 소작인이라는 새로운 토지 소유 관계가 확립되었다. 이제 영주가 비합리적인 방식으로 과도하게 농노를 착취하던 지배—착취의 관계는 소멸하고, 지주와 소작인이 서로 이익을 위해서 협력해야 할 필요성이 커졌다.

토지의 대규모 집적은 고대 로마의 라티푼디아Latifundia(대토지 소유제) 시절에도 있었던 현상이다. 당시 귀족들은 토지를 대규모로 집적하여 가축을 사육하고 포도, 올리브 등 상품 작물을 재배하여 막대한 이윤을 얻었다. 영국도 상품 작물을 적극적으로 재배하였다. 상품 작물의 재배는 지역별 전문화와 연계되었는데, 런던 근교 켄트 지방은 과일과 호프를 생산했고, 노덤버랜드Northumberland와 더럼 지역은 낙농업을 하였다.

그러나 16~17세기 영국의 대토지 집적은 고대 로마의 그것과 질적으로 달랐다. 관개 목초지의 도입과 새로운 윤작체계의 도입으로 토지 생산성을 크게 향상시켰기 때문이다. 관개 목초지는 정교한 관개 시설을 건설하여 강물의 흐름을 바꾸고, 얕은 물살로 목초지를 뒤덮는 것이다. 이 방법은 목초의 성장을 크게 촉진시켜 결과적으로 가축 수를 늘렸다. 이렇게 가축이 늘어나자 농사에 가축을 더 많이 이용하고, 가축의 배설물을 거름으로 활용할 수 있게 되었다.

중세 영국에서는 2년 동안 곡식을 경작한 뒤, 그 토지를 1년 동안 쉬게 하여 지력을 보충하는 삼포제the three-field system 형태로 토지를 경작하였다. 그러나 이때 들어 3년째 휴한지로 묵히는 토지에 순무와 클로버, 가시완두 등을 심는 새로운 윤작방법이 도입되었다. 이 식물들은 땅에 질소를 고정시키는 기능을 했을 뿐만 아니라, 사료로도 쓸 수 있었다. 이로써 지력 회복이 훨씬 빨라졌고, 더 많은 가축을 사육할 수 있게 되었다.[8] 결국 토지 생산성이 급격히 향상되었는데, 그 추이를 도표로 살펴보면 다음과 같다.

유럽 각국의 시기별 파종량 대 산출량 비율[9]

연도	1지역	2지역	3지역	4지역
1500~49	7.4	6.7	4.0	3.9
1550~99	7.3	6.2	4.4	4.3
1600~49	6.7	6.3	4.5	3.8
1650~99	9.3	7.0	4.1	3.8
1700~49	10.1		4.1	3.5
1750~99			5.1	4.7

1지역—잉글랜드·네덜란드·벨기에 2지역—프랑스·에스파냐·이탈리아
3지역—독일·스위스·스칸디나비아 4지역—러시아·폴란드·체코슬로바키아·헝가리

중세시대에는 파종량 대 산출량의 비율이 1대 2~3이었는데, 산업

산업혁명이 본격화되기 직전 토지 생산성이 높아지며 인구는 빠르게 증가하였다. 인구 증가는 각종 도시 문제(위)를 낳았지만 한편으로는 값싼 노동력을 대량 제공하여 18세기 산업혁명의 견인차 역할을 했다(아래).

혁명이 본격적으로 일어나기 직전에는 토지 생산성이 네 배 정도 향상되었음을 알 수 있다. 토지 생산성이 높아짐으로써, 이제 인류는 '악마의 저주'인 맬서스의 고리를 빠져 나올 수 있게 되었다.

이후 영국의 인구는 빠르게 증가하였다. 1530년에 300만이었던 것이 1600년경에는 400만 명을 넘어섰으며, 1650년경에는 500만 명을 넘어섰다. 17세기 중엽부터 100여 년간 잠시 정체했지만, 18세기 중엽 이후 인구는 계속해서 증가한다. 그러나 인구의 증가는 많은 문제를 낳았다. 사람들이 도시로 몰려들면서 도시 문제가 발생했고, 가난한 이들이 늘면서 빈곤과 실업 문제가 대두됐다. 16세기 영국 정부는 부족한 일자리를 골고루 나누기 위해 하루 4시간 이상 일하면 안 된다는 법을 만들기도 했다. 하지만 과잉 인구는 산업혁명에 필요한 값싼 노동력을 제공하는 역할도 했다. 많은 사람들이 도시로 몰려들었기 때문에, 자본가들은 쉽게 노동자를 구할 수 있었다.

공장의 탄생

농업혁명으로 이제 농사를 짓는 사람의 숫자는 갈수록 줄어들었으나, 인구는 계속 증가했다. 때문에 18세기 영국은 노는 일손들을 흡수할 수 있는 새로운 산업이 절실히 필요했고, 기계제 공장 공업의 탄생으로 이러한 요구가 어느 정도 충족되었다.

신석기시대부터 중세 말기까지 사람들은 필요한 물품의 대부분을 가내수공업으로 조달하였고, 만들기 어려운 특정 제품만 수공업자들이 공급했다. 그러다 11세기가 되면서 중세 유럽은 전에 없는 활기 속

16세기 중엽에 수공업자들이 한 공장에 모여 분업으로 상품을 생산하는 수공업 공장제(위)가 등장했다. 이는 18세기 산업혁명기에 기계제 공장제(아래)로 발전했다.

에 상업이 부흥하고 교역이 크게 증가하였다. 베네치아·제노바 같은 북부 이탈리아의 도시들이 동방과의 원격지 무역을 부활시켰고, 북해와 발트해 연안의 원격지 무역도 활발해졌다. 그 결과 1년에 1~2주 정도 영업하는 정기적인 시장이 유럽 곳곳에 세워졌는데, 릴과 이프르, 샹파뉴 등의 정기시가 특히 유명했다.

원격지 상업은 고대에도 존재했지만, 그 거래 품목은 주로 사치품에 한정되어 있었다. 그러나 11세기 이후 상업이 발달하면서 모직물과 수공업품의 거래가 점점 늘었다. 15세기에 이르러 상인들은 수공업 생산을 효율적으로 해야 할 필요를 느꼈고, 그래서 선대제先貸制가 도입되었다. 선대제란 상인들이 원료와 작업 용구, 수공료를 미리 수공업자에게 대여해 주고, 수공업자가 생산한 물건을 가져 가는 방식이다. 이로써 수공업자가 직접 재료를 구입하고, 여러 가지 공정을 거쳐서 물건을 만들고, 직접 들고 나가서 팔아야 하는 번거로움이 사라졌다. 선대제를 운영하는 과정에서 상인들은 수공업자들을 전문화시키고, 분업화하는 방법을 고안해 냈다. 그리하여 차츰 지역별 전문화와 작업장 내의 분업이 증가하였다.

16세기 중엽부터 분업을 체계화시키기 위해서 수공업자들을 한 공장에 모아서 생산하는 매뉴팩처(수공업 공장제)가 등장했다. 여기엔 두 가지 방식이 있었는데, 먼저 독립적으로 수공업에 종사하던 노동자들이 자본가의 통제하에 하나의 작업장으로 통합되는 것이다. 가령 한 대의 마차를 만들기 위해서는 수레바퀴 제조공·마구 제조공·재봉공·자물쇠공·도금공 등이 개별적으로 작업한 뒤, 나중에 그것을 통합하는 사람이 있어야 했다. 그러나 매뉴팩처 방식 아래서는 마차를 만드는 데 참여한 모든 수공업자들이 한 공장에서 일하면서, 협업을 통해서 일의 효율성을 증대시킨다.

　다른 형태의 매뉴팩처는 같은 종류의 물품을 생산하는 수공업자들이 한 작업장에 고용되어 각기 개별적으로 작업하는 방식이다. 그러나 곧 이 과정이 세분화되고, 분업이 발생했다. 바늘을 만드는 데는 총 20가지의 공정이 필요한데, 뉴럼베르크의 바늘 제조 길드들은 한 작업자가 이 공정을 모두 수행했지만, 영국에서는 20명의 작업자가 각각 한 가지의 공정을 책임지고 수행했다.[10] 이러한 매뉴팩처의 등장이 분업과 협업을 증대시켰기 때문에 수공업의 생산성은 크게 향상되었다.

　16세기에 매뉴팩처가 도입된 것은 원격지 무역이 갈수록 활발해지는 등 시장이 확대되었기 때문이다. 특히 지리상의 발견을 통해 유럽의 상인들은 세계 각지로 진출하고, 그 결과 유럽 상품에 대한 수요가 크게 늘었다. 특히 영국은 모직물 공업을 국민적 산업으로 성장시켜, 농촌 지역에까지 수공업 생산이 널리 퍼져 있었다. 1588년 영국이 에스파냐의 무적함대를 격파하고 세계의 제해권을 장악한 후 영국 상품에 대한 수요가 급격히 증대했기 때문이다. 그야말로 물건이 없어서 못 팔 정도였다.

　그러나 수출이 증가하면 그만큼 수입도 증가하기 마련이다. 이 즈음 인도와 중국의 대표적인 상품인 차와 면화가 영국에 대량으로 들어왔는데, 특히 인도산 면포는 대단한 인기를 끌었다. 1690년 이후 영국의 동인도회사가 수입해 온 면포가 '영국 사회의 일반적인 의류'로 등장하였다. 당대의 역사가였던 베인즈Edward Baines Jr는 인도산 면포의 위력을 이렇게 썼다. "인도산 면포는 거의 수세기 동안 국가 번영의 수호자로서 신화적인 신뢰를 받아 왔고, 18세기 말까지도 아직 강력한 산업 분야였던 구래의 모직물 공업에 중대한 타격을 가하였다."

18세기 후반 영국이 산업혁명을 통해 면방직 공업의 종주국인 인도를 물리치고 이 분야의 최강자가 될 수 있었던 것은 방적기의 개량 덕분이었다. 이 밖에도 영국은 면방직 공업에 유리한 몇 가지 여건을 갖추고 있었다.

상황이 이렇게 되자 영국의 자본가들은 수입을 대체하기 위해서 면포의 국내 생산을 추진하였다.

당시 영국은 면방직 공업에 유리한 여건을 갖추고 있었다. 16세기 말경 네덜란드 독립전쟁이 일어나면서 상당수의 신교도들이 영국으로 이주하였는데, 그들이 면사와 면포의 제조 기술을 가지고 있었던 것이다. 또한 당시 영국의 식민지였던 인도와 미국에서 목화가 대량으로 재배되었고, 값싼 노동력이 풍부했을 뿐만 아니라, 면방직 공업은 새로운 산업인 터라 길드의 제약도 없었다.

영국은 국산 면포로 인도산 면포 수입을 대체하는 데 그치지 않고, 국산 면포를 세계로 수출하기까지 했다. 1780년 영국산 면제품의 수출 비율은 총생산액의 15퍼센트 정도에 불과했지만, 1810년대에는 60퍼센트 이상으로 급증했다.

그러나 영국이 면방직 공업의 종주국이던 인도를 물리치고 세계 시장을 석권할 수 있었던 결정적인 원인은 기계의 발명 덕분이었다. 존 케이·하그리브스·아크라이트 등이 실 잣는 기계, 즉 방

적기를 크게 개량시켰다. 여기에 1769년 와트가 증기기관을 실용화하였고, 1792년에는 이 증기기관을 이용한 방적기가 만들어졌다. 기계의 위력은 대단한 것이었다. 1793년 엘리 휘트니가 발명한 '조면기繰綿機'는 원면에서 씨를 분리해 내는 기계였는데, 전에는 50명이 손으로 해야 했던 작업을 단 한 명이 할 수 있게 만들었다. 이렇게 해서 면방직 공업을 중심으로 기계제 공장이 등장하였다.

공장의 탄생은 두 가지 점에서 중요한 의미를 갖는다. 먼저 인류의 주산업이 농업에서 공업으로 옮겨 가게 되었다. 이로써 경제 성장률이 급격히 높아져서 농업시대에는 연평균 경제 성장률이 0.1퍼센트 이하였지만, 공장이 생기면서 그 몇 십 배까지 성장할 수 있게 되었다. 경제 성장률이 높아지면서 삶의 조건도 나날이 좋아진 것은 물론이다. 두 번째로 새로운 생산관계가 정립되었다. 중세에는 영주와 농노가 생산의 주축이었으나, 이제 새로운 계층인 자본가와 노동자가 기본 축을 이루었다.

자본가들의 논리, 자유주의

산업혁명을 주도한 사람들을 자본가라고 한다. 부르주아bourgeois라고도 불리는 이들은 11세기부터 등장하였다. 11세기에 상업이 부활하면서 생겨난 상인 집단들은 옛 로마의 행정·종교의 중심 도시 근교에 성을 쌓았다. 그 성을 부르크burg·부르그bourg 등으로 불렀고, 이 성에 사는 사람들을 '부르주아'라고 했다. 이들은 상업으로 부를 축적했는데, 그중 일부가 16세기 이후 공장주가 되어 산업자본가로 변신하였다.

이들은 공장을 만들고, 산업혁명을 주도하였다. 그런데 공장을 돌리려면 노동자가 많이 필요했다. 앞에서도 서술했듯이, 당시에는 수많은 농민들이 농토를 잃고 도시로 몰려들고 있어서 그들을 고용하면 모든 것이 쉽게 해결될 것 같지만 사실은 그렇게 간단하지 않다. 자본가와 노동자는 이전에는 없었던 새로운 관계를 맺어야 했고, 거기에는 많은 저항과 부작용이 뒤따랐다.

자본가는 공장 부지와 값비싼 기계를 사서 상품을 만들어 내고, 그것을 계속 팔아야 한다. 이를 위해서는 원료를 안정적으로 공급받아야 하고, 노동자를 자기 뜻대로 부릴 수 있어야 한다. 즉, 생산에 필요한 모든 요소들을 언제고, 그것도 되도록 싸게 살 수 있어야 한다. 특히 토지와 노동력을 도덕이나 관습의 규제를 받지 않고 자유롭게 거래하는 시장구조를 만들어야 했는데, 이 점에서 가장 저항이 컸던 것이 노동력 분야이다. 당시 여러 가지 제약이 농민이나 수공업자들이 자유로운 노동자로 전환하는 것을 막고 있었다.

인클로저와 매뉴팩처가 생겨나면서 수많은 농민과 수공업자들이 고향을 떠나 도시로 몰려들었는데, 이로 인해 도시에는 과잉 인구·빈민·치안의 혼란과 같은 많은 문제가 발생했다. 그러자 영국 정부는 인클로저를 중단시키고, 직인법(1563)과 구빈법(1601) 등을 만들어서 농민과 수공업자들을 보호하려고 했다.

직인법은 도제로 입문하는 자에게 7년간 의무적으로 근무하도록 하며, 관리들이 그들의 임금을 매년 사정하도록 한 것이다. 그리고 구빈법은 노동 능력이 있는 영세민은 일자리를 가져야 하는데, 그 일자리는 교구가 제공해야 한다고 규정했다. 노동 능력이 없는 자는 교구가 구제해야 했는데, 교구는 이를 위하여 지방세나 구빈세를 징수할

18세기 초 부르주아의 모습.
11세기에 처음 등장한 상인 집단(부르주아). 가운데 일부가 16세기 이후 산업자본가로 변신하여 산업혁명을 주도하였다.

수 있었다. 결국 구빈법은 가난한 자들에게 자선을 베풂으로써 그들이 노동자가 되지 않고도 살 수 있는 길을 열어 주었다.[11] 이렇게 노동조건을 관례와 정부가 통제했기 때문에, 자본가들은 마음대로 노동자의 임금을 정하거나 노동자를 해고할 수 없었다.

자본가들이 노동자들을 자유롭게 고용하는 데 방해가 되는 종교적인 제약도 있었다. 원래 기독교 신자들은 자신이 속한 교구 안에서 죽을 때까지 살아야 했다. 죽은 후에도 그 교구에 묻혀야 했고, 혹 교구 밖에 묻혔다면 신속하게 교구로 이장해야 했다.[12] 이 원칙은 관습적으로 지켜지다가 1662년 법으로 규정되었다. 이 법에 따라서 교구민들은 지방판사와 교구 당국의 동의가 있어야만 자신의 교구 이외의 장소에서 체재할 수 있었으므로, 사실상 한 교구 안에 유폐되어 있었다고 할 수 있다. 그런데 1795년 영국 정부는 이 법을 완화하여 노동자들의 자유로운 이동을 보장하였다.

그러나 경제 원리가 아니라 사회적 규제를 통해서 노동시장을 통제하려는 시도는 이후로도 계속되었다. 1795년, 뉴버리 스피남랜드 Speenhamland의 펠리칸장에 모인 버크셔의 치안판사들은 빈민 개개인의 수입에 관계없이 최저소득을 보장해야 한다고 결정하였다. 이 결정을 '스피남랜드법'이라고 하는데 그 내용은 다음과 같다.

"일정한 품질의 빵이 1갤런당 1실링 하는 경우에는 모든 빈민과 근면한 사람은 그 자신의 노동 혹은 가족의 노동이나 구빈세에서 나오는 급여로 일주일에 3실링을 생계비로 지급받고, 처와 가족의 부양비로 1실링 6펜스를 지급받는다."

스피남랜드의 권고는 전국적으로 채택되었다. 그런데 이 법은 노동자의 임금을 그 능력이나 노동시장의 수요와 공급에 따라서 정하는 것이 아니라, 노동자의 생계에 맞춰 일률적으로 정해 놓았다. 그 결과, 1834년 이 법이 폐지될 때까지 경쟁적 노동시장이 확립되지 못하였다.[13]

구빈법에서부터 스피남랜드법에 이르기까지 농민과 노동자를 보호하려는 영국 정부와 사회의 노력은 자유로운 노동시장의 형성을 막는

18세기 영국의 도제 직조공.
인클로저와 매뉴팩처로 도시 인구가 급격히 팽창하여 여러 가지 문제가 발생하자
영국 정부는 도제 입문자에게 의무 근무 기간을 두는 직인법을 실시하였다.

것 외에 또 다른 심각한 문제를 낳았다. 이로 인해 노동자들이 일할 의욕을 상실했다는 것이다. 정부가 빈민을 구제하고, 법으로 노동자의 생계를 보장했기에, 노동자들은 열심히 일하려고 하지 않고 빈둥거리며 시간을 보냈다. 이 당시의 상황에 대해서 해리엇 마티노라는 인물은 이렇게 썼다.

> 구빈세는 대중적 부패가 되었다. ……방탕한 자들은 부양받아야 할 자신의 사생아들을 과시하고, 게으른 자들은 자기들의 몫을 얻게 될 때까지 아무것도 하지 않고 기다렸다. 무지한 소년, 소녀는 그것(구빈

세에 의한 구호)을 믿고 결혼했다. 밀렵자, 도둑, 매춘부는 협박을 하여 그것을 강제로 탈취했다. 지방판사는 인기를 끌기 위해, 구빈위원은 편의주의에 빠져 아낌없이 주었다.[14]

이런 상황에서는 자율적인 노동시장이 형성될 수 없었고, 노동자들을 마음대로 부릴 수도 없었다. 때문에 자본가들은 노동에 대한 규제를 철폐하고, 노동자들의 노동 의욕을 고취시키기 위해서 노력하였다. 그리하여 관리에 의한 임금의 사정, 노동 능력이 있는 실업자의 구제, 최저임금, 생존권 보장 등을 모두 철폐하려 했다. 자본가들에게 이론적인 무기를 제공한 것은 애담 스미스Adam Smith(1723~1790)가 창시한 고전자유주의라는 새로운 사상이었다.

스미스는 당시 유행한 이신론理神論(Deism)의 신봉자로, "우주를 창조한 신은, 그 우주가 필연적인 인과법칙에 따라 운행되도록 만들고 그 속에 인류를 창조하였다. 일정한 본성을 가지고 그 우주의 자연 질서에 따르기만 한다면 누구나 행복해질 수 있다"고 말하였다. 이신론에 따르면 신은 시계 제조공과 같다. 전능한 능력으로 세상을 창조했지만, 시계가 스스로 움직이듯 세상의 운행에는 관여할 수 없다. 그리고 하나의 시계인 세상은 법칙에 따라, 규칙적으로 작동한다. 이 원리는 자연의 일원인 인간 세계에도 그대로 적용된다. 따라서 인간은 법칙을 발견해 내고, 그에 따라 살아야 한다. 스미스는 이런 생각에 근거하여 경제가 운영되는 법칙을 발견하고자 했다.

스미스는 경제의 가장 기본적인 원칙을 인간의 본성에서 찾았다. 그는 "신이 인간에게 두 가지 본성을 부여하였는데, 하나는 이타적 본성이고, 다른 하나는 이기적 본성이다. 이타적 본성은 도덕생활의 동기가 되고, 이기적 본성은 경제생활의 동기가 된다"라고 주장하며, 인간의 이기심을 경제생활의 기본 원리로 삼았다. 그의 생각에 따르면, 모든 인간은 이기심을 가지고 있고, 그것은 신이 부여한 본성이므로 이 본성에 따라 살아가는 것은 정당하다. 즉, 개인들이 자신의 이익을 추구하는 것은 신이 내린 질서인 것이다.[15]

이렇게 스미스는 경제를 하나의 자연현상으로 보고, 이기심을 자연질서에 부합하는 것으로 봄으로써 근대 경제학의 신기원을 이룩하였다. 그 전까지만 해도 자신의 이득을 추구하는 사람은 부정적으로 인식되었는데, 스미스는 그것이 인간의 자연스러운 본성이고, 신의 질서에 맞다고 선언한 것이다.

1776년에 발표한 《국부론An Inquiry into the Nature and Causes of the Wealth of Nations》에서 스미스는 자신의 경제 논리를 체계적으로 제시하였다. 이때 사용한 개념이 '보이지 않는 손'이라는 것이다. 스미스는 경제가 자율적으로 작동하는데, 사회나 정부가 인위적으로 개입하거나 조정하는 것은 자연의 질서를 깨뜨리는 것이고, 결국 나쁜 결과를 가져온다고 주장했다. 따라서 정부는 경제에 최소한으로 개입해야 한다고 했다. 여기서 '야경국가'의 개념이 나왔다. 즉, 정부는 치안을 유지하는 것 이상의 역할을 할 필요가 없다는 것이다. 스미스의 뒤를 이어 맬서스, 리카도가 발전시킨 고전자유주의 경제학은 존 스튜어트 밀에 의해서 완성되었다.

고전경제학이 발전하면서 자유방임이라는 말이 유행했다. 이 원칙에 따르면 개인이 자유롭게 자신의 이득을 추구하는 것이야말로 사회의 부를 증가시키는 원천이므로, 국가나 사회가 그것을 규제하면 안 된다. 자유방임을 당시 상황에 구체적으로 적용해 보면, 사회제도나 국가의 법이 특정 집단, 즉 빈곤한 자들을 돕는 것은 경제 질서를 어지럽히는 것이다. 이는 가난한 자들에게도 해롭다. 사회와 타인에게 부조를 받음으로써 자신의 본성인 이기심을 잃어 버려서, 결국 자기 발전 욕구를 상실하기 때문이다. 자유주의 사상가들은 "빈민에 대한 책임을 시장에 맡겨라. 그러면 모든 것이 스스로 조정될 것이다"라고 주장하였다. 1848년 5월 13일 자 《이코노미스트》지는 이들의 견해를 다음과 같이 대변하였다.

> 고난과 사악은 자연의 훈계이다. 사람은 이것에서 벗어날 수 없다. 법률로써 이 고난과 사악을 세계에서 추방하려는 성급한 자선적 기도는 …… 항상 선보다는 더 많은 사악을 가져왔다.

이러한 자본가들의 목소리가 커지고, 그들의 이데올로기인 자유주의가 성장함에 따라서 자유로운 노동시장을 막던 법들이 차례차례 폐지되었다. 1795년에는 정주법이 완화되었으며, 1813년 직인법이 철폐되었다. 그리고 1834년에는 수정 구빈법이 제정되어 각각의 교구가 담당하던 옥외 구제를 폐지하고, 국가가 총괄하는 구빈원을 만들어서 그곳에 수용된 사람만을 구제하도록 하였다. 이때 게으른 자들이 구빈원에 오는 것을 막기 위하여, 구빈원을 감옥보다 못한 환경으로 만들었다.[16] 이제 노동자들은 구빈에 의지할 수 없게 되고, 오로지 자신의 노동력을 팔아야만 했다. 이로써 관습이나 종교, 정부의 통제 없이 오직 수요와 공급의 법칙에 의해서만 작동하는 자율적인 노동시장이 형성되었다.

비참한 아이들

기계제 공장의 등장은 생산방식에서 혁신을 가져왔다. 그런데 여기서 주목해야 할 것은, 수공업 생산에는 노동자의 높은 숙련도가 필요하지만, 기계제 생산은 기계를 전문적으로 다루는 소수의 인력과 단순히 그 기계를 작동시키는 다수의 미숙련 노동자들이 필요하다는 것이다. 즉 인간이 기계의 단순한 부속물이 되어 버렸다.

미숙련 노동자가 많이 필요하게 되자, 자본가들은 여자와 아동들을 고용하였다. 초기 면방직 공장들은 극심한 노동력 부족에 시달렸다. 위에 언급한 대로 노동시장 형성을 막는 여러 가지 사회적·법적 제재가 있었을 뿐만 아니라, 전통적인 수공업을 고수하는 수공업자들이 공장 취업을 꺼렸기 때문이다. 면공장에서 얼마나 많은 부녀자와 아동들이 일했는지를 도표로 정리하면 아래 표와 같다.

도표에 나와 있는 수치들은 사실을 매우 온건하게 보여 준 것이다. 부모가 자식을 공장에 보낼 때, 자식들의 나이를 부풀려서 이야기하

면공장 직공의 성별·연령별 구성(1833)[17]

연령	남자	여자	합계	비율
9세 이하	498	290	788	4.58
10~11	819	538	1,357	7.87
12~13	1,021	761	1,782	10.34
14~15	853	797	1,650	9.57
16~17	708	1,068	1,776	10.30
18~20	758	1,582	2,340	13.58
21세 이상	3,632	3,910	7,542	43.76

기계제 공장의 등장으로 이제 소수의 숙련공보다 다수의 미숙련공이 필요해졌다. 특히 극심한 노동력 부족에 시달리던 초기 면방직 공장들은 여성과 어린이들을 고용하여 부족한 노동력을 메웠다.

는 경우가 많았기 때문이다. 공장 조사위원회가 이 보고서를 만든 1830년 이전에는 이보다 상황이 더 열악해서 유아에 가까운 아이들이 공장에 가는 일이 많았다.

이 아이들은 하루 평균 12시간, 주당 72시간을 일했으나, 작업 시간은 들쭉날쭉했다. 특히 수력 방적기를 이용하는 공장의 경우, 건기에는 작업 시간이 줄어들었지만, 수량이 풍부해지면 새벽 4시부터 밤 11시까지 작업하기 일쑤였다. 이 19시간의 노동 시간 동안 쉬는 시간은 고작 1시간이었다. 아침 식사에 15분, 저녁 식사에 반 시간, 그리고 물 마시는 데 15분, 그나마 아이들은 쉬는 시간에도 제대로 쉬지 못하였다. 기계를 청소해야 했기 때문이다.

11_멜서스의 환경을 극복한 산업혁명

제대로 자지도, 먹지도 못하고 일하는 아이들에게 가장 끔찍한 것은 체벌이었다. 1832년 공장조사위원회에 보고된 수많은 체벌 사례 가운데 하나만 살펴보자.

나를 부렸던 조방공은 길고 무거운 막대기를 쥐고 있다가 심하게 때렸습니다. 우리가 기계를 사이에 두고 있어서 매질을 피할 수 있을 때는, 그는 기계 위에서 쇠와 나무로 만들어진 롤러를 끄집어 냅니다. 롤러 끝에는 그것이 빠지지 않도록 철봉이 박혀 있습니다. 그는 그 철봉을 빼내어 힘껏 던지지요. 나는 종종 그 철봉에 머리를 얻어맞았습니다. 그는 가끔 롤러를 던지는데, 한번은 그가 힘껏 던진 롤러가 내 머리를 살짝 비켜 날아가 바닥에서 2야드쯤 높이 튄 다음, 옆의 기계에 떨어져서 그 기계를 부셨을 정도였습니다.[18]

이렇게 고생하면서 일한 탓에 아이들은 제대로 크지도 못하였으며, 불구가 되는 예도 많았다. 너무 오랫동안 기계 밑에 쭈그리고 있었던 탓에 다리를 절게 되거나, 발목이 틀어지기도 했다. 그리하여 많은 아이들이 술의 힘을 빌리지 않으면 일을 하지 못하는 지경이 되었다. 공장 안이 너무나 무덥고, 몸이 피로에 찌들어 있었기 때문이다. 아이들은 잠자리에서 일어나자마자, 선술집으로 가곤 했다.

이 모든 일들이 자유방임이라는 명분 아래 추진되고 방치되었다. 1830년 리즈의 한 신문사에 오슬러라는 사람은 다음과 같은 글을 기고했다.

수천의 남녀 어린이들이, 특히 7~14세 사이의 소녀들이 매일 아침 6

산업혁명기 어린이들은 제대로 자지도 먹지도 못한 채 강제 노동에 시달려야 했다. 1830년 이전에는 상황이 더 심각해서 서너 살짜리 유아들까지 공장일에 동원되었다. 그리하여 아이들이 술의 힘을 빌려서 일을 하는 비참한 상황이 한동안 계속되었다.

시부터 저녁 7시까지, 오직 반 시간의 식사와 휴식 시간을 허용받은 채 줄곧 강제 노동을 하지 않으면 안 됩니다. 영국인이라면 이 글을 읽고 얼굴을 붉힐 것입니다. 가엾은 아이들! 너희는 흑인 노예가 누리는 정도의 안락함도 누리지 못하고 탐욕의 성채에서 희생당하는구나! 너희들은 자유계약자란다. 탐욕스러운 너희 부모가 원하는 대로, 또는 야만적인 장인보다 더 악독한 공장주의 냉혈한 같은 탐욕이 요구하는 시간 대로 작업하지 않으면 안 되는구나! 너희는 자랑스러운 자유의 땅에 살면서도 자신이 노예라는 것, 흑인 노예가 누리는 그 안락마저 없는 노예임을 절감하고서 한탄하는구나![19]

11_멜서스의 환경을 극복한 산업혁명 335

과연 산업혁명은 무엇이었을까. 흔히 산업혁명을 이야기하면서 기계·증기기관·철도 등의 발명이 인간의 삶을 혁신적으로 바꾸어 놓았다고 말한다. 물론 이런 외형적인 변화도 중요하다. 손으로 수레를 끌어야 했던 사람들이 증기기관으로 기계를 돌릴 수 있게 되었으니 얼마나 편리해진 것인가.

그러나 외형적인 변화보다 주목해야 할 것은 산업혁명이 맬서스적 환경을 극복할 수 있게 했다는 것이다. 맬서스적 환경 속에서 인간은 자연에 심하게 종속되어 있었다. 식량의 부족이라는 거대한 장벽에 부딪혀서 노인을 죽이고 아이를 버리고 서로 싸워야 했다. 하지만 산업혁명 이후 인간은 이런 고민에서 해방될 수 있었다. 이 점에서 본다면 다른 어떤 사건보다도 현대 인간을 만드는 데 크게 기여한 것이 산업혁명이다.

그렇다고 해서 산업혁명과 이 혁명으로 만들어 낸 자본주의 체제가 완벽한 것은 아니다. 앞에서 살펴본 아이들의 노동에서처럼 산업혁명은 불합리하고 비인간적인 결과를 낳기도 했다. 19, 20세기 유럽인들은 자본주의 체제가 가지고 있는 이 잔인함을 극복하기 위해서 노력해 왔다. 이 노력에 대해서는 사회주의 편에서 살펴볼 것이다.

12

근대 유럽의 세력 균형을 바꾼 독일의 통일

독일 민족의 형성

────── 독일 민족은 고대 게르만족에서 기원했다. 게르만족은 철기시대 이전부터 중북부 유럽에 살고 있었다. 그들의 거주지는 스칸디나비아, 발트해에서 독일 북부 지역에 걸쳐 있었다. 기원전 6, 5세기에 현재 독일의 북서쪽 야스토르프라는 지역에 살던 야스토르프인들이 철기 문화를 발달시켰는데, 이들은 기원전 2세기에 남쪽과 서쪽으로 팽창하였다. 그 과정에서 당시 갈리아인(켈트족)이 살고 있던 현재 독일과 프랑스 지역까지 진출하였다.[1] 야스토르프인들은 갈리아인을 동화시키며 독자적인 문명권을 이루었다. 이들이 인류 역사에 본격적으로 등장하는 때는 로마시대. 로마인들이 기원전 1세기에 갈리아(현재의 프랑스 지방)를 정복하면서, 이들과 대치하게 되었기 때문이다.

게르만족은 인종적으로 인도-유럽어족에 속하기 때문에 키가 크고,

게르만족은 건장한 체격과 푸른 눈이 특징이다. 그러나 게르만은 본래 한 종족의 이름이 아니며, 로마인들이 갈리아 북쪽에 사는 종족들을 통칭하여 부른 데서 나온 이름이다.

체격이 건장하며, 파란색 눈을 가지고 있다. 그러나 게르만족이란 한 종족의 이름이 아니다. 게르만은 어떤 종류의 통합체도 가지고 있지 않았으며, 수많은 종족으로 분열되어 있었다. 이들에게 게르만이라는 이름을 붙여 준 것은 로마인들이었는데, 로마인들은 갈리아 북쪽에 사는 종족을 통칭해서 게르만족이라고 불렀다. 게르만족에 대한 상세한 이야기를 최초로 전한 로마의 역사가 타키투스는 어떤 신을 섬기는지를 기준으로 게르만족을 인게보네스·헤르미노세스·이스태보네스의 세 종족으로 분류하였다. 그러나 그 안에는 또 수많은 하위 종족들이 있었다. 가령 인게보네스족에는 테우톤(튜턴)·반달·킴브리·유트·앙겔·프리지아인이 있었다. 후에 영국인들을 구성한 앵글족과 색슨족도 이 종족의 일파

였다. 그래서 지금도 인종과 언어를 구분할 때 영어를 독일어와 함께 튜턴계로 분류한다. 그러나 타키투스가 분류한 게르만족이 모두 독일인들의 선조는 아니다. 3세기경에 로마의 국경 근처에 살던 게르만족 중에서 작은 부족들이 모여서 프랑크족을 형성했다. 프랑크족은 이후 게르만족을 통합하고 옛 서로마제국의 영토를 정복하여 중세 유럽을 주도하게

카롤루스 대제의 셋째아들로 '경건왕敬虔王'이라고도 불린 루트비히 1세(왼쪽)는 제국을 세 아들에게 분할했으나 장남 로타르(오른쪽)의 몫이 크다며 3남 루트비히 2세와 이복동생 '대머리 왕' 카를이 반발했다. 그 결과 왕국은 동프랑크·서프랑크·중부제국으로 나뉘게 된다.

되는데, 이 프랑크족의 역사가 진행되면서 독일 민족이 형성되었다.

서기 800년, 프랑크족의 영웅 카롤루스Carolus Magnus(742~814) 대제는 서로마제국의 황제로 취임한 뒤 옛 서로마제국 영토의 많은 부분을 회복하고, 북쪽으로 영토를 훨씬 넓혔다. 그의 제국은 남북으로는 테베레강에서 북해에 이르렀고, 동서로는 에브로에서 도나우강에 걸쳤다.

814년 카롤루스가 광대한 제국을 남기고 죽자, 그의 아들 루트비히 Ludwig I(778~840)가 제위를 계승하였다. 그는 매우 도덕적이고 양심적이었으나, 통치에는 부적합한 인물이었다. 그는 자신의 종교적인 구원을 늘 염려하였고, 선행을 하기 위해 노력하였다. 당시 부모의 재

12_근대 유럽의 세력 균형을 바꾼 독일의 통일 341

산을 자식들이 균등하게 나누는 것이 프랑크인의 풍속이었다. 루트비히는 관습에 따라서 제국을 세 명의 아들들에게 분할 상속했다. 그런데 장남인 로타르Lothar I(795~855)의 몫은 크고, 3남인 루트비히 Ludwig II(804?~876)와 이복동생인 '대머리 왕' 카를Karl II(823~877)의 몫은 작았다. 이에 차남과 3남이 동맹을 맺고 형과 대립하였다. 이때 (842년) 루트비히와 카를은 슈트라스부르크에서 서로 결속을 다짐하는 서약을 했다.² 이 슈트라스부르크 서약은 두 개의 언어로 씌어졌는데, 하나는 후일 프랑스어의 모태가 되는 링구아 로마나 루스티카이고, 다른 하나는 독일어의 모태가 되는 테오디스크어이다.

테오디스크는 '백성의 말'이라는 뜻으로, 테우토니쿠스라고 불리기도 했는데, 이 말에서 현재의 독일을 가리키는 '도이치'라는 단어가 나왔다. 따라서 슈트라스부르크 서약이 있었던 9세기 중엽에 고독일어를 쓰는 사람들이 생겨났으며, 그들이 하나의 집단으로 간주되었음을 알 수 있다. 이 협약은 843년 베르됭 조약으로 이어졌는데 이 조약에서 카를은 후일 프랑스가 된 지역을, 루트비히는 후일 독일이 된 지역을 다스리기로 결정하였다.

그러나 이때까지도 확고한 국경선이나 민족의식이 있었던 것은 아니다. 다만 독일 지역을 최초로 한 명의 통치자가 다스리게 되었을 뿐이다. 이후 권력투쟁이 수없이 일어나 게르만 지역은 계속 분할되었다가 다시 통합되는 일이 반복되었다. 더욱이 변경 지역에서 모라비아·헝가리·노르만·이슬람인들의 약탈이 계속되었지만 그것을 막을 공권력은 어디에도 존재하지 않았다. 그리고 권력투쟁이 극심해지면서 독일 지역에서 카롤루스계의 후손이 끊어지고 말았다.

카롤루스의 왕계가 끊어진 후 슐레스비히 지역과 발트해 연안에 살

성당 모형을 예수에게 바치고 있는 오토 1세(그림의 왼쪽).
동프랑크의 왕이었던 하인리히 1세의 아들 오토 대제는 약화된 왕권을 강화한 뒤
헝가리에 침입한 마자르인을 격퇴하고, 이탈리아의 내란을 진압하는 등 카롤루스 대제에 이어
또다시 중부 유럽의 패권을 확립했다. 이에 교황 요하네스 12세가
오토 대제에게 신성로마제국의 황제관을 씌워 주었다.

던 작센족 출신의 왕들이 이 지역을 지배하게 되었는데, 여기에서 오토Otto I(912~973) 대제가 나왔다. 오토는 936년에 작센 왕이 된 후 국가의 공권력이 이미 와해되어 버렸다는 것을 인정하고, 자신의 혈육들과 각지의 영주들을 봉신으로 삼았다. 중세의 주종 관계에 따라서 나라를 새로이 편성한 것이다. 봉신이 된 자들은 왕에게 충성을 바치는 대신 자기가 차지한 지역의 통치권을 인정받았다. 이후 오토는 탁월한 통치력을 발휘하여 반발하는 봉신들을 차례로 굴복시키고, 955년에는 헝가리인들을 제압하여 도나우 평야에 정착시킨 후, 도나우 분지에 바이에른 수비 지역 동부 변경을 수립하였다. 이 동부 변경이

12_근대 유럽의 세력 균형을 바꾼 독일의 통일 **343**

후에 오스타리히, 즉 오스트리아로 불리게 되었다. 오토는 또한 그해 슬라브족의 침입을 크게 물리쳤다. 이 공로로 오토는 대제 칭호를 받았으며, 962년에 교황 요하네스 12세에게서 황제의 관을 받았다.

오토 대제가 세운 신성로마제국은 1806년 나폴레옹에게 멸망당할 때까지 지속되었다. 제국의 영역은 주로 현재의 독일 지역이었다. 근 1,000년이나 하나의 제국이 이 지역을 통치하는 동안 점차로 독일 민족이 형성되고, 민족의식도 생겨났다. 그러나 신성로마제국의 황제권은 강하지 않았으며, 제국 자체가 작은 나라와 도시들이 느슨하게 묶인 연합체였다. 중세의 혼란 속에서 선성로마제국 내부의 제후와 세력가들은 끊임없이 싸웠다.

이런 혼란을 그나마 안정시킨 사람이 카를 4세Karl IV(1316~1378)이다. 1347년 신성로마제국의 황제가 된 그는 탁월한 외교술을 발휘하여 여러 제후들의 충돌을 중재하였고, 1356년 '황금문서'를 만들었다. 이 문서에서 카를 4세는 독일에서 영향력 있는 일곱 명의 제후가 황제를 선출하도록 법제화하였다. 마인츠 대주교·트리어 대주교·쾰른 대주교·보헤미아 왕·팔츠 선제후·작센 공·브란데부르크 변경백邊境伯(12세기 중엽에 공작으로 승격)으로 구성된 7선제후는 각기 독립적인 통치권을 인정받고, 봉신으로서 황제에게 충성했다. 이후 신성로마제국의 황제는 세습이 아니라 선출되었다. 여기서 강력한 황제가 나오기를 바라는 것은 무리였다.

7선제후가 선출한 황제가 신성로마제국을 다스리면서 중세는 지나가고 있었다. 그런데 여기서 우리가 주목해야 할 것은 중세 말까지도 유럽인에게는 국가의식이나 민족의식이 없었다는 사실이다. 국가는 여전히 왕의 사유물이었고, 왕이 죽으면 후손들에게 상속되었다. 이런 개념 때문에 근대 초 유럽의 지도는 매우 복잡했다. 신성로마제국은 현재의 독일 지역을 본거지로 했지만, 때로는 에스파냐와 네덜란드·오스트리아까지 포함한 대제국이 되기도 했다. 이러한 상황에서 '행운의 상속'을 잇달아 받은 대표적인 인물이 카를 5세Karl V(1500~1558)이다.

카를 5세의 할아버지는 합스부르크가의 막시밀리안인데, 그는 오스트리아 왕으로서 신성로마제국의 황제가 되었다. 그의 아들 필립은 에스파냐 왕가의 왕녀 후아나와 결혼하였다. 당시 후아나는 카스틸과 레온, 신대륙의 상속자였다. 필립의 아들이 카를 5세였는데, 그는 아버지와 어머니의 왕국을 모두 물려받아 독일제국·네덜란드·에스파냐 저지대를 다스리게 되었다. 여기에 외조부인 에스파냐 왕 아라곤 공 페르디난드가 죽자, 에스파냐 전역과 당시 에스파냐가 차지하고 있던 식민지들까지 물려받았다. 나중에는 자신의 남동생을 헝가리 왕 블라디슬라프 2세의 딸 안나와 결혼시켜, 헝가리를 오스트리아의 영향력하에 두었다. 이렇게 혼인을 통하여 유럽의 대제국을 건설하면서, 카를 5세는 "다른 나라들은 전쟁을 하게 내버려두라. 그대 복된 오스트리아는 결혼을 한다"라는 말을 남겼다. 이렇게 한 국가의 상속자가 다른 나라 상속자와 결혼하여 나라들이 합쳐지고, 그것이 다시 분할 상속되는 일이 중세 말기까지 계속되었다.

프로이센의 등장

1517년 마르틴 루터Martin Luther(1483~1546)가 일으킨 종교개혁은 종

교뿐만 아니라 정치에도 큰 변화를 가져왔다. 루터를 지지하는 제후들은 세력을 규합하여 가톨릭을 신봉하던 카를 5세의 통치권에 도전하였다. 1552년 루터파 제후들은 프랑스 왕 앙리 2세와 동맹을 맺고, 카를 5세를 상대로 전쟁을 일으켜 승리하였다. 그 결과 1555년 아우크스부르크에서 "각 지역에서 믿는 종교는, 그 지역을 지배하는 제후가 결정한다"는 협상을 맺었다. 이후 힘을 잃은 카를 5세는 에스파냐와 네덜란드는 아들 펠리페 2세에게, 독일 지역과 황제의 관은 아우 페르디난드에게 넘겨 준 뒤 죽었다.

그러나 종교개혁의 광풍은 계속 몰아쳤다. 루터뿐만 아니라 스위스에서 칼뱅Calvin Jean(1509~1564)이 예정론에 입각한 새로운 신교를 만들자, 그의 추종 세력도 계속 불어났다. 이렇게 신교 세력이 급격히 커지자 신교와 구교 세력 사이의 대립이 본격화되었고, 마침내 양 세력은 30년간의 전쟁에 돌입한다. 그런데 전 유럽이 참가한 이 '30년전쟁'의 주요 전장터가 독일이었다. 그 결과 1648년 베스트팔렌에서 종교의 자유를 인정하는 조약이 맺어졌을 무렵, 독일은 이미 황폐해지고 수십 개의 독립국가들로 분열된 상태였다. 황제의 통치권은 그야말로 아무런 힘도 발휘하지 못했다.

그런데 이런 상태의 독일에서 베를린을 수도로 하는 변경백 브란덴부르크의 세력이 성장하기 시작하였다. 이곳은 15세기 이래 호엔촐레른 가문의 소유였다. 1525년, 이 호엔촐레른 가문 출신의 고위성직자 알브레히트가 쾨니히스베르크를 수도로 하는 공작령 프로이센을 세웠다. 프로이센을 다스리던 호엔촐레른 가문의 가계가 끊기자 두 지역이 합쳐졌다. 1640년 이 두 제후국을 물려받은 프리드리히 빌헬름Friedrich Wilhelm(1620~1688)은 군대와 관료제도를 정비하여 힘을 강화했다. 그

프리드리히 빌헬름의 아들인 프리드리히 1세(왼쪽)는 강력해진 국력을 기반으로 프로이센의 초대 국왕이 되었다. 이후 '프리드리히 대왕'이라고 불린 프리드리히 2세(오른쪽)가 왕위에 올라 국정을 안정시키고, 오스트리아를 상대로 전쟁을 벌여 슐레지엔을 병합했다.

의 군대는 숫자는 적었지만, 잘 훈련받은 상비군이었다. 그는 또한 인구 증가를 위하여 종교적 자유를 허락하고 이주민들을 받아들었다. 이때 폴란드계 유대인과 2만 명에 이르는 프랑스계 위그노들이 이주하였다.[3] 이들은 이후 독일의 산업이 발전하는 데 크게 기여하였다.

프리드리히 빌헬름을 계승한 프리드리히 1세Friedrich I(재위 1701~1713)는 강력해진 국력을 기반으로 프로이센이 왕국임을 선언하고 왕위에 올랐다.[4] 이후 계속해서 강건한 왕들이 나와 국력을 증강시키고,

12_근대 유럽의 세력 균형을 바꾼 독일의 통일 347

군대를 증가시키는 데 힘썼다. 프리드리히 1세 때 프로이센 군은 4만 명이었는데, 프리드리히 빌헬름 1세Friedrich Wilhelm I(재위 1713~1740) 때에는 8만 3,000명으로 증가했다. 이때 프로이센은 영토 크기로 보면 유럽에서 11위였지만, 군대는 4위였다. 이렇게 급격하게 군대가 증가한 것은 프로이센의 왕들이 군국주의 원칙에 따라 국가를 운영했기 때문이다. 프로이센은 세금의 80퍼센트를 군대를 유지하기 위해서 사용하였으며, 전국을 몇 개의 징병구徵兵區로 나누어, 각 징병구가 책임지고 일정 수의 병력을 보충하게 했다. 그리고 프리드리히 빌헬름 1세는 토지 귀족인 융커들을 장교로 임명하고, 그 자제들을 사관학교에 보내도록 했다. 이렇게 해서 지주인 융커는 장교가 되었고, 농민들은 사병이 되었다.[5]

프리드리히 빌헬름의 아들 프리드리히 2세Friedrich II(1712~1786)는 계몽전제군주로 유명한 사람이다. 그는 학문과 예술을 장려했고, 볼테르와 서신을 주고받으며 계몽사상과 접촉했다. 그는 《반마키아벨리》라는 책을 직접 썼는데, 이 책에서 "국민의 행복은 군주의 이익보다도 더 중요하다. 군주는 결코 국민의 절대적인 주인이 아니라, 제1의 하인에 불과하다"라고 말했다. 또한 포츠담에 상수시Sans Souci(불어로 '걱정이 없는'이라는 뜻) 궁전을 지어, 프랑스풍의 화려한 궁정생활을 프로이센에 도입하기도 했다.

이렇게 국정을 안정시킨 프리드리히 2세는 프로이센 발전에 중요한 역할을 했다. 오스트리아와 전쟁을 벌여서 슐레지엔을 프로이센에 병합한 것이다. 1740년에 오스트리아의 카를 6세가 죽었는데, 아들이 없었기 때문에 딸인 마리아 테레지아가 왕위를 물려받았다. 그러자 독일의 다른 제후들이 자신들에게 왕위 계승권이 있다고 주장하였다. 이렇

중부 유럽의 유서 깊은 지역인 슐레지엔. 프로이센의 프리드리히 2세는 테레지아의 오스트리아 왕위 계승을 인정해 주는 대신 공업 지역인 슐레지엔을 요구했다. 그리고 7년전쟁 끝에 이 지역에 대한 권리를 확보하여 왕국 발전의 토대를 마련했다.

게 마리아 테레지아의 왕위 계승이 문제가 되고 있을 때, 프리드리히는 과감하게 선전 포고를 하고 오스트리아를 침략하였다. 그는 마리아의 왕위 계승과 그 남편의 황제 취임을 인정해 주는 대신, 공업 지역인 슐레지엔을 달라고 요구하였다. 이때 그가 황제권과 같은 명예가 아니라,

공업 지대를 선택한 것은 현실적인 지략이 돋보이는 조처였다.

슐레지엔을 차지한 프로이센이 군사력과 경제력을 급격하게 성장시켜 나가자, 이를 우려한 주변의 프랑스·오스트리아·러시아의 세 나라가 연합했다. 사방이 적으로 둘러싸였다는 것을 안 프리드리히 2세는 선제 공격으로 기선을 잡기로 하고, 1756년 작센 지역에 침입하였다. 영국의 도움을 받기는 했지만, 프로이센은 거의 단독으로 프랑스·오스트리아·러시아와 싸우게 된 것이다. 이 전쟁은 7년간 계속되었기 때문에 '7년전쟁'이라고 불린다. 프로이센 군은 초반에 기선을 장악했지만, 3개 연합국의 국력과 군사력을 당해 낼 수가 없었다. 전세는 점점 불리해졌고, 프리드리히 2세는 좌절한 끝에 자살하려고까지 하였다. 그런데 이 위기의 순간에 러시아의 왕이었던 엘리자베타가 죽고, 프리드리히에게 매우 우호적인 표트르 3세가 왕이 되었다. 러시아가 전선에서 이탈하자 전세는 역전되어 프로이센이 우세해졌다. 전의를 상실한 오스트리아는 프로이센과 협상을 맺고, 1763년에 전쟁은 끝났다. 이 전쟁으로 프리드리히는 슐레지엔에 대한 권리를 확보하여 프로이센 발전의 기반을 닦았다.

나폴레옹의 침입과 민족의식의 각성

독일 지역에서 프로이센이 서서히 성장하고 있었지만, 여전히 독일 지역의 중심 국가는 오스트리아였다. 독일 지역은 수많은 영방領邦(Land 또는 Territorium) 국가로 나누어져 있었다. 그런 가운데 프랑스혁명이 발생하였고, 혁명의 사생아 나폴레옹이 유럽을 정복하였다. 오스트리

신성로마제국을 해체하고 유럽의 황제가 된 나폴레옹은 라인동맹을 만들어 독일의 라인란트 지역까지 자신의 지배 아래에 두었다. 그런데 이러한 조처가 오히려 독일 연합체 구성의 전기가 되었다.

아와 프로이센은 계속해서 프랑스와 전투를 벌였지만, 모두 크게 패했다. 1804년 황제로 취임한 나폴레옹Napoléon I(1769~1821)은 옛 신성로마제국의 황제 역할을 계승하려고 했다. 당시 합스부르크가의 프란츠 2세는 황제의 칭호를 포기하지 않고, 영국·러시아와 연합하여 나폴레옹에게 대적하였다. 그러나 연합국(3차 대프랑스 동맹군)은 1805년 12월 아우스테를리츠에서 대패하였다. 이후 나폴레옹은 사실상 유럽의 지배자가 되었다. 1806년 신성로마제국은 해체되었고, 나폴레옹이 유럽의 황제가 되었다.

나폴레옹은 독일 남서부 지역에 라인동맹을 만들어 이 지역을 자신의 지배하에 두었다. 이 조처는 라인란트 지역을 자기 세력권 안에 두려고 한 것인데, 라인동맹은 이후 독일 역사에서 매우 중요한 역할을 한다. 이 동맹은 독일의 지도를 간단하게 만들었고, 독일 연합체를 구성할 수 있는 전기를 제공했다. 실제로 나폴레옹이 독일을 지배하는 동안 120개 이상의 소국들이 사라졌다. 프로이센과 오스트리아는 명목상 계속 존속했지만, 나폴레옹에게 충성을 맹세하고 그의 지배를

12_근대 유럽의 세력 균형을 바꾼 독일의 통일 351

받았다.

 그러나 프랑스혁명이 일어나고 나폴레옹의 독일 지배가 행해지기 전, 그러니까 나폴레옹이 황제가 되기 전부터 독일인들은 프랑스에 매료되어 있었다. 이 시기에 독일이 자랑하는 철학자와 문학가, 예술가들이 나왔는데, 그들도 마찬가지였다. 이때 철학자로는 칸트·피히테·헤겔, 문학가로는 괴테와 실러, 예술가로는 베토벤이 활동하였다. 칸트Immanuel Kant(1724~1804)는 자신의 역사철학에 입각한 통찰의 결정적인 암시를 프랑스혁명에서 얻었다고 고백했으며, 피히테Johann Gottlieb Fichte(1762~1814)는 프랑스혁명을 '인권과 인간의 존엄성에 대한 풍요로운 그림'이라고 주장했다. 헤겔은 프랑스혁명에 영향받아 젊은 시절부터 역사·정치적 문제를 연구하였으며, 특히 나폴레옹을 새로운 사회 질서를 체현하는 인물로 높이 평가하였다. 괴테는《젊은 베르테르의 슬픔Die Leiden des jungen Werthers》에서 인습의 족쇄를 끊어 버릴 수 있는 민중의 권리를 표현하며 전제정치에 대해 분노했고, 1806년에 발표한《파우스트》에서 인간은 모든 난관에도 불구하고 끊임없이 발전해 간다는 이상을 제시하였다. 악성樂聖 베토벤Ludwig van Beethoven(1770~1827)은 나폴레옹의 영웅적인 활동에 감동하여 그를 위해 3번 교향곡〈영웅〉을 작곡했다.[6] 베토벤은 이 교향곡의 표지 위쪽에 보나파르트(나폴레옹의 이름)라고 적고 나폴레옹에게 헌정하려고 했으나, 그가 황제가 되었다는 소식을 전해 듣자 표지를 찢어 없앴다.

 그러나 나폴레옹의 독일 지배가 본격화되면서 독일의 지식인들은 실망하기 시작하였다. 그들은 애초에 나폴레옹을 혁명의 옹호자로 보고, 혁명의 이념으로 독일을 새롭게 해 줄 것을 기대하였다. 그러나 돌아온 것은 압제와 징발이었다. 1806년 나폴레옹은 영국 경제에 타

> 프랑스혁명과 나폴레옹은 독일의 철학자, 예술가들에게 지대한 영향을 미쳤다.
> 칸트(위)는 프랑스혁명에서 역사철학의 중요한 단서를 얻었다고 했으며, 베토벤(아래)은
> 나폴레옹에게 자신의 교향곡을 헌정하려고까지 했다.

격을 가하기 위해서 자신의 지배하에 있는 나라들로 하여금 영국과의 통상과 통신을 금지하는 '대륙봉쇄령'을 발표하여 독일의 수출을 위축시켰다. 그러면서 프랑스의 공업을 발전시키기 위해서 프랑스의 수출품에는 혜택을 제공한 반면, 수입품에게는 높은 관세를 부과하였다. 이 때문에 독일의 상공업은 크게 타격을 받았으며, 노동자들의 삶은 비참해졌다. 나폴레옹이 혁명 이념에 따라 일부 정치 개혁을 하긴 했으나, 너무나 온건하고 귀족 위주였기 때문에 이 부분도 실망만 안겨 주었다.

그러나 가장 괴로운 문제는 나폴레옹이 정복전쟁을 수행하기 위해서 끊임없이 독일인들을 징병한 것이었다. 나중에 나폴레옹이 러시아를 침략했을 때, 끌고 간 60만 대병 가운데 독일인이 20만 명이나 되었다. 그리고 나폴레옹은 일종의 문화제국주의 정책까지 폈다. 라인동맹 지역에서 프랑스어를 공용어로 사용하게 하고, 프랑스의 지배에 반대하는 것을 막기 위하여 출판과 연극에 대한 검열도

나폴레옹의 독일 침공 후 '독일 국민에게 고함'이라는 연설을 한 피히테(위)와 《빌헬름 텔》을 써서 독일인의 저항의식을 고취시킨 실러(아래). 진보적인 지식인과 예술인들이 주도한 반프랑스운동은 독일 낭만주의로 발전했다.

강력하게 시행하였다.

이렇게 되자 독일인들 사이에서는 서서히 저항의식과 민족의식이 싹트기 시작하였다. 원래 프랑스혁명의 지지자였던 피히테는 나폴레옹이 베를린을 점령하고 침략자로서 본색을 드러내자, 1807년 '독일 국민에게 고함'이라는 유명한 연설을 하였다. 그는 이 연설에서 나폴레옹은 자유 혁명 이념의 변조자이자 독일 민족의 압제자라고 선언하고, 독일인들은 폭력으로써 그에게 대항해야 한다고 주장하였다.

신교 목사들도 독일 민족주의가 형성되는 데 중요한 역할을 했다. 슐라이어마허 같은 목사들이 애국심을 종교적인 신앙과 결부하는 설교를 하였다. 문학가 실러Johann Christoph Friedrich von Schiller(1759~1805)는 《빌헬름 텔Wilhelm Tell》을 써서 독일인들의 저항의식을 고취하였다. 이들은 독일 민족의 공통성이 영국인이나 프랑스인들과 달리 통일국가가 아닌 언어·관습·문학·예술

등의 문화에 있다고 보았다.

이들의 사상에서 주목할 만한 것은 독일인을 일종의 '근원 민족'으로 묘사하고, 독일 민족이 전 인류를 대표할 수 있다는 우월적인 이상주의를 만들어 냈다는 것이다. 후에 히틀러와 같은 정치가들이 게르만족 우월주의를 주장했던 원류가 여기에서 출발했다.

진보적인 지식인과 예술가들이 주도한 반프랑스운동은 낭만주의로 발전하였다. 이들은 과거 독일 민족이 남긴 시·예술·습속·역사를 정리 보존하여 민족 감정을 구체화하려고 했다. 동화로 유명한 그림 형제가 게르만 언어를 연구했던 것도 이 시절이었다. 낭만주의는 계몽사상이 무시해 온 감성의 영역을 부활시켰다. 그러면서 전체보다는 개체, 세계주의보다는 독일 민족 문화의 특수성, 합리성보다는 기독교와 민중 신화를 추구하였다. 이렇게 민족 감정이 서서히 형성되면서 독일인들은 나폴레옹의 지배에서 벗어났고, 나아가 통일국가를 건설해야겠다는 열망을 품게 되었다. 이들은 프랑스와의 싸움을 '성전'이라고 주장하며, 프랑스인에게 피의 복수를 해야 한다고 선전하였다.[7]

통일운동의 시작

나폴레옹의 지배에 먼저 반기를 든 나라는 오스트리아였다. 당시 오스트리아 정치를 주도하던 외무장관 슈타디온과 파리 대사 메테르니히는 오스트리아에서 독일 민족의 해방자와 통일자가 나와야 하며, 그래서 오스트리아가 나폴레옹에 대한 전쟁을 선도해야 한다고 믿었다. 1806년 드디어 그 기회가 왔다. 나폴레옹이 에스파냐 원정을 갔던

1812년 12월 나폴레옹의 러시아 원정(그림)이 실패로 돌아가자 프로이센 민중은 자발적으로 반프랑스 봉기를 주도했다. 이듬해 본격적인 독립전쟁에 돌입한 프로이센은 라이프치히 전투에서 나폴레옹을 물리치고 해방을 맞이했다.

것이다. 1806년 12월, 오스트리아 군의 선제 공격으로 전쟁이 시작되었다. 오스트리아가 전쟁을 일으키자, 나폴레옹은 휘하 장군들에게 에스파냐 전선을 맡겨 놓고 급거 귀국하여 독자적으로 군대를 모아서 오스트리아 군과 싸웠다. 오스트리아는 육상전에서 최초로 나폴레옹에게 패배를 안기는 등 잘 싸웠으나, 유럽의 맹주이자 명장이었던 나폴레옹을 당해 낼 수는 없었다. 오스트리아는 큰 타격을 받고 프랑스에 굴복하였다. 1809년 오스트리아는 재차 나폴레옹에게 도전하였으나, 또 한 번 좌절하고 만다. 두 차례에 걸친 패배 이후 오스트리아는

전의를 상실하고, 오히려 결혼정책을 통해서 나폴레옹과의 결합을 추구하였다.

오스트리아가 프랑스와 싸우는 사이, 프로이센은 중립을 고수하였다. 그러나 중립에도 불구하고, 프로이센 내에서 강렬한 반프랑스운동이 일어났다. 프로이센의 거의 모든 도시에서 비합법적인 저항위원회가 결성되고, 주민과 노동자들이 반프랑스운동을 펼쳤다. 프로이센 내의 반프랑스운동이 매우 활발했기에 프로이센 왕도 나폴레옹을 몰아내야 한다고 생각했지만, 나폴레옹의 권세가 최강을 유지하고 있던 터라 아직은 때가 아니라고 생각했다.

1812년 12월, 나폴레옹이 러시아에 패배한 후 프랑스에 대한 저항의식이 다시 본격적으로 대두되었다. 프랑스 군의 퇴각을 지켜본 주민들이 각지에서 자발적으로 무장하여 봉기하였다. 그때까지 소극적인 자세로 일관하던 프로이센 왕도 이 자발적인 민중들의 봉기를 제어할 수 없고, 오히려 그것을 주도해야 한다는 인식을 가지게 되었다. 그리하여 프로이센 정부는 1813년부터 본격적으로 독립전쟁에 돌입하였다. 러시아와 스웨덴이 프로이센과 연합하여 나폴레옹과 싸웠다. 연합군의 군세가 나폴레옹군에 미치지 못했지만, 전투는 호각지세로 진행되었다. 1813년 8월 오스트리아가 연합군에 가담하면서 전세는 연합국 측에 유리해졌고, 같은 해 10월 16일 라이프치히 전투에서 나폴레옹은 패배하였다.

이렇게 해서 독일은 나폴레옹에게서 해방되었고, 독일 통일에 대한 열망은 커져 갔다. 그러나 독일 통일의 길은 멀고도 험난했다. 프랑스에 대한 해방전쟁에서 큰 역할을 한 오스트리아는 나폴레옹이 독일을 침략하기 이전의 상태로 돌아가고자 했다. 그것이 봉건적인 왕과 귀족들의 권리를 지키는 길이었고, 무엇보다 오스트리아의 영향력을 확대하는 것이었기 때문이다.

나폴레옹 지배체제 붕괴 이후 오스트리아의 주도하에 유럽의 질서를 의논한 빈 회의는 나폴레옹 전쟁 이전의 상태로 회귀하는 복고를 추구하였다. 그 결과, 독일은 34개의 군주 국가와 4개의 자유 도시로 편성되었다.[8] 이렇게 하여 독일은 다시 수많은 영방 국가로 분열했다. 그러나 중세시대와는 분명히 다른 계층이 독일에서도 새로이 성장하고 있었다. 그것은 자본주의가 확대되면서 성장한 부르주아, 즉 시민계급이었다. 이들이 새로운 세력을 이루자, 이들을 대변하는 지식인들도 나왔다. 괴레스와 아른트가 그 대표적인 인물이었다. 코블렌츠에서 활동하던 괴레스Johann Joseph von Görres(1776~1848)는 오스트리아와 프로이센의 규제를 받는 독일연방국을 만들자고 제안하였다. 한때 프로이센의 수상이었고, 이 시기에 독일 통일운동에 헌신하고 있던 슈타인의 권유를 받은 아른트Ernst Moritz Arndt(1769~1860)는 통일 국가를 위한 헌법을 작성하였다. 이들은 분산된 국가들의 통치권을 제한하고, 시민의 동등권을 보장해 주는 중앙집권적인 제국의 필요성을 역설하였다. 이러한 시민계급과 그들을 대변하는 지식인들은 1815년경부터 자신들의 '국가'에서 입헌주의운동을 펼쳤다. 학생들도 전 독일적인 '학생조합'을 결성하고, 독일 통일을 위해서 노력하였다.

1819년부터는 관세동맹을 체결하자는 주장이 본격적으로 제기되었다. 시민들과 학생들은 대륙봉쇄령으로 독일 산업이 크게 타격을 받았음에도 불구하고, 독일의 각 국가들이 저마다 관세를 부과함으로써 독일 상품이 외국 상품에 비해 우위를 차지하지 못하는 현실을 개선해야 한다고 주장하였다. 1819년 초에 프랑크푸르트에서는 '전 독일 상업 및 수공업 연합'이 결성되어 전국적인 투쟁에 돌입하였다. 비록 이들의 요구는 반동 세력의 저항에 부딪혀 실패했지만, 프로이센은 국력을 이용하여 자국을 중심으로 한 관세동맹을 확대해 나갔다.

1818년 프로이센은 관세법을 개정하여 국내 관세를 폐지하고, 외국 상품에 10퍼센트의 관세를 부과하도록 했다. 이 조처로 프로이센 주변의 군주국들은 프로이센의 관세체제에 통합될 수밖에 없었다. 자국 상품을 외국으로 가져갈 때 프로이센을 통과하는 경우가 많았는데, 관세를 내고 나면 상품의 경쟁력이 떨어지기 때문이다. 또한 프로이센은 관세체제를 받아들이면 프로이센에서 자유롭게 상품 거래를 할 수 있게 하고, 인구 비례에 따라 관세 수입의 일부를 배당하였다. 이는 주변 영주들에게 매력적인 조건이었다.

이후 프로이센은 영국과 프랑스의 방해를 물리치고 계속 영향력을 확대해 나갔다. 그 결과, 나중에 전 독일 관세동맹으로 발전해 나갈 발판이 될 통상 조약이 1829년 프로이센과 헤센·바이에른·뷔르템베르크 사이에서 체결되었다. 그리고 1834년 프로이센은 독일 관세동맹을 체결하였다. 이 동맹으로 2,300만 명이 사는 지역이 하나의 관세 구역으로 통일되었다. 프로이센과 대립해 오던 오스트리아와 북부 국가들은 이 동맹에 참가하지 않았지만, 이 동맹의 체결로 프로이센은 이후 독일 통일에서 주도권을 장악하게 되었다.

프랑크푸르트 국민의회

1848년 2월 프랑스에는 또다시 혁명이 일어났다. 1830년부터 집권한 루이 필립 왕의 정치가 극단적으로 자본가들의 이익만을 대변하였기 때문이다. 정치평론가 토크빌은 이 당시의 정부에 대해서 "정부는 주주가 차지할 이익만을 위하여 운영하는 산업회사와 비슷하였다"고 평하였다. 실제로 당시 지주·투자가·자본가 등 부유한 20만 명만이 투표권을 가지고 있었다. 이렇게 정치가 엉망인 가운데, 1840년 말부터 불황이 닥쳤다. 철도 공사가 중단되고, 공장이 문을 닫으면서 수많은 노동자들이 일자리를 잃었다. 이들의 분노는 2월 폭동으로 폭발하였다. 그 결과 루이 필립의 왕정은 무너졌고, 프랑스에는 제2공화국이 성립되었다.

프랑스에서 발생한 혁명은 독일의 진보적인 시민계급과 민중들을 자극하였다. 1848년 2월 만하임에서 대규모의 민중 집회가 시작되었고, 3월 초에는 남서부 독일 대부분의 지역에서 소요가 일어났다. 곳곳에서 왕과 봉건 귀족들의 지배가 무너지고, 자유주의를 지향하는 새 정부가 들어섰다. 3월 13일에는 오스트리아의 수도였던 빈에서도 폭동이 일어났다. 오스트리아 왕은 시민과 학생들의 요구에 굴복하여 재상이었던 메테르니히를 면직시키고, 국민군의 창설과 언론 자유, 헌법 제정을 약속하였다. 프로이센의 수도 베를린에서도 봉기가 일어나 군대와 시가전이 벌어졌다. 여기서 시민군은 무기가 형편없었음에도 불구하고 승리를 거두었다.

이렇게 1848년 3월에 일어난 혁명은 독일의 봉건적인 질서에 결정적인 타격을 입혔다. 그러나 3월혁명은 독일 통일에 대한 여론을 전 국민적으로 확산시켰다는 점에서 더 중요한 의미를 갖는다. 각 지역에서 시민들이 전 독일 의회의 구성을 요구하고 나섰고, 그 결과 1848년 5월 프랑크푸르트에서 독일 국민의회가 열렸다. 이 의회는 독일 최초의

1848년 프랑크푸르트에서 열린 독일 국민의회 모습.
독일의 시민계급은 이 독일 최초의 통일의회를 통해 국민주권에 기초한
민주 통일국가를 만들려고 했다.

민주적인 통일의회였다. 독일 내의 각 국가들이 인구 비례에 입각해서 선거로 대표를 뽑아서 의원을 보냈던 것이다. 이 의회를 주도한 시민계급은 국민주권에 기초하는 민주적인 통일국가를 형성하고자 했다.

그러나 독일 통일에는 넘어야 할 산이 너무나 많았다. 국경선을 정하는 것부터가 난제였다. 덴마크·폴란드·체코 등 주변 지역에는 독일 민족이 살고 있는 지역이 많았고, 그들과의 관계를 깔끔하게 설정하는 것이 어려웠다. 독일 내에서도 누가 주도권을 잡을지 정해진 바가 없었다. 이 문제를 두고 의회는 두 파로 나뉘었다. 북부와 중부 독일 출신의 의원들은 소독일주의를 주장하였다. 이들은 오스트리아와

12_근대 유럽의 세력 균형을 바꾼 독일의 통일

보헤미아를 신생 독일에서 배제시키고, 프로이센의 주도하에 나머지 국가들을 통합하자고 주장했다. 이에 반해서 개별 국가의 세력을 유지하려는 분리주의자들과 신교 국가인 프로이센을 탐탁하지 않게 생각했던 가톨릭 교도들, 그리고 오스트리아 출신 의원들은 오스트리아와 보헤미아가 신생 독일에 포함되어야 한다고 주장하였다. 이들을 대독일주의자라고 하는데, 그 대표자인 아른트는 "그것은 전 독일이어야 한다"고 말하였다.

그러나 이들의 논의는 허무하게 끝나고 만다. 1849년 3월 4일, 오스트리아가 제국 전체를 빈Wien의 통제 아래 둔다고 발표한 것이다. 이로써 오스트리아가 독일에 통일되리라는 희망은 완전히 사라졌다. 의원들은 민족적 열망을 부정하는 오스트리아에 더이상 매달릴 수 없었다. 의회는 3월 31일 프로이센 국왕을 독일 황제로 선출하고, 새로운 독일을 운영할 헌법도 만들었다. 이 헌법은 입헌군주국 체제를 채택하면서도, 상당히 민주적이었다. 황제는 의회의 입법에 대한 거부권을 가지지 못했으며, 장관들은 황제가 아니라 의회의 통제를 받았다.[9] 의회는 곧 대표단을 선출하여 프로이센 왕에게 왕관을 봉정하기 위해서 떠났다. 4월 3일, 그들은 베를린에 도착하였으나, 아무런 성과도 거둘 수 없었다. 보수적인 프리드리히 빌헬름 4세Friedrich Wilhelm IV(1795~1861)가 왕관을 거부하였기 때문이다. 그는 혁명에 대해서 전혀 공감하지 않았으며, 소독일주의에 대해서도 회의적이었다. 그는 "티롤과 트리에스트, 오스트리아를 제외한 독일은 코 없는 얼굴보다 흉할 것이다"라고 말하였다. 그 후 곧바로 프랑크푸르트 국민의회는 해산되어 버렸다. 이렇게 해서 독일 통일의 꿈은 다시 사라졌다.

비스마르크의 현실 정치

사상과 투표로, 그리고 열정과 혁명으로 통일을 이루려는 시도는 실패하였다. 그러나 프로이센에서 독일 통일에 대한 꿈을 버린 이는 아무도 없었다. 보수적인 왕도, 시민계급도, 자유주의자들도 프로이센 중심의 독일 통일을 꿈꾸었다. 이들은 모두 프로이센이 독일 통일의 주도권을 장악하려면 군대를 증강시켜야 한다는 것을 알고 있었다. 그러나 자유주의자들이 장악하고 있던 의회는 선뜻 군대의 강화를 허락하지 않았다. 그것은 곧 시민들의 희생을 의미했기 때문이다. 1861년 의회는 군대 증강에 필요한 일체의 추가 자금 지출을 거부하였다. 국왕의 통치에 대해서 정면으로 맞선 것이다. 의회의 심각한 반대는 프로이센을 통치하는 것이 과연 왕이냐, 의회냐 하는 논쟁까지 일으켰다.

위기에 처한 프로이센 왕은 비스마르크Otto Eduard Leopold von Bismarck(1815~1898)를 수상으로 임명했다. 당시 47세였던 비스마르크는 전통 귀족, 즉 융커 출신으로 대단한 야심가였다. 그는 극단적인 보수주의자였으나, 현실 정치에는 매우 밝았다. 그는 의회와의 마찰을 피하는 최선책은 의회를 전적으로 무시해 버리는 것이라고 생각했다. 1862년 9월 30일 의회에서 행한 연설문에는 그의 이런 생각이 잘 나타나 있다. "독일 내에서 프로이센의 지위는 자유주의에 의해서가 아니라, 그 힘에 의해 결정될 것이며 ……오늘날의 중요한 문제들도 연설과 다수결에 의해서가 아니라 피와 철에 의해서만 해결될 것이다." 이 연설을 마친 비스마르크는 의회를 정회시키고, 의회의 동의 없이 예산을 집행하기 시작하였다. 이 예산 집행에서 핵심은 강력한 군대의 육성이었다.

1862년 만국박람회를 관람하기 위하여 런던을 방문한 비스마르크 프로이센의 초대 총리인 비스마르크는 전통 귀족 출신으로 극단적인 보수주의자였다. 그는 의회를 전적으로 무시하고 강력한 군대를 육성하였다. 경제면에서 보호관세 정책으로 독일 자본주의의 발전을 도왔으나, 정치면에서는 융커와 군부에 유리한 전제적 제도를 그대로 남겨 놓았다.

는 영국 야당의 당수였던 디즈레일리Benjamin Disraeli(1804~1881)에게 이렇게 말했다. "나의 최초의 관심사는 의회의 도움이 있든 없든 간에 군대를 재조직하는 것이다. ……군대가 훌륭하게 조직되면 나는 기회가 되는 대로 오스트리아에 선전포고를 할 것이고, 독일연방을 해체하여 군소 국가들을 복속하고 프로이센의 주도하에 독일을 통일할 것이다." 비스마르크가 수상에 임명되기 전에 한 이 말은 독일 통일의 방향을 정확하게 설정한 것이다.

여기서 연방의 해체와 같은 단어가 등장하기 때문에 독일연방에 대해서 잠시 짚고 넘어가자. 1813년 라이프치히 전투에서 나폴레옹을 물리치고 빈 회의를 주도한 오스트리아는 독일을 38개의 작은 국가로 분할했다. 이렇게 형성된 독일의 소국가들은 국가들 간의 협력을 위해서 독일연방을 창설하고, 1815년 프랑크푸르트에 연방 의회를 설치했다. 그러나 이 연방의 통합력은 매우 약했으며, 이후 소국가들의 이합집산이 계속되면서 연방이 사라지거나 그 범위가 자주 변했다. 그러다 프랑크푸르트 국민의회가 실패한 후인 1851년 5월, 오스트리아의 주도하에 독일연방이 부활되었다.

이때 연방 주재 공사로 활동한 비스마르크는 오스트리아와 프로이센의 뿌리 깊은 적대 관계를 직접 체험하고 두 나라가 하나로 묶이기는 어렵다고 판단해 프로이센이 독일을 통일하기 위해서는 오스트리아를 꺾어야 한다고 생각했다. 오스트리아는 여전히 독일 통일을 주도하겠다는 야심을 버리지 않고 있었다. 1863년 8월 오스트리아는 독일의 모든 제후들에게 새로운 개혁안 토의를 위한 회의를 제안하고, 이를 정기적으로 소집하려 하였다. 거의 대부분의 제후들이 이 제안을 받아들이고 회의에 참가하였다. 아직도 오스트리아의 힘이 컸던 것이다. 프로이센 왕도 이 회의에 참가하려고 했으나, 비스마르크가 반대하였다. 회의가 오스트리아의 주도하에 이루어질 게 뻔했기 때문이다. 그래도 프로이센 왕이 계속해서 참가하겠다고 하자 비스마르크는 사임하겠다고 위협했고, 왕은 결국 고집을 꺾었다. 비스마르크 없이 비타협적인 의회를 통제할 자신이 없었기 때문이다. 이후 왕은 비스마르크의 정책에 다시는 심하게 반대하지 않았다. 비스마르크가 사실상의 통치자가 된 것이다.

통일의 기회는 슐레스비히-홀슈타인 문제에서 찾아왔다. 덴마크와 독일 북부 지역 사이에 위치한 이곳에는 독일인과 덴마크인들이 섞여 살고 있었으나, 각기 독자적인 지방 헌법을 보유하고 있었다. 1863년 덴마크의 민족주의자들이 슐레스비히 지역을 덴마크에 통합해야 한다고 덴마크 국왕에게 요구하였다. 국왕은 이들의 요구를 받아들여 슐레스비히의 통합을 선언하였다. 이렇게 되자 독일 전역에 다시 민족주의 광풍이 불었다. 자유주의자, 보수주의자 할 것 없이 독일연방이 즉각 개입해서 덴마크의 야욕을 분쇄해야 한다고 주장하였다. 비스마르크는 이 기회를 이용하여 슐레스비히와 홀슈타인을 프로이센에 병합시키려 했다. 그 지역에는 키일이라는 훌륭한 해군기지가 있어 북해와 발트해를 지배할 수 있는 교두보가 되었기 때문이다. 1864년 초 궁정회의에서 비스마르크가 두 지역을 프로이센에 합병시키겠다고 하자, 왕세자는 겁에 질려 괴팍한 수상이 점심에 술을 너무 많이 마셨다고 생각했다.[10] 그것은 덴마크와의 전쟁을 의미했고, 그렇다면 오스트리아를 비롯한 다른 강대국들이 가만 있지 않을 것이기 때문이다.

그러나 비스마르크는 자신의 주장을 관철시켰다. 그는 우선 오스트리아를 끌어들여 오스트리아와 프로이센이 이 지역에 대해 공동으로 군사 행동을 결행한다는 동맹을 맺었다. 두 나라는 1864년 2월 1일 군대를 동원하여 2주일 만에 슐레스비히 전역을 장악하였다. 비스마르크는 오스트리아에게 여러 가지 다른 조건을 양보하는 대신 두 지역을 프로이센에 병합시키려고 하였다. 그러나 오스트리아가 심하게 반대하였고, 프로이센 왕도 결단을 내리지 못했기 때문에, 일단 홀슈타인은 오스트리아가, 슐레스비히는 프로이센이 차지하기로 협상을 맺었다.

이후 비스마르크는 오스트리아와 전쟁을 벌여서라도 이 지역을 차지하기 위해서 공작을 폈다. 그러기 위해서는 우선 프랑스를 막아야 했다. 프랑스가 오스트리아와 동맹을 맺는다면 감당하기 어려웠기 때문이다. 비스마르크는 나폴레옹 3세에게, 프로이센이 홀슈타인을 차지하면 프랑스에게 여러 가지 보상을 하겠다고 회유하였다. 그리고 이탈리아에게는 당시 오스트리아가 차지하고 있던 베네치아를 가질 수 있도록 협조하겠다고 말했다.

모든 준비를 마친 비스마르크는 1866년 6월 7일 홀슈타인에 군대를 파견했고, 이에 오스트리아는 연방 군대를 동원할 것을 연방 의회에 제안하였다. 이때 비스마르크는 오스트리아를 제외한 나머지 독일 국가들을 통일하려는 계획을 미리 다 짜 놓은 상태였다. 비스마르크는 즉시 오스트리아의 주장에 동의하는 나라는 프로이센에 선전포고를 하는 것으로 간주하겠다고 발표했다. 그리고 6월 14일 독일연방을 해산하고, 프로이센의 지도하에 새로운 독일을 세우자고 제안하였다. 연방 국가들이 이 안을 거부하자, 프로이센은 6월 16일 작센·하노버 등의 연방 국가로 쳐들어갔다. 이렇게 프로이센과 오스트리아 사이의 전쟁이 시작되었다.

당시에 프로이센이 승리할 것이라고 믿는 사람은 별로 없었다. 프랑스인들은 4대 1로 오스트리아가 이길 것이라고 생각했다. 오스트리아는 독일 내 중요 국가들의 도움을 받고 있는 반면, 프로이센의 동맹국은 이탈리아밖에 없었기 때문이다. 더욱이 독일의 여론이 비스마르크에게 불리하게 돌아갔다. 대부분의 독일인들은 비스마르크가 억지 전쟁을 일으켜, 동족을 참혹한 전쟁으로 끌고 가고 있다고 생각했다. 프로이센 군 사령관 몰트케Helmuth Karl Bernhard von Moltke(1800~1891)도 힘든 전쟁이 될 것이라고 생각했으며, 비스마르크는 목숨을 걸겠다는 각오를 했다.

그러나 전쟁의 결과는 당대인들의 예상을 완전히 빗나갔다. 그동안 비스마르크가 의회의 반대를 무릅쓰고 육성한 프로이센 군이 그 진가를 발휘한 것이다. 비록 병력이 우세했던 것은 아니지만, 훈련이 잘 되어 있었고 무기도 월등하게 좋았다. 비스마르크는 7주 만에 오스트리아와 그 연합군을 격파하고 오스트리아의 항복을 받아 냈다. 이 패배로 인하여 오스트리아는 독일연방에서 탈퇴했고, 비스마르크의 생각대로 오스트리아를 제외한 독일 국가들이 통일될 수 있는 전기가 마련되었다.

그러나 예상밖으로 빨리 전쟁을 끝낸 것이 문제였다. 프랑스와 러시아는 강력한 프로이센 군대를 보고 크게 놀랐다. 만약에 상황을 그대로 둔다면 순식간에 전 독일이 통일되고 강력한 독일이 탄생할지도

모를 일이었다. 프랑스의 나폴레옹 3세Napoléon III(1808~1873)가 즉각 개입하였다. 그는 승리한 프로이센에 중북부 지역의 국가들을 병합하여 '소독일'을 만들라고 요구하였다. 즉 남부의 국가들에게는 독립을 보장해 주라고 한 것이다. 이를 거부하면 프랑스와의 전면전이 불가피했기 때문에, 비스마르크는 그 주장을 일단 수용하였다. 이 같은 양보에 만족한 나폴레옹 3세는 자신이 중립을 지켜 준 대가로 프로이센이 영토를 줄 것이라고 기대하였다.

어쨌든 이 전쟁으로 프로이센은 북부의 슐레스비히-홀스타인 지역을 얻었고, 중북부의 여러 국가들을 통일하여 일단 소독일 건설에 성공했다.

프로이센은 유럽의 강대국으로 등장했다. 프랑스인들은 이 사실에 크게 동요하였다. 프랑스의 정치가들은 나폴레옹 3세가 사태를 너무 안이하게 보고 있다고 비난하면서, 프로이센의 힘을 약화시켜야 한다고 주장하였다. 이에 1866년 8월 초, 나폴레옹 3세는 프로이센에게 룩셈부르크 국경 지역에서 철수하고, 자르란트·바이에른·헤센 등 라인강 좌안 지역을 프랑스에게 양도하라고 요구하였다. 비스마르크는 완강히 거부했지만, 나폴레옹 3세는 룩셈부르크를 차지하고 벨기에로 진출하려는 야망을 버리지 않았다. 1867년 3월에 프랑스는 네덜란드의 국왕에게 룩셈부르크의 주권을 팔라고 제안하였다. 이 협상에 대한 소문이 퍼져 나가자 독일인들은 다시 흥분하였다. 룩셈부르크에 많은 독일인들이 살고 있었기 때문이다. 프로이센과 프랑스의 긴장은 날로 고조되어 갔다.

이런 가운데 에스파냐 왕위 계승 문제가 터졌다. 1868년 에스파냐에서 혁명이 발생했는데, 이사벨라 여왕을 축출한 에스파냐인들은 새

● 전략의 천재로서 오스트리아와 프랑스와의 전쟁을 승리로 이끈 프로이센 사령관 몰트케.
비스마르크는 오스트리아를 빼놓고 나머지 국가들을 통일하려는 계획을 미리 짜 놓고 오스트리아를 전쟁에 끌어들였다.
●● 나폴레옹 1세의 동생 루이 보나파르트의 셋째 아들로 1851년 황제가 된 나폴레옹 3세는 프로이센이 오스트리아와의 전쟁에서 손쉽게 승리하자 즉각 독일 통일 문제에 개입하였다. 그러나 1870년 프로이센과의 전쟁에서 포로가 되는 비운을 겪었다.

로운 통치자를 찾으려 했다. 에스파냐 임시 정부는 프로이센의 호엔촐레른 왕조에 접근하여 이 가문 출신의 레오폴트를 왕위에 앉히려고 했다. 비스마르크는 이것을 적극 지지하였으나, 프랑스는 극렬 반대하였다. 프로이센이 더 강해져서 세력 균형이 깨져 버릴 것이라고 염려한 것이다. 프랑스는 레오폴트가 왕이 되는 것을 힘으로 막았을 뿐만 아니라, 나아가 프로이센 왕 빌헬름에게 다시는 에스파냐 왕위 계승 문제에 연관되지 않겠다는 확약을 받으려고 했다. 1870년 7월 13일, 프랑스의 프로이센 대사 베네데띠Benedetti가 당시 엠스 온천에서 휴양 중이던 빌헬름을 방문하여 이 문제를 다시는 언급하지 말라고 공식적으로 요청하였다. 왕은 그의 요구를 거절했고, 그 소식을 비스마르크에게 전하였다.

이 엠스 온천 사건에 대한 전말을 전해 들은 비스마르크는 군 사령관 몰트케를 찾아 만약 프랑스와 전쟁을 벌인다면 이길 수 있겠는지 물었다. 긍정적인 답변을 들은 비스마르크는 왕의 전보를 약간 손질해서 신문에 공개하였다. 비스마르크가 공개한 전보는 프랑스 대사가 도발적인 태도로 왕을 모욕하였고, 여기에 대해서 왕이 단호히 대응한 것으로 되어 있었다. 비스마르크가 조작한 전보에 대해서 몰트케는 "문장의 어조가 완전히 달라졌다. 처음에는 회견 같았는데, 이제 마치 도전에 대한 단호한 대응같이 들린다"라고 평했다. 독일의 여론이 들끓었고, 이로써 프로이센은 전쟁 준비에 돌입했다.

이때 프랑스가 사과했다면 모든 것이 조용히 넘어갔을 것이다. 당시 나폴레옹 3세는 프로이센과 싸워 이길 자신이 없었기에 전쟁을 피하려고 했으나, 프랑스의 급진주의자들과 군 장성들이 승리할 수 있다며 전쟁을 외쳐 댔다. 결국 7월 19일, 프랑스는 프로이센에 전쟁을 선포했다.

전쟁 초기부터 우위를 차지한 프로이센 군은 1870년 9월 2일 세당 전투에서 승리함으로써 결정적인 승기를 잡았다. 이 전투에서 프랑스 병사 1만 6,000명이 사망하였고, 8만 3,000명이 포로로 잡혔다. 이 포로 중에는 위풍당당하던 나폴레옹 3세도 포함되어 있었다. 그러나 프랑스인들의 저항은 계속되었다. 프로이센이 독일과 프랑스의 접경 지역인 알자스-로렌 지역을 원하였기 때문이다. 그러나 프랑스는 프로이센 군을 막아 낼 수 없었다. 파리가 포위된 후에도 프랑스인들은 열심히 싸웠지만, 1871년 1월 마침내 항복하고 만다. 나폴레옹 3세는 황제 자리에서 쫓겨나 영국으로 망명했고, 프랑스는 알자스-로렌 지역을 독일에게 넘겨 주고,[11] 50억 프랑의 배상금을 지급하기로 했다.

파리가 항복하기 전에 독일은 벌써 통일되었다. 프랑스의 패배가 확실해지면 확실해질수록 프로이센의 위용은 더욱 높아졌다. 독일의 통일을 저해하는 세력이 없어지자 비스마르크는 적극적으로 통일정책을 폈고, 독일의 국가들은 그에게 굴복하였다. 그리고 1871년 1월 1일, 베르사유에 머물고 있던 빌헬름에게 독일의 국가들이 황제의 관을 바쳤다. 이제 프로이센 왕이 독일의 황제가 된 것이다. 1,000년 이상 계속된 분열을 딛고 독일은 완전한 통일국가가 되었다. 그렇다면 독일의 통일은 유럽사에 어떤 영향을 끼쳤을까?

통일은 독일을 유럽의 초강대국으로 등장시켰다. 통일 이후 독일은 제2차 산업혁명을 주도하며 국력을 빠르게 성장시켰다. 19세기 말 독일의 인구는 5,600만으로 프랑스보다 1,800만이 많았으며, 경제력에서는 산업혁명의 종주국 영국을 추월하기 시작하였다. 그리하여 20세기 초 바야흐로 독일인이 유럽을 주도하는 시대가 열리고 있었다. 그러나 독일의 통일은 19세기 말 유럽을 지배하던 세력의 균형을 깨뜨렸고, 강력한 군사력이면 무엇이든 할 수 있다는 나쁜 선례를 남겼다. 이에 대해 독일의 역사가 게르비누스Georg Gottfried Gervinus(1805~1871)는 통일 이후 독일의 앞길이 어둡다고 예언했다. 항상 비스마르크에 반대한 자유주의자였던 그는 프로이센의 군국주의적 성향을 신랄하게 비판했으며, 프로이센의 통일로 독일은 전 지역의 3분의 2가 항상 침략 준비를 하는 국가로 변모했으며, 강력한 군사 국가의 출현으로 인접 국가의 안전과 유럽의 평화가 계속 위협당할 처지에 놓였다고 주장하였다.[12]

그의 예언대로 비스마르크가 군사력으로 독일을 통일한 후 유럽은 또 다른 전쟁을 향해 달려가고 있었다. 강력한 군사력과 경제력을 갖춘 독일은 이에 걸맞은 대접을 받기를 원했고, 나아가 유럽을 주도하고자 했다. 특히 당시 자본주의 발전의 필요조건이자 국력의 상징이었던 식민지 확장에 대한 욕심을 버리지 않아 영국과 프랑스와의 충돌이 불가피했다. 독일은 이러한 갈등을 군사적으로 해결하려고 했고, 그 결과 제1·2차 세계대전이 발생했다. 물론 전쟁의 책임이 전적으로 독일에게만 있는 것은 아니지만, 그 배후에는 독일의 통일이라는 중대한 요인이 자리 잡고 있는 것이다.

13 사회주의의 발달과 러시아혁명

산업사회의 두 얼굴

영국에서 시작된 산업혁명이 전 유럽으로 서서히 확산되면서 세계가 무한히 발전할 것이라는 장밋빛 희망이 넘실거렸다. 산업 생산량과 인구는 놀라울 정도로 빠르게 증가했다. 새로운 기계와 공장이 등장하고, 혁신적인 문명의 이기들이 탄생하기 시작했다. 새로운 길과 운하가 뚫리고 기차와 증기선이 생겨났으며, 우편국과 전화가 탄생했다. 이제 모든 인류를 행복하게 해 줄 경제적 풍요가 도래할 것처럼 보였다.

그러나 산업사회란 두 얼굴을 가진 괴물이라는 사실이 이내 드러났다. 빠르게 성장한 중간계급의 부와 생활수준은 눈에 띄게 향상되었지만, 인구의 대다수를 차지한 노동자들은 절대빈곤에 시달렸다. 노동자들은 하루 14~18시간에 이르는 노동을 하고도 끼니 걱정을 해야 했으며, 좁고 불결하기 짝이 없는 집에서 살았다. 1840년대 영국의 한

18세기 중엽 영국에서 산업혁명이 시작됐을 때 모든 이들의 가슴엔 장밋빛 희망이 넘쳤다. 곳곳에 공장이 세워지고 기차가 등장하여 생활이 편리해졌다. 하지만 인구의 다수를 차지하는 노동자들은 절대빈곤에 시달렸다.

잡지는 글래스고의 노동자 거리에 대해서 이렇게 썼다.

여기에서 노동자 계급은 전체 인구의 78퍼센트 정도를 차지하고 있으며, 그들이 살고 있는 지역은 그 비참함과 비열함이 세인트 질레와 화이트 채플의 가장 후미진 지역, 더블린의 특별 구역, 에딘버러의 뒷골목보다 한층 심하다. ……이런 집에는 문자 그대로 주민들이 벌떼같이 살고 있다. 보통 한 층에 3~4가구가 살고 있으며 아마 (한 층에) 20명 정도가 살고 있을 것이다. 어떤 경우에는 각 층이 잠자는 곳으로 임대되기도 하는데 15~20명이 방 하나에 꽉꽉 메워진다(나는 잠을 잔다고 표현할 수가 없다).[1]

노동자들은 누더기를 걸치고 햇빛도 안 드는 지하 방에서 포개져 잠을 잤으며, 도처에서 사람들이 굶어 죽었다. 당시 사회 전체의 부가 빠르게 성장하고 있었음에도 불구하고 왜 이런 현상이 발생했던 것일까.

우선 급격한 인구 증가가 가장 중요한 원인이었다. 1750년에서 1850년 사이에 영국의 인구는 세 배로 늘었으며, 1800년에서 1846년 사이에 프로이센의 인구는 두 배로 늘었다. 이렇게 급격하게 인구가 증가하다 보니 식량과 생필품이 부족해진 것은 어쩌면 당연한 일이었다. 그러나 산업혁명기에는 인구의 증가보다 생산의 증가가 훨씬 빨랐다. 영국의 성장률을 보여 주는 다음의 도표는 이 사실을 잘 말해 준다.

연평균 성장률(퍼센트)[2]

연도	총생산	1인당 생산	인구
1760~1790	0.70	0.01	0.69
1780~1801	1.32	0.35	0.97
1801~1831	1.97	0.52	1.45
1831~1860	2.5	1.1	1.4

도표에서 보듯 국민 총생산과 1인당 생산량은 꾸준히 증가하고 있었다. 따라서 과도한 인구의 증가 때문에 노동자들의 생활수준이 악화되었다는 생각은 잘못이다. 문제는 무절제한 자본가들의 탐욕과 그 탐욕을 용인하는 사회제도에 있었다.

산업혁명기에 자본가들은 새로운 왕이자 노예주였다. 그들은 자기들이 멋대로 정한 임금과 노동조건을 노동자들에게 강요했다. 19세기 전반에 어느 공장주가 만든 공장 규칙을 살펴보자.

1. 기계가 작동 중인 동안 자리를 비운 직공은 한 방직기당 한 시간에 3펜스의 벌금을 물어야 한다.
2. 작업용 가위를 가져오지 않은 직공은 하루에 1펜스의 벌금을 물어야 한다.
3. 모든 직공은 직기의 셔틀이나 솔·기름통·동력기·유리창 등이 부서질 경우 이를 보상해야 한다.
4. 공장주는 노동자의 실수나 잘못에 대해 예고 없이 해고할 수 있다.
5. 다른 노동자와 대화를 하거나 신호를 보내고 휘파람을 부는 행위가 발견될 때는 6펜스의 벌금을 물어야 한다.
6. 3분 늦게 온 노동자는 15분에 해당하는 임금을 벌금으로 물어야 하고, 20분 늦게 온 노동자는 일당의 4분의 1을 벌금으로 물어야 한다.[3]

이 당시 노동자들의 임금과 벌금이 다양했기 때문에, 그리고 무엇보다도 공장별로 작업 규칙이 달랐기 때문에 총 임금 중에서 벌금이 차지하는 비중이 얼마인지 정확하게 알 수는 없다. 그렇지만 12시간의 총 노동 시간 중에서 20분 늦었다고 해서 일당의 4분의 1을 벌금으로 물어야 한다는 것은 가혹한 처사가 아닐 수 없다.

그런데 자본가들은 이렇게 벌금을 뺀 임금마저 제대로 지급하지 않고, 현금이 아니라 물품으로 지급했다. 자본가들은 '노동자들의 편의를 위하여, 그리고 소상인들의 횡포를 막기 위해서' 생필품을 대량 구입해서 노동자들에게 싼값에 제공한다고 떠벌렸다. 그러나 자본가들이 현금 대신 물건으로 급료를 하는 상점의 물건 값은 다른 상점에 비하여 20~30퍼센트나 비쌌다. 그래도 노동자들은 자본가가 운영하는 상점을 이용할 수밖에 없었는데, 현금이 아니라 물품 교환권으로 임

산업자본주의 체제에서 자본가와 노동자가 차지하는 위치를 극명하게 보여 주는 피라미드 그림. 피라미드의 맨 위는 자본, 즉 돈이 차지하고 있고, 노동자는 맨 아래를 떠받치고 있다.

금을 지급받았기 때문이다.⁴ 자본가들의 횡포는 여기서 그치지 않았다. 이들은 작업 시간을 알리는 시계 바늘마저 뒤로 돌려놓는 등 온갖 치사한 짓을 다했다. 그러나 노동자에게 가장 큰 위협은 임금 삭감과 해고였다. 영국에서는 1820년대 이후 임금이 꾸준히 떨어지고 있었다. 1821년 직조공의 주당 평균 임금은 대략 15실링이었는데, 1831년에는 6실링에 지나지 않았다. 이런 적은 임금도 아끼기 위해 자본가들은 임금을 더 깎으려 했고, 더 값싼 노동력을 찾아서 성인 남자를 해고시키는 대신 여자와 아이들을 고용했다.

자본가들의 탐욕과 함께 이 시대 사람들을 괴롭힌 또 다른 괴물은 경기 순환에 따른 불황이었다. 공장주가 물건을 생산하여 상인에게 넘기면 상인은 소비자에게 물건을 판다. 하지만 생산과 소비가 늘 균형을 맞출 수는 없다. 소비가 늘어나면 공장주는 생산을 늘리고, 생산을 늘리기 위해서 시설을 늘리고 노동자를 더 많이 고용한다.

그러나 이 같이 늘어난 시설 투자는 생산 영역에서 기계의 비중을 높이고 노동자의 필요성을 감소시킨다. 공장주는 이제 노동자의 수를 줄여 생산 비용을 떨어뜨릴 수 있지만, 여기서 해직된 노동자는 사실 소비자이므로 사회 전체적으로 보면 소비가 감소하게 된다. 소비가 줄어들기 시작하면 불황에 빠진 자본가는 이제는 시설 규모를 줄이고 노동자를 더 해고하게 된다. 생산이 늘어나는 시기는 호황 국면을 형성하고, 생산이 줄어드는 시기는 불황 국면을 조성한다. 이것이 경기 순환이다. 19세기에 불황은 대략 10년을 주기로 반복되었으며, 불황이 닥칠 때마다 대규모 해고가 뒤따랐다. 당시에는 사회복지 제도라는 것이 거의 없었기 때문에 해고된 노동자는 굶어 죽거나 구걸을 해야 했다. 이때 조금이라도 개선의 기미가 보였다면 노동자들은 장시간 노동과 자본가들의 학대, 굶주림을 견뎌 냈을 것이다. 그러나 자본가들의 말대로 생산력이 더욱 발전해도 빈곤 문제는 해결될 기미가 보이지 않았다. 따라서 노동자들에게는 자본주의를 대체하거나, 최소한 수정할 새로운 대안이 필요했다.

초기 사회주의자들

자본가들이 그토록 횡포를 부렸는데도, 국가와 사회는 왜 방관했을까. 그것은 산업혁명 편에서도 설명한 바처럼 자유주의라는 교리 때문이었다. 자유주의는 경제에 대한 낙관주의와 경쟁을 그 모토로 삼고, 경쟁을 해치는 자선이나 통제를 배격했다. 자유주의자들은 노동자들의 비참한 삶은 그들 자신의 무능력 때문이며, 언젠가 생산력의 비약적인 발전으로 모든 문제가 해결되고 풍요로운 미래가 올 것이라고 선전하였다. 그러나 날로 악화되어 가는 현실을 보고 새로운 대안을 찾아야 겠다고 생각하는 사람들이 등장했다. 이들 가운데 가장 두드러진 이들이 사회주의자들이었다. 처음 '사회주의'라는 용어는 개인주의에 반대되는 의미로 등장했고, '사회주의자'는 인간에게 사회성이 있음을 강조하는 이들을 지칭했다.

　개인주의를 반대하고 사회성을 강조한다는 것은 자유주의 세계관을 정면에서 부정하는 것이다. 자유주의는 인간 개개인의 자유와 권리를 신성시하고, 개인의 권리와 재산을 보호하기 위해서 사회와 국가가 존재한다고 주장한다. 그리고 모든 인간에게는 자기를 향상시키려는 마음이 있고 이 때문에 경쟁이 발생하는데, 이것이야말로 사회를 발전시키는 근본 동력이라고 믿는다.

이에 반해서 사회주의는 인간은 개체가 아닌 집단으로만 존재할 수 있다고 주장하며 사회성을 강조한다. 예를 들어, 자연 세계에서는 모든 동물이 약육강식의 경쟁을 벌이고 있는 것 같지만, 그 경쟁은 주로 집단끼리 발생하며, 한 집단을 발전시키는 진정한 힘은 협동이다. 사회주의는 협동을 지향하고 이를 생활 전반으로 확대시키는 것이야말로 인류를 발전시키는 유일한 길이라고 주장한다. 이런 생각에서 사회주의자들은 평등을 강조했다. 사회주의자들은 인간사회의 합리성을 믿는다는 점에서 자유주의자들과 비슷하지만, 그 합리성을 극단으로 몰고 간다는 점에서 다르다. 즉, 사회가 합리성을 갖추고 있기 때문에 사회와 경제 전체를 통제하면 문제가 발생하는 것을 사전에 막을 수 있다고 생각했다.[5]

초기 사회주의자들은 이렇게 평등과 사회성을 강조하면서 자유주의 이론과 체제를 비판하고 새로운 대안을 모색했다. 대표적인 초기 사회주의자들로는 생시몽·오언·푸리에 등이 있다. 사회주의 이론을 체계화한 마르크스와 구별하기 위해서 이들을 초기 사회주의자라고 한다.

초기 사회주의가 등장할 무렵, 혹은 조금 앞선 시기에 기계파괴운동Luddite Movement이 있었다. 이 운동은 주로 수공업 노동자들이 자본가들의 횡포에 맞서 기계를 파괴하고 전통적인 생산방식을 고수하려 한 운동으로, 19세기 초반에 활발하게 진행되었으나, 산업혁명의 거대한 물결을 막지는 못하였다.

기계 파괴 운동자들과 달리 초기 사회주의자들은 역사의 변화를 정확히 읽고 수용했다. 푸리에를 예외로 한다면, 산업화는 불가피한 일 프랑스의 작가이자 정치가인 생시몽(왼쪽)과 푸리에(오른쪽)는 초기 산업사회의 자유주의 이론과 체제를 비판하고 새로운 대안을 모색한 대표적인 초기 사회주의자들이다. 생시몽은 산업화를 계속 추진하되 과도한 경쟁을 배제해야 한다고 주장한 반면, 푸리에는 자본가 중심의 세계를 해체하고 노동자 중심의 사회 건설을 역설했다.

이고, 이는 인류에게 불행이 아니라 행복을 가져올 것이라는 것이 초기 사회주의자들의 생각이었다. 생시몽Comte de Saint-Simon(1760~1825)은 이렇게 말했다. "시인들의 상상력은 인류의 요람, 즉 원시시대의 무지와 조야함을 황금시대로 간주하였다. 하지만 그 시기는 오히려 철의 시대로 파악되어야 한다. 인류의 황금시대는 우리 뒤에 있는 것이 아니라 앞에 있다. 그것은 사회 질서의 완성에 있는 것이다. 우리의 조상들은 그것을 결코 보지 못했지만, 우리의 후손들은 언젠가 그것에 도달할 것이다. 그 길을 터 주는 것이 우리가 할 일이다."

이런 낙관주의에 입각하여 생시몽은 산업화를 계속 추진해야 하며, 산업사회의 정착만이 인류의 풍요를 가져올 것이라고 믿었다. 그러나 산업화와 산업사회의 운영에 대해서는 자유주의와 다른 생각을 제시했다. 생시몽은 가장 중요한 과학은 황금률(네가 대접받고 싶은 대로 남을 대접하라는 예수의 가르침)의 적용이라고 생각했다. 즉, 과도한 경쟁을 배제하고 협동을 강조한 것이다. 그리고 소유주가 아니라 생산자를 중요시했다. 특히 생시몽은 농업 분야에서 지주가 토지에 대한 경작권을 경작자에게 넘겨 주어야 한다고 주장했는데, 이는 지주의 권리를 제한한 것이다. 소유권이 아니라 경작권을 주어야 한다고 주장했기에 생시몽이 소유권을 완전히 부정한 것은 아니지만, 소유권에 일정한 제약을 가하고 그것을 공공에 유용하도록 재구성해야 한다고 주장한 점에서[6] 자유주의자들과 달랐다.

생시몽보다 조금 뒤늦은 시기에 활동한 푸리에François Marie Charles Fourier(1772~1837)는 프랑스 브장송 출신으로 상인의 아들이었다. 그는 상당한 재산을 물려받았기 때문에 편안히 살 수 있었지만, 프랑스 방직공업의 중심지인 리용에서 엄청난 빈부 격차를 목격하고 충격을 받았다. 파리의 사과 한 개 값이 시골에서는 100개 값에 해당한다는 사실도 충격적이었다. 이에 푸리에는 사회에 커다란 문제가 있고, 문제를 해결하려면 사회를 근본적으로 재조직해야 한다고 생각했다. 그는 약 1,800명으로 구성된 '팔랑스테르'라는 사회 단위를 설정하고, 이 공동체에서 생기는 이윤을 노동자에게 12분의 5, 관리자에게 12분의 4, 자본가에게 12분의 3을 주자고 제안했다. 그의 생각은 다분히 공상적이었지만, 자본가 중심의 세계를 해체하고 노동자들이 중심이 되는 새로운 사회를 만들자고 한 점에서 혁신적이었다.

가장 위대한 초기 사회주의자는 오언Robert Owen(1771~1858)이었다. 오언은 어릴 때부터 공장 노동자로 일해서 자수성가한 사람이다. 그는 20세 때 스코틀랜드의 뉴래너크에 있는 공장을 인수하여 노동자 공장 노동자 출신으로, 노동자들에게 좋은 노동 환경을 제공하고 서로 협력하면 사회를 개선할 수 있음을 몸소 입증한 초기 사회주의자 오언(위). 그는 스코틀랜드의 뉴래나크에 있는 공장을 인수하여 학교와 집 등 노동자 복지시설을 마련해 주었다(아래). 오언은 미국 인디애나주에 이상적인 노동자 공동체를 건설하려 했지만 성사되지 못했다.

들의 노동조건과 생활수준을 향상시켰다. 그는 노동자들에게 하루 10시간 반만 일하게 하고도 12시간씩 일하는 다른 공장보다 더 높은 임금을 주었으며, 좋은 집도 마련해 주었다. 그리고 교육을 통해서 노동자들의 자질을 향상시킬 수 있다고 믿고 소년 노동자들에게 교육을 시켰다. 이렇게 노동자들에게 높은 임금과 좋은 노동 환경을 제공했음에도 불구하고, 오언이 운영하는 공장의 이윤은 증가했다! 이로써 오언은 자본가가 탐욕을 부리지 않고 노동자들과 협조하면 사회를 개선할 수 있다는 모범적인 사례를 보여 주었다.

이후 오언은 푸리에가 제시한 것과 유사한 노동자 공동체를 구상했다. 구체적으로 500~1,000명

13_사회주의의 발달과 러시아혁명

으로 구성된 공동체를 구성하고, 협동에 기반하여 이 공동체를 운영함으로써 생산성을 향상시키고 근본적으로 인간성을 개조할 수 있다고 생각했다. 오언에 따르면 사람들은 다른 사람에게 고용되어 있을 때보다 공동 이익을 위해서 함께 일할 때 더 열심히 일하며, 이렇게 협동하면서 일하는 사람들은 사람을 차별하는 사회적 분위기를 고칠 수 있다.[7] 이런 믿음하에 오언은 영국 및 미국 인디애나주에 협동 촌락이라 명명한 자신의 이상향을 건설하였다. 초기에 오언은 미국 의회의 초청을 받아서 노동 문제에 대한 연설을 할 정도로 상당한 성공을 거두었다. 그러나 고된 노동을 감내하지 못하는 구성원들이 늘어나고 내부에 파당이 생기면서 오언의 실험은 실패로 끝나고 말았다.[8]

이렇듯 초기 사회주의는 자본주의 사회가 가진 문제점들을 비판하며 새로운 대안을 추구했다. 그러나 그들의 대안은 다분히 공상적이며, 자본의 속성을 파악하지 못한 것이었다. 그들은 자본이 무한정 자기 증식을 꾀한다는 사실을 파악하지 못했고, 사회체제의 근본적인 변화가 아니라 자본가들을 착하게 만드는 방법으로 사회를 개혁할 수 있다고 믿었다.

마르크스와 과학적 사회주의

마르크스Karl Heinrich Marx(1818~1883)는 1818년 독일 라인주의 트리어에서 출생했다. 그의 아버지는 계몽주의에 심취한 유대인 출신 변호사였다. 1835년 김나지움을 졸업한 마르크스는 본으로 가서 법학을 공부하다가 1년 뒤에 베를린으로 옮겨 이곳에서 법·역사·철학을 공부했다. 헤겔 철학에 심취해 있던 마르크스는 진보적인 학자들의 모임인 '아테네인들'에 가담하여 문필 활동을 하며 공부를 계속했고, 1841년 '데모크리토스와 에피쿠로스의 자연철학의 차이'라는 주제로 예나대학에서 박사학위를 받았다. 이후에는 시민계급의 이익을 대변하는 글을 《라인신문》에 기고하며 출판의 자유를 추구했다. 이때까지 마르크스는 진보적이기는 했지만, 과격하지는 않은 온건한 개혁가였다.

아마도 《라인신문》과의 인연이 마르크스를 급진적인 인물로 만들었던 것 같다. 마르크스는 1842년 10월 이 신문의 주필이 되었으며, 이후 베를린의 사회·노동·경제에 대한 논설을 쓰는 과정에서 자본주의와 노동자의 현실을 목도한 뒤, 관념이 아니라 구체적인 행동으로 문제를 해결해야 한다는 신념을 가지게 되었다. 《라인신문》이 진보적인 논설을 계속 싣자 1843년 프로이센 정부는 신문을 폐간시켰다. 마르크스는 파리로 옮겨 〈독일-프랑스 연보〉 발행에 참여했으며, 이곳에서 평생의 동료인 엥겔스Friedrich Engels(1820~1895)를 만났다. 엥겔스 외에도 파리에서 활동하던 많은 사회주의자들과 사귀면서 마르크스도 점차 혁명가로 변모해 갔다.

1844년 마르크스는 소외 문제를 집중적으로 다룬 《경제학-철학수고》를 썼다.[9] 마르크스에 따르면 자본주의 사회가 성립하면서 하층 계급은 본래 가지고 있던 생산수단을 모두 잃고 자신의 노동력을 시장에 팔아야 하는 하나의 상품으로 전락했다. 노동이라는 상품이 축적된 것이 자본이다. 이 점에서 마르크스는 리카르도의 '노동가치설'을 수용하고 있다. 그런데 자본이 축적되면 될수록 노동자는 자본에 의존하게 되고, 축적된 자본은 분업을 증가시킨다. 노동의 분업이 증가하면 노동자는 기계적으로 특정 작업을 반복해야 하며, 결국에는 하

독일의 경제학자이자 공산주의자, 혁명가인 마르크스(왼쪽)와
마르크스의 평생 동지인 엥겔스(오른쪽).
마르크스는 처음에는 온건한 개혁가였으나 '사악한' 자본주의의 특성을 간파한 뒤
혁명으로 자본주의 사회를 타도하자는 쪽으로 방향을 선회했다. "엥겔스가 없는 마르크스는
상상할 수 없다"는 말처럼 엥겔스는 생활 능력이 없는 마르크스를 물심양면으로
지원했을 뿐만 아니라 마르크스 사후에는 마르크스가 남긴 저작들을 정리해 출판하며
마르크스의 과업을 이어간 사상가이다.

나의 기계가 되고 만다. 이런 상황에서는 상품을 많이 생산하면 할수록 자본에 더 종속되며, 그 결과 노동자는 자신이 생산해 낸 상품과 적대적인 관계에 놓이게 된다. 즉, 노동자는 자신이 생산한 것으로부터 소외되고, 자신의 본래적인 특성을 상실한다. 이 상황이 '소외'이다. 즉, 자본주의 체제는 노동자를 본연의 상태에서 점점 멀어지게 하여 하나의 상품으로 만들고, 자본가에게 종속시킨다. 따라서 자본주

의는 인간을 비인간화하는 사악한 체제이다.[10]

마르크스는 이렇듯 자본주의가 장밋빛 환상이 아니라 '사악한 체제'이며, 자본의 본성이 이윤의 축적에 있다고 주장했다. 이 점에서 마르크스는 설교나 훈계를 통해서 자본가를 선하게 만들고 사회를 개혁할 수 있다는 초기 사회주의자들과 다르다. 이후 마르크스는 자신의 이론을 정교하게 만들기 위해서 노력하며, 과학적 사회주의의 기치를 들고 자본주의 사회를 혁명으로 타도하자는 쪽으로 방향을 설정했다.

1848년 마르크스는 엥겔스와 공동으로 《공산당선언 Manifest der Kommunistischen Partei》을 발표한다. 이 선언은 발표될 당시에는 큰 주목을 받지 못했지만, 이후 공산주의를 밝히는 횃불이 되었다. 《선언》에서 마르크스와 엥겔스는 지금까지 있었던 모든 사회의 역사는 계급투쟁의 역사이고, 자본가와 노동자는 대립적인 관계이며, 노동자는 자본가를 타도하고 새로운 세상을 건설해야 한다고 선언했다. 다음은 이들이 발표한 10개 요구 사항이다.

1. 토지 소유의 철폐와 모든 지대를 공공 목적으로 전환
2. 고율의 누진세 시행
3. 모든 상속권의 폐지
4. 모든 망명자와 반역자들의 재산 압류
5. 국가 자본과 배타적인 독점권을 가진 국립은행을 통한 국가 수중으로의 신용 집중
6. 운송과 통신 수단을 국가가 집중 관리
7. 국영 공장과 생산 도구들의 증가
8. 모든 이에게 동등한 노동 의무. 산업 군대, 특히 농업을 위한

군대 설립
 9. 농경과 공업 경영의 결합. 각 나라에서 동등한 인구 배분을 통해
    도시와 농촌 간 격차를 줄이기 위한 점진적인 노력 시행
 10. 모든 어린이에 대한 공공 무상 교육. 어린이들의 공장 노동 폐지.
    교육과 산업 생산의 결합

 이 선언은 "만국의 노동자여, 단결하라!"는 강렬한 문구로 끝난다. 마르크스는 자본주의를 과학적으로 분석하고 대안을 모색하려는 노력을 게을리하지 않았다. 《정치경제학 비판 요강》(1857),[11] 《자본론 1권》(1867) 등이 그의 대표작들이다.
 마르크스는 헤겔 철학의 영향을 크게 받았지만, 헤겔의 관념론에는 반대했다. 헤겔은 사상은 자율적이지만, 물질 관계는 사상의 반영에 지나지 않는다고 보았다. 그러나 마르크스는 물질 관계는 그 자체적인 변증법의 힘으로 발전하는 반면, 사상과 사회적 제도들은 '이데올로기적 상부구조'로서 물질 관계의 발전을 따른다고 주장했다. 즉, "인간의 의식이 존재를 규정하는 것이 아니라, 사회적 존재가 의식을 결정한다"고 본 것이다.
 마르크스는 이런 유물론적 철학을 기반으로 세계 역사를 분석했다. 마르크스에 따르면 인류 역사는 생산력과 생산관계의 상호 작용으로 발전해 왔다. 생산력이란 경제·기술적 발전을 말하며, 생산관계는 그에 따른 인간들의 사회적 관계이다. 그런데 생산력은 끊임없이 발전하지만 생산관계는 서서히 발전한다. 가령 고대 노예제 사회가 중세 농노제 사회로 이행할 때 새로운 기술 축적으로 노예제도는 그 효율성을 상실했는데, 그럼에도 불구하고 노예 소유주들은 노예제도를 유

마르크스와 엥겔스(위)가 공동으로 발표한 《공산당 선언》(아래)은 마르크스주의에 관한 최초의 유권적 선언문이다. 《공산당 선언》은 당초 국제적인 노동자 조직인 '공산주의자 동맹' 제2차 대회(1847)의 의뢰로 두 사람이 함께 저술한 이론적·실천적 강령이었는데, 1848년 2월 런던에서 독일어로 발간되자 순식간에 영어·프랑스어·러시아어로 번역되어 각국에 소개되었다.

지하고자 하며, 결국 대규모의 계급 투쟁이 발생하여 노예제가 폐지된다. 중세 농노제가 근대 자본주의 체제로 바뀔 때에도 마찬가지이다. 생산력의 발전으로 중세 농노제 사회는 효율성을 상실하지만, 중세 영주들은 구 체제를 사수하려고 하기 때문에 대규모 계급투쟁이 발생한다. 이것이 이른바 '시민혁명'인데, 프랑스혁명이 대표적인 사례이다.

마르크스는 언젠가는 자본주의도 시대에 뒤떨어진 생산양식이 될 것이라고 분석했다. 그러면 대규모의 계급투쟁이 발생하여 자본주의가 무너지고 새로운 사회가 성립되는데, 그 사회가 바로 사회주의 혹은 공산주의라는 것이다. 그러므로 노동자들은 단결하여 자본가에게 대항하고, 국가를 타도하여 공산주의 마르크스는 인류 역사가 생산력과 생산관계의 상호작용으로 발전한다고 보았다. 그런데 생산력은 끊임없이 발전하는 반면, 생산관계는 서서히 발전한다. 실제로 고대 노예제 사회(위)에서 중세 농노제 사회(아래), 근대 자본주의 사회로 바뀔 때마다 기득권층이 기존의 체제를 유지하려고 했기 때문에 계급투쟁이 발생할 수밖에 없었다는 것이 마르크스의 생각이다.

세계를 건설해야 한다고 했다. 공산주의 세계가 건설되면 모든 계급이 소멸할 것이며, 자본가들을 옹호해 온 국가도 더이상 있어야 할 이유가 없다. 계급이 없는 새로운 사회에서 노동 분업은 폐지되고, 모든 구성원들은 자신의 능력을 전면적으로 발전시키고, 이러한 개인들의 자유로운 발전은 사회 발전의 기본이 되어 결국 이상사회가 건설될 것이라고 했다.

그러나 과학적이고 혁명적인 것 같은 마르크스의 이 이론은 다분히 낭만적이고 비현실적으로 드러났다. 그는 이상사회에서 구성원들은 할당된 노동을 하고 나머지 시간은 여가를 향유하며 "능력에 따라서 일하고 필요에 따라서 분배받는다"고 했지만, 정작 이 사회를 어떻게 구성하고 운영해야 할지 밝히지 않았다. 더욱이 그는 자본주의가 충분히 발전하다가 마침내 낙후된 생산양식이 되면 계급투쟁이 발생하여 자본주의가 붕괴된다고 하면서도, 노동자들에게는 투쟁으로 사회주의 사회를 건설해야 한다는 모순된 주장을 펼쳤다. 따라서 생산력이 충분히 발전할 때까지 강력한 계급투쟁을 지양하고 기다려야 하는 것인지, 낙후된 사회일지라도 계급투쟁을 통해서 새로운 사회를 건설해야 하는지 이후 사회주의자들은 고민하지 않을 수 없었다.

수정주의자들

《공산당 선언》의 발표 이후 마르크스가 지향한 사회주의는 폭력혁명을 통한 새로운 세계 건설이었다. 그러나 기본적으로 마르크스의 이상에 동조하면서도 그 실현 방안에서는 다른 방법을 제시하는 무리들이 생겨났다. 이들을 '수정주의자'라고 부르는데, 페이비언협회 Fabian society와 베른슈타인이 대표적인 단체와 인물이다. 1884년 영국에서 결성된 페이비언협회에서는 시드니와 베아트리체 웹 부부, 조지 버나드 쇼, 허버트 조지 웰스 등이 회원으로 활동했다. 페이비언Fabian이란 로마의 장군 파비우스Fabius의 이름을 딴 것으로, 파비우스는 로마를 침략한 한니발을 상대로 지연술을 써서 승리를 거둔 인물이다. 이 이름처럼 페이비언주의자들은 폭력적인 혁명이 아니라 점진적인 개혁을 통해서 사회주의의 이상을 실현할 수 있다고 믿었고, 특히 선거와 교육을 중요시했다. 이들은 인구의 다수를 차지하고 있는 노동자들이 모두 투표권을 행사한다면 선거를 통해 집권할 수 있다고 믿었다.

이런 생각은 영국 노동자들이 비교적 일찍 선거권을 획득했기 때문에 가능한 것이었다. 차티스트 운동의 결과로 1867년 제2차 선거법 개정에서 도시의 노동자 계급이 투표권을 획득했고, 1884년과 1885년의 제3차 개정에서는 농민들이 선거권을 획득하였다. 초기 페이비언협회의 지도자들은 사회주의적 강령을 가지고 자유당과 보수당에 침투하려고 했으나 실패했고, 1900년 무렵부터 '노동대표위원회'라는 별도 조직을 지원했다. 이 조직이 1906년 노동당으로 개편되었고, 이때부터 페이비언협회는 노동당과 밀접한 관계를 유지했다.

선거와 함께 페이비언주의자들이 중요시한 교육은 주로 엘리트 계층을 목표로 삼았다. 이들은 사회주의가 더 합리적이고 효율적일 뿐만 아니라, 성서적 원리에 기초하고 있기에 공무원·과학자·지식인 같은 엘리트 집단을 교육하면 사회주의로 전향시킬 수 있다고 믿었다. 마르크스가 '노동자에게는 조국이 없다'고 선언하며 국가를 자본

양의 탈을 뒤집어쓴 늑대를 형상화한 페이비언협회의 상징물.
1884년 영국에서 결성된 페이비언협회는 마르크스의 이상에 동조하되 그 실현 방안에서는 다른 견해를 취했다. 이들은 폭력적인 혁명이 아니라 점진적인 개혁으로 사회주의의 이상을 실현할 수 있다고 보았다.

가의 이익을 대변하는 폭력적인 기구로 보았던데 반해, 이들은 중립적인 존재로 보았다. 즉 선거를 통해서 국가 권력을 장악할 수 있으며, 이를 통해서 새로운 세계를 건설할 수 있다고 본 것이다. 페이비언주의자들의 이러한 생각은 국가 권력에 대한 새로운 해석을 제시한 것으로, 이후 수정주의자들의 중요한 주장이 된다.

대표적인 수정주의자로 꼽히는 베른슈타인 Eduard Bernstein(1850~1932)은 1850년 베를린에서 유대인 철도 기관사의 일곱째 아들로 태어났다. 성장 과정에서 노동자와 소시민들의 가난하고 힘든 삶을 직접 경험하고 보면서 자란 그는 1872년 독일의 사회민주주의 노동당[12]에 입당한 후 선동가와 이론가로서 이름을 날렸다. 1881년 당 기관지인 《사회민주주의자》의

13_사회주의의 발달과 러시아혁명　395

편집장이 된 후 마르크스와 엥겔스와 긴밀한 관계를 가졌다. 이 시기에 마르크스와 엥겔스는 베른슈타인을 '사회주의의 지적 공동 관리자'로 지정할 정도로 신뢰했다. 그러나 1888년 독일 정부의 사회주의 탄압이 거세어지자 베른슈타인은 잠시 런던으로 피난하였다. 베른슈타인이 런던을 방문하고 있던 시기인 1888년 가을, 앞에서 설명한 페이비언협회가 런던에서 일련의 강연회를 개최했는데, 이때 베른슈타인은 수정주의 사상을 처음 접한다. 이후 베른슈타인은 페이비언주의자들의 사상을 받아들여[13] 마르크스주의 이론의 타당성을 재검토한 뒤 이 이론에 내적 모순이 있고 자본주의 사회가 변화했으므로 새로운 이론이 필요하다고 주장하며 정통 마르크스 이론을 공격했다. 그리고 1896년에 《사회주의의 문제들》을, 1899년에는 《사회민주주의의 전제들과 사회민주주의의 과제들》을 출간하여 수정주의 이론을 본격적으로 발표했다.

이 저작들을 통해 베른슈타인은 중간계급이 몰락하고, 빈부 격차가 갈수록 커질 것이라는 마르크스의 예언이 틀렸다고 주장했다. 그는 자본가 계급은 자신들의 특권을 조금씩 양보하고 있으며, 민주주의적 기구들이 점차 많은 권력을 잡아가고 있고, 이 때문에 노동자들이 점진적인 개혁으로 정치 권력을 장악하고 사회를 개혁해 나갈 수 있는 기회가 많아졌다고 했다. 따라서 노동자 계급은 폭력적인 혁명을 지양하고, 자신의 정치·경제적 권리를 확장하기 위해서 노력해야 한다고 주장했다.

베른슈타인의 주장은 발표 직후에는 큰 호응을 얻지 못하였다. 1903년 독일 사회민주당은 베른슈타인의 주장을 거부하고 마르크스주의 이론을 유지하기로 결정하였다. 그러나 20세기 중반기에 유럽의 사회민주주의자들은 대부분 베른슈타인의 주장을 받아들었고, 현재까지 유럽 여러 나라의 사회민주주의자들이 그의 정책을 추종하고 있다. 가령 독일 사회민주당은 1959년 공식적으로 베른슈타인의 주장을 당 노선으로 채택했다.

레닌과 러시아혁명

20세기 초 유럽에서는 수정주의가 등장하고 있었지만, 후진국 러시아의 사회주의운동을 이끌던 레닌Vladimir Ilyich Lenin(1870~1924)은 마르크스의 정통 이론을 계승하고 있었다. 원래 마르크스와 엥겔스의 이론에 의하면 당시 러시아에서는 사회주의 혁명이 일어날 수 없었다. 자본주의가 충분히 발전한 사회에서만 언젠가 자본주의가 낙후한 생산양식이 되고, 거대한 계급투쟁이 발생하기 때문이다. 그런데 러시아는 인구의 대부분이 농민이었고, 자본주의 발달은 초보적인 수준이었다. 이 때문에 1880년대 러시아 최초의 마르크스주의자였던 플레하노프Georgij V. Plechanov(1856~1918)는 생산력의 발전에 따라서 생산관계에 모순이 발생해야 혁명이 일어난다는 마르크스의 주장에 따라 러시아에서는 사회주의 혁명이 당연히 임박하지 않다고 생각했다.[14] 따라서 러시아에서는 사회주의 혁명을 추구하기에 앞서 먼저 자본주의를 성립시키고, 시민(부르주아)혁명을 촉진시켜야 한다고 주장했다.

그런데 1905년 1월 22일, 예기치 않은 사건이 발생했다. 당시 러일전쟁에서 패배하여 민심이 흉흉한 상태에서 과격한 러시아 사회민주

마르크스의 이론에 따르면 사회주의 혁명이 일어나기 어려웠던 러시아에서 혁명이 발발한 것은
예기치 않은 사건 때문이었다. 1905년 1월 22일(러시아력 1월 9일) 상트페테르부르크의
겨울 궁전 앞에서 시위를 벌이던 노동자들에게 경찰이 발포를 하여
수백 명의 사망자와 수천의 부상자가 발생한 것이다.
제1차 러시아혁명의 발단이 된 이른바 '피의 일요일 사건'이다.

노동당과 대결할 노동자 조직을 만들기 위해서 노력하고 있던 가퐁 신부는 1일 8시간 노동제, 전국의회, 파업권과 같은 요구 사항들을 담은 청원서를 차르tsar 니콜라이 2세에게 제출하기 위해서 노동자들과 함께 황궁을 향해서 행진하고 있었다. 그러나 시위대의 규모가 20만 명이 넘었을 뿐만 아니라, 시위대가 혁명적 요구를 펼친다는 사실에 놀란 경찰은 이들을 잔인하게 진압하여 수백 명이 그 자리에서 죽었다.[15]

이것이 이른바 '피의 일요일 사건'으로, 이후 러시아는 격렬한 혁명의 소용돌이 속에 빠져들었다. 노동자, 농민은 물론 온건한 자유주의자들부터 과격한 테러리스트들까지 모든 이들이 사회개혁을 요구하는 운동에 합세했다. 이때 레닌은 '볼셰비키Bolsheviki'[16]라는 집단을 이끌고 있었다. 이들은 마르크스의 사회주의를 강령으로 채택하고 1898년 창설된 사회민주노동당의 일원으로, 당시 사회민주노동당의 다수는 멘셰비키Mensheviki가 장악하고 있었다.

1905년 혁명 상황 속에서 멘셰비키는 전제정을 타도한 후 수립될 임시 정부에 노동자 계급이 참여해서는 안 된다고 보았다. 러시아에서는 아직 시민혁명이 완수되지 않았기 때문에 노동자 계급이 권력을 장악하는 것은 시기상조라고 판단한 것이다. 이들은 한마디로 부르주아 혁명과 사회주의 혁명을 시간적·단계적으로 분리된 것으로 파악하고 있었다.[17]

그러나 레닌은 멘셰비키의 주장에 반대했다. 레닌은 시민혁명과 노동자혁명 사이에 명확한 구분선을 긋는 것은 옳지 않고, 시민혁명을 가능한 한 빨리 사회주의 혁명으로 발전시켜야 한다고 주장하였다. 그는 러시아에서 시민혁명이 발생한 후, 경제체제는 자본주의가 되어야 하지만, 정치 권력만은 사회주의자, 즉 프롤레타리아의 손에 있어야 하며, 따라서 시민혁명은 사회주의자들의 정권 탈취로 이어져야 한다고 생각하였다. 레닌은 이를 위해서 노동자 계급이 시민혁명을 주도하며 농민들의 지지를 적극적으로 이끌어 내야 한다고 주장했다. 농민들도 피억압 계급이기에 혁명운동의 중요한 담당자가 될 수 있으며, 특히 대토지 소유의 철폐를 위해서 농민의 협조가 중요하다고 생각한 것이다. 레닌의 탁월성이 여기에 있다. 그는 마르크스 이 알렉산드로 3세의 아들로 러시아의 마지막 황제가 된 니콜라이 2세(위).
서유럽식 입헌정치의 도입을 반대하고 보수적인 전제정치를 고집하다가, 1917년 3월 15일
퇴위를 선언하고 유폐, 감금되었다. 10월혁명 뒤 시베리아로 이송되는
도중, 지방 소비에트 당국에 의해 가족들(아래)과 함께 살해당했다.

론을 도식적으로 적용하지 않고, 철저하게 러시아의 현실에 입각한 사회주의운동을 구상했다.

비록 1905년의 혁명으로 러시아에서 차르 정부가 무너지지는 않았지만, 약간의 민주주의적인 발전이 있었다. 니콜라이 2세Nikolai II(1868~1918)는 10월 선언을 통해서 시민의 권리와 자유를 존중하고, 입법권을 가진 의회Duma의 설립을 약속했다. 그러나 차르 정부는 겉으로는 양보하는 체하면서 경찰력과 군대를 동원해 혁

400 14가지 테마로 즐기는 서양사

명 주도자들을 잡아들였다. 이때 많은 사회주의자들이 체포·추방되었으며, 1907년 레닌도 탄압을 피해서 스위스로 망명했다. 그리고 러시아에서 혁명이 소강 상태가 된 사이 1914년 7월 제1차 세계대전이 발발했다. 레닌은 이 전쟁을 지켜보며 자본주의에 대한 자신의 이론을 새로이 정립하고, 러시아에서의 사회주의 혁명의 가능성을 찾았다.

레닌에 따르면, 제국주의는 자본주의 발달의 최고 단계이자 마지막 단계이다. 이때 산업과 금융 부분에서 거대한 독점이 발생하여 자유 경쟁은 점차 축소된다. 자본이 과잉 축적되면 이윤율이 떨어지기 때문에 거대 자본은 낙후된 국가로 상품과 자본을 수출해야 한다. 자본주의 선진국들은 이를 원활하게 하기 위해서 식민지를 만든다. 그런데 자본은 계속 팽창하려는 특성을 갖기 때문에 자본주의 선진국들은 제국주의 정책을 더 적극적으로 펼치게 되고, 그러면서 자국의 영향력을 확대하려는 선진국들 사이에 대립이 생긴다. 이 과정에서 제국주의 지배에 대한 식민지 국가들의 저항이 거세져 갈등이 발생한다. 제1차 세계대전은 이런 갈등이 더이상 메워질 수 없을 만큼 커졌기 때문에 발생한 것이다.

레닌은 러시아에서 혁명이 일어나야 하는 근거를 제국주의 이론에서 찾아냈다. 그에 따르면 자본주의 선진국들은 제국주의 정책으로 식민지에서 많은 부를 수탈해 오고, 자본가들은 이를 통해서 초과 이윤을 확보할 수 있다. 자본주의 선진국들은 이 초과 이윤으로 숙련공을 비롯한 노동자 계급의 상층을 매수하고, 그 결과 노동운동은 대중에게서 분리되어 자본가들 편이 된다. 따라서 선진국에서의 노동운동은 개량주의 경향을 띠게 되고, 이로 인해 사회주의 혁명 가능성은 축소된다.

1917년 러시아 10월혁명의 중심 인물로서, 마르크스주의를 후진국 러시아에 적용하여 러시아식 마르크스주의를 발전시킨 혁명 이론가이자 사상가인 레닌. 본명은 블라디미르 일리치 울리야노프로, 레닌은 1902년경부터 사용한 필명이다.

이와 반대로 제국주의의 고리가 약한 식민지 국가와 기타 낙후국들에서는 자본주의의 모순이 가장 첨예하게 진행된다. 지배계급과 억눌린 피지배계급의 대립이 첨예화되면, 대중은 혁명을 일으켜야 할 필요성을 강하게 느끼게 된다. 이럴 경우 자본주의에서 사회주의로 평화롭게 이행하는 것은 불가능하며, 노동자들의 혁명에 의해서만 사회주의 사회가 건설될 수 있다. 이렇게 레닌은 자본주의가 충분히 성숙된 국가에서만 사회주의 혁명이 일어난다는 마르크스의 주장을 뒤엎고, 러시아에서의 혁명 당위성을 역설하였다.

1917년 레닌에게 기회가 왔다. 이때 러시아는 제1차 세계대전에 참전한 결과 인력과 경제력 면에서 막대한 피해를 입으며 고전하고 있었는데, 1917년 2월 러시아 인민들은 이러한 어려움과 고통을 이겨내지 못하고 전쟁 중단과 전제정 타도를 외치기 시작했다. 이에 임시 정부가 구성되었고, 니콜라이 2세가 퇴임함으로써 새로운 시대가 열렸다.

한편 '2월혁명' 직후 임시 정부와 별도로 또 하나의 권력이 생겨났다. '노동자 및 사병 대표 소비에트'가 그것이다. 1905년 혁명 때 파업을 일으킨 노동자들은 노동조합을 결성했고, 노동자 대표들로 소비에트soviet(러시아어로 평의회 또는 대표자 회의라는 뜻)를 구성하였다. 당시 소비에트는 혁명으로 행정이 마비된 곳에서는 지방 정부의 역할을 했고, 고용주나 정부와 담판을 하기도 했다. 그러나 이때의 소비에트는 차르 정부의 잔인한 탄압으로 소멸되었다. 그런데 1917년 2월혁명이 일어나자 노동자·병사들은 다시 소비에트를 결성했다. 임시 정부는 아직 행정력이나 경찰력을 갖추지 못한 상태였기 때문에 소비에트를 인정할 수밖에 없었다. 이렇게 소비에트는 군대·철도·우편·전신 등을 장악했다.

한마디로 임시 정부는 껍데기에 불과했고, 실질적인 권력기관은 소비에트였기 때문에 언제든지 마음만 먹으면 민중이 주도하는 정부를 세울 수 있었다. 그러나 소비에트 지도자들이나 멘셰비키는 러시아에서는 아직 시민혁명이 완수되지 않았기 때문에 이보다는 시민계급을 대변하는 임시 정부를 안정시키는 일이 먼저라고 생각했다. 여전히 마르크스 이론을 교조적으로 추종하고 있던 멘셰비키는 자신들이 권력을 장악하는 것을 거부했다. 이들은 사회주의 혁명은 아직 먼 훗날의 일이라고 여겼기 때문에 일단 시민계급을 이룩할 주체인 자본가들을 대변하는 자들이 권력을 잡아야 한다고 생각했다.

그러나 이론에 밝은 지도자들과 달리 노동자와 농민들은 놀라울 정도의 조직력을 보이며 뜨거운 혁명의 열기를 유지하고 있었다. 이들은 2월혁명으로 자유가 주어지자 과감하게 자신들의 요구 사항을 발표했다. 농민들은 "농토는 그것을 직접 일구는 자의 소유여야 하며 거기서 땀흘리는 자의 것이어야 한다"고 외치며 토지의 분배를 요구했다. 임시 정부가 자신들의 요구에 아무런 조처를 취하지 못하자 농민들은 직접 행동에 착수하여 지주들의 토지를 빼앗아 자기들끼리 분배했다.

한편 노동자들은 노조를 결성하고 1일 8시간 노동, 임금 인상, 노동 조건 개선을 요구하며 현장 감독이나 사무 직원들을 쫓아내기도 했다. 노동자들의 요구를 받아 주지 않으려고 자본가들이 공장을 폐쇄하면 노동자들은 공장을 점거하고 직접 경영하기도 했다. 이런 움직임은 군대 내에서도 일어났다. 그리고 병사들은 말단 소대에 이르기까지 소속 부대를 운영할 위원회를 직접 선출 구성했는데, 여기서 선출된 대표들은 장교나 상급 부대의 명령을 검토한 후 그것을 수용하거나 거부할 수 있었다. 그리고 병사들은 대표들을 '노동자 및 사병 대표 소비에트'에 파견하였다.

이런 상황에서 레닌은 '4월테제'를 발표했다. 여기서 레닌은 제국주의는 자본주의의 최고·최후 단계이고, 이제 사회주의 혁명이 임박했다고 선언하며 시민혁명을 사회주의 혁명으로 즉각 이행시켜야 한다고 주장했다. 레닌은 노동자·농민의 뜨거운 혁명 열기를 응집시키기 위해서 '평화, 토지, 그리고 빵'이라는 매우 현실적인 구호를 볼셰비

1917년 2월혁명 당시, 인민들이 차르의 겨울 궁전을 공격하는 모습(위). 이때 레닌은 혁명 직후 귀국하여 같은 해 10월 24일 무장봉기로 과도정부를 전복하고 이른바 프롤레타리아 독재를 표방하는 혁명 정권을 수립했다.

13_사회주의의 발달과 러시아혁명

키의 구호로 삼았다. 4월테제가 너무나 혁신적인 것이었기에 멘셰비키는 "터무니 없는 잠꼬대"라고 비아냥거렸지만, 레닌의 정책과 구호는 사병, 노동자, 농민의 마음을 사로잡기 시작했다. 그 결과 2월혁명이 일어났을 때만 해도 추종자가 2만 정도에 불과한 소수파였던 볼셰비키는 9월과 10월에는 소비에트를 비롯한 거의 모든 민중 조직을 장악하고 가장 강력한 세력이 되었다. 레닌과 볼셰비키의 영향력이 갈수록 커지자 임시 정부는 10월 23~24일 볼셰비키의 신문을 폐간하고, 그 지도자들을 체포하려고 했다. 레닌은 이 탄압을 역으로 이용해 10월 25일 쿠데타를 일으켜 임시 정부 지도자들을 체포하고 권력을 장악했다. 이리하여 인류 최초의 사회주의 정권이 수립되었다.

지금까지 초기 사회주의자에서부터 레닌에 이르기까지 사회주의의 발달 과정을 살펴보았다. 자본주의 사회를 어떻게 파악할 것인지, 사회주의 국가를 어떻게 건설할 것인지에 대한 그들의 생각은 각각 달랐다. 그러나 이들에게는 모두 사회주의자라고 부를 수 있는 공통 분모가 있다. 이들은 인간을 사회적 존재로 규정했고, 경쟁이 아닌 협동이 인간의 본래적인 품성이며 이를 통해서만 사회를 발전시킬 수 있다고 믿었다. 이들에 따르면 인간은 근본적으로 선하고 이타적인 존재이다.

사회주의 국가들이 건설 초기에 놀라운 경제 성장을 이룩하며 자본주의 사회에 대항하는 새로운 대안을 제시했던 것은 사실이다. 그러나 어느 순간부터 성장은 멈추었으며, 결국 체제로서 자본주의에 대한 우월성을 확보하지 못하고 대부분 몰락하였다. 사회주의 국가를 건설한 사람들은 초기에는 혁명 정신에 감화받아 열심히 일했으나 세월이 흐르면서 열심히 일해도 자신에게 돌아오는 것이 별로 없으며,

열심히 일하지 않아도 굶어 죽는 일이 없다는 사실을 깨닫자 빈둥빈둥 놀기 시작했고, 그 결과 경제와 사회는 서서히 썩어 들어갔다. 그렇다면 사회주의의 몰락은 사회주의자들이 생각했던 것처럼 인간이 근본적으로 선한 존재가 아님을 입증하는 사건이라고 할 수 있다.

14

하나의 유럽을 지향한 유럽 통합

유럽이라는 말의 등장

───── 아카드어는 기원전 3000년부터 메소포타미아 지방에서 쓰인 셈어의 일파인데, 이 언어로 기록된 아시리아 시대의 한 비석에 유럽이라는 말의 어원으로 추정되는 단어가 처음 등장한다. 이 비석의 정확한 제작 연도는 알 수 없지만, 성경에 등장하는 앗수르인들이 기원전 2000년 전부터 존재해 왔고 앗수르인들이 세운 아시리아가 기원전 612년에 멸망했으므로, 이 비문은 적어도 기원전 7세기 전에 만들어졌을 것으로 추정된다. 이 비문에 '아수asu'라는 단어와 '에레브ereb'라는 단어가 등장하는데, 아수는 해가 뜨는 지역을 가리키고, 에레브는 해가 지는 어두운 지역으로 악한 신들의 땅을 가리키는 말로 사용되었다. 따라서 에레브라는 단어에서 파생되어 나온 '유럽europe'은 동방인들 사이에서 해가 지는 땅을 가리키는 말로 사용되었다.

16세기 화가 티치아노가 그린 〈에우로페의 납치〉.
그리스 신화의 에우로페 이야기도 유럽이 해가 지는 곳을 뜻하는 말이었음을 짐작하게 한다.
제우스의 꾐에 빠져 크레타로 건너간 에우로페는 페르시아 말로 해 지는 곳을 가리킨다.

    그리스 신화에 나오는 에우로페Europa의 이야기도 유럽이 해가 지는 지역을 뜻하는 말이었음을 짐작하게 해 준다. 페니키아인의 도시인 튀로스의 왕 아게노르와 그의 아내 텔레파사의 딸이었던 에우로페는 신들의 왕인 제우스가 그 미모에 반할 정도로 아름다웠다고 한다. 하루는 에우로페가 해변에서 시녀들과 놀고 있었는데, 제우스가 황소로 변신하여 그 앞에 나타났다. 에우로페는 황소를 쓰다듬어 주다가

그 좋은 감촉에 이끌려 자기도 모르게 황소의 등에 올라탔다. 그 순간 황소는 바다를 헤엄쳐 건너, 에우로페를 크레타섬으로 데려갔다. 그곳에서 제우스는 에우로페와 정을 통하여 미노스를 비롯한 세 아들을 낳았다. 그런데 에우로페는 페르시아 말로 해 지는 곳 또는 어두운 피부의 사람을 의미한다. 결국 에레브나 에우로페 모두 해 지는 곳을 가리키는 것이다.

유럽이라는 단어는 그리스 시대에 와서 본격적으로 등장한다. 문헌에서 유럽이 처음 등장하는 것은 기원전 8~6세기의 작품으로 추정되는 호메로스의 〈아폴론 찬가〉이다. 호메로스는 이 찬가에서 유럽이라는 말을 단순히 지리적인 의미로 사용하였다. 즉, 그는 그리스인들을 펠로폰네소스에 사는 사람들, 에게해 도서 지역에 사는 사람들, 그리고 유럽에 사는 사람들로 나누었다.[1] 따라서 호메로스는 아티카 반도에 살던 사람들을 유럽 사람이라고 부른 것 같다.

기원전 5세기에는 유럽이라는 말이 가리키는 지리적 범주가 그리스를 포함하여 현재의 남유럽 지역으로 확대되었다. 세계가 아시아·아프리카·유럽으로 구성되었다고 본 역사가 헤로도토스Herodotos(기원전 484?~425?)는 현재의 아랍 지역과 이집트를 아시아로, 현재의 이집트를 제외한 아프리카 대부분의 지역을 아프리카로, 그리고 그리스와 이탈리아를 포함한 동남 유럽 일대를 유럽이라고 했다. 헤로도토스의 유럽은 주로 아시아와 대비되는, 단순한 지리적인 개념이었다. 유럽의 경계는 동으로는 흑해, 서로는 퀴네테스인들의 거주지, 남으로는 지중해, 북으로는 스키타이 이남의 미지의 세계였다. 아직까지 유럽은 문화나 종족, 역사면에서 아시아와 뚜렷이 구별되는 존재는 아니었다.

그리스인들의 유럽 인식

기원전 5세기까지 일부 그리스인들은 자신들을 유럽인이라고 불렀지만, 유럽인이 어떤 속성을 가졌고 다른 사람들과 어떻게 구별되는지에 대한 명확한 인식은 없었다. 이런 인식이 생겨난 것은 페르시아전쟁 이후이다. 기원전 491~479년 사이에 있었던 페르시아전쟁이 끝난 후 그리스는 아테네를 중심으로 문화의 황금기를 맞았다. 소크라테스·플라톤·아리스토텔레스·아이스퀼로스·에우리피데스·소포클레스·페리클레스·이소크라테스와 같은 쟁쟁한 인물들이 활동하며 그리스의 문화가 발전하고 있었다.

이 시기의 가장 큰 관심사는 페르시아 문제였다. 페르시아전쟁에서 그리스인들은 군사력·인구·경제력에서 몇 십 배가 넘는 초강대국 페르시아와 싸워서 이겼다. 당시 그리스는 조그마한 나라였고, 페르시아는 동방을 통일한 강대국이었다. 전쟁이 끝난 후 그리스인들은 어떻게 해서 자신들이 승리했으며, 그리스 문명과 페르시아(동방) 문명 사이에 어떤 차이점이 있는지 검토하기 시작했다. 그 결과 그리스인들은 자신들의 문명이 아시아 문명과 대조적이며, 다른 어떤 문명보다 뛰어나다는 결론을 얻었다. 이런 그리스인들의 사고를 잘 보여 주는 것이 히포크라테스와 이소크라테스의 주장이다.

'히포크라테스의 선서'로 유명한 히포크라테스Hippokrates(기원전 460?~377?)는 의학자로 《공기, 물, 장소에 관하여》라는 책을 썼다. 그는 이 책에서 "유럽인과 아시아인의 체질과 성질이 서로 다른 이유가 유럽과 아시아의 자연환경과 정치제도의 차이 때문이다. 아시아의 기후는 온화하기 때문에 아시아인의 성질은 유럽인에 비해서 온건하고

살라미스 해전.
살라미스 해전은 페르시아 전쟁이 한창인
기원전 480년 9월에 아테나이 인근 사로니코스 만의 섬인
살라미스와 육지 사이의 해협에서 일어난 아케메네스 왕조가 통치하던
페르시아 제국과 그리스 도시 국가 연합군 사이에 벌어진 해전.

부드럽고, 계절의 변화가 없는 탓에 주민들의 기백과 용기가 부족하여 유럽인에 비해 덜 호전적이고 유약하다. 유럽의 기후는 아시아에 비해 추운 편이고, 계절의 변화가 뚜렷하기 때문에 유럽인의 성질은 거칠고 용감하다. 또 아시아인들은 대부분 군주제 아래서 살기 때문에 싸우려는 열의가 떨어지는 반면에, 민주주의 체제에서 사는 유럽인들은 독립적인 사람들로서 용감하고 전투적이다"라고 했다.[2] 결국 히포크라테스는 아시아인은 수동적이고 유약하기 때문에 열등하고, 그리스인은 능동적이고 강인하기 때문에 뛰어나다고 주장했다.

소피스트 교육을 받은 아테네의 대표적인 변론술가였던 이소크라테스Isokrates(기원전 436~338)는 히포크라테스보다 더 체계적이고, 어떻게 보면 국수주의적인 생각을 발전시켰다. 그가 창설한 변론술 학교는 그 교육법이 훌륭하고, 교육의 폭이 넓은 것으로 유명하여 그리스 전역에서 많은 이들이 몰려들었다. 오늘날 남아 있는 그의 연설문 21편과 서간문 9편을 보면, 이소크라테스는 그리스인들을 한 핏줄을 나누고, 함께 제사를 지내는 동족으로 보았다.

이소크라테스는 이렇게 말했다. "이민족과 그리스인들은 근본적으로 다르며, 그리스인들이 훨씬 우월하다. 이것은 전쟁술이나 법 때문이 아니라 아테네인들이 사려가 깊고 말에 관한 교육을 받았기 때문이다. 그러므로 '그리스화' 한다는 것은 미개한 상태를 문명화 하고 좀 더 세련되게 만드는 것이며, '이민족화' 한다는 것은 기예를 쇠퇴시키는 것이다. 그리스인은 자유를 위해 싸우고, 이민족은 지배자를 위해서 싸운다. 따라서 그리스인을 다룰 때에는 설득해야 하고, 이민족을 다룰 때에는 강제가 유용하다. 이민족들은 무지하고 야만스럽기 때문에 그리스에게 해만 될 뿐이다. 그리스인들은 서로 화합하고, 이민족들과 맞서 싸워야 한다."

이소크라테스의 이런 이분법적인 사고는 당대 그리스인들 사이에 널리 유행했다. 가령 아리스토텔레스를 비롯한 철학자들도 동방은 폐쇄적이고 수동적이며, 문제를 힘으로 해결하는 사회 조직체제인 반면, 그리스의 폴리스는 열려 있고, 사회 문제들을 효과적이고 합리적으로 처리하는 정치체제라고 하면서 그리스의 우월함을 주장했다.[3]

영원한 제국 로마와 기독교 유럽 개념의 탄생

유럽을 아시아와 대비되는 개념으로 사용한 그리스인들과 달리, 로마인들은 유럽과 아시아를 하나의 지리적 개념으로 생각하였다. 로마가 아시아와 유럽, 아프리카 세 대륙에 걸쳐서 대제국을 건설했기 때문에 세계는 하나라고 생각하였다. 따라서 아시아와 유럽을 이분법적으로 나누지 않았다. 로마의 박물학자 플리니우스Gaius Plinius Secundus(23~79)는 유럽을 이탈리아가 있는 곳, 모든 종족을 정복한 종족이 있는 곳으로 찬양하고 경의를 표하기는 했으나, 그 이상 나가지는 않았다. 그러나 후대 유럽의 이미지를 만드는 중요한 작업이 로마시대에 진행되었다. 그것은 로마제국이 영원하다는 개념과 기독교 세계의 개념이다. 먼저 로마가 영원하다는 이념에 대해서 살펴보자.

로마제국이 영원하다는 개념은 로마 공화정 말기부터 서서히 나오기 시작한 것으로, 로마의 대문호 키케로Marcus Tullius Cicero(기원전 106~43)가 처음으로 로마의 통치가 영원할 것이라는 '영원한 통치' 개념을 사용하였다. 이어 아우구스투스Augustus(기원전 63~서기 14)가 악티움해전에서 클레오파트라를 물리친 뒤, '영원한 로마'의 개념은 체계화되었다. 《변신이야기》라는 저서로 유명한 시인 오비디우스Publius Ovidius Nas(기원전 43~서기 17)는 로마가 세계의 중심이라고 노래하고, 도시 로마와 세계를 동일시하였다. 그에 따르면 로마는 세계를 영원히 지배할 운명을 타고났다.

《아이네이스Aeneis》의 작가 베르길리우스는 로마의 영원함을 제우스의 이름을 빌려 이렇게 노래했다.

> '로마' 여신이 로마인과 함께 행진하고 있다. 로마는 로마를 상징하는
> '로마 여신'을 만들어 숭배하면서 '로마 여신'이 로마를 영원히 번영하게 만들어 준다고 믿었다.
> 국가를 상징하는 여신을 만들어 숭배하는 것은 이후 서양의 여러 나라에서 관찰된다.
> 프랑스는 '마리안느', 독일은 '게르마니아', 미국은 '콜럼비아' 여신을 숭배하였다.

마침내는 트로이 혈족의 여사제요. 마르스에게서 태어난 쌍둥이 중
하나인 로물루스가 거기서 그의 유모인 암 이리의 황갈색 털 속에서
기꺼이 주권을 계승하여 마르스의 도시를 세우고 자기 자신의 이름
을 로마 국민에게 부여하리니.
나는 이 국민에게 시간이든 공간이든 통치의 한계를 주지 않겠노라.
내 그들에게 무제한의 권력을 주노라.[4]

로마인들은 로마를 세계와 동일시하는 것을 넘어 하나의 신으로 만들었다. '여신 로마'가 탄생한 것이다. 기원전 195년에 스미르나에서 최초로 숭배된 이래 제국 곳곳에 여신 로마를 숭배하는 사당이 세워

졌고, 로마를 기념하는 축제가 벌어졌다. 서기 2세기에 트라야누스 황제는 121년 4월 21일을 로마의 탄생일로 지정했고, 137년 하드리아누스는 여신 로마를 위한 신전을 만들었다. 이후 제국의 모든 시민들은 여신 로마를 숭배해야 했다.[5]

서기 313년 기독교가 공인된 후 기독교도들도 이 영원한 제국의 이념을 받아들었다. 4세기 초 교회사가 에우세비우스는 하느님께서 인류를 구원하시기 위해서 두 줄기 구원의 빛을 던지셨으니, 하나는 기독교이고 다른 하나는 그 기독교를 받아들인 영원한 제국 로마였다고 말했다.

> 하나의 세계 국가인 로마제국이 일어나 번영하면서 여러 국가 간에 쌓여 있던 증오심이 소멸되었다. 그리고 모든 인류에게 유일신에 대한 이해와 하나의 종교 및 예수를 통한 하나의 구원이 알려지게 되었다.

로마제국이 점차 기독교화되면서 기독교인들은 로마제국이 하느님이 선택한 특별한 국가이며, 그렇기 때문에 영원하리라고 생각하였다. 결국 이들은 로마제국과 기독교를 분리할 수 없는 하나로 여겼다. 아우구스티누스의 제자로 스승의 영향을 받아서 세계사를 쓴 오로시우스는 이런 생각을 명확히 표명했다. 오로시우스는 이전의 대제국들과 로마는 근본적으로 다른데, 그것은 기독교를 믿기 때문이라고 했다. 하느님께서 로마를 선택하여 모든 민족을 정복하게 하신 후, 자신의 아들을 보내 기독교를 받아들이도록 했다는 것이다. 에우세비우스나 오로시우스의 생각을 시로 노래한 인물이 클라우디아누스Claudius Claudianus이다. 그는 400년에 쓴 작품에서 로마의 위대함과 영원함을 노래하였다.

로마의 산타 마리아 마기오레에 있는 서기 4세기경의 모자이크.
로마제국이 점차 기독교화되면서 로마는 하느님이 선택한 국가라는 인식이 널리 퍼졌다.
중세인들은 '보편 제국'이라는 로마의 이미지에 기독교라는 새로운 옷을 입혔다.

로마는 모든 자를 품으로 안아 들였고,

모든 인류를 똑같은 이름으로 품어 들였다.

권위적인 지배자의 모습이 아니라,

마치 어머니의 자애로운 품속과 같이.

그리고 그들을 동포라고 부르며 길들였고,

사랑의 끈으로 모든 분열된 것들을 하나로 이어주었다.

낯선 이가 이곳에서 고향처럼 살 수 있게 했고, ……

우리 모두를 하나의 민족처럼 살 수 있도록 한

이 모든 것은 평화를 가져다 주는 로마의 선한 관습 덕분이다.

> 로마의 힘은 경계도 없고 끝도 없이 영원할 것이다.
> —〈콘술〉, 스틸리코에 부쳐 3, 130ff.

이렇게 로마는 정복한 지역의 모든 종족을 하나의 문명으로 융합하여 보편 문명을 만들어 냈고, 로마의 지배를 받게 된 이들은 자신들을 품어 준 로마가 영원할 것이라고 노래했다. 이 개념은 세계가 하나이고, 세계를 하나로 만든 로마제국은 영원할 것이라는 인식을 낳았다. 이러한 생각은 로마제국 이후 유럽이 통합성과 보편성으로 묶이는 데 크게 기여했다. 중세 유럽인들은 자신들이 로마제국의 후예로서 영원한 로마의 통치권을 계승했다고 생각했다.

이를 입증하는 대표적인 사례가 서기 800년 카롤루스가 서로마제국을 부활시킨 것과 962년 오토 대제가 자신의 제국을 신성로마제국이라고 명명한 것이다. 카롤루스나 오토 대제는 둘 다 게르만족으로, 무력을 통해서 새로운 제국을 세웠다. 그런데 만약 중세에 로마제국 계승의식이 널리 퍼져 있지 않았다면, 그들은 자신들의 나라를 그 출신 부족에 따라서 프랑크제국이나 작센제국이라고 불렀을 것이다. 중세인들은 여기서 더 나아가 보편 제국 로마에 기독교라는 새로운 옷을 입히려고 했다. 이제 기독교화된 보편 제국의 등장에 대해서 살펴보자.

중세시대의 유럽

로마와 기독교의 운명을 동일시하는 사고가 발달하던 고대 후기에 로마제국은 동서로 갈렸고, 서로마제국은 476년에 멸망했다. 옛 서로마 지역에 게르만족이 정착하면서 게르만족은 기독교를 받아들였다. 게르만족이 서로마 지역을 점령한 후에도 동로마제국 황제의 수장권이 인정되면서, 세계는 로마제국과 기독교의 통치를 받고 있다는 생각은 계속되었다. 그러나 서서히 동서 로마 교회는 갈등을 일으키기 시작하였다. 동로마 영역에서는 단성론單性論(Monophysitism)이, 서로마 영역에서는 성상 숭배가 싹트고 있었다.

정통 기독교 교리에 따르면 예수는 신인 동시에 인간이기 때문에 신의 성품神性과 인간의 성품人性을 모두 가지고 있으며, 예수의 신성과 인성은 섞일 수도 없고 분리될 수도 없다. 이에 반해서 단성론자들은 예수가 가지고 있는 인성이 신성에 흡수되어 버리기에 예수는 신성만을 가지고 있다고 주장하였다. 이 단성론이 제기되면서 로마 자체의 신앙 세계는 양분되고 계속 내분을 일으켰을 뿐만 아니라, 단성론을 지지하는 황제가 즉위할 때마다 동·서로마 교회는 심각한 대립을 빚었다. 서로마 교회는 단성론을 부정했기 때문이다. 따라서 동로마에서 성행했던 단성론은 서로마 교회를 분열시키는 중요한 요인으로 작용하고 있었다.

단성론과 함께 동·서로마 교회를 갈라 놓은 또 다른 요인은 성상 숭배였다. 성상이란 예수를 비롯한 성인들의 조각상을 말하는데, 이 조각상이 현실적이고 가시적인 신앙의 대상이 되었기 때문에 동·서로마 교회에서 널리 숭배되고 있었다. 그런데 성상 숭배가 우상 숭배라는 주장이 제기되면서 동로마제국 황제들이 점차 성상 숭배를 금지하게 되었다. 동로마 황제였던 레오 3세는 무서운 지진을 겪은 뒤 그 원인이 기독교 신자들의 성상 숭배 때문이라고 생각하여 726년 성상 숭배를 금지하였다. 그런데 이에 대해서 서로마 지역의 교황은 단성론과 함께 성상 숭배 논쟁은 동·서로마 교회를 갈라 놓은 결정적인 요인이었다. 예수와 성인들의 조각상이 점차 실질적인 숭배 대상이 되자, 서기 8세기에 동로마제국의 황제가 공식적으로 성상 숭배를 금지하였다. 이에 서로마 지역의 교황이 반발하면서 두 교회 사이는 더 멀어지게 되었다.

적극적으로 반대했고, 결국 두 교회 사이의 불화는 갈수록 커져 갔다.

이렇게 불화가 커지면서 서로마 교회는 별도의 종교로 성장하고 있었다. 사실 서로마 교회의 분리는 교황권의 성립에서부터 시작되고 있었다. 동·서로마 교회가 서로 논쟁하고, 싸울 수 있었다는 것은 그만큼 양쪽 세력이 비슷했다는 것을 의미한다.

본디 4세기까지 로마의 교황은 여러 명의 총대주교 가운데 한 명에 지나지 않았다. 로마·예루살렘·콘스탄티노폴리스·안티오크·알렉산

드리아에 총대주교가 있었으며, 이들은 모두 로마 황제의 통제하에 있었다. 그러다 로마 총대주교가 점차 자신이 기독교계의 최고 수장임을 주장하게 되었다. 이렇게 예루살렘이 아니라 기독교를 박해했던 나라 로마제국의 수도가 당시 신자들에게 각별한 애정을 받았던 것은, 베드로와 바울이 선교 활동을 하던 곳이 바로 로마였기 때문이다. 베드로는 예수에게 예수의 지상 대리자로 임명된 뒤, 죄인들을 벌 주고 사면할 수 있는 권능과 더불어 천국의 열쇠를 부여받았다.[6] 로마 총대주교는 자신이 베드로의 후계자임을 선포하였다. 교황 레오 1세는 공식적으로 교황 수장권을 발표하였고, 445년 발렌티아누스 3세는 모든 서로마의 주교들이 교황의 재판권에 복종할 것을 명하였다. 그러나 아직 교황권은 탄탄하지 못하였다. 로마 주변 지역의 주교들만이 교황의 최고권을 인정하고 있었을 뿐 다른 지역의 주교들은 교황의 권위를 거의 인정하지 않았다.

교황권의 성장에 결정적인 기여를 한 것은 476년 서로마제국의 멸망이었다. 서로마 지역이 권력 진공 상태가 되면서 더이상 교황을 직접 통제할 정치 권력이 사라진 것이다. 이 기회를 맞아 교황 젤라시우스 1세Gelasius I(?~496)는 '두 칼의 이론(두 개의 칼처럼 교황권과 황제권은 별개의 것이라는 이론)'을 내세워 동로마 황제의 황제 교권주의에 반대하며, 정신사와 교회사에 대한 수장권은 교황에게 있다고 주장했다. 이어 교황 그레고리우스 1세는 주교와 성직자들에 대한 교황의 지배권을 강화하고, 콘스탄티노폴리스 대주교의 보편적 지배권을 부정하였다. 이렇게 해서 점차 교황은 황제의 통제권에서 벗어났다.

이처럼 교황권이 성장하고 동·서로마 교회의 교리 논쟁이 진행되는 가운데, 752년 롬바르드족이 교황이 사는 로마를 포위하는 일이 두 개의 칼처럼 교황권과 황제권은 별개라는 '두 칼의 이론'을 제기한 교황 겔라시우스 1세. 이러한 주장을 펴며 로마의 교황들은 동로마 황제의 통제권에서 점차 벗어났다.

발생했다. 교황 스테파누스 2세Stephanus II는 동로마 황제에게 구원을 요청하였지만, 황제는 군대를 보낼 힘이 없었다. 교황은 할 수 없이 프랑크족의 실력자였던 피핀에게 도움을 요청하였다. 이후 교황은 더이상 동로마 황제에게 사신을 보내 자신의 즉위를 추인받지 않았다.

교황이 동로마 황제와 결별하면서 서로마 지역의 교회는 가톨릭으로, 동로마 지역의 교회는 그리스정교로 발전하였다. 그러나 이때까지만 해도 형식적으로나마 두 교회는 여전히 하나였다. 동·서로마 교회가 완전히 갈라지게 된 것은 삼위일체에 관한 논쟁 때문이었다. 기독교 교회는 325년의 니케아 공의회와 381년의 콘스탄티노폴리스 공의회에서 삼위일체를 정통 교리로 인정했다. 콘스탄티노폴리스 공의회는 삼위 가운데 하나인 성령을 이렇게 규정했다.

> 또한 성령을 믿사오니, 이는 주 되시며 생명을 주시는 자이시니, 아버지로부터 발출發出(proceeds) 되시고, 곧 아버지와 아들과 더불어 함께 경배받으시며, 함께 영광을 받으실 분이시니, 선지자들을 통하여 말씀하여 오신 분이시니라.[7]

14_하나의 유럽을 지향한 유럽 통합

그런데 서방 교회들은 6세기경부터 '성령은 성부로부터 발출되시고'에 한 구절을 더 집어넣어 '성령은 성부와 성자로부터 발출되시고'라고 했고, 11세기에 교황은 이를 정식으로 인정하였다. 그런데 이 구절이 문제였다. 동방 교회는 성령이 성부와 성자로부터 발출된다고 하는 '이중 산출'의 개념은 신성의 유일 근원인 성부를 격하시키는 것이라고 비난했다. 그리고 이보다 더 문제가 된 것은 전 교회가 모여서 합의한 니케아·콘스탄티노폴리스 신조에 마음대로 문구를 첨가했다는 것이다. 이 때문에 두 교회는 수백 년간 논쟁을 벌였고, 급기야 1054년 서로 상대를 파문하기에 이르렀다. 이리하여 서유럽에는 가톨릭이, 동유럽과 러시아에는 그리스정교(동방정교)가 확립되었다. 이렇게 동·서 로마제국이 분리되고, 교회가 분리되면서 동·서로마 지역이 가지고 있던 통합의 이념과 실체는 사라지고 양 지역은 따로 발달하게 된다.

서로마 지역이 별도의 지역으로 발달하면서, 유럽은 가톨릭을 믿는 이탈리아와 서남 유럽을 가리키는 용어로 바뀌었다. 6세기에 교황 그레고리우스 1세Gregorius I(540?~604)는 유럽을 당시에 기독교화되었던 갈리아와 이탈리아를 가리키는 개념으로 사용하였다. 즉, 현재의 서유럽 지역이 하나의 독특한 정체성을 갖춘 지역으로 언급되기 시작한 것이다.

중세 초의 연대기들은 732년 아랍인들을 격파한 카롤루스 마르텔루스Carolus Martellus(688~741, 카롤루스 대제의 할아버지)와 그의 무리를 '유럽인'이라고 불렀다. 그리고 카롤루스조의 르네상스(서로마제국을 부활시킨 카롤루스가 일으킨 문화부흥운동) 때 활동하였던 안길베르트라는 시인은 카롤루스 대제를 '유럽의 아버지'라고 칭송했다. 이때 사용된 유럽이란 개념은 프랑크제국을 중심으로 한 유럽 전역을 의미한다.[8]

> 카를 마르텔 또는 샤를 마르텔로도 불리는 카롤루스 마르텔(왼쪽)은 8세기에 아랍인들을 격파하여 '유럽인'이라는 이름을 얻었다. 카롤루스조의 르네상스를 주도한 수도사(알쿠이누스)는 카롤루스 대제를 '유럽의 아버지'라고 칭송했다.

이렇듯 유럽이라는 용어가 기독교 세계를 지칭하는 용어로 사용되면서, 유럽인들은 자신들이 기독교와 로마제국의 진정한 계승자라는 인식을 발전시켰다. 서로마 교회는 자신들을 가톨릭이라고 불렀는데, 원래 가톨릭이라는 말을 최초로 사용한 사람은 2세기 초 성 이그나티오스였다. 그는 예수가 계신 곳에 가톨릭 교회가 있다고 하였다. 4세기 말 예루살렘의 성 키릴로스는 가톨릭에 대해서 이렇게 설명했다.

이 땅에서 저 땅 끝까지 온 세상에 퍼져 있는 까닭에, 또 모든 사람이 알아야 할 모든 지식을 큰 것이나 작은 것이나 다 포함한 교리를 가르치는 까닭에, 그리고 모든 인간의 왕, 시민, 학자, 무식한 자 등 모

14_하나의 유럽을 지향한 유럽 통합

든 사람을 참다운 신앙으로 이끄는 까닭에 그 이름을 가톨릭이라고 한다.⁹

원래 '보편'이라는 뜻을 가지고 있던 가톨릭이라는 말은 동·서로마 교회를 모두 합해서 가리켰다. 그런데 유럽인들은 이 용어를 자신들의 기독교를 부르는 용어로 만들었고, 동방의 교회에게는 그리스정교라는 이름을 붙였다.

정치적으로도 로마제국의 정통성은 동로마제국에 있다고 보는 것이 타당하다. 332년 콘스탄티누스 황제가 수도를 콘스탄티노폴리스로 옮긴 후 제국의 중심은 동로마에 있었으며, 서로마제국은 476년에 멸망해 버렸기 때문이다. 그런데 유럽인들은 800년에 황제가 된 카롤루스를 서로마제국의 황제라고 부르며, 로마제국의 법통이 자기들에게 있다고 주장했다. 유럽인들은 '통치권의 이전'을 거론하며, 로마제국의 통치권이 로마인에게서 프랑크인으로 옮겨 갔다고 했다. 카롤루스의 서로마제국이 멸망한 이후에는 독일 지역에서 962년 오토 1세가 제국을 세우고, 그 이름을 신성로마제국이라고 했다.

이렇게 자신들이 기독교와 로마의 법통을 물려받았다고 생각한, 프랑크제국을 중심으로 한 서부와 남부 유럽인들은 스스로 하나의 통치권하에서 통치되는 '기독교 제국'을 건설하고 있다고 믿었다. 이때 유럽인들이 하나의 세계를 꿈꾸고 있었음은 유럽에 황제가 하나밖에 없었다는 사실에서도 잘 알 수 있다. 힘이 지배하는 시대였던 중세에는 끊임없이 지배자가 바뀌고, 수없이 많은 영웅들이 등장해서 왕조와 나라를 세웠다. 그러나 누구도 감히 황제를 칭하지는 않았다. 신성로마제국의 황제만이 유일한 황제였다. 황제가 되려면 이 황제를 무너뜨리고, 교황에게서 새로운 법통을 인정받아야만 했다.

그러나 중세시대에는 유럽이라는 용어가 별로 사용되지 않았다. 유럽인들은 자신들을 기독교 세계라고 부르기를 더 즐겼다. 이는 중세의 정치구조가 분권적이고, 원심적인 성향이 강했던 탓이다. 유럽이 하나라는 인식을 가지고 있기는 했지만, 그것은 주로 종교와 문화적인 면에서 그쳤고, 정치적인 운동으로 발전하지는 못했다.

근대 서양에서의 유럽 개념

1517년 일어난 마틴 루터의 종교개혁운동은 기독교 세계의 보편성을 깨뜨렸다. 가톨릭이라는 말은 더이상 유럽을 대체할 수 없었다. 그리고 기독교가 미국을 비롯한 새로운 영역으로 급속히 퍼져 나갔다. 따라서 유럽 전체를 가리키는 말로 기독교 세계라는 표현을 사용할 수 없게 되었다. 유럽인들은 다른 말을 찾기 시작했다. 더욱이 지리상의 발견으로 유럽인들이 전 세계로 뻗어 나감에 따라 기존의 지역을 새로 발견한 지역과 구별해야 할 필요성이 날로 커졌다. 이때 유럽인들은 '서양The West'이라는 말을 유럽을 가리키는 말로 쓰기 시작했다. 당시 그들은 동쪽으로 가려는 열망에 사로잡혀 있었기 때문에, 동쪽에 대응하는 서쪽이라는 말로 유럽을 불렀던 것이다. 서양이라는 말과 함께 옥시덴트occident라는 단어도 사용되었는데, 이는 라틴어로 해가 진다는 의미의 동사 '오키도occido'에서 나온 말이다. 따라서 옥시덴트는 해가 지는 서쪽 지역을 가리켰다.

1492년 콜럼버스가 아메리카를 발견한 이후 유럽인들을 본격적으

> **야만적이며 전제 지배에 시달리는 동양의 이미지.**
> 16~17세기 지리상의 발견 이후 서양의 지식인들은 서양과 동양을 구별짓기에 바빴다.
> 이때 생긴 서양인들의 동양에 대한 편견은 오늘날까지도 이어지고 있다.

로 세계를 여행하기 시작했고, 세계 각지에 대한 정보를 수집하였다. 16~17세기에 서양의 지식인들은 서양에 쏟아져 들어오는 동양에 대한 정보들을 정리하고 분석하느라 바빴다. 그 결과 서양인들은 서양이 문명화되고 자유로운 세계인 반면, 동양은 야만스럽고 전제 지배에 시달리는 곳이라고 결론 내렸다. 따라서 동양은 스스로 문명화 작업을 수행할 수 없고, 서양인들의 지도를 받아야만 문명인이 될 수 있었다. 서양인들은 이 생각을 계속 발전시켰고, 지금까지 가지고 있다.

이런 사고는 이후 서양인들의 동양에 대한 태도를 결정하는 데 큰 영향을 끼쳤다. 그들이 동양을 지배할 때 사용한 제국주의 정책도 이 사고방식과 밀접한 연관이 있다.

어쨌든 서양은 자신들이 동양과 다르다는 생각을 체계화시켰지만, 정작 자신들이 하나의 정체성을 가진 집단이라는 일체감을 잃어 가고 있었다. 중세에는 문명의 대립이 가톨릭·기독교 세계와 이슬람 세계였기 때문에, 십자군전쟁을 겪으면서 유럽인들은 자신들이 뭉쳐야 하며 공통성을 가지고 있다는 생각을 하고 있었다. 그러나 근대에 오면서 이제 경계선은 유럽과 아시아가 아니라, 유럽 내부에 그어지기 시작하였다. 유럽 각국들이 서로 경쟁하는 시대가 된 것이다. 에스파냐와 영국, 영국과 프랑스, 영국과 독일이 각기 대립하였다.

유럽 내부에서 대립의 전선이 형성되는 것과 함께, 근대 유럽에서는 민족주의 감정이 싹터 사람들의 마음을 사로잡았다. 민족주의가 본격적으로 발달한 것은 프랑스혁명 이후의 일이지만, 그 기미는 백년전쟁 시기에 이미 보이기 시작하였다. 1337년부터 거의 100년간이나 싸운 영국과 프랑스인들은 이 과정에서 상대에 대한 적개심을 키워 갔다. 그리고 1534년 영국인들은 수장법을 발표하며 가톨릭에서 떨어져 나갔다. 당시 영국의 지도자였던 토마스 크롬웰은 영국이 유럽과 다른 독자적인 통치권을 갖고 있다고 주장했고, 그의 주장은 영국에서 상당한 지지를 받았다.

프랑스에서는 1789년 프랑스혁명이 일어났다. 루이 16세가 처형되고, 귀족들이 재산을 몰수당하고 추방당하는 것을 본 유럽의 다른 나라 지배층들은 황급히 대프랑스 동맹군을 결성하여 프랑스와 싸웠다. 프랑스인들은 혁명을 무산시키려는 대프랑스 동맹군과 맞서 싸우며,

프랑스 국민들이 모두 하나이고, 프랑스는 다른 유럽 나라들과 다른 독자적인 나라라는 생각을 발달시켰다. 이런 생각은 나폴레옹이 유럽을 통일하고 황제를 칭하면서 본격화되었다. 이제 유럽의 종주국은 신성로마제국이 아니라 프랑스가 되었다. 유럽에 단 한 명뿐인 황제가 프랑스에 있는 것이다.

이렇게 영국과 프랑스가 먼저 민족국가로 발전하고, 독일과 이탈리아가 그 뒤를 따랐다. 민족국가가 발달하면서 유럽의 정체성이나 일체감은 갈수록 약해졌다. 비스마르크를 비롯한 근대 유럽의 정치가들은 자국의 이익을 위해서 수단과 방법을 가리지 않는 이전투구를 계속하였다. 프랑스의 정치평론가 조르쥬 소렐은 당시 유럽의 정치 현실을 '게들이 우글거리는 바구니'로 묘사하였다. 이제 더이상 유럽은 없었다. 희미하게 남아 있었던 것마저 제1·2차 세계대전의 피비린내 나는 싸움에서 모두 사라져 버린 듯했다. 그러나 그렇지 않았다. 유럽이 하나라는 인식은 유럽인들에게 여전히 살아 있었다.

유럽의 통합

'게들이 우글거리는 바구니'가 된 상황에서도 유럽의 통합과 평화를 주장하는 사람들이 있었다. 중세 말기에 단테는 각국의 군주들이 황제에게 복속하여 유럽의 보편적인 평화를 이룰 것을 주장하였다. 퀘이커 교도였던 영국인 윌리엄 펜은 1693년에 출간한 《유럽 평화론*An Essay Towards the Present and Future Peace of Europe*》에서 유럽 각국이 인구와 경제력에 비례하여 대표를 선출하고, '유럽 의회'를 구성하자고 제안하였다. 볼테르와 루소 같은 사상가들도 비슷한 주장을 하였다. 루소는 국적을 초월한 '유럽 시민'만이 있을 뿐이라고 주장했다.[10]

그러나 유럽인들이 유럽 통합을 본격적으로 고민하기 시작한 것은 제1차 세계대전 이후의 일이다. 이 전쟁을 거치며 유럽은 피폐해졌고, 미국이라는 새로운 강대국이 세계 무대에 등장했다. 이에 유럽이 뭉쳐야 살 수 있다는 인식을 가진 사람들이 유럽통합운동을 전개하기 시작하였다. 쿠덴호브 칼레르기Coudenhove Kalergi(1894~1972)의 범유럽운동과 아리스티드 브리앙Aristide Briand(1862~1932)의 '유럽연합' 제안이 대표적인 예이다. 칼레르기 백작은 1923년 출판한 《범유럽 Paneuropa》이라는 저서에서 유럽이 볼셰비키의 정복이나 미국의 지배를 피하기 위해서는 단결해야 한다고 주장했다. 그는 "유럽의 문제는 두 단어로 요약된다. 통일이냐 멸망이냐"라며 목소리를 높였다. 그러나 이런 운동들은 큰 호응을 얻지 못하였다. 유럽은 패전국과 승전국으로 나뉘어 있었고, 1929년부터 몰아닥친 대공황으로 각국들은 살아남는 데 필사적인 노력을 기울이지 않을 수 없었다. 이 와중에서 제2차 세계대전이 일어났고, 유럽의 나라들은 다시 한번 상대를 향해 총부리를 겨눠야 했다.

1945년, 제2차 세계대전이 끝났다. 전쟁이 끝난 뒤 유럽인들은 22년 전에 칼레르기가 했던 말을 몸소 체험해야 했다. 전쟁으로 유럽은 식민지 대부분을 상실하고 완전히 피폐해진 데 반해서, 미국은 전 세계 부의 50퍼센트를 차지한 강국이 되었던 것이다. 게다가 소련은 거대한 군사력을 가지고 유럽을 위협하고 있었다. 이제 세계의 대립 구도는 미국-러시아-유럽으로 그어져 있었고, 유럽은 양 강대국 사이에 낀 신세가 되어 버렸다.

이런 상황을 인식한 유럽의 지도자들은 본격적으로 유럽통합운동을 전개하기 시작하였다. 그 첫 단추를 꿴 사람은 영국의 수상을 지낸 처칠Winston Churchill(1874~1965)이었다. 1946년 9월 스위스 취리히에서 한 연설에서 처칠은 프랑스와 독일의 화합을 바탕으로 일종의 '유럽합중국'을 건설하자고 외쳤다. 처칠의 연설은 제2차 세계대전 중에 산발적으로 진행되어 오던 유럽통합운동을 본격적인 궤도에 올려놓았다.[11] 유럽의 여러 단체들과 지도자들이 처칠의 연설에 동조하자 1948년 5월, 처칠의 주도하에 유럽의 주요 정치가 800명이 헤이그에 모여 유럽이 하나의 공동체로 통합되어야 한다는 인식을 같이했지만, 그 구체적인 통합 형태에 대해서는 이견이 많았다.[12]

구체적으로 유럽 통합의 첫 장을 연 사람은 프랑스의 외무상 슈만 Robert Schuman(1886~1963)이다. 그는 1950년 5월 9일, 독일과 프랑스가 석탄과 철강 자원을 공동으로 이용하는 협정을 맺자고 제안하였다. 프랑스와 독일의 국경 지역인 로렌 출신으로, 두 국가가 끊임없이 대립하는 것을 늘 안타깝게 생각하고 있던 슈만은 제2차 세계대전 중에도 전후에는 독일과 프랑스가 협력해야 한다고 주장하였다. 그는 독일이 다시는 전쟁을 일으키지 않게 하려면 국제 사회에서 독일에게 다른 나라와 동등한 권리를 회복시켜 주고, 독일을 유럽 통합이란 구조 속으로 편입시켜야 한다고 생각했다.[13]

슈만의 제안은 곧 국제적인 관심 속에 서독과 이탈리아, 베네룩스 3국의 지지를 얻었다. 그리하여 1951년 4월 18일, 유럽석탄철강공동체 ESCS 조약이 체결되었다. 프랑스·서독·이탈리아·베네룩스 3국이 참가한 이 조약으로 이 나라들 사이에 석탄과 철강 거래에 대한 관세가 철폐되었고, 교역량 제한도 사라졌다. 유럽석탄철강공동체 산하에는

1991년 12월 10일 네덜란드 마스트리히트에 모인 유럽 각국의 정상들.
이때 체결된 마스트리히트 조약은 유럽의 정치와 경제 통합의 기반을 제공했다.
유럽공동체라는 명칭도 이때 유럽연합EU으로 바뀌었다.

네 개의 기구가 있었는데, 가장 핵심적인 기구는 '최고 관리청'이었다. 최고 관리청이 결정한 사항은 회원국들과 회원국 내의 각 기업들에게 그대로 적용되었다. 따라서 이 공동체에 참가한 6개 국가는 주권의 일부를 양도한 셈이었다.

그렇지만 유럽석탄철강공동체는 여전히 회원국의 통합도가 낮았고, 경제 전반으로 협력을 확대할 필요성이 있었다. 이런 한계를 극복하고자 회원국들이 좀 더 강력한 연합체를 모색하면서 1957년 3월에 로마 조약을 통해서 유럽경제공동체EEC가 탄생하였다.[14] 유럽경제공동체는 협약에 참가한 국가들 사이의 관세를 철폐하고, 회원국 외의 국가들과의 교역에서 공동 세율을 적용한다는 것을 명시하였다. 이

14_하나의 유럽을 지향한 유럽 통합 433

조약으로 유럽은 사실상 하나의 경제공동체가 되었다. 관세율 인하는 역내 교역을 증가시키고, 경제성장을 촉진하는 좋은 결과를 낳았기 때문에 예정보다 훨씬 빨리 추진되었다. 실제로 1959년 관세율을 10퍼센트 인하하자, 역내 교역이 20퍼센트나 증가하였다. 그 후 관세율 인하는 신속하게 추진되어 1968년 7월 1일 회원국들 간의 관세가 완전히 철폐되었다.

유럽경제공동체가 좋은 성과를 보이자, 1961년 8월 9일 영국이 정식으로 가입을 신청했고, 이어 덴마크·노르웨이·오스트리아·스위스·포르투갈 등이 가입을 원하고 나섰다. 그러나 영국의 가입은 좌절되었다. 미국과 친한 영국이 이 공동체에 가입하게 되면, 유럽경제공동체에 대한 미국의 영향력이 커질 것이라는, 프랑스 대통령 드골 Charles André Marie Joseph De Gaulle(1890~1970)의 우려 때문이었다.

비록 영국의 유럽경제공동체 가입은 좌절되었지만, 여기에 참가한 국가들의 통합은 차근차근 진행되었다. 1967년 7월 1일 유럽경제공동체·유럽석탄철강공동체·유럽원자력공동체의 집행부가 통합되어 유럽공동체EC가 만들어졌다.

유럽공동체의 통합과 발전이 계속되면서 1973년 영국과 아일랜드, 덴마크가 유럽공동체에 가입하였다. 이렇게 해서 유럽공동체에 참가한 나라는 9개 국으로 늘어났고, 1981년에는 그리스의 합류로 다시 10개 국이 되었다. 이어 1986년에는 에스파냐와 포르투갈이 가입하였다.

유럽공동체의 경제 통합은 신속하게 진행되고 좋은 결과를 낳았지만, 정치적 통합은 더디게 진행되었다. 각국에 정치적 통합을 반대하는 세력이 만만치 않게 있었기 때문이다. 특히 영국과 프랑스 내에 반대 세력이 많았다. 그러나 유럽경제공동체는 출발선상에서부터 정치적인 통합을 염두에 두고 있었기 때문에, 경제적 통합이 가시화되면서 정치적 통합도 수순을 밟을 수밖에 없었다.

유럽의 정치 통합에 결정적인 영향을 끼친 조처는 마스트리히트 조약이었다. 1991년 12월 체결된 이 조약은 유럽공동체가 시장 통합을 넘어 정치·경제적 통합체로 진전하는 데 필요한 기반을 제공하였다. 이 조약은 유럽 중앙은행 창설과 단일 통화 사용의 경제통화 동맹, 노동조건의 통일, 공동 방위정책, 유럽 시민 규정 등을 내용으로 하고 있다. 또한 이 조약은 유럽공동체라는 명칭을 유럽연합EU으로 바꾸고, 1997년에서 1999년까지 단일 통화를 단계적으로 도입하며, 유리폴European police intelligence agency(유럽 경찰)을 창설하기로 규정하였다.

마스트리히트 조약이 발효되면서 유럽의 실질적인 통합이 착실하게 진행되었다. 특히 유럽인들은 1999년 유로화를 유럽연합의 단일 통화로 도입했다. 단일 통화를 사용한다는 것은 각국이 주권의 상당 부분을 포기한다는 것을 의미한다. 통화정책으로 경기를 조절하는 것이 현대 국가의 가장 중요한 기능 가운데 하나인데, 유로화 도입으로 각 국가들이 자국의 의지대로 통화량을 조절할 수 없게 되었기 때문이다. 유럽인들은 프랑화, 마르크화, 리라화가 아니라 유로화를 사용하면서 자신들이 프랑스인, 독일인, 이탈리아인이 아니라 유럽인이라는 것을 실감하고 있다.

2009년부터 정치 통합에도 상당한 진전이 있었다. 리스본 조약이 발효되면서 유럽연합이 '법인격'을 가지고 자율적으로 외교정책을 펼칠 수 있게 되었고, 상임직 이사회 의장과 외교·안보정책 고위대표직을 선출하여 정책의 일관성을 갖추게 되었으며, 유럽 의회가 사법 및 경찰협력, 교역정책, 농업정책 등에 대해서 법을 만들고, 각국 정부를 견제할 수 있는 권한을 갖게 되었다.[15] 유럽연합이 유럽인의 실질적인 통합을 이루어 가면서 유럽의 정치, 경제적인 위상도 크게 높아졌다. 2018년 기준으로 유럽연합의 국내총생산GDP은 약 18.7조 달러로 미국의 20조 달러에 버금간다.

그러나 유럽연합이 계속 발전해 가기 위해서 풀어야할 과제도 많이 대두되고 있다. 이탈리아, 에스파냐, 그리스, 포르투갈과 같은 남유럽 국가들은 국가 부채가 너무나 많고, 독일, 프랑스를 비롯한 유럽연합의 중추 국가들에서도 자국의 이익을 우선시하는 극우 정당들이 세력을 키우고 있다. 특히 2016년 영국이 국민투표를 통해서 유럽연합을 탈퇴하기로 결정하면서 유럽연합은 큰 시련을 맞고 있다. 그럼에도 불구하고 유럽연합이 쉽게 무너지지는 않을 것이다. 유럽인들이 자신들은 기독교와 로마 문화를 공유하고 있는 단일 문화권이라는 생각을 갖고 있으며, 유럽연합을 통해서 협력해야만 발전할 수 있다는 인식을 공유하고 있기 때문이다.

주석

1장 문명의 고향, 메소포타미아

[1] 메소포타미아 문명의 시작 시기에 대해서는 이동규, 〈제7차 교육과정 고등학교 세계사 교과서의 오리엔트 문명 서술 분석-오리엔트 문명 일반과 메소포타미아 문명의 내용을 중심으로〉,《역사교육》114, 2010, 104~106쪽을 보라.

[2] 고대 그리스인은 이집트의 신들이 형상과 이름은 조금 다르지만 자신들의 신과 동일하다고 생각하였다. 가령 이집트의 태양신으로 숫양의 모습으로 나타나곤 했던 아몬 신이 제우스 신과 같다고 생각하였다. 이에 대해서는 정규영, 〈고대 이집트 문명과 그리스 문명〉,《지중해지역연구》7-1, 2005, 53쪽을 보라.

[3] 제우스의 탄생지는 그리스 본토가 아니라 소아시아와 그리스를 연결하는 역할을 했던 크레타섬이었다. 이에 대해서는 김봉철,《그리스 신화의 변천사》, 길, 2014, 89~90쪽을 보라.

[4] 바빌론 신화는 바빌로니아인의 독창적인 것이 아니라 메소포타미아에서 널리 믿어졌던 여러 신화를 혼합한 것이다. 히타이트의 신화도 바빌론 신화와 매우 유사한 구조를 갖고 있다. 이에 대해서는 김창성,《사료로 읽는 서양사》, 책과 함께, 2014, 18쪽을 보라.

[5] 조지프 캠벨, 정영목 옮김,《신의 가연: 서양신화》, 까치, 1999, 95~102쪽.

[6] 쎄람, 안경숙 역,《낭만적인 고고학 산책》, 대원사, 1994, 246~250쪽.

[7] 비문은 지상에서 500미터나 위에 있었고, 표면이 매우 미끄러웠기 때문에 사본을

뜨기가 매우 어려웠다. Martin Roberts, *The Ancient World*, (Nelson, 1979), p. 41.
8 Alonzo Trévier Jones, *Empires of the Bible*, (Teach Services, 2004), p. 3.
9 장 보테르·최경란 옮김, 《메소포타미아》, 시공사, 1998, 138쪽.
장헤로도토스·김봉철 옮김, 《역사》, 길, 2017, 179쪽. Bodie Hodge, *Tower of Babel: The Cultural History of Our Ancestors*, (Master Books, 2013), pp. 53~58은 바벨탑의 용도에 대한 여러 의견을 소개하고 있다. 대홍수 때 대피소, 천문 관측소, 희생제사 드리는 곳 등의 이유가 제시되고 있다.
10 파울 프리샤우어, 이윤기 옮김, 《세계풍속사》 상, 까치, 1991, 41~42쪽.
11 함무라비 법전에 대한 서술은 한상수, 《왜 함무라비 법전을 만들었을까》(자음과모음, 2010)을 참조하였다.

2장 민주주의 원형을 만든 아테네

1 '파르테논'은 아테나 여신의 별명인 '파르테노스(처녀 신)의 집'이라는 뜻이다.
2 투퀴디데스, 천병희 옮김, 《펠로폰네소스 전쟁사》, 숲, 2011, 169쪽.
3 플루타르코스, 김병철 옮김, 《플루타르코스 영웅전 2》, 범우사, 1999, 58~62쪽.
4 호메로스, 천병희 옮김, 《일리아스》, 숲, 2007, 59쪽.
5 최자영, 《고대 아테네 정치제도사》, 신서원, 1995, 111쪽.
6 솔론이 정말 400인회 협의회를 만들었는지에 대해서 의문을 제기하는 학자들도 있다. 이들은 기원전 509년에 클레이스테네스가 500인 협의회를 만들었고, 이 500인 협의회가 민회의 독립성을 가져 왔다고 주장한다. 또한 후대의 그리스인들이 솔론의 업적을 위대하게 포장하기 위해서 클레이스테네스의 500인 협의회에 상응하는 400인 협의회를 솔론이 만든 것으로 기록했다고 주장한다. 아마 솔론이 400인 협의회를 만들기는 했지만 그 협의회가 제대로 작동하지는 못했던 것 같다. 솔론이 개혁을 추진하다가 저항에 부딪히자 이집트로 망명해 버렸기 때문이다. 그러나 비록 제대로 작동시키지는 못했어도, 솔론이 민회의 독립성을 높이는 구체적인 제도를 만들었기에 솔론의 개혁을 과소평가해서는 안 될 것이다.

7 윌리엄 포레스트, 김봉철 옮김, 《그리스 민주정의 탄생과 발전》, 한울아카데미, 2001, 214~125쪽.

8 G. L. 디킨슨, 《그리스인의 이상과 현실》, 서광사, 1989, 85쪽.

9 김진경, 《고대 그리스의 영광과 몰락》, 안티쿠스, 2009, 115~117쪽.

10 양병우, 《아테네 민주정치사》, 서울대출판부, 1976, 22쪽.

11 박윤덕 외, 《서양사 강좌》, 아카넷, 2016, 24쪽.

12 Kathryn A. Morgan ed., *Popular Tyranny: Sovereignty and Its Discontents in Ancient Greece*, (University of Texas Press, 2003), p. 160.

13 크세노폰, 최자영 옮김, 《헬레니카》, 아카넷, 2012, 41~48쪽.

14 투키디데스, 박광순 옮김, 《펠로폰네소스 전쟁사》, 범우사, 1993, 88쪽.

15 투키디데스, 《역사》, 6, 3(윌리엄 포레스트, 김봉철 옮김, 《그리스 민주정의 탄생과 발전》(한울, 2001), 292쪽에서 재인용).

3장 천 년 동안 세계를 지배한 영원한 제국 로마

1 김창성 편저, 《사료로 읽는 서양사 1》, 책과함께, 2014, 372쪽.

2 서양중세사학회, 《서양중세사강의》, 느티나무, 2003, 35쪽.

3 이디스 해밀턴, 정기문 옮김, 《고대 로마인의 생각과 힘》, 까치, 2009, 221~223쪽.

4 Sextus Julius Frontinus, *De Aquis urbis Romae*, 1, 1, 16.

5 프레데리크 들류슈 편, 윤승준 옮김, 《새유럽의 역사》, 까치, 1995, 83쪽.

6 B. Lyon, *The Origins of the Middle Ages*, (Norton&Company, 1972), p. 34.

7 브래들리, 차전환 옮김, 《로마제국의 노예와 주인》, 신서원, 2000, 128~129쪽.

8 J. Carcopino, *Daily Life in Ancient Rome*, 1940, pp. 62~63.

9 Orosoius, 6, 2.

10 313년 기독교를 공인한 콘스탄티누스는 로마 최초의 기독교 황제로 알려져 있다. 그는 교회에 많은 특권을 부여했고, 교회를 위해서 많은 기부를 하였다. 그가 친기독교 정책을 편 것은 독실한 신자였던 그의 어머니 헬레나의 영향도 작용했을 것이

다. 그러나 그가 정말 독실한 기독교 신자였는지는 확실하지 않다. 그가 재위 중에 이교도 숭배, 특히 태양신 숭배에 공식적으로 참가하였고, 죽기 직전에야 기독교의 세례를 받았기 때문이다.

[11] 니콜라이 베르쟈예프, 《러시아 지성사》, 종로서적, 1980.

[12] 이윤기, 〈한국문화 미국문화 나뉨과 엉킴의 2중 변주곡〉, 《미국 : 초강국의 빛과 그늘》, 동아일보사, 1996, 55~56쪽.

4장 중세의 번영을 가져온 봉건제도

[1] P. Geary, *Before France & Germany: The Creation & Transformation of the Merovingian World*, Oxford Univ. Press, 1988, pp. 5~6; P. Brown, *The Rise of Western Christendom*, Blackwell Publishers, 1996, pp. 15~16.

[2] 서양중세사학회, 《서양 중세사 강의》, 느티나무, 2003, 42쪽.

[3] W. Goffart, *Barbarians and Romans A.D.418~584*, Princeton Univ. Press, 1980, pp. 13~14.

[4] 민석홍, 《서양사개론》, 삼영사, 1984, 180쪽.

[5] 클로비스 이후 메로빙거 왕조의 왕들은 '게으른 왕들'이라는 별칭을 얻었는데, 이는 카롤루스조의 역사가들이 의도적으로 만든 것이다. 이에 대해서는 패트릭 기어리 지음, 이종경 옮김, 《메로빙거 세계》, 지식의풍경, 2002, 297~310쪽을 보라.

[6] 클로비스 사후의 계승 과정에 대해서는 심재윤, 《서양 중세사의 이해》, 선인, 2005, 35~36쪽이 자세하게 설명하고 있다.

[7] 이기영, 〈서유럽의 봉건적 주종관계 형성(1)〉, 《서양 중세사 연구》 26, 2010, 252~253쪽은 주종제도와 봉토의 결합이 카롤루스 마르텔루스 이전 720년대 다른 게르만 부족들에게서 유래했음을 밝히고 있다.

[8] 마르크 블로크, 한정숙 옮김, 《봉건사회 1》, 한길사, 1986, 80~81쪽.

[9] 마르크 블로크, 한정숙 옮김, 《봉건사회 1》, 한길사, 1986, 242~245쪽.

[10] 마르크 블로크, 한정숙 옮김, 《봉건사회 1》, 한길사, 1986, 279쪽.

11 자크 르고프, 유희수 옮김, 《서양중세문명》, 문학과지성사, 2008, 108쪽.
12 이기영, 〈서유럽의 봉건적 주종관계 형성(3)〉, 《서양 중세사 연구》 27, 2011, 24~30쪽은 카롤루스조에 주종제가 확산되는 양상을 잘 설명하고 있다.
13 이기영, 〈서유럽의 봉건적 주종관계 형성(2)〉, 《역사교육》 116, 2010, 282쪽.
14 봉건제도가 지역별로 다양하게 발전하였다. 봉의 상속은 프랑스에서는 10세기 이미 이루어졌지만, 독일과 영국에서는 그보다 늦게 이루어졌다.
15 페리 앤더스, 유재건·한정숙 옮김, 《고대에서 봉건제로의 이행》, 창작과비평사, 1990, 149~150쪽.
16 이 권리는 프랑크 왕들이 원래 규모가 큰 교회 단체에 부여한 권리로, 왕의 관리가 교회의 영지에 들어갈 수 없음을 의미하였다. 이에 대해서는 브라이언 타이어니 외, 이연규 옮김, 《서양중세사》, 집문당, 1986, 156쪽을 보라.
17 이기영, 〈서유럽의 봉건적 주종관계 형성(1)〉, 《서양 중세사 연구》 26, 2010, 222쪽.
18 브라이언 타이어니 외, 이연규 옮김, 《서양중세사》, 집문당, 1986, 163쪽.
19 이기영, 《고대에서 봉건제로의 이행》, 사회평론, 2017, 94~95쪽.
20 배영수 편, 《서양사강의》, 한울아카데미, 2000, 122~124쪽.
21 이기영, 〈서유럽의 봉건적 주종관계 형성(2)〉, 《역사교육》 116, 2010, 285쪽. 마르크 블로크, 이기영 옮김, 《서양의 장원제》, 까치, 2002, 29쪽.
22 마르크 블로크, 한정숙 옮김, 《봉건사회 1》, 한길사, 1986, 133~135.
23 자유민이 중세 초부터 영주의 재판을 받았던 것은 아니다. 자유민에게 세금이 부과된 첫 사례는 998년에야 확인된다. 자크 르고프, 유희수 옮김, 《서양중세문명》, 문학과지성사, 2008, 161쪽.
24 심재윤, 《서양중세사의 이해》, 선인, 200, 114~115쪽에는 고전 장원제가 장원제 형성기의 주도적인 형태가 아니었고, 오히려 지대 장원제가 더 많았다는 돕쉬의 견해를 소개하고 있다. 돕쉬에 따르면 농노가 영주 직영지에서 부역을 하던 고전 장원에서 지대를 납부하는 순수 장원제로 변천했다고 설명하는데 이는 잘못된 것이다.
25 앙드레 모루아, 《영국사》, 김영사, 2013, 117쪽.
26 커크 헤리엇, 정기문 옮김, 《지식의 재발견》, 이마고, 2009, 164~166쪽.
27 번즈 외, 박상익 옮김, 《서양문명의 역사 II》, 소나무, 1994, 346~347쪽.

²⁸ 반 바트, 이기영 옮김, 《서유럽 농업사 500~1850》, 까치, 1999, 114쪽.
²⁹ 중세인에게 천년은 세상의 종말이 예언된 날이었다. 천년을 전후해 세상의 끝이 올 것이라는 설교와 믿음이 널리 팽배해 있었다. 이에 대해서는 마르크 블로크, 한정숙 옮김, 《봉건사회 I》, 한길사, 1986, 147~148쪽을 보라
³⁰ 박윤덕 외, 《서양사 강좌》, 아카넷, 2016, 116쪽. 재닛 아부-루고드, 박흥식·이은정 옮김, 《유럽 패권 이전: 13세기 세계체제》, 까치, 2006. 96~97쪽은 샹파뉴 정기시의 쇠퇴에 대해서 다른 요인들도 제시하고 있다.
³¹ 서양중세사학회, 《서양 중세사 강의》, 느티나무, 2003, 165쪽.
³² 중세 전성기에 큰 도시들이라고 해도 인구는 수만 명에 지나지 않았다. 이탈리아의 도시들인 밀라노, 제노바, 피렌체, 팔레르모 등이 12~13세기에 인구 5만 정도였다. 프랑드르 지역에서는 강이라는 도시만이 인구 5만이 넘었다. 이에 대해서는 존 볼드윈, 박은구·이영재 옮김, 《중세문화이야기》, 혜안, 2002, 68쪽을 보라.
³³ 자크 르고프, 유희수 옮김, 《서양중세문명》, 문학과지성사, 2008,474~476쪽.
³⁴ 이기영, 〈서유럽의 봉건적 주종관계 형성(1)〉, 《서양 중세사 연구》 26, 2010, 216쪽.
³⁵ 브레너 외 지음, 《농업계급구조와 경제발전》, 집문당, 1991, 60~61쪽.

5장 대의제 민주주의를 발전시킨 의회제도 수립

¹ A. H. M. Jones, *The Later Roman Empire*, Blackwell, 1968, pp. 874~875.
² 브라이언 타이어니, 시드니 페인터 공저, 이연규 역, 《서양중세사》, 집문당, 320~323쪽.
³ 박은구, 《서양 중세사 강의》, 혜안, 2001, 99쪽.
⁴ 서양중세사학회 편, 《서양 중세사 강의》, 느티나무, 2003, 286~287쪽.
⁵ 박은구, 《서양 중세사 강의》, 혜안, 2001, 119쪽에서 재인용.
⁶ 마르실리우스는 군주를 선거로 뽑는 선거제 군주정을 실현 가능한 정치체제로서 이상적인 것으로 보았다.
⁷ 홍성표, 《중세 영국사의 이해》, 충북대학교 출판부, 2012, 319~320쪽.

⁸ 캔터베리 주교 로베르투스에게 보내는 서신.

⁹ F. Furet & M. Ozoufed., *A Critical Dictionary of the French Revolution*, Belknap Press of Harvard University Press, 1989, pp. 45~46.

¹⁰ 홍성표, 《중세 영국사의 이해》, 충북대출판부, 2012, 324~325쪽.

¹¹ 영국사연구회 역, 《옥스퍼드 영국사》, 한울아카데미, 1994, 343~344쪽.

¹² 임호수, 〈청교도혁명기 영국 의회의 역할에 관한 연구—장기 의회를 중심으로〉, 《역사와 담론》 5, 1977, 21쪽.

¹³ 왕정 복고를 결정한 의회를 Convention Parliament라고 부른다. 왕위에 오른 찰스 2세는 이 의회를 해산하고 1661년 새로 의회를 구성하였다.

6장 근대 문화를 태동시킨 르네상스

¹ Peter Spufford, *Money and Its Use in Medieval Europe*, Cambridge Univ. Press, 1988, p. 49, pp. 65~67.

² 쟈크 르 고프 지음, 유희수옮김, 《서양중세문명》, 문학과지성사, 1992, 83쪽.

³ 남종국, 《이탈리아 상인들의 위대한 도전》, 앨피, 2015, 73~83쪽.

⁴ 재닛 아부-루고드, 박흥식·이은정 옮김, 《유럽 패권 이전: 13세기 세계체제》, 까치, 2006, 132쪽.

⁵ 구형건, 송수영, 〈역사적 관점에서 본 이탈리아 도시 국가, Venezia, Genova, Firenze의 금융: 창조적 파괴 혹은 파괴적 창조〉, 《한국금융공학회 학술발표회》, 2012-2, 82쪽.

⁶ 남종국, 《지중해 교역은 유럽을 어떻게 바꾸었을까?》, 민음인, 2011, 21~32쪽.

⁷ 야코프 부르크하르트, 안인희 옮김, 《이탈리아 르네상스의 문화》, 푸른숲, 1999, 107쪽.

⁸ 리사 자딘, 이선근 옮김, 《상품의 역사》, 영림카디널, 2003, 69쪽. 베네치아의 거울은 '크리스탈 거울'이라고 불릴 정도로 훌륭하였고, 이란과 파키스탄의 궁전에 수출될 정도였다.

[9] 강창훈 외,《세계사 뛰어넘기》, 열다, 2012, 80쪽.

[10] 퍼거슨, 김성근·이민호 옮김,《르네상스》, 탐구당, 1985, 62쪽.

[11] 피렌체의 성장에서 있어서 모직물 산업의 중요성에 대해서는 조중걸,《조중걸 교수와 함께 열정적 고전 읽기: 예술 1》, 프로네시스, 2006, p. 231쪽. 피렌체는 또한 견직물 공업의 중심지였다. 15세기 피렌체의 상인이었던 베네트 디는 베네치아 사람에게 보낸 편지에서 피렌체의 모직물 산업과 견직물 산업이 베네치아를 압도한다고 이야기하였다. 이에 대해서는 와타히키 히로시 외, 김현영 옮김,《편지로 보는 세계사》, 디오네, 2007, 136~139쪽을 보라.

[12] 양태자,《중세의 뒷골목 사랑》, 이랑, 2012, 208쪽.

[13] 구형건·송수영,〈역사적 관점에서 본 이탈리아 도시국가, Venezia, Genova, Firenze의 금융: 창조적 파괴 혹은 파괴적 창조〉,《한국금융공학회 학술발표회》, 2012-2, 73쪽.

[14] 남종국,〈14세기 초반 피렌체 초대형 상사의 출현 배경: 페루치와 바드디 상사를 중심으로〉,《대구사학》105, 2011.

[15] 남종국,《지중해 교역은 유럽을 어떻게 바꾸었을까?》, 민음인, 2011, 49~50쪽.

[16]. Rose Barling & Valerie Boyes, *The Renaissance*, John Murray, 1995, p. 10.

[17] 이영림 외 저,《근대유럽의 형성 16~18세기》, 까치, 2011, 83~84쪽.

[18] 이영림 외 저,《근대유럽의 형성 16~18세기》, 까치, 2011, 324쪽.

[19] 정기문,〈로마의 후마니타스와 인본주의〉,《서양 고대사 연구》30, 2012, 110~115쪽.

[20] 김상근,《천재들의 도시 피렌체》, 21세기북스, 2010, 40~41쪽.

[21] 루돌프 파이퍼, 정기문 옮김,《인문 정신의 역사》, 길, 2011, 22~26쪽.

[22] 유희수,《사제와 광대》, 문학과지성사, 2009, 232~233쪽.

[23] 장문석,《근대 정신은 어떻게 탄생했을까?》, 민음인, 2011, 17쪽. 르네상스 시기 개성의 발전은 야코프 부르크하르트, 안인희 옮김,《이탈리아 르네상스의 문화》, 푸른숲, 1999가 잘 다루고 있다.

[24] 루돌프 파이퍼, 정기문 옮김,《인문 정신의 역사》, 길, 2011, 19~21쪽.

[25] 루돌프 파이퍼, 정기문 옮김,《인문 정신의 역사》, 길, 2011, 115~129쪽.

[26] 김상근,《천재들의 도시 피렌체》, 21세기북스, 2010, 181쪽.

[27] Rose Barling & Valerie Boyes, *The Renaissance*, John Murray, 1995, pp. 14~17.

28 안소니 블런트, 조향순 옮김,《이탈리아 르네상스 미술론》, 미진사, 1990, 39쪽.
29 김상근,《천재들의 도시 피렌체》, 21세기북스, 2010, 281쪽.
30 커크 헤리엇, 정기문 옮김,《지식의 재발견》, 이마고, 2009, 604쪽.
31 제라르 그르랑, 정숙현 옮김,《르네상스》, 생각의나무, 2004, 138~139쪽.
32 V. Lyon, *The Origins of the Middle Ages*, Norton & Company, 1972, pp. 16~25.
33 퍼거슨, 김성근·이민호 옮김,《르네상스》, 탐구당, 1985, 7~14쪽.

7장 종교의 자유시대를 연 종교개혁

1 황대현,《서양 기독교 세계는 왜 분열되었을까?》, 민음인, 2011, 568쪽.
2 루터 신앙의 핵심을 '오직 믿음으로, 오직 은총으로, 오직 성경으로'라고 요약하곤 한다. 그는 자신의 대의를 주장할 때, 그리고 그에게 반대하는 자들과 싸울 때 늘 성경의 구절들을 이용하였다. 그렇다면 루터는 성경을 얼마나 알고 있었을까? 놀라운 기억력으로 신·구약의 전부를 거의 암송하고 있었다고 한다. 이에 대해서는 노먼 캔토·사무엘 버너 편, 진원숙 옮김,《서양 근대사 1500~1815》, 혜안, 2000, 160쪽을 보라.
3 면벌부라는 단어는 'indugentia'라는 라틴어를 번역한 것인데, 가톨릭에서는 대사大赦라고 번역하고 있다. 대사라는 용어가 신학적인 의미를 담고 있기 때문에 일반인이 쉽게 이해하기 위해서 다른 말로 번역하는 일은 가능하다. 그러나 면죄부는 오역이기에 면벌부라고 번역해야 한다. 이 단어의 올바른 뜻을 알기 위해서는 가톨릭 교리를 알아야 한다. 가톨릭 교리에 따르면 인간이 구원을 받으려면 예수를 믿음으로써 하느님의 은총을 받아야 하고, 종교적·도덕적으로 선하게 삶으로써 자신을 성화聖化해야 한다. 그렇지만 인간은 근본적으로 악한 존재이기에 끊임없이 죄를 지을 수밖에 없다. 죄가 있으면 성화를 이룰 수 없고 천국에 들어갈 수 없기에 반드시 죄를 씻어 내야 한다. 그렇다면 죄를 어떻게 씻어 낼 것인가? 지상에서 하느님을 대신하는 사제를 찾아가 죄를 고백하는 고해성사를 해야 한다. 그럴 경우 은총이 풍부한 하느님은 자신의 죄를 진정으로 고백하고 뉘우치는 신자들을 늘 용서해 주

신다. 사제는 그런 하느님을 대신하여 그의 죄가 사면되었다고 선언한다. 그러나 여기서 주의해야 할 것이 있다. 죄를 지은 신자가 죄를 용서받으면 그는 지옥에서 받아야 할 '영벌'을 면할 수 있지만 죄에 따른 벌잠벌은 그냥 없어지는 것이 아니다. 모든 죄에는 그에 따른 벌이 있고 신자는 연옥에 가서 그 벌을 받아야 한다. 그 벌을 현세에서 미리 치르는 것이 참회고행(또는 보속)이다. 고해성사가 끝나고 나면 신부는 죄가 용서되었다고 선언한 후에 참회고행을 결정해 준다. 성지 순례, 금식, 자선 등이 참회고행의 일반적인 형태이었다.

그런데 교회는 그리스도와 성인聖人들이 마련한 '공로의 보고'를 가지고 있다. 그리스도는 그의 피 한 방울으로도 모든 인류를 구원할 수 있지만 많은 피를 흘렸고, 성인들은 천국에 들어가고도 남을 많은 선행을 행하였다. 그들이 행한 '여분의' 선행은 사라지지 않고 교회의 창고에 쌓여 있다. 교회는 그것을 이용하여 특별한 경우에 신자가 연옥에 가서 치루어야 할 벌을 면제해 줄 수 있다. 이것을 가톨릭에서는 '대사'라고 한다. 따라서 이 단어는 면죄부가 아니라 '면벌부'라고 해야 한다. 이 면벌부 제도는 십자군전쟁 때에 유래하였다. 교황 우르바누스 2세는 전쟁에 참가하는 병사들이 본당 신부에게 가서 죄를 고백하는 고해성사를 할 수 없다는 것을 안타깝게 여겨서 특별히 고해성사와 참회고행을 면제해 주었던 것이다. 1343년에 클레멘스 6세가 '우니게니투스'라는 제목의 교령을 발령하여 면벌부를 제도화하였다. 이에 대해서는 서양 사학자 13인, 《서양 문화사 깊이 읽기》, 푸른역사, 2009, 106~110쪽을 보라. '공로의 보고'라는 개념을 이해하기 위해서는 중세인의 사고방식을 알아야 한다. 중세 교회에서 신부가 참회고행을 지정해 주는 경우, 죄인은 형편이 여의치 않은 경우에 다른 사람에게 참회고행을 수행하게 할 수 있었다. 가령 참회고행으로 '10일의 금식'이 명령되었을 때, 신자는 자신이 몸이 허약하여 그것을 수행할 수 없을 때 다른 사람으로 하여금 10일을 대신 굶게 할 수도 있었다. 이렇게 다른 사람이 참회고행을 대신할 수 있기 때문에 신자의 참회고행을 그리스도나 성인이 대신해 줄 수 있는 것이다.

[4] 에라스무스 외, 정기우 외 옮김, 《우신예찬》, 을유문화사, 1983, 83쪽.
[5] 마석한, 〈루터의 종교 개혁〉, 《실학사상 연구》 12, 1999, 631쪽.
[6] 박준철, 〈루터 종교 개혁의 정체성 확립〉, 《서양 중세사 연구》 8, 2001, 96~97쪽.

7 박준철, 〈루터 종교 개혁의 정체성 확립〉, 《서양 중세사 연구》 8, 2001, 97쪽.
8 이장식, 〈루터와 에라스무스의 자유의지 논쟁〉, 《신학연구》 4, 1958, 143쪽.
9 루터 역시 열렬한 아우구스티누스 지지자였다. 이에 대해서는 앨리스터 맥그래스, 박규태 옮김, 《기독교, 그 위험한 사상의 역사》, 국제제자훈련원, 2009, 75쪽을 보라.
10 박준철, 〈루터 종교 개혁의 정체성 확립〉, 《서양 중세사 연구》 제8집, 100쪽.
11 슈테판 츠바이크, 정민영 옮김, 《에라스무스 평전》, 아롬미디어, 2006, 176쪽.
12 객관적으로 승패를 따지자면 루터는 이 논쟁에서 패배하였다. 에크는 루터에게서 후스의 냄새가 난다고 비판했으며, 청중들은 보헤미아의 후스가 이단이라는 사실을 잘 알고 있었다. 이에 대해서는 앨리스터 맥그래스, 박규태 옮김, 《기독교, 그 위험한 사상의 역사》, 국제제자훈련원, 2009, 89쪽을 보라.
13 앨리스터 맥그래스, 박규태 옮김, 《기독교, 그 위험한 사상의 역사》, 국제제자훈련원, 2009, 96쪽.
14 Stephen J. Lee, *Aspects of European History* 1494~1789, Routledge, 1978, pp. 18~24.
15 그러나 루터는 후에 고해성사의 적법성도 부정하였다.
16 당시는 통계가 발달되어 있지 않기 때문에 통계 수치로 루터 지지파가 얼마나 많았는지를 밝히는 것은 어렵다. 그러나 여러 가지 정황으로 보건대 독일에는 가톨릭 옹호파보다는 루터 지지파가 더 많았을 것 같다. 가령 1520년에 교황은 루터를 파문하겠다고 위협하는 교서를 발령했는데 대부분 인쇄업자들이 그것을 싫어했기 때문에 인쇄업자를 찾기가 어려웠다. 이에 대해서는 황대현, 〈독일 종교 개혁기의 소책자〉, 《역사교육》 제107집, 207쪽을 보라.
17 홍치모, 《북구 르네상스와 종교개혁》, 성광문화사, 104~106쪽.
18 황대현, 〈독일 종교 개혁기의 소책자〉, 《역사교육》 제107집, 196쪽.
19 신교를 영어로는 protestants라고 하는데 이 말은 1529년 신교에 대한 인정을 철회하는 제국의회의 결정에 항의서를 제출했던 데서 유래하였다. 박윤덕 외, 《서양사강좌》, 아카넷, 2016, 252쪽 참조.
20 지원용 편, 《루터 선집 제 8권, 교회를 위한 목회자》, 컨콜디아사, 1985, 404~405쪽.
21 지원용, 《말틴 루터: 생애와 사상》, 컨콜디아사, 1960, 162~166쪽.
22 박준철, 〈루터 종교 개혁의 정체성 확립〉, 《서양중세사연구》 제8집, 96~97쪽.

23 루터는 16세 어린 아내와의 결혼 이유를 아버지가 후손을 보고 싶어했기 때문이라고 말하였다. 남편과 아버지로서 루터는 모범적인 사람이었다.
24 박준철, 〈종교 개혁기 루터파의 성직자 교육〉, 《한성사학》 10, 1998, 78~79쪽에서 재인용.
25 제임스 키텔슨, 김승철 옮김, 《개혁사 말틴 루터》, 컨콜디아사, 1995.
26 제네바가 사보이 가문으로부터 독립을 추구할 때 도시의 자유를 추구하는 파들은 Eidguenots라고 불렸는데 이는 '선서공동체Eidengenossenschaft'라는 단어에서 유래하였다. 이 말에서 '위그노Euguenots'라는 말이 생겨났다. 홍치모, 《북구 르네상스와 종교개혁》, 성광문화사, 1984, 169쪽.
27 오덕교, 《종교개혁사》, 협동신학대학원출판부, 66~67쪽.
28 그러나 칼뱅이 츠빙글리의 주장에 완전히 동의한 것은 아니다. 칼뱅은 성찬 시에 그리스도가 영적으로 임재한다고 주장했는데 이를 영재임재설이라고 한다. 이는 칼뱅이 루터와 츠빙글리의 중간적인 입장을 취한 것으로 판단된다.
29 오덕교, 《종교개혁사》, 협동신학대학원출판부, 262~263쪽.
30 강정인 외, 《서양 근대 정치사상사》, 책세상, 2007, 181쪽.

8장 근대적 세계관과 과학의 발달

1 마르크 블로크, 한정숙 옮김, 《봉건사회 1》, 한길사, 1986, 144쪽.
2 여호수아 10:12~14.
3 마르크 블로크, 한정숙 옮김, 《봉건사회 1》, 한길사, 1986, 145쪽.
4 크레이그 할라인, 이영효 옮김, 《마가렛 수녀는 왜 모두의 적이 되었는가》, 책과함께, 2012, 42쪽.
5 이정모, 《달력과 권력》, 부키, 2001, 102쪽.
6 민경기 외, 《교양 천문학》, 형설출판사, 1993, 50~51쪽
7 De placitis philosophorum, 3, 13.
8 니콜라우스 코페르니쿠스, 민영기·최원재 옮김, 《천체의 회전에 관하여》, 서해문집,

1998, 158쪽.
9 제임스 매클렐란 3세·해럴드 도론, 전대호 옮김, 《과학과 기술로 본 세계사 강의》, 모티브, 2006, 324~325.
10 장 피에르 모리, 변지현 역, 《갈릴레오》, 시공사, 1999, 35~40쪽.
11 피터 보울러, 한국동물학회 역, 《찰스 다윈》, 전파과학사, 1999, 259쪽.
12 스티븐 굴드, 홍동선·홍옥희 역, 《다윈 이후》, 범양사, 1988, 91~103쪽.
13 그레이엄 클라크, 정기문 옮김, 《공간과 시간의 역사》, 푸른길, 1999.
14 다윈과 헨슬로의 관계에 대해서는 피터 보울러, 한국동물학회 옮김, 《찰스 다윈》, 전파과학사, 1999를 참고하였다.

9장 세계사의 주도권을 바꿀 미국의 전설

1 앙드레 모로아, 신용석 옮김, 《미국사》, 기린원, 1994, 34쪽.
2 이주영, 《미국사》, 대한교과서주식회사, 1987, 6쪽.
3 제임스 W. 로웬, 이헌주 옮김, 《선생님이 가르쳐 준 거짓말》, 평민사, 2001, 103~132쪽.
4 제임스 W. 로웬, 이헌주 옮김, 《선생님이 가르쳐 준 거짓말》, 평민사, 2001, 123쪽.
5 양키라는 말의 의미는 이후 변천을 겪는다. 독립전쟁 때에는 영국군이 식민지인 전체를 부르기 위해서 이 단어를 사용하였고, 남북전쟁 때에는 남부인이 북부인을 가르키기 위해서 사용하였다.
6 Debra A. Meyers, *Common Whores, Vertuous Women, and Loveing Wives*, (Indiana University Press, 2003), p. 19.
7 레오 휴버만, 이강은 외 역, 《미국의 역사와 민중》, 비봉출판사, 1982, 51~55쪽.
8 레오 휴버만, 이강은 외 역, 《미국의 역사와 민중》, 비봉출판사, 1982, 14~15쪽.
9 레오 휴버만, 이강은 외 역, 《미국의 역사와 민중》, 비봉출판사, 1982, 16쪽.
10 레오 휴버만, 이강은 외 역, 《미국의 역사와 민중》, 비봉출판사, 1982, 14~15쪽.
11 이주영, 《미국사》, 대한교과서주식회사, 1987, 25쪽.

¹² D. K. Fieldhouse, *The Colonial Empire*, Delta, 1965, pp. 66~67.

¹³ 앙드레 모로아, 《미국사》, 기린원, 1994, 72쪽.

¹⁴ 다니엘 부어스틴, 이보형 외 옮김, 《미국사의 숨은 이야기》, 범양사, 1991, 160~162쪽.

¹⁵ 버나드 베일린, 배영수 옮김, 《미국 혁명의 이데올로기적 기원》, 새물결, 1999, 111~116쪽.

¹⁶ 그러나 이 '자유'가 민주주의를 의미하는 것은 아니었다. 아메리카가 독립할 시점에 아직 민주주의는 숭고한 가치를 지닌 절대적인 가치가 아니었다. 오히려 식민지인들은 '대중이 경솔하기 때문에 민주주의는 아주 나쁜 정부'라고 생각하였다. 따라서 식민지인들은 로마시대의 폴리비우스가 구상하였던 혼합 정체, 즉 부자와 빈자의 이익이 잘 조율되는 정체를 구상하였다. 이에 대해서는 최용식, 《미국 문화 500년 로마를 훔치다》, 로마의 꿈, 2013, 53~64쪽을 보라.

¹⁷ Raymond Whiting, *A Natural Right to Die: Twenty-three Centuries of Debate*, Greenwood, 2012, p. 116.

¹⁸ 미국 독립전쟁까지 미국인들은 자신들의 지역을 '식민지 연합United Colonies'이라고 불렀고, 독립운동의 이론가인 토마스 페인이 그의 책 《상식》에서 처음으로 '아메리카 합중국 The United States of America'이라는 용어를 사용하였다. 이에 대해서는 최용식, 《미국 문화 500년 로마를 훔치다》, 로마의 꿈, 2013, 66쪽을 보라.

10장 불평등을 갈아엎은 프랑스혁명

¹ 현대인은 이해하기 힘들지만 중세에 성직자는 높은 관직, 많은 토지와 재산을 가진 지배층이었다. 이 때문에 프랑스혁명은 반기독교적인 성격을 띠게 되었다. 이에 대해서는 알렉시 드 토크빌, 이용재 옮김, 《앙시앙 레짐과 프랑스혁명》, 지식을 만드는 지식, 2013, 31쪽을 보라.

² 알베르 마띠에, 김종철 역, 《프랑스 혁명 사상》, 창작과비평사, 1989, 46~47쪽.

³ T. Tackett, *Becoming a Revolutionary*, Princeton University Press, 1996, pp. 19~20.

⁴ 알베르 마띠에, 김종철 역, 《프랑스 혁명사》, 창작과비평사, 64쪽.

⁵ H. E. 반스, 허승일 외 역, 《서양 사학사》, 한울, 182~233쪽.

⁶ 다니엘 모르네, 주명철 역, 《프랑스 혁명의 지적 기원》, 민음사, 1993, 523~537쪽.

⁷ 로제 샤르띠에, 백인호 역, 《프랑스 혁명의 문화적 기원》, 일월서각, 1998, 132~133쪽.

⁸ 알렉시 드 토크빌, 이용재 옮김, 《앙시앙 레짐과 프랑스 혁명》, 지식을 만드는 지식, 2013, 33쪽.

⁹ 이때 마르세유에서 파리로 오던 병사들이 나중에 프랑스 국가가 되는 '라 마르세예즈'를 부르며 진군해 왔다.

¹⁰ 알베르 소부울, 최갑수 역, 《프랑스 대혁명사》 하, 두레, 284~292쪽.

¹¹ 데이비드 파커 외, 박윤덕 옮김, 《혁명의 탄생》, 교양인, 2009, 222~224쪽.

¹² 이 사건을 흔히 '테르미도르의 반동'이라고 한다. 1792년 9월 20일 소집된 국민공회는 왕권을 폐지하고 공화국을 수립시켰다. 1793년 9월 22일 퓌드돔이라는 수학자가 공화국의 수립을 기념하기 위해서 새로운 달력을 쓰자고 주장했고, 국민공회가 이 제안을 받아들여 혁명력이 탄생했다. 혁명력은 1년을 12달, 한 달을 30일, 1주를 10일로 나누고, 매 10일마다 1일을 그리고 연말의 5~6일을 휴일로 정했다. 그해 10월 24일 데글랑틴이라는 시인이 열두 달에 대해서 시적인 명칭을 붙였다. 가을은 포도의 달vendmiaire, 안개의 달brumaire, 서리의 달frimaire, 겨울은 눈의 달nivose, 비의 달pluviose, 바람의 달ventose, 봄은 파종의 달germinal, 꽃의 달floreal, 초원의 달prairial, 여름은 수확의 달messidor, 열의 달thermidor, 열매의 달fructidor로 나누었다. 혁명력의 기원은 1792년 9월 22일이었기 때문에 혁명력으로 한다면 테르미도르는 11월이 되지만 서력 기원으로 하면 7월 20일에서 8월 18일에 해당한다. 혁명력은 1806년 1월까지 사용되었다.

11장 맬서스의 환경을 극복한 산업혁명

¹ Del Sweeney(ed), *Agriculture in the Middle Ages: technology, practice, and representation*, 1995.

² 헤로도토스, 1, 216(헤로도토스, 김봉철 옮김, 《역사》, 길, 2017, 179쪽에서 인용)

³ Georges Minois, *History of Old Age*, 1989, pp. 9~12.

[4] 데스먼드 모리스, 김석희 옮김,《털없는 원숭이》, 정신세계사, 1991, 106쪽.
[5] 쟈크 르 고프, 유희수 옮김,《서양중세문명》, 문학과지성사, 130~133쪽.
[6] 브레너 외 지금, 이연규 옮김,《농업계급 구조와 경제발전》, 집문당, 1991, 52쪽.
[7] 나종일,《영국 근대사 연구》, 서울대학교출판부, 1979, 40~45쪽.
[8] 차명수, 〈산업혁명〉,《서양사 강의》, 한울, 1992, 253~260쪽.
[9] 배영수 편,《서양사 강의》, 한울, 1992, 282쪽.
[10] 칼 마르크스, 김수행 역,《자본론》, 비봉, 1989, 433~436쪽.
[11] 칼 폴라니, 홍기빈 옮김,《거대한 전환》, 길, 2009, 291~294쪽.
[12] A. Gurevich, *Medieval popular culture: problems of belief and perception*, 1988.
[13] 칼 폴라니, 박현수 옮김,《거대한 변환》, 민음사, 102쪽.
[14] 칼 폴라니, 박현수 옮김,《거대한 변환》, 민음사, 127쪽.
[15] 서기원 외 저,《경제학설사》, 문영사, 2000, 78~79쪽.
[16] 박지향,《영국사》, 까치, 2002, 393쪽.
[17] 이영석,《산업혁명과 노동정책》, 한울, 1994, 76쪽.
[18] 이영석,《산업혁명과 노동정책》, 한울, 1994, 79~80쪽.
[19] 앞의 책, 129쪽.

12장 근대 유럽의 세력 균형을 바꾼 독일의 통일

[1] 이광숙 편역,《타키투스의 게르마니아》, 서울대학교출판부, 1999, 31쪽.
[2] P. Cannistraro and J. Reich, *The Western Perspective*, Harcourt Brace, 1999, p. 280.
[3] 브린튼 외, 양병우 외 역,《세계문화사》, 을유문화사, 340쪽.
[4] 중세 이후 유럽인들은 유럽 전체에 한 명의 황제밖에 없고, 그 황제의 인정을 받은 이들이 왕국과 제후국을 세운다고 생각했다. 따라서 아무리 강력한 힘을 가졌다고 해도 아무나 왕이라고 선언할 수 있는 것은 아니었다. 즉 주위의 제후들과 인근의 왕들, 나아가 황제의 인정을 받아야만 왕국이 될 수 있었다.
[5] 고유경,《독일사 깊이 읽기》, 푸른역사, 2017, 116~117쪽.

⁶ 발터 슈미트 외, 강대석 옮김, 《독일 근대사》, 1994, 한길사, 83~91쪽.

⁷ 발터 슈미트 외, 강대석 옮김, 《독일 근대사》, 1994, 한길사, 187쪽.

⁸ 박래식, 《이야기 독일사》, 청아, 2006, 166쪽.

⁹ 윌리엄 카, 이민호·강철구 역, 《독일 근대사》, 탐구당, 52~77쪽.

¹⁰ 윌리엄 카, 이민호·강철구 역, 《독일 근대사》, 탐구당, 134쪽.

¹¹ 알퐁스 도데의 《마지막 수업》의 배경이 이때이다.

¹² 윌리엄 카, 이민호·강철구 역, 《독일 근대사》, 탐구당, 172쪽.

13장 사회주의의 발달과 러시아혁명

¹ F. 엥겔스, 박준식 외 옮김, 《영국 노동자 계급의 상태》, 두리미디어, 1988, 72쪽.

² 배영수 편, 《서양사 강의》, 한울, 1994, 323쪽.

³ F. 엥겔스, 박준식 외 옮김, 《영국 노동자 계급의 상태》, 두리미디어, 1988, 219쪽.

⁴ F. 엥겔스, 박준식 외 옮김, 《영국 노동자 계급의 상태》, 두리미디어, 1988, 221~223쪽.

⁵ 김영한·임지현 편, 《서양의 지적 운동》, 지식산업사, 1994, 136~139쪽.

⁶ 서울대프랑스사연구회, 《프랑스 노동운동과 사회주의》, 느티나무, 1989, 56쪽.

⁷ W. E. Camp, *Roots of Western Civilization*, 1983, p. 108.

⁸ 앨버트 린드먼, 장문석 옮김, 《현대 유럽의 역사》, 삼천리, 2017, 157~158쪽.

⁹ 이 작품은 매뉴스크립트 상태로 남아있다가, 1930년대에 소련의 연구자들에 의해서 발표되었다.

¹⁰ T. I. 오이저만, 윤지현 옮김, 《맑스주의 철학 성립사》, 아침, 1988, 88~101쪽.

¹¹ 이 책은 1950년대에 세상에 알려진다.

¹² 독일 사회민주당의 전신이다.

¹³ 베른슈타인이 영국 사회주의의 영향을 받았다는 사실은 본인은 부정하고 주로 그를 비판하는 사람들의 견해이다.

¹⁴ 제프리 호스킹, 김영석 옮김, 《소련사》, 홍익사, 1988, 31쪽.

¹⁵ 배영수 편, 《서양사 강의》, 한울아카데미, 2000, 463쪽은 이날의 학살이 경찰의 판

단 착오가 아니라 시위대의 혁명적 요구때문이었다고 지적하고 있다.
¹⁶ 다수파를 의미하는 러시아어이다. 그러나 볼셰비키가 러시아 공산당, 즉 사회민주 노동당에서 다수파였던 기간은 매우 짧았다. 1917년 2월혁명이 일어나고 레닌이 4월테제를 발표한 후 볼셰비키의 세력은 급성장하였고, 10월혁명을 주도하면서 진정한 다수파가 되었다.
¹⁷ 배영수 편, 《서양사 강의》, 한울, 1992, 395쪽.

14장 하나의 유럽을 지향한 유럽 통합

¹ 김봉철, 〈이소크라테스의 유럽 관념의 실상과 한계〉, 《서양 고전학 연구》 16, 2001, 38쪽. 그러나 이에 대해서는 약간의 이론이 있다. 자르 르 고프, 주명철 옮김, 《유럽 역사 이야기》, 새물결, 2006, 27쪽은 헤시오도스가 최초로 유럽이라는 단어를 사용했다고 주장하고 있다.
² 김봉철, 〈이소크라테스의 유럽 관념의 실상과 한계〉, 《서양 고전학 연구》 16, 2001, 45~46쪽.
³ 이창우, 〈헬레니즘: 정치적 공동체에서 탈정치적 공동체로〉, 《서양 고대에서 통합 유럽 문화 정체성의 형성》, 2000. 12.
⁴ Vergilius, *Aeneis* 1. 302~308.
⁵ 최혜영, 〈영원한 로마 이념과 통합 유럽〉, 《서양 고전학 연구》 16, 2001, 150~151쪽.
⁶ 〈마태복음〉 16:19.
⁷ 성령이 성부에서 발현된다는 것은 〈요한복음〉 15장 26절에 근거한다. "내가 아버지께 청하여 너희에게 보낼 협조자 곧 아버지께로부터 나오시는 진리의 성령이 오시면 그분이 나를 증언할 것이다."
⁸ 장 바티스트 뒤로젤, 이규현·이용재 옮김, 《유럽의 탄생》, 지식의풍경, 2003, 56~57쪽.
⁹ Cyril of Jerusalem, *Lecture XVIII*, 23.
¹⁰ 장홍, 《유럽통합의 역사와 현실》, 고려원, 1994, 38~39쪽.
¹¹ 통합유럽연구회, 《인물로 보는 유럽 통합사》, 책과함께, 2010, 148쪽.

[12] 자크 들로르, 김경숙 옮김, 《거대 유럽의 야망》, 동아일보사, 1992, 9~10쪽.
[13] 이는 원래 장 모네의 생각이었다.
[14] 1957년에는 또 다른 로마 조약이 체결되었다. 이는 유럽원자력공동체를 설립하여 원자력 에너지를 공동으로 개발하고 평화적으로 이용할 것을 약속한 조약이다.
[15] 이종광, 〈유럽연합의 리스본 조약 체결과 제도적 개혁〉, 《유럽연구》 26-1, 2008, 37~38쪽.

14가지 테마로 즐기는 서양사

- ⊙ 2019년 6월 30일 초판 1쇄 발행
- ⊙ 2024년 9월 11일 초판 4쇄 발행
- ⊙ 글쓴이　　　　정기문
- ⊙ 펴낸이　　　　박혜숙
- ⊙ 디자인　　　　이보용
- ⊙ 펴낸곳　　　　도서출판 푸른역사

　우) 03044 서울시 종로구 자하문로8길 13
　전화: 02)720-8921(편집부) 02)720-8920(영업부)
　팩스: 02)720-9887
　전자우편: 2013history@naver.com
　등록: 1997년 2월 14일 제13-483호

ⓒ 정기문, 2024

ISBN 979-11-5612-146-6　03900

· 잘못 만들어진 책은 교환해드립니다.